**Frustração do Fim
do Contrato**

Frustração do Fim do Contrato

2021

Rodrigo Barreto Cogo

FRUSTRAÇÃO DO FIM DO CONTRATO
© Almedina, 2021

Autor: Rodrigo Barreto Cogo

Diretor Almedina Brasil: Rodrigo Mentz

Editora Jurídica: Manuella Santos de Castro
Editor de Desenvolvimento: Aurélio Cesar Nogueira
Assistentes Editoriais: Isabela Leite e Larissa Nogueira

Diagramação: Almedina
Design de Capa: FBA ou Roberta Bassanetto

ISBN: 9786556272375
Junho, 2021

Dados Internacionais de Catalogação na Publicação (CIP)
(Câmara Brasileira do Livro, SP, Brasil)

Cogo, Rodrigo Barreto
Frustração do fim do contrato / Rodrigo Barreto
Cogo. – 1. ed. – São Paulo: Almedina, 2021.

ISBN 978-65-5627-237-5

1. Contratos 2. Direito civil 3. Direito civil – Brasil
4. Frustração I. Título.

21-62018   CDU-347.13

Índices para catálogo sistemático:

1. Frustração do fim: Contratos: Direito civil 347.13

Maria Alice Ferreira – Bibliotecária – CRB-8/7964

Este livro segue as regras do novo Acordo Ortográfico da Língua Portuguesa (1990).

Todos os direitos reservados. Nenhuma parte deste livro, protegido por copyright, pode ser reproduzida, armazenada ou transmitida de alguma forma ou por algum meio, seja eletrônico ou mecânico, inclusive fotocópia, gravação ou qualquer sistema de armazenagem de informações, sem a permissão expressa e por escrito da editora.

Editora: Almedina Brasil
Rua José Maria Lisboa, 860, Conj.131 e 132, Jardim Paulista | 01423-001 São Paulo | Brasil
editora@almedina.com.br
www.almedina.com.br

"Aos meus pais e
Aos meus amores, Bettina, Felipe, Pedro e Nina".

AGRADECIMENTOS

A tarefa de revisar e atualizar o presente livro foi um grande e cansativo repto. Não só pela dificuldade de tentar olhar, com outras lentes e com o mesmo rigor, a própria criação, mas, sobretudo, por conta das limitações e sacrifícios que a pandemia impôs: isolamento social, trabalho em *home office*, educação *online* de filhos pequenos, tarefas familiares e domésticas.

Esse desafio só foi possível graças a uma pessoa muito especial: Bettina. Incentivadora do trabalho de atualização do livro, foi a responsável por criar as condições necessárias para que ele se tornasse uma realidade, compreendendo minha a ausência em momento no qual jamais estivemos tão presentes. A você, todo o agradecimento, amor e reconhecimento.

Outra pessoa fundamental para tornar este projeto realidade foi Francisco Marino, notável jurista, professor, advogado, pai, amigo e, agora, credor de meu agradecimento por confiar no potencial da revisão do livro, por fazer a conexão com a Editora Almedina e por aconselhar caminhos para superar as dificuldades na atualização desta obra.

Um agradecimento carinhoso a Judith Martins-Costa, por reacender o interesse no estudo do tema, pelo envio de material acadêmico e pela troca de ideias e de inquietações a respeito da matéria. Do mesmo modo, agradeço a gentileza e generosidade de Maria de Lurdes Pereira em manter um diálogo "além-mar" com um desconhecido a respeito do conceito de prestação e seus reflexos no enquadramento dogmático da frustração do fim do contrato. As hipóteses, os exemplos, as reflexões e o material enviado foram de grande valia para a revisão desta obra. Não poderia deixar de agradecer a Catarina Monteiro Pires, cujas obras e debates promovidos em 2020 também estimularam a revisão do livro ora publicado, assim como a Jorge Cesa Ferreira da Silva e Julio Gonzaga Neves, por se colocarem à disposição para discutir aspectos relacionados ao livro, o que, tenho certeza, ainda será feito em futuro breve.

Renovo os agradecimentos a Claudia Lima Marques, Vera Maria Jacob Fradera, Tereza Ancona Lopez e aos saudosos Antônio Junqueira de Azevedo e Alcides Tomasetti Junior, responsáveis pelo despertar do tema e pelo seu posterior desenvolvimento junto à Faculdade de Direito da Universidade de São Paulo.

A Laércio Pereira, Katia de Paula, Theo Gragnano e Roberta Pachota – queridos amigos de pandemia e testemunhas da jornada de atualização da obra –, agradeço por tornarem mais leve o pesado ano de 2020, renovando a energia e a resiliência para sempre seguirmos adiante. Aos meus pais e irmãos, cuja saudade de mais de um ano de distanciamento não cabe em mim, assim como a Peter e a Isaura Buelau, obrigado pelo constante apoio, pela compreensão e pelo carinho que se transformam em incentivo para tornar realidade projetos como esse livro.

Agradeço também aos meus queridos amigos de Ferro, Castro Neves, Daltro & Gomide Advogados, com quem aprendo todos os dias, e aos então estudantes Louise Walvis, Carolina Stampone, Mateus Assis e Stella Bittar, pelo auxílio com pesquisa e organização do texto, assim como a Eduardo Aubert, pela primorosa revisão do texto.

Por fim, à Editora Almedina e sua equipe, por confiar no potencial desse novo projeto.

NOTA DO AUTOR

A presente obra é resultado da revisão do livro que publicamos no ano 2012, intitulado "A Frustração do Fim do Contrato. O impacto dos fatos supervenientes sobre o programa contratual", fruto da dissertação de mestrado apresentada à Faculdade de Direito da Universidade de São Paulo no ano 2005, primeira monografia brasileira sobre o assunto.

Esgotada a edição, a decisão de uma nova publicação revisada decorreu do renovado debate acerca do impacto dos fatos supervenientes sobre os contratos em razão da pandemia da COVID-19. A escala e a velocidade com que a COVID-19 alterou a vida em sociedade e impactou os contratos mostraram com mais nitidez a insuficiência das previsões legais existentes em nosso sistema jurídico (*v.g.*, do caso fortuito e da força maior, da impossibilidade superveniente inimputável às partes, do desequilíbrio das prestações ou da excessiva onerosidade) para enquadrar e solucionar adequadamente todas as situações de perturbação do programa contratual.

A frustração do fim do contrato oferece resposta para uma parcela de casos não abarcados pelas teorias mais conhecidas, destinando-se às hipóteses em que o contrato perdeu o sentido ou a razão de ser porque não é mais possível atingir a sua finalidade concreta, muito embora as prestações sejam perfeitamente passíveis de execução e não tenham se tornado excessivamente onerosas. A frustração do fim do contrato possui um espaço próprio de aplicação, conquanto se entrelace com outras teorias, notadamente com a da impossibilidade superveniente da prestação, advindo daí inúmeras dificuldades e dúvidas quanto ao enquadramento dogmático.

Apesar da opção por manter a estrutura da edição anterior, o livro contempla novos estudos e reflexões sobre o tema, em especial na sua conexão com a teoria da impossibilidade, na interdependência com o conceito de prestação e nas consequências da frustração do fim do contrato.

A despeito de as novas ponderações sobre o tema não terem alterado as conclusões expostas na edição anterior, os novos estudos permitiram um refinamento de algumas ideias para a compreensão da matéria, sobretudo na difícil tarefa do enquadramento dogmático da frustração do fim do contrato.

A obra é apresentada sem a pretensão de expor certezas, mas de fomentar – sem *frustrações* – o contínuo debate e reflexões sobre a matéria, que está longe de alcançar algum consenso doutrinário.

APRESENTAÇÃO

A apresentação de uma obra é, também, a apresentação de um autor. No caso, ambos, o texto e o seu criador, a dispensariam. A obra, pois se trata de reedição de texto pioneiro, celebrado e admirado no círculo acadêmico. O autor, pois igualmente conhecido em ambos os meios nos quais transita com igual desenvoltura: a academia e a advocacia.

A despeito disso, redigir estas linhas foi, para mim, motivo de extrema satisfação. Conheci Rodrigo Barreto Cogo há quase vinte anos, nos bancos da pós-graduação da São Francisco. Tive, ainda, o privilégio de ser seu sócio por quase dez anos, período em que fui testemunha diária da sua paixão pela advocacia. Rodrigo é um artesão das lides forenses e arbitrais, profissional rigoroso e incansável. O mesmo apuro foi aplicado à dissertação de Mestrado, feita sob a orientação da Professora Teresa Ancona Lopez, que resultou no presente livro. Trata-se, a bem da verdade, de verdadeira tese, que se não fosse a modéstia do autor – outra de suas virtudes – lhe teria rendido, com folga, o título de Doutor em Direito Civil pela Faculdade de Direito da USP.

A obra, por sua vez, foi publicada em 2012 e rapidamente se converteu em marco teórico sobre o tema na literatura nacional. As razões do seu sucesso transcendem o mero pioneirismo; prendem-se, ao revés, a muitas outras qualidades, dentre as quais posso destacar a clareza da exposição, a riqueza da pesquisa – com densa análise dos ordenamentos inglês, alemão e italiano –, a completude do exame dogmático e a preocupação prática.

No que tange à última, um dos pontos altos do livro são precisamente os diversos casos práticos examinados, hauridos na jurisprudência nacional e na literatura estrangeira, complementados por referências recentes. Digna de todos os encômios, ainda, a preocupação do autor em atualizar o texto com diversas referências à crise sanitária que já nos assombra há mais de um ano. Com efeito, os impactos da pandemia nas circunstâncias (fáticas, valorativas e normativas) previamente existentes seguramente produziu, dentre outros efeitos, a frustração do fim de um sem número de relações contratuais. No futuro próximo, possivelmente não será mais necessário recorrer ao cancelamento do desfile da coroação de Eduardo VII, nos idos de 1902, para exemplificar os casos de frustração do fim do contrato. Não fosse a importância da obra, esse fato *per se* já justificaria a republicação da tese do Rodrigo, da qual fui um entusiasta.

Diga-se de passagem, as qualidades acima referidas fazem com que o presente livro engrandeça a coleção em que vem publicada, fruto de importante parceria entre o Instituto de Direito Privado e a Editora Almedina, cuja promessa é de se tornar um celeiro de importantes reflexões científicas.

Unido que sou ao autor por fraternal laço de amizade, procurei deixá-la de lado ao redigir estas linhas. Não posso encerrá-las, contudo, sem registrar o meu profundo orgulho por ver novamente o nome do Rodrigo nas estantes – físicas ou virtuais – das livrarias e das bibliotecas, só não maior do que o orgulho de tê-lo como amigo.

Oxalá, nos meandros da sua intensa advocacia, Rodrigo encontre tempo para se lançar a novas aventuras acadêmicas, reforçando a sua inexorável vocação de jurista.

Itu, 6 de abril de 2021

Francisco Paulo De Crescenzo Marino
Professor Associado da Faculdade de Direito da USP (Largo São Francisco)

PREFÁCIO

A pandemia provocada pelo vírus Sar-CoV-2 tem provocado desastres sanitários e econômicos cuja dimensão, no tempo, ainda está longe de ser completamente aquilatada. Ao par desses malefícios, suscita também aos juristas que adotaram como lema, implícita ou explicitamente, o repto de Umberto Eco – *é preciso colocar a realidade como pano de fundo*[1] – o imperativo de pensá-la. Ancorada na disruptiva realidade que domina nosso horizonte, a reflexão sobre as possíveis soluções oferecidas pelo sistema quando colocado sob a impressionante pressão deste *fato social total*[2] que veio impactar diretamente a "grande base contratual"[3], se mostra profícua, inspiradora e útil.

---

[1] ECO, Umberto. *Seis passeios pelo bosque da ficção.* São Paulo: Companhia das Letras, 1994.

[2] MAUSS, Marcel. Essai sur le don. Forme et raison de l'échange dans les sociétés archaïques. In: *Sociologie et antropologie.* Paris: PUF, 1973, p. 273. Nesses casos, diz-se ser "total" o fato social porque apanha em seu rastro, direta ou transversalmente, tudo: estilos de vida, percepções sociais, relações de poder, as instituições econômicas e jurídicas, o estado da Ciência e das Artes, a Política, própria psique humana, as formas de nos comunicarmos e nos percebermos como membros de uma comunidade.

[3] A ideia de "grande base" foi cunhada na civilística germânica por G. Kegel (em "*Geschäftsgrundlage und Vertragserfüllung*") como distinção destinada a apontar quem responde pelos riscos, e quais riscos contratuais advindos de perturbações suscitadas pela realidade. A "grande base" indicaria "perturbações que excedem os riscos típicos do tráfego social, situando-se totalmente fora do controlo ou esfera de influência das partes (assim, FONTES DA COSTA, Mariana. *Da Alteração Superveniente das Circunstâncias, em Especial à Luz dos Contratos Bilateralmente Comerciais.* Coimbra: Almedina, 2019, § 16.b, p. 162). Está ligada, pois, a "modificações da existência social", conectadas a fenômenos com dimensões tais quais

Esses três adjetivos podem muito bem ser empregados à obra agora relançada por Rodrigo Barreto Cogo como uma *releitura* de sua dissertação de mestrado, defendida em 2005 junto à Faculdade de Direito da Universidade de São Paulo, e publicada em 2012 como a primeira monografia brasileira sobre o tema da frustração do fim do contrato. Já em sua feição original, o trabalho de Rodrigo Cogo se apresentava, em meu juízo, não apenas como pioneiro, mas como "o mais exaustivo trabalho doutrinário à frustração do fim do contrato"[4] na doutrina brasileira. A reflexão agora procedida à luz dos impactos da pandemia e do diálogo com a doutrina (especialmente a brasileira e a portuguesa) tem o mérito de refiná-lo, precisando ideias e conceitos centrais à teoria da frustração do fim do contrato.

Diga-se, desde logo, que todos os institutos e teorias conectados, de alguma forma, às perturbações no cumprimento da prestação são dificultosos em si porque lidam com uma aporia fundamental: "quem contrata, negocia em um mundo que não é estável", escreveu Pontes de Miranda em passagem bem lembrada pelo Autor. Como conciliar o contrato, artefato de distribuição dos riscos no tempo, mecanismo de estabilidade por definição e por função, com as vicissitudes trazidas pelo tempo quando os riscos não estão dentre os riscos próprios do negócio, sendo, portanto, excepcionais, causando a uma ou a ambas das partes danos de elevada intensidade? Especificamente: há razões para proceder a essa conciliação quando o fim a que está voltada a prestação resta frustrado, transformando-a em um *nonsense*, como seria a prestação consistente em pintar as paredes de uma casa que – após a celebração do contrato da prestação de serviços de pintura – restou destruída por um incêndio?

---

a de guerras, crises ou alterações legislativas "irredutíveis aos esquemas pré-consagrados que actuam, em geral, nas reduções dogmáticas internas" (assim, MENEZES CORDEIRO, António Manuel da Rocha e. *Da boa fé no Direito Civil*. Coimbra: Almedina, 1984, p. 1.096, com remissões à doutrina de Kegel). A "pequena base" diria respeito aos riscos normais do tráfego, a serem suportados pela parte contratante atingida, nos termos impostos pela natureza vinculativa do contrato. A Reforma do Direito das Obrigações alemão consagrou, de forma autônoma, o instituto da alteração das circunstâncias no § 313, com expressa referência à base do negócio, em prisma objetivista.

[4] Assim escrevemos em: MARTINS-COSTA, Judith e COSTA E SILVA, Paula. *Crise e Perturbações no Cumprimento da Prestação*. Estudo de Direito Comparado Luso-Brasileiro. São Paulo: Quartier Latin, 2020, p. 179.

PREFÁCIO

Dentre os vários institutos que a lei consagra para lidar com essa aporia, dentre as várias construções teóricas elaboradas ao longo da História e da Geografia (pois as teorias variam no tempo e no espaço, especialmente os de *civil law* e de *common law*) está a teoria da frustração do fim do contrato. Esta não visa equacionar o problema do desequilíbrio entre as prestações, nem o da dificuldade em prestar, pelo aumento da álea, nem mesmo – rigorosamente – o da impossibilidade de prestar porque, superveniente à conclusão contratual, a prestação tenha se impossibilitado sem culpa do devedor. O seu escopo é oferecer resposta para as hipóteses em que o contrato perdeu o sentido ou razão de ser. Muito embora as prestações sejam fática e juridicamente possíveis, e não tenham se tornado excessiva-mente onerosas, perdeu-se a finalidade em vista do qual fora predisposta a prestação.

Muitas e grandes são as dificuldades e dúvidas que cercam a teoria da frustração do fim do contrato, nascida na tradição de *common law*, na qual a problemática da perturbação no cumprimento da prestação não teve desenvolvimento similar àquele verificado na Europa Continental. Na França, Alemanha, Itália e em Portugal a temática foi objeto de uma elaboração secular, fincada (embora com vieses diversos) nas elaborações propostas pelos juristas do *ius commune*, tendo por origem remota suges-tões já presentes na experiência romana e mesmo na filosofia grega. No *common law*, elaborou-se, apenas no século XIX, a doutrina da *frustration of contract*, que é gênero englobante de três espécies: *impossibility* (corres-pondente, *grosso modo*, à impossibilidade de nosso direito); *impracticability* (correspondente, grosso modo, à excessiva onerosidade superveniente) e a *frustration of purpose*. Essa não tem correspondente funcional em nosso sistema. Pode-se afirmar, portanto, a existência de uma lacuna de previsão[5].

No preenchimento dessa lacuna, via Direito Comparado, hesitam os autores (e assim hesitei em trabalhos recentes[6]) entre relacionar a figura

---

[5] A lacuna de previsão ocorre quando falha a previsão de um caso que deve ser juridicamente regulado. (ASCENSÃO, José de Oliveira. *Introdução à Ciência do Direito*. 3ª ed. Rio de Janeiro: Renovar, 2015, p. 417).

[6] MARTINS-COSTA, Judith e COSTA E SILVA, Paula. *Crise e Perturbações no Cumprimento da Prestação*. Estudo de Direito Comparado Luso-Brasileiro. São Paulo: Quartier Latin, 2020, p. 170 a 182.

da *frustration of purpose* ao instituto da impossibilidade superveniente (entendida normativamente a palavra "impossibilidade"), ou à teoria da base do negócio, ou, ainda, em proclamar sua autonomia dogmática, como procede o Autor. Reside neste ponto o maior refinamento procedido nesta obra em relação à sua versão de 2012: enquanto no primeiro trabalho essa autonomia era afirmada, agora vem minuciosamente fundamentada, indicando-se as consequências de sua concretização.

Na base da densificação do conceito está a compreensão do elemento finalístico da prestação, assim entendido aquele em que há, entre as partes, um acordo quanto ao fim. Para alguns – em corrente a qual me filio – o fim é *intrínseco* à prestação, pois a categoria de negócio jurídico é, por definição, finalista. A questão é saber quando essa finalidade é objetiva ou objetivável, e quando é, ou não, comum às partes, pois, se não o for, consistirá em mero motivo, modo geral irrelevante, podendo haver, ademais, hipóteses de prestação voltadas a fim especial ("prestações finalizadas", no léxico utilizado em Portugal). Em qualquer hipótese, a determinação concreta do fim estará na esfera da interpretação do negócio.

Já para outros – e essa é a concepção defendida por Rodrigo Cogo – o fim é considerado *elemento externo* à prestação que, em alguns casos, todavia, se une de forma indissociável ao ato de prestar "a ponto de se concluir que o devedor estava obrigado a causá-lo, como parte da prestação a que se obrigou". Há, em suas palavras, um "resultado definidor", o qual pode ser frustrado, embora a prestação, em si mesma, seja perfeitamente possível[7].

Refinando o conceito de prestação, o Autor logra distinguir o campo residual da frustração do fim, o qual difere do espaço no qual atua a impossibilidade superveniente porque as prestações são passíveis de execução, e distingue-se da excessiva onerosidade porque não há alteração no valor dos deslocamentos patrimoniais viabilizados pelo contrato; ocorre, diz ele, "simplesmente a perda de sentido da prestação; o fato superveniente faz com que a prestação não tenha mais qualquer razão de ser, pois a finalidade para a qual se destinava tornou-se estéril"[8].

As consequências dessa acurada distinção dogmática são de imenso relevo prático. Enquanto a impossibilidade de prestar tem regime legal próprio (*v.g*, arts. 234 a 236; 238 a 240; 246; 248; 250; 255; 393 do Código

---

[7] Vide, neste livro, p. 231.
[8] Vide, neste livro, p. 299.

PREFÁCIO

Civil), não há regras legais destinadas à hipótese de frustração do fim, cabendo ressaltar que, lamentavelmente, o Direito Civil brasileiro não contempla cláusula geral de modificação do pactuado por alteração superveniente das circunstâncias, como o faz o Código Civil português (art. 437º). Essa ausência de regulação – minudente ou mesmo ampla, por via da concretização de cláusula geral – implica a maior flexibilidade e, paralelamente, a maior insegurança na definição das consequências, motivo pelo qual optei por sua inserção nos quadros da impossibilidade, sugerindo temperar o regime legal por via de procedimentos hermenêuticos destinados ao preenchimento de lacunas[9].

A escolha do Autor foi, como se viu, diversa. Busca, porém, vincular a autonomia da figura da frustração do fim a "etapas" ou procedimentos de método que diminuam o espaço de discricionariedade do julgador. Começa por distinguir entre os "dois momentos" ou etapas de análise da frustração do fim. A primeira delas (subdividida também em dois passos) começa por identificar a finalidade concreta da prestação e determinar sua integração no conteúdo do negócio, visando verificar se o fim integra apenas o conteúdo do contrato (apto a atuar como fator de eficácia e, assim, ensejar a aplicação das consequências da frustração do fim), ou se foi além, conectando-se "de forma visceral com o ato de prestar", para concluir se o devedor está vinculado a proporcionar o resultado ou não. Se o fim se limitar ao conteúdo do negócio jurídico, "a impossibilidade de atingi-lo ensejará a aplicação das regras da frustração do fim do contrato. Se, no entanto, o fim integrar visceralmente o ato de prestar para defini-lo, a impossibilidade acarretará a aplicação das regras da impossibilidade"[10]. Feito este exame caberá definir quem suporta o risco da impossibilidade de atingir aquela finalidade previamente identificada. Se o contrato for omisso quanto à alocação do risco, caberá a integração contratual, pautando-se o intérprete pela boa-fé objetiva, norma cuja vagueza semântica pode ser reduzida, caso a caso, pelos critérios da normalidade, preço, tipo contratual e circunstâncias presentes na contratação.

---

[9] MARTINS-COSTA, Judith e COSTA E SILVA, Paula. *Crise e Perturbação no Cumprimento da Prestações*. Estudo de Direito Comparado Luso-Brasileiro. São Paulo: Quartier Latin, 2020, p. 234-243.

[10] Vide, neste livro, p. 302.

Os critérios são consistentes, assim como é cuidadoso o exame de tão fugidia figura. Por isso o adjetivei, ao começar este Prefácio, como profícuo, inspirador e útil. É profícuo porque desenvolve, num diálogo consigo próprio e com os autores que refere, novos caminhos para problemas angustiantes da prática contratual. É inspirador porque provoca-nos a *continuar pensando* sobre esse tema já definido por autores do peso de Pontes de Miranda e Clóvis do Couto e Silva como um dos mais difíceis de toda a disciplina contratual e, por isso, irredutível às panaceias por vezes recomendadas. E é útil justamente porque não cede à tentação da facilidade. Rodrigo Cogo confere à dogmática contratual uma atenção que não se esvai em fórmulas mofadas e petrificadas nem em proposições pretensamente inovadoras, mas descoladas do sistema, antes examinando o que se passa na prática cotidiana dos contratos a partir de lentes refinadas pela experiência da construção científica.

Canela, março de 2021.

JUDITH MARTINS COSTA

SUMÁRIO

INTRODUÇÃO 23

PARTE I
BASES HISTÓRICAS E TEÓRICAS DA FRUSTRAÇÃO
DO FIM DO CONTRATO

CAPÍTULO 1 – O DIREITO INGLÊS: A ORIGEM DO INSTITUTO
DA *FRUSTRATION* 31
1. Considerações gerais 31
2. A evolução do tema da alteração das circunstâncias 33
3. A abrangência da *frustration: impossibility, impracticability
   e frustration of purpose* 46
   3.1. *Impossibility* 47
   3.2. *Impracticability* 50
   3.3. *Frustration of purpose* 51
4. Fundamentos teóricos da *frustration* 55
5. As consequências da *frustration* 56

CAPÍTULO 2 – A BASE DO NEGÓCIO: ANTECEDENTES
E EVOLUÇÃO DO INSTITUTO NA ALEMANHA 63
1. Considerações gerais 63
2. Teoria da Pressuposição: BERNHARD WINDSCHEID 68
3. Teoria de KAUFMANN: a vontade eficaz e a finalidade
   essencial do contrato 72

FRUSTRAÇÃO DO FIM DO CONTRATO

4. Teoria de KRÜCKMANN: a reserva virtual	73
5. Teoria da Base do Negócio Jurídico de PAUL OERTMANN: a base em sentido subjetivo	74
6. Teoria de LOCHER: finalidade objetiva do negócio	79
7. Teoria de LEHMANN: teoria unitária	81
8. Teoria de LARENZ: base do negócio em sentido subjetivo e em sentido objetivo	83
8.1. A base do negócio em sentido subjetivo	84
8.2. A base do negócio em sentido objetivo	86
9. Teorias do Risco: KEGEL, FIKENTSCHER, FLUME	92
9.1. KEGEL: a grande e a pequena base do negócio	93
9.2. FIKENTSCHER: a base da confiança	95
9.3. FLUME: negócio jurídico e risco da realidade	96
10. EXCURSO – A cláusula *rebus sic stantibus*	101

CAPÍTULO 3 – A FRUSTRAÇÃO DO FIM DO CONTRATO NO DIREITO ITALIANO	113
1. Considerações gerais	113
2. A *presupposizione*	115

PARTE II

A FRUSTRAÇÃO DO FIM DO CONTRATO
NO ESTUDO DE CASOS E NA DOGMÁTICA JURÍDICA

CAPÍTULO 4 – FRUSTRAÇÃO DO FIM DO CONTRATO: NOÇÕES	131
1. Nota de esclarecimento	131
2. Considerações gerais	138
3. Origem	139
4. Conceito: o que é a frustração do fim do contrato?	140
5. Exame de casos	146
5.1. Casos analisados por LARENZ	146
5.1.1. O caso da diligência de Rouen	147
5.1.2. Caso Appleby v. Myers	147
5.1.3. Os casos da coroação	148
5.1.4. Caso dos marcos de madeira	150
5.1.5. Caso do posto de gasolina	151

5.1.6. Caso do anúncio luminoso	152
5.2. Casos analisados por ESPERT SANZ	153
5.2.1. Señoras Más Martín vs. Juan Carsí	153
5.2.2. Rufo Luelmo García vs. Sociedad Fomento de la Propiedad	154
5.2.3. Altos Hornos de Viscaya S.A. e Basconia S.A. vs. Sociedad Cauco S.L.	155
5.2.4. Papeleras del Maestrazgo S.A. vs. Talleres Martín S.L.	157
6. Dogmática da Frustração do Fim do Contrato	159
6.1. Requisitos	159
6.1.1. Contrato bilateral ou unilateral, comutativo ou aleatório, de execução diferida ou continuada	162
6.1.1.1. Contrato bilateral ou unilateral	162
6.1.1.2. Contrato comutativo ou aleatório	164
6.1.1.3. Contrato de execução diferida ou continuada	165
6.1.2. Que a finalidade integre o seu conteúdo	166
6.1.3. Perda do sentido ou da razão de ser do contrato pela frustração do fim	183
6.1.3.1. Frustração por impossibilidade de alcançar o fim do contrato	184
6.1.3.2. Consecução do fim por meio diverso do estabelecido no contrato	190
6.1.4. Ocorrência de evento posterior à contratação que não estava na álea do contrato e era alheio à atuação culposa das partes	197
6.1.5. Inexistência de mora do contratante frustrado	203
6.2. Consequências da frustração do fim do contrato	204
6.3. Distinção entre a frustração e outros institutos e teorias	221
6.3.1 Frustração do fim do contrato e erro	221
6.3.2. Frustração do fim do contrato e caso fortuito ou força maior	222
6.3.3. Frustração do fim do contrato e impossibilidade da prestação	224
6.3.4. Frustração do fim do contrato e enriquecimento sem causa	234
6.3.5. Frustração do fim do contrato, teoria da imprevisão e excessiva onerosidade	238

CAPÍTULO 5 – A FRUSTRAÇÃO DO FIM DO CONTRATO
NO DIREITO BRASILEIRO 247
1. Considerações gerais 247
2. Concretização da frustração do fim do contrato no direito
brasileiro 247
2.1. A frustração do fim do contrato no Código Civil 248
   2.2. A frustração do fim do contrato no Código de Defesa
   do Consumidor 270
3. Frustração do fim do contrato, interpretação e boa-fé objetiva 274
4. Efeitos da frustração do fim do contrato 283
5. Precedentes 293
   5.1. Caso da locação imprópria à finalidade a que destinava 293
   5.2. Caso do intercâmbio com visto de permanência negado 294
   5.3. Caso do saldo residual do financiamento imobiliário 295
   5.4. Caso "China in Box" 296
   5.5. Caso do shopping center e suas lojas âncoras 297

CONCLUSÕES 299

REFERÊNCIAS 309

INTRODUÇÃO

Ao tempo em que esta introdução é escrita, o mundo atravessa o grande desafio de superar a pandemia Sars-Cov-2 (COVID-19), assim reconhecida pela Organização Mundial de Saúde em 11 de março de 2020. Atualmente, cerca de 110 milhões de pessoas no mundo testaram positivo para o vírus da COVID-19, sendo que aproximadamente 2,5 milhões de pessoas faleceram por conta da doença. No Brasil, depois de um ano de 2020 já muito difícil e de aprendizado com a doença, enfrentamos, agora, a despeito do lento e desorganizado início da vacinação, o pior momento da pandemia, fruto das festas de final de ano, Carnaval e da nova variante brasileira do vírus, mais contagiosa e também perigosa para os mais jovens. Em março de 2021, superamos a barreira de 2.300 mortes por dia[11], com cerca de 11 milhões de casos, com quase 270 mil mortes. Há cerca de trinta dias, quando esta introdução começou a ser escrita, estávamos na casa das 240 mil mortes.

A rotina das pessoas e os meios de produção foram afetados de forma drástica e muito rápida em razão das medidas necessárias para conter o avanço da doença. Fronteiras foram fechadas, escritórios perderam espaço para o *home office*, a circulação de pessoas foi reduzida e novos hábitos passaram a fazer parte da rotina das pessoas, como o uso de máscaras, de álcool em gel e a substituição de reuniões presenciais por reuniões

---

[11] Em abril de 2020, ao tempo da revisão deste livro, o Brasil atingiu, infelizmente, a marca de 3.769 mortes por dia, com um total de cerca de 330 mil mortos por COVID-19.

virtuais. Essa geração jamais tinha visto uma mudança de circunstâncias tão abrupta, com impactos severos em todos os setores da sociedade.

As vacinas começaram a ser aplicadas, mas a incerteza quanto ao futuro é grande, seja porque elas foram produzidas em tempo recorde, seja porque a quantidade delas é ainda muito limitada, seja porque a doença apresenta avanços e recuos (as chamadas "ondas"), seja, ainda, porque não se sabe se elas serão eficazes contra as novas variantes do coronavírus que começam a aparecer pelo mundo.

A pandemia da COVID-19, como um fato imprevisível (ou de consequências imprevisíveis), trouxe uma experiência social completamente nova para a nossa geração. No campo jurídico, ela também reacendeu os debates sobre a revisão ou resolução de contratos em decorrência da perturbação das prestações contratuais pela inesperada alteração das circunstâncias.

No campo contratual, a única certeza é a incerteza da manutenção das circunstâncias. Não à toa, PONTES DE MIRANDA já dizia que "quem contrata, negocia em um mundo que não é estável"[12].

Por essa razão, a alteração superveniente das circunstâncias recebeu, no decorrer dos séculos, diversas teorias. Cada uma, a seu modo e de acordo com os valores e ideais vigentes em sua época, procurou dar respostas às situações de perturbação das prestações do programa contratual em decorrência de eventos não esperados pelos contratantes.

A fonte de inspiração das teorias dos fatos supervenientes é a velha cláusula *rebus sic stantibus*, capaz de romper com a rigidez e a santidade do brocardo *pacta sunt servanda* e corrigir uma variada gama de situações injustas.

Em meio ao embate entre concepções subjetivistas – as quais procuravam justificar a possibilidade de liberar o devedor baseadas na descoberta da vontade hipotética das partes caso tivessem previsto a alteração das circunstâncias –, e objetivistas – as quais buscavam a solução a partir do próprio contrato e das circunstâncias em que foi celebrado, culminando com a análise em termos de distribuição legal e contratual dos riscos –, as teorias que mais se difundiram e receberam tratamento legislativo foram a da imprevisão, a da excessiva onerosidade e a da impossibilidade superveniente.

---

[12] PONTES DE MIRANDA, F. C. *Tratado de Direito Privado*. Vol. XXV. Rio de Janeiro: Editor Borsoi, 1971, p. 236.

INTRODUÇÃO

Sem dúvida, a maior parte dos casos que envolvem a alteração das circunstâncias gravita em torno da impossibilidade superveniente de realização da prestação e da excessiva onerosidade, o que não significa que todos os problemas advindos de negócios jurídicos afetados pela alteração das circunstâncias se limitem a elas ou devam ser solucionados com as suas regras.

De fato, existem hipóteses em que as prestações acordadas são perfeitamente passíveis de cumprimento e não sofreram nenhuma perturbação em seus valores, mas, mesmo assim, o contrato não tem mais nenhum sentido e perdeu sua razão de ser, porque sua finalidade restou frustrada. Essa parcela de fatos que, tecnicamente, não se enquadra nos conceitos de impossibilidade e de excessiva onerosidade também merece a tutela do ordenamento jurídico, qualificando-se como hipóteses de frustração do fim do contrato.

Imaginemos o seguinte exemplo: A contrata com B o fornecimento de um sistema de aquecimento de água por energia solar, destacando os benefícios da redução do consumo de energia elétrica e da preservação do meio ambiente. Dias antes de começar a execução do contrato, as partes são surpreendidas pela notícia da construção de um grande empreendimento imobiliário nos arredores do imóvel de A, o que impedirá a incidência dos raios do sol sobre os coletores solares. O contrato não terá mais razão de ser, pois não há sentido em se ter um sistema de aquecimento solar onde não haverá sol. O fim do contrato – proporcionar o aquecimento da água –, relevante para ambas as partes, não poderá mais ser alcançado.

Temos aqui um caso de excessiva onerosidade? Seria uma hipótese de impossibilidade?

A resposta às duas perguntas é negativa: os valores permanecem os mesmos, e o ato de prestar de ambas as partes é perfeitamente possível (um pode pagar, e o outro pode vender e instalar o sistema). O que ocorreu foi simplesmente a impossibilidade de alcançar o fim do contrato e satisfazer o interesse do credor.

Para resolver situações desse tipo é que se presta a teoria da frustração do fim do contrato, que parte da valorização da finalidade concreta do negócio atribuída pelas partes no exercício da autonomia privada.

A análise do tema requer, igualmente e de forma paralela, a avaliação do conceito de "prestação em concreto", visto pela ótica do resultado (prestação enquanto resultado). Investigar se o fim se fundiu de modo inseparável do ato de prestar será essencial para definir se a situação é qualificada como um caso de impossibilidade ou de frustração do fim.

O fim do contrato, entendido na teoria da causa como *causa finalis* (na versão "causa concreta"), polariza o adimplemento, dá cor e movimento às atribuições patrimoniais e constitui fator de eficácia do negócio jurídico.

Nessa medida, a impossibilidade de alcançá-lo poderá fazer que o negócio não produza mais efeitos, ficando sujeito à resolução ou à resilição, de acordo com o momento em que ocorreu o evento frustrante.

A valorização do fim, objetivo ou função (concreta) do contrato coaduna-se com o movimento da funcionalização dos direitos subjetivos. Alia-se, igualmente, com o entendimento de que o conceito de prestação não pode ser visto como a mera ação de prestar em abstrato, mas deve, sim, ser visto como atividade em concreto e compreendido à luz do resultado visado pelas partes, que atua como um fator de eficácia do negócio jurídico.

Originada do instituto da *frustration of contract* do direito inglês, a frustração do fim foi desenvolvida para amenizar a regra do caráter absoluto das obrigações (*rule of absolute liability*). Tomou forma específica por meio da *frustration of purpose*, a qual adquiriu vigor com o julgamento dos *coronation cases*, envolvendo a locação de espaços de imóveis (sobretudo, janelas) para assistir ao desfile da coroação do rei Eduardo VII. O rei adoeceu e o desfile foi cancelado, surgindo daí o problema da eficácia dos aludidos contratos de locação. Deveria o locatário pagar o valor ajustado mesmo não tendo mais sentido a locação? As prestações já pagas deveriam ser restituídas pelo locador? E as despesas incorridas com a contratação?

Na Alemanha, o tema também foi objeto de estudo (*Zweckvereitelung*), especialmente com LARENZ, quando o situou como uma das facetas pelas quais havia a perda da base do negócio em sentido objetivo. Já na Itália, a resposta aos problemas da *irraggiungibilità dello scopo contrattuale* é dada pela figura da *presupposizione*.

A matéria é áspera, porquanto entrelaçada com outros conceitos e teorias, além de ser pautada pelo enigmático conceito de prestação, desprovido de uma previsão normativa.

Uma série de zonas cinzentas se apresentam. Alguns doutrinadores, tais como MENEZES CORDEIRO e FLUME, entendem, por exemplo, que os *coronation cases* são hipóteses de impossibilidade, enquanto outros autores (ESPERT SANZ, LARENZ, JOÃO BAPTISTA MACHADO) os encaixam na frustração do fim do contrato. O que dizer do clássico exemplo do navio encalhado, cujo capitão contratou um rebocador para desencalhá-lo, porém, antes de iniciada a execução da prestação, soltou-se sozinho com a inesperada subida da maré? Seria um caso de frustração do fim ou de impossibilidade? Quais regras regeriam os eventuais gastos em que o dono do rebocador incorreu com os atos preparatórios à execução do contrato cuja prestação principal não tem mais sentido em ser realizada?

A crença de que as regras da impossibilidade superveniente da prestação e da excessiva onerosidade não são suficientes – e adequadas – para regular satisfatoriamente todas as hipóteses nas quais o fim do contrato resta inviabilizado como consequência da alteração das circunstâncias, justificou a realização do presente estudo.

Para guiar essa investigação, o livro está dividido em duas partes.

A primeira delas, intitulada BASES HISTÓRICAS E TEÓRICAS DA FRUSTRAÇÃO DO FIM DO CONTRATO, propõe-se a analisar as origens, os fundamentos e a evolução do tema sob a perspectiva do direito estrangeiro, em especial da Inglaterra, da Alemanha e da Itália. Em razão de limitações editoriais, essa parte do livro é uma versão mais otimizada em relação à edição original da obra.

Entendidas as bases históricas e teóricas, passamos à segunda parte, sob o título A FRUSTRAÇÃO DO FIM DO CONTRATO NO ESTUDO DE CASOS E NA DOGMÁTICA JURÍDICA, dedicada ao estudo do conceito, das características, dos requisitos e das consequências da frustração do fim do contrato, bem como ao estudo das distinções com outras teorias que com ela parecem se confundir. Sobretudo, no campo da identificação do fim do contrato e dos efeitos da frustração, busca-se uma forma de racionalizar a interpretação conforme a boa-fé objetiva, com o uso de critérios balizadores, como o tipo contratual, a normalidade das contratações, o preço de mercado e as circunstâncias presentes ao tempo da celebração do negócio, tudo visando a uma solução que determine quem suportará o risco da não-satisfação dos reais interesses que integraram o conteúdo do contrato.

Firmadas as bases teóricas e conceituais, apresentamos as bases legais da frustração do fim do contrato no direito brasileiro, notadamente no Código Civil e no Código de Proteção e Defesa do Consumidor, com o exame de alguns casos concretos.

PARTE I

BASES HISTÓRICAS E TEÓRICAS DA FRUSTRAÇÃO DO FIM DO CONTRATO

Capítulo 1
O Direito Inglês: a Origem do Instituto da *Frustration*

1. Considerações gerais

O direito inglês é apontado como o berço do que se denominou *frustration of contract*[13], que é a base da qual é extraída a frustração do fim do contrato.

A construção em torno da doutrina da *frustration* atravessou as fronteiras da Inglaterra e foi adotada nos Estados Unidos, que não se limitou a empregá-la em situações já conhecidas pelo direito inglês, mas, a partir de seus julgamentos, expandiu sua incidência a outras situações de fato que não a da simples impossibilidade ou ilegalidade supervenientes da prestação.

Até que o instituto da *frustration* viesse a ser reconhecido doutrinária e jurisprudencialmente, foram necessários alguns séculos de amadurecimento do pensamento jurídico, cujos sinais podem ser bem percebidos a partir do século XVI.

Os "casos da coroação" são o marco determinante para a consagração da *frustration* em sua vertente reconhecida como *frustration of purpose*, e

---

[13] "Interrogado un eminente jurista del Brasil, el profesor Do Couto e Silva, de la Universidad Federal del Río Grande do Sul, sobre el tema, nos contestó sin vacilar, 'es una teoria del Derecho inglés'". (MOSSET ITURRASPE, Jorge. *La frustración del contrato*. Santa Fe: Rubinzal--Culzoni Editores, 1991, nota de rodapé n. 2, p. 67). Nesse sentido, ainda: ANDERSON, Arthur. Frustration of contract – a rejected doctrine. *Heinonline – De Paul Law Review*, v. III, n. 1, Autumn-Winter, 1953, p. 1 e 21.

cada um deles apresenta características particulares que serviram de base para delinear os contornos dos seus requisitos e as consequências de sua aplicação.

A *frustration* é o gênero que engloba a frustração do fim do contrato como uma de suas espécies, identificada como *frustration of purpose*. Os contornos amplos da *frustration* abrangem uma vasta gama de *fattispecie*, tais como a impossibilidade superveniente (*impossibility*), a ilegalidade superveniente da prestação, a destruição do objeto do contrato, a excessiva onerosidade (*impracticability*), a não-ocorrência de um evento futuro fundamental para o contrato.[14]

Essa precisão terminológica é fundamental porque há um sem-número de escritos que tratam do tema da *frustration* e mencionam hipóteses que, no direito continental, são conhecidas como teoria da excessiva onerosidade, teoria da imprevisão e impossibilidade, o que pode ocasionar sérias confusões ao leitor mais desavisado. HANS SMIT, por exemplo, ao apresentar seu estudo da *frustration of contract* em diversos ordenamentos jurídicos, menciona que *"the frustration problem is generally referred to in French legal writings as that of imprévision"*.[15] Não obstante, SMIT deixa claro, ao iniciar seu artigo, que, em especial nos Estados Unidos, a *frustration of performance* e a *frustration of purpose* são distintas, aquela referindo-se a casos em que o cumprimento tornou-se impossível ou excessivamente difícil e/ou oneroso, e esta, a situações nas quais o objetivo conhecido que levou as partes à contratação foi destruído.[16]

---

[14] Cf. MAJOR, William T. *The law of contract*. London: Macdonald & Evans, 1965, p. 155. Ao tratar das aplicações do instituto da *frustration*, G. H. TREITEL (*The law of contract*. 6. ed. London: Stevens & Sons, 1983, p. 649-699) elenca a *frustration of purpose*, que é, na verdade, a frustração do fim do contrato que procuraremos desenvolver no presente trabalho, cujo âmbito limita-se a situações em que as prestações são plenamente possíveis, mas não há mais razão de ser na contratação na medida em que se frustrou a finalidade do contrato: "The argument of frustration of purpose, on the other hand, is put forward by the recipient of the goods, services or facilities: it is that supervening events have so greatly reduced the value to him of the other party's performance that he should no longer be bound to accept and pay for it" (TREITEL, G. H. *The law...*, p. 665).

[15] SMIT, Hans. Frustration of contract: a comparative attempt at consolidation. *Heinonline – Columbia Law Review*, v. 58, n. 3, Mar. 1958, p. 301, nota 110.

[16] Vale destacar que o artigo de SMIT foi escrito em 1958, quando ainda não havia sido editado nos Estados Unidos o *Restatement (Second) of Contracts*, existindo apenas o *Restatement, Contracts* (1932), o qual, como será visto a seguir, já contemplava a *frustration of purpose* no § 288.

Na Argentina, por sua vez, sob o título de *La frustración del contrato*, MOSSET ITURRASPE trata da "frustração" justamente como gênero que comporta os casos nos quais, basicamente, o adimplemento não foi alcançado ante a ocorrência de fatos supervenientes, e não especificamente como frustração do fim do contrato. Estuda, pois, a *frustration*, e não a *frustration of purpose*.

Neste trabalho, trataremos especificamente da frustração do fim do contrato, hipótese que guarda um espaço próprio de incidência, distinto da impossibilidade superveniente da prestação (a despeito das semelhanças entre elas) ou da excessiva onerosidade. Por essa razão, demonstraremos no que consiste a *frustration*, quais as hipóteses nela contempladas, seus fundamentos jurídicos e, nesse contexto, situaremos a hipótese única, própria e particular da frustração do fim do contrato.

2. A evolução do tema da alteração das circunstâncias

O tema da alteração das circunstâncias tinha, inicialmente, total e irrestrita rejeição de qualquer possibilidade de liberação do devedor ante a ocorrência de eventos supervenientes que acabassem por impossibilitar a prestação, torná-la excessiva onerosa ou simplesmente estéril.

As obrigações tinham um caráter absoluto – *rule of absolute liability* – e o princípio *pacta sunt servanda* era aplicado sem admitir exceções, mesmo nos casos de impossibilidade (originária ou superveniente) da prestação.

O precedente que denota essa perspectiva inicial do tema da alteração das circunstâncias é o *Paradine v. Jane* (1647). Tratava-se de uma locação na qual o locatário (*Paradine*) não pode usufruir o bem locado em decorrência de sua ocupação por tropas inimigas. O Tribunal entendeu que *Paradine* não poderia ser liberado do pagamento do aluguel ajustado porque a simples impossibilidade de gozar do bem locado não era uma válida eximente.[17]

O panorama começou a modificar-se a partir do caso *Taylor v. Caldwell* (1863). Taylor locou um imóvel (Surrey Gardens e Music Hall) de propriedade de Caldwell para promover quatro grandes concertos em junho, julho e agosto de 1861. Seis dias antes do primeiro concerto, o

---

[17] Paradine vs. Jane (1647) Aleyn 27: "When the party by his own contract creates a duty or charge upon himself, he is bound to make it good, if he may, notwithstanding any accident by inevitable necessity, because he might have provided against it by his contract."

local foi destruído por um incêndio, levando Taylor a demandar as perdas e danos em face de Caldwell. A ação foi julgada improcedente pelo fato da destruição do local, sem culpa do locador, representar impossibilidade objetiva no cumprimento, de forma que não se poderia responsabilizar o locador por este fato superveniente.

Esse julgamento é apontado como a gênese da teoria que veio a ser denominada *doctrine of frustration*[18]. Por outro lado, os casos clássicos mais citados em termos de *frustration of purpose* são os chamados *coronation cases.*[19]

O fundamento empregado pelo Tribunal para não responsabilizar o locador pelas perdas e danos e liberá-lo de sua prestação foi o da *implied condition*: se, por sua natureza, o contrato depende da permanência de determinadas circunstâncias para que seja adimplido, a continuidade dessas circunstâncias deve ter sido tomada como *foundation of what was*

---

[18] TREITEL, G. H. *The law...*, p. 649. É importante destacar que TREITEL utiliza a *frustration* como uma doutrina geral, na qual estão englobados todos os casos nos quais as partes podem ser liberadas de suas obrigações contratuais, desde que, após a formação do contrato, a prestação torne-se impossível (*impossibility*), ilegal (*illegality*) ou, ainda, se o objetivo do contrato não puder mais ser alcançado (*frustration of purpose*). Rigorosamente, o precedente *Taylor v. Caldwell* representa um exemplo de impossibilidade superveniente em razão da perda do substrato da prestação, posto que não era mais possível exercer a locação por causa da destruição do imóvel pelo incêndio.

[19] De qualquer forma, não pode deixar de ser mencionado que alguns casos envolvendo frustrações em contratos de transporte pelo mar também contribuíram para a semeadura da *frustration* no direito inglês. Um precedente muito citado é *Jackson v. Union Marine Insurance Co.* (1874), segundo o qual foi considerado frustrado um contrato de transporte de materiais da Inglaterra para São Francisco (Estados Unidos). Antes de iniciar o carregamento, o navio chocou-se contra recifes e teve de ficar sete meses parado para reparos. Ao final dos sete meses, o capitão recusou-se a efetuar o transporte, lamentando a alteração das circunstâncias, pois já não era mais primavera – e sim, outono – e os custos e os perigos de navegar nesta estação eram bem mais elevados que naquela. GALLO afirma que o voto do juiz Brett nessa decisão lançou as bases para a mudança de enfoque do fundamento que levava à *frustration*: não seria mais uma condição implícita (tal como em *Taylor v. Caldwell*), mas o fundamento do contrato (*Sopravvenienza contrattuale e problemi di gestione del contratto*. Milano: Giuffrè, 1992, p. 47-51). Entretanto, nesse mesmo caso, outro juiz – Bramwell B. – fundamentou seu entendimento na *implied condition*, ideia mais comum e arraigada na época: "They excuse the shipowner, but give him no right. The charterer has no cause of action, but is released from the charter. When I say, he is, I think both are. The condition precedent has not been performed, but by default of neither. It is as though the charter were conditioned on peace being made between countries A and B, and it was not."

to be done. Assim, caso a manutenção dessas circunstâncias não tenha sido prevista expressamente, o contrato estaria submetido a uma condição implícita de que tais circunstâncias permanecessem ao tempo do cumprimento das prestações.[20]

O recurso à *implied condition* denota os indícios do viés subjetivo pelo qual se iniciou o caminho para a amenização do caráter absoluto das obrigações no direito inglês, pois haveria uma vontade implícita contida no contrato que revelaria a intenção de que a sua execução dependia da permanência de certos fatores. Trata-se de uma ficção, cujas críticas são inteiramente procedentes, porque esse modo de pensar acaba atribuindo à intenção das partes o que elas nem sequer haviam imaginado que pudesse ocorrer.[21]

Essa é a perspectiva da época, de forma que o modo pelo qual se poderia fazer frente à premissa central então vigente – *freedom of contract,* que elevava o contrato ao *status* de "santidade" – deveria ser realizado pelo mesmo elemento que o santificava, qual seja, a vontade das partes.[22]

---

[20] *Taylor v. Caldwell* 3 B & S 826: "Where there is a positive contract to do a thing, not in itself unlawful, the contractor must perform it or pay damages for not doing it, although in consequence of unforseen accidents, the performance of his contract has become unexpectedly burthen- some or even impossible... But this rule is only aplicable when the contract is positive and absolute, and not subject to any condition either express or implied... Where, from the nature of the contract, it appears that the parties must from the beggining have known that could not be fullfilled unless when the time for the fulfillment of the contract arrived some particular specified thing continued, so that, when entering into the contract, they must have contemplated such continuing existence as the foundation of what was to be done; there, in the absence of any express or implied warranty that the thing shall exist, the contract is not to be construed as a positive contract, but as subject to an implied condition that the parties shall be excused in case, before breach, performance becomes impossible from the perishing of the thing without default of the contractor."

[21] Nesse sentido, BESSONE, Mario. *Adempimento e rischio contrattuale.* Milano: Giuffrè, 1975, p. 185-186 e 195-197. Esse viés de reconstrução da vontade das partes foi, em certa medida, inserido no inciso V do § 1º do art. 113 do Código Civil Brasileiro, com a edição da chamada Lei da Liberdade Econômica (Lei nº 13.874/19), ao determinar que a interpretação do negócio jurídico deve atribuir o sentido que "corresponder a qual seria a razoável negociação das partes sobre a questão discutida, inferida das demais disposições do negócio e da racionalidade econômica das partes, consideradas as informações disponíveis no momento de sua celebração."

[22] "The central premise of what was to become the classical period of contract law (one Professor Grant Gilmore would suggest of boring formalism) was 'freedom of contract.' The freedom of autonomous individuals to be able to make bargains as they saw fit (with as

Uma observação bastante interessante a respeito do caráter absoluto da obrigação no *common law* é feita por PAOLO GALLO, o qual desmistifica essa regra e traz à tona uma perspectiva que é dificilmente encontrada na própria doutrina do *commom law*.

A partir do estudo da figura do *bailment* e da obra de POWELL, datada de 1790, GALLO sugere que "existem muitos indícios que nos induzem a deduzir que no curso da Idade Média até o século dezoito, inclusive, pelo menos o *act of God* representasse uma válida *eximente*".[23] Segundo POWELL, primeiro autor inglês a escrever uma obra sobre contratos, a impossibilidade superveniente e o *act of God* consistiam em excludentes válidas para justificar o inadimplemento.[24]

Por que seriam raras as decisões antecedentes a *Paradine v. Jane* que vão ao encontro dos argumentos de GALLO? Ele mesmo responde à questão, dizendo que "na Inglaterra é somente graças ao *Slade's Case* que se reconheceu em termos gerais a figura do contrato consensual bilateral (*a promise for a promise*). Anteriormente, o problema da superveniência contratual nem mesmo poderia ser colocado enquanto as transações se fundavam sobre um do ut des, ou sobre um do ut facias".[25]

---

little intervention from the state as possible) squarely placed the formation of contract ex nihilo in their will. That freedom of contract, as evolved in the spirit of laissez-faire, has found repeated expression in extant case law, and has had an impact on contract law in its tendency to overstress the importance of the 'intention of the parties', that is, jus dispositivum – to use the phrase of the Romans.(...) The idea that contractual obligations arise from the will of the individual, determined subjectively, dominated the earlier part of the nineteenth century and persisted well into the latter part of the century, and has some advocates even today" (SHARMA, K. M. From "sanctity" to "fairness": An uneasy transition in the law of contracts? *Lexis Nexis – New York Law Journal of International & Comparative Law*, v. 18, 1999, p. 95 e ss).

[23] Tradução livre do excerto: "Vero è che vi sono molti indizi i quali ci inducono a ritenere che nel corso di tutto l'evo intermedio fino al diciottesimo secolo incluso, per lo meno l'act of God rappresentasse una valida scusante" (GALLO, Paolo. *Sopravvenienza...*, p. 28). A respeito do *bailment* e da obra de POWELL, conferir p. 30-31.

[24] GALLO, Paolo. *Sopravvenienza...*, p. 31.

[25] Tradução livre do seguinte trecho: "(...) in Inghilterra è solo grazie allo Slade's Case che si è giunti a riconoscere in termini generali la figura del contratto consensuale bilaterale (a promise for a promise). In precedenza il problema della sopravvenienza contrattuale neppure poteva porsi in quanto le transazioni si fondevano su di un du ut des, o su di un do ut facias; (...)." GALLO, Paolo. *Sopravvenienza...*, p. 32. CORBIN explica que, dois séculos depois que os acordos bilaterais se tornaram exigíveis, as promessas mútuas, na ausência de condição expressa, eram entendidas como mutuamente independentes, de modo que a impossibilidade

Além disso, GALLO explica que a decisão prolatada no caso *Paradine v. Jane* amolda-se à natureza particular dos contratos em que se concede o gozo de um terreno nos países de *commom law*, segundo a qual o concedente não é obrigado a garantir o gozo do bem, mas o concessionário está obrigado a pagar o preço mesmo nos casos de completa destruição ou imprestabilidade da coisa locada.[26]

A doutrina anglo-americana no século XIX, entretanto, ainda era dominante em firmar o caráter absoluto da obrigação, o que se deve muito pela influência de CHITTY, o primeiro autor inglês a pregar essa regra na obra *The law of contracts*, publicada em 1826.[27]

Após uma análise cuidadosa, GALLO aponta que, na maior parte dos casos, a impossibilidade superveniente constituía uma válida eximente, consubstanciada, na prática, por meio de situações de (1) destruição do bem, (2) morte da pessoa, (3) ilegalidade superveniente, (4) *bailment*, (5) *covenants*, (6) *common carries*, (7) *inkeepers*. No entanto, também havia situações consagradas nas quais a impossibilidade superveniente não constituía uma válida eximente, entre elas a locação, a empreitada, as obrigações genéricas e todos os casos confusos e duvidosos em que os Tribunais entendiam por aplicar a regra *pacta sunt servanda*.[28] Esse é o real panorama apresentado por GALLO após as depurações acerca da ideia da força absoluta da obrigação desde a sua gênese até os seus desdobramentos com o decorrer dos anos.

A partir do *leading case Taylor v. Caldwell*, a doutrina da *frustration* entrou em um período de crescimento, aplicando-se para resolver problemas tanto de impossibilidade da prestação como de impossibilidade de se alcançar o objetivo do contrato.

Representando a *fattispecie* da impossibilidade de alcançar a finalidade do contrato, encontramos os casos da coroação, sendo os precedentes

---

não era admissível como defesa. O aumento da característica bilateral dos acordos comerciais fez que a regra da independência mútua das promessas entrasse em conflito com os usos e práticas da época. Depois de muito trabalho por parte dos juízes, em especial de Lord Mansfield, mudou-se o pensamento. O método da *implied condition* foi bastante utilizado nessa quebra de paradigma. (CORBIN, Arthur L. Frustration of contract in the United States of America. *Heinonline – 29 J. Comp. Legis. & Int'l. L.*, 3d., 1947, p. 3).

[26] GALLO, Paolo. *Sopravvenienza...*, p. 33.

[27] GALLO, Paolo. *Sopravvenienza...*, p. 37, 40 e 43.

[28] GALLO, Paolo. *Sopravvenienza...*, p. 45.

Krell v. Henry e *Herne Bay Steam Boat Co. v. Hutton* os seus mais conhecidos exemplos.

No primeiro deles – *Krell v. Henry* –, em decorrência da coroação do rei Eduardo VII, Henry celebrou com Krell um contrato de locação de algumas salas em Pall Mall (Londres) que possuíam janelas para a rua onde passaria o desfile da coroação nos dias 26 e 27 de junho de 1902. O locador Krell anunciou nas janelas do prédio que as estava alugando para a visualização da coroação real e pediu a quantia de 75 libras, sendo 25 libras pagas antecipadamente. O rei adoeceu e não se realizou o desfile da coroação. Em 1903, o locador ajuizou ação para haver o valor da locação, mas a sentença de primeiro grau julgou a favor do réu, aduzindo, ainda, que ele (locatário) tinha o direito de recuperar as 25 libras pagas antecipadamente. O locador apelou, mas seu recurso não foi provido pelo juiz Vaughan Williams.[29] As perguntas que esse juiz fez para saber se as partes deveriam ser liberadas de suas obrigações em razão do evento superveniente ocorrido eram: 1º) O que, tendo em conta todas as circunstâncias, era o fundamento do contrato? 2º) O cumprimento do contrato

---

[29] Assim entendeu o julgador: "I do not think that the principle of the civil law as introduced into the English law is limited to cases in which the event causing the impossibility of performance is the destruction or non-existence of something which is the subject-matter of the contract or of some condition or state of things expressly specified as a condition of it. I think that you first have to ascertain, not necessarily from the terms of the contract, but if necessary from necessary inferences, drawn from surrounding circumstances recognized by both contracting parties, what is the substance of the contract, and then to ask the question whether that substancial contract needs for its foundation the assumption of the existence of a particular state of things. If it does, this will limit the operation of the general words, and in such case if the contract becomes impossible of performance by reason of the non-existence of the state of things assumed by both contracting parties, as the foundation of the contract, there will be no breach of the contract thus limited (...) the plaintiff exhibited on his premises, third floor, 56A, Pall Mall, an announcement to the effect that the windows to view the royal coronation processions were to be let, and that the defendant was induced by the announcement to apply to the housekeeper on the premises, who said the owner was willing to let the suite of rooms for the purpose of seeing the royal procession for both days, but not nights, of June 26 and 27. In my judgment, the use of the rooms was let and taken for the purpose of seeing the royal processions (...). It was a license to use rooms for a particular purpose and none other. And in my judgment the taking place of those processions on the days proclaimed along the proclaimed route, which passed 56A, Pall Mall, was regarded by both contracting parties as the foundation of the contract (...)" (WHEELER, Sally; SHAW, Jo. *Contract law*. Cases, materials and commentary. Oxford: Clarendon Press, 1996, p. 739-740).

O DIREITO INGLÊS: A ORIGEM DO INSTITUTO DA *FRUSTRATION*

foi impedido? 3º) O evento que impediu o cumprimento do contrato foi de tal característica que razoavelmente se pode dizer que não foi contemplado pelas partes na data de sua celebração?[30] Sendo afirmativas as respostas a todas essas perguntas, ambas as partes deveriam ser liberadas da execução do contrato, pois o evento que acarretou a frustração não foi antecipado (previsto) pelas partes (e também não poderia sê-lo) e constituía fundamento (base) do contrato.

Noutro conhecido caso da coroação, *Herne Bay Steam Boat Co. v. Hutton* (1903), também era objeto da discussão um contrato de locação de uma embarcação para que o locatário (um empresário) pudesse levar os interessados para assistir à revista da frota que ocorreria em 28 de junho de 1902 em decorrência da coroação do rei Eduardo VII, bem como para fazer um passeio pela região e à Ilha de Wight. Tendo em vista o adoecimento do rei, a revista foi cancelada. O locador demandou o locatário para receber o valor da locação do barco (200 libras). O locatário defendeu-se, oferecendo reconvenção para que lhe fosse restituído o valor de 50 libras já depositadas. O locatário foi vencedor em primeiro grau, mas perdeu a ação no Tribunal.

O principal fundamento para que o precedente *Herne Bay Steam Boat Co. v. Hutton* não tivesse a mesma solução adotada em *Krell v. Henry* foi o de que assistir à revista naval não era um objetivo que constituía *foundation of the contract* para ambas as partes, tal qual verificado em *Krell v. Henry*.[31] Isso foi justificado pelo juiz Vaughan Williams e ratificado por Romer, com o argumento de que a embarcação foi locada para assistir à revista naval, passear pela região e, ainda, transportar as pessoas a uma festa que ocorreria na Ilha de Wight. Era bastante comum o aluguel de embarcações

---

[30] WHEELER, Sally; SHAW, Jo. *Contract law*, p. 740-741.

[31] Vaughan Williams LJ: "The defendant when hiring this boat had the objective in view of taking people to see the Naval Review, and on the next day of taking them round the fleet and also round the Isle of Wight. But it does not seem to me that, because those purposes of the defendant become impossible, it is a legitimate inference that the happening of the Naval Review was contemplated by both parties as the foundation of the contract, so as to bring the case within the doctrine of Taylor v. Caldweel. On the contrary, when the contract is properly considered, I think that the purposes of the defendant, whether of going to the review or going round the fleet or the Isle of Wight with a party of paying guests, do not make those purposes the foundation of the contract within the meaning of Taylor v. Caldweel" (WHEELER, Sally; SHAW, Jo. *Contract law*, p. 741).

para passear pela região, sendo muito provável que o locador não tivesse tido em conta o objetivo do locatário de proporcionar aos seus clientes a observação da revista naval. Além disso, os objetivos de passear pela região e ir até a Ilha de Wight ainda poderiam ser alcançados, o que leva alguns autores[32] a interpretarem que não houve uma completa *failure of consideration*[33] ou mesmo uma total privação do objeto de sua *bargain*.

A mesma flexibilização pela qual passou a *rule of absolute liability* na Inglaterra verificou-se nos Estados Unidos, onde foi adotada a orientação em termos de *impossibility (Taylor v. Caldwell)* e de *frustration of purpose (Krell v. Henry)*, ambas originárias do direito inglês. Alguns julgamentos americanos expandiram o leque de circunstâncias nas quais era permitida a liberação das partes da execução de suas obrigações.[34]

Apontado como *leading case* nessa diretriz extensiva[35] é o precedente da *California Supreme Court* (1916), *Mineral Park Land Co. v. Howard*, por meio do qual se passou a empregar nos Estados Unidos o termo *impracticability*,[36] introduzindo o princípio pelo qual também um incremento muito elevado nos custos poderia representar um limite válido à eficácia vinculante do contrato.

Tratava-se de um contrato entre um empresário que iria construir uma ponte e o dono de uma jazida de cascalho que lhe permitiria extrair esse material em contraprestação de um certo valor. O empresário extraiu todo o cascalho da superfície, mas se recusou a extrair o que estava abaixo do nível da água em razão de o custo ser dez vezes superior ao normal. O dono

---

[32] BROWSNWORD, Roger. Towards a rational law of contract. In: WILHELMSSON, Thomas (Ed.). Perspectives of critical contract law. Aldershot, Dartmouth, 1993, p. 241-247 *apud* WHEELER, Sally; SHAW, Jo. *Contract law*, p. 742.

[33] Sobre a consideration, *vide* item 3.3 deste Capítulo.

[34] SMYTHE, Donald J. Bounded rationality, the doctrine of impracticability, and the governance of relational contracts. *Lexis Nexis – Southern California Interdisciplinary Law Journal*, v. 13, Spring 2004, p. 227 e ss.

[35] GALLO, Paolo. *Sopravvenienza...*, p. 168-169; SMYTHE, Donald J. Bounded rationality..., p. 227 e ss.

[36] Alguns autores valem-se do termo *commercial impossibility* (ROBERTS, Thomas. Commercial impossibility and frustration of purpose: a critical analysis. *Heinonline – Canadian Journal of Law and Juris- prudence*, vol. XVI, n. 1, Jan. 2003, p. 129-146) e outros da expressão *commercial impracticability* (HUBBARD, Steven W. Relief from burdensome long-term contracts: commercial impracticability, frustration of purpose, mutual mistake of fact, and equitable adjustment. *Heinonline – Missouri Law Review*, v. 47, 1982, p. 83-92).

O DIREITO INGLÊS: A ORIGEM DO INSTITUTO DA *FRUSTRATION*

da jazida exigiu o cumprimento do contrato, mas a decisão foi favorável ao empresário, aplicando-se a tese de que um aumento considerável do custo é legítimo fundamento para extinguir o contrato, ante a configuração da *impracticability.*

Não obstante a duvidosa exatidão do mérito da decisão – pois o caso parecia enquadrar-se mais na hipótese de erro –, o fato é que esse precedente é importante porque quebra a tradição do *commom law* de que um mero incremento do custo não permite a liberação das partes do contrato.

O uso da nova expressão justificava-se, também, ante a relatividade do termo "impossibilidade", para cuja configuração depende-se do estado tecnológico e da condição específica de cada pessoa. Assim, supondo--se que o locador no caso *Taylor v. Caldwell* tivesse muitos recursos para utilizar nos consertos necessários à recuperação do imóvel, a ponto de deixá-lo apto para a realização dos concertos organizados pelo locatário, não estaríamos mais diante de um exemplo de impossibilidade.[37] O mesmo se diga em relação às hipóteses de incremento no custo da prestação,[38] conhecida no *civil law* por excessiva onerosidade, na qual não há propriamente impossibilidade, mas extrema dificuldade no cumprimento. Diante disso, a tendência, nos Estados Unidos, foi de abandonar o termo *impossibility* em benefício da *impracticability.*[39]

O célebre caso julgado em 1980 pela *United States District Court for the Western District of Pennsylvania, Aluminium Company of America v. Essex Group*, também foi resolvido em favor da parte prejudicada por uma fórmula de preço que se mostrou antieconômica com o recurso à *commercial impracticability*, em conjunto com a *frustration of purpose* e o *mutual mistake of fact.*[40]

Mesmo após o reconhecimento da *impracticability*, a doutrina admite que a tradição ainda é representada pela regra da manutenção da responsabilidade nos casos de mero incremento no custo, não tendo o *Mineral*

---

[37] TREITEL, G. H. *The law...*, p. 662.

[38] "When contractual obligations become more onerous than expected, parties may plead frustration. This investigation addresses two specific types of frustration, namely commercial impossibility and frustration of purpose" (ROBERTS, Thomas. *Commercial...*, p. 129).

[39] TREITEL, G. H. *The law...*, p. 662.

[40] Para uma análise detalhada do julgamento, *vide* HUBBARD, Steven W. Relief..., *passim.*

Park Land Co. v. Howard muitos seguidores.[41] Prova disso foi o caso *Davis Contractors Ltd. v. Fareham U.D.C.* (1956), no qual os contratantes pactuaram a construção de 78 casas para a autoridade local, a serem feitas em oito meses, por um preço de £ 94.000 libras esterlinas. Em razão da escassez de mão-de-obra, o trabalho demorou 22 meses a um custo de £ 115.000 libras esterlinas, motivo pelo qual foi argumentado que o contrato *had been frustrated* e que deveria ser paga uma remuneração extra. O pedido foi negado pela *House of Lords*, por não ter ocorrido uma mudança fundamental das circunstâncias, estando os eventos que acarretaram o atraso dentro das probabilidades comerciais ordinárias do negócio[42]. O mesmo entendimento foi amplamente adotado nos diversos julgamentos envolvendo o fechamento do Canal de Suez, resolvidos com o fundamento de que um aumento nas despesas não é caso de *frustration*.[43]

Pode-se dizer que, a partir da metade do século XIX, a flexibilização do cunho absoluto da obrigação já estava bem absorvida pelo *commom law*, embora ainda se possa observar a relutância dos Tribunais em adotar a flexibilização ou a divergência a seu respeito em algumas situações.

As fontes norte-americanas, em especial o *Uniform Commercial Code* (U.C.C.), o *Restatement, Contracts* (1932) e o *Restatement (Second) of Contracts* (1981) consagraram o acolhimento das diversas vertentes pelas quais a doutrina da *frustration* revelava-se, observando-se uma devoção maior à *impracticability*. HUBBARD comenta que os dispositivos do U.C.C. e do *Restatement (Second) of Contracts* foram projetados para amenizar a cautela – ou relutância – dos Tribunais americanos em

---

[41] GALLO, Paolo. *Sopravvenienza...*, p. 169. SMYTHE aponta que a tendência, em termos de princípios legais aceitos pelas Cortes e/ou incorporados pelas leis de jurisdições particulares, é claramente a de expansão das hipóteses de liberação do devedor diante de eventos supervenientes. Contudo, não vê essa tendência com a mesma clareza na jurisprudência, afirmando que casos como *Mineral Park* não foram extremamente seguidos: "The trend in the black letter law, at least, has clearly been expansion of the ground on which excuse will be granted. It is not all clear, however, that this has been the trend in case law. Cases such as Mineral Park have not been widely followed" (SMYTHE, Donald J. Bounded rationality..., p. 227 e ss.).

[42] "Lord Radcliffe said: 'It is not hardship or inconvenience or material loss itself which calls the principle of frustration into play. There must be as well such a change in the significance of the obligation that the thing undertaken would, if performed, be a different thing from that contracted for'" (TREITEL, G. H. *The law...*, p. 663).

[43] TREITEL, G. H. *The law...*, p. 660 e 663.

O DIREITO INGLÊS: A ORIGEM DO INSTITUTO DA *FRUSTRATION*

admitir a liberação do devedor quando a prestação torna-se meramente *impraticable*.[44]

O direito inglês exerceu influência decisiva para o tratamento da matéria nos Estados Unidos[45]. CORBIN reconhece que a Seção 288, que tratava da frustração do fim do contrato no *Restatement, Contracts*, foi projetada com base nos casos ingleses e em seus fundamentos, sendo até mesmo citados como ilustração o precedente *Krell v. Henry* e outra decisão de Nova York que seguiu esse entendimento.[46]

A Seção 288 do *Restatement, Contracts*[47] era o maior reconhecimento da *frustration* nos Estados Unidos, o que provocou algumas reações contrárias, como a manifestada de forma contundente por ANDERSON em artigo publicado em 1953, no qual sustentava que se tratava de uma teoria rejeitada.[48]

---

[44] HUBBARD, Steven W. Relief, p. 84.

[45] Referindo-se ao problema da *frustration* sob diversos pontos de vista com base nos quais é fundamentada, ao mencionar a *foundation of the contract* como uma de suas vertentes, explica: "The doctrine, received from English Law and embodied in the Restatement, has found judicial acceptance as well as rejection" (SMIT, Hans. Frustration..., p. 308).

[46] CORBIN, Arthur. Frustration..., p. 4.

[47] "Frustration of the Object or Effect of the Contract.
Where the assumed possibility of a desired object or effect to be attained by either party to a contract forms the basis on which both parties enter into it, and this object or effect is or surely will be frustrated, a promisor who is without fault in causing the frustration, and who is harmed there- by, is discharged from the duty of performing the promise unless a contrary intention appears.

[48] ANDERSON, Arthur. Frustration of contract – a rejected doctrine. *Heinonline – De Paul Law Review*, v. III, n. 1, Autumn-Winter, 1953, p. 1-22. Para a defesa de sua tese, o autor baseia-se em uma análise estatística da jurisprudência, dividindo-a em casos anteriores e posteriores ao *Restatement, Contracts*. Além disso, narra como teria sido o processo de elaboração da Seção 288 e sustenta que, se os projetistas tivessem atentado para o cenário jurisprudencial da época, teriam omitido a teoria. Apesar da persuasão com que expõe sua pesquisa e a pretensa exatidão dos dados estatísticos, percebe-se que algumas decisões citadas por CORBIN em seu artigo datado de 1947, contemporâneas às envolvidas nas pesquisas realizadas por ANDERSON, não foram computadas no trabalho. Dessa forma, o trabalho de ANDERSON carece de credibilidade e torna duvidosa a conclusão exposta de que a *frustration* era uma teoria rejeitada na época. Além disso, em 1958, o próprio HANS SMIT criticou ANDERSON nesse ponto, afirmando que a teoria era legalmente relevante (Frustration..., p. 309). Há uma diferença significativa entre ser uma teoria rejeitada e não ter aceitação unânime nos Tribunais, o que ocorria na realidade.

A verdade é que nunca se tratou de uma teoria dotada de unanimidade doutrinária e jurisprudencial. Além disso, a própria redação do § 288 dava margem para interpretações amplas e subjetivas a respeito do que seria o objeto ou o efeito desejado pela parte com o contrato, bem como o seu enquadramento como fundamento do negócio admitido por ambos os contratantes.[49]

Se a *frustration*, de fato, fosse uma teoria rejeitada, não teria sido mantida no *Restatement (Second) of Contracts*, editado em 1981, seja na forma de *commercial impracticability* (§ 261), seja como *frustration of purpose* (§ 265)[50]

Há uma pequena mudança de enfoque entre a redação do § 288 do primeiro *Restatement* e o § 265 do segundo. A parte final deste revela que seus elaboradores procuraram evitar a expressão *intention* (intenção) como impeditiva da decretação da *frustration of purpose*, substituindo-a pela "linguagem e circunstâncias" que circundam o contrato. Não há dúvida de que a última redação é menos subjetiva, embora o principal objetivo do contratante e a assunção de que a ocorrência ou inocorrência de um evento era um fator básico do contrato deixem margens para interpretações subjetivas.[51]

Lembremos, ainda, que, antes do *Restatement (Second) of Contracts*, havia a disposição da matéria igualmente no § 2-615(a) do U.C.C.[52]

---

[49] NICHOLAS WEISKOPF sustenta que a Seção 288 do *Restatement, Contracts* trouxe mais dúvidas do que respostas (Frustration of contractual purpose: doctrine or myth? *Heinonline – St. John's Law Review*, v. 70, p. 239-272, 1996).

[50] "§ 265. Where, after a contract is made, a party's principal purpose is substantially frustrated without his fault by the occurrence of an event the nonoccurrence of which was a basic assumption on which the contract was made, his remaining duties to render performance are discharged, unless the language or the circumstances indicate the contrary."

[51] Mesmo assim, é de se destacar o comentário de CORBIN em relação ao § 288 no sentido de que a Corte somente poderia descobrir se determinado objeto ou efeito desejado foi tomado como "*basis*" do contrato a partir das práticas e dos usos do "homem em geral", pois, na realidade, as partes não tinham disposto nada sobre a matéria. Em outras palavras, como o homem médio, de boa-fé (objetiva), teria entendido a contratação de acordo com as circunstâncias e os usos e costumes da época. O espírito do pensamento de CORBIN, aliado a outros fatores, parece ter influenciado a nova redação constante no § 265 do *Restatement (Second) of Contracts*.

[52] "2-615(a). Delay or non-delivery in whole or part by a seller who complies with paragraphs (b) and (c) is not a breach of his duty under a contract for sale if performance as agreed has been made impracticable by the occurrence of a contingency the non-ocurrence of which was a basic assumption on which the contract was made or by compliance in good faith with

Podemos observar que existe uma semelhança muito grande na redação dos dispositivos do § 261 do *Restatement (Second) of Contracts* e do § 2-615 do U.C.C., o que se justifica pela inspiração daquele na versão do U.C.C., conforme se constata pelos próprios comentários do § 261.[53]

No que se refere à *impracticability*, a interpretação do U.C.C. e do *Restatement (Second) of Contracts* é no sentido de não dar proteção, como regra, aos casos de mero incremento do custo, a menos que signifique uma alteração radical do contrato, uma modificação em sua substância[54-55]. O mesmo verifica-se no comentário "d" ao § 261 do *Restatement (Second) of Contracts*, no qual se lê que "uma mera mudança no grau de dificuldade ou despesa devido a causas como aumento de salários (e acessórios), preço de matéria-prima, ou custo de construção, a menos que dentro de um limite normal, não enseja a *impracticability*...".[56]

Mesmo diante da "positivação" das hipóteses de *frustration*, ela ainda continua sendo motivo de grandes debates e de cuidadosa análise caso a caso. GALLO admite que as Cortes americanas têm seguido pouco a linha evolutiva evidenciada no *Restatement (Second)* e no U.C.C.[57]

Contribuindo para o debate, existem as teses de análise econômica do direito, em especial de Richard POSNER, segundo o qual o risco

---

[53] HUBBARD, Steven W. Relief..., p. 84.

[54] Uma proposta de definição do que seja "mudança radical do contrato" é encontrada em ROBERTS, Thomas (Commercial impossibility..., p. 129 e ss.).

[55] O próprio comentário 4 ao § 2-615 do U.C.C. concretiza essa orientação: "Increased cost alone does not excuse performance unless the rise in the cost is due to some unforseen contingency which alters the essential nature of the performance. Neither is a rise or a collapse in the market in itself a justification, for that is the exactly the type of business risk which business contracts are intended to cover. But a severe shortage of raw materials or of supplies due to a contingency such as war, embargo, local crop failure, unforeseen shutdown of major sources of supply and the like, which either causes a marked increase in cost altogether prevents the seller from securing supplies necessary to his performance is within the contemplation of this section."

[56] Tradução livre: "a mere change in the degree of difficulty or expense due to such causes as increased wages, price of raw materials, or cost construction, unless well beyond the normal range, does not amount to impracticability...".

[57] "Vero è che le Corti americane hanno seguito assai poco le linee evolutive evidenziate da Restatement e dallo UCC" (GALLO, Paolo. *Sopravvenienza...*, p. 215).

decorrente do aumento dos custos de execução deve gravar o *best risk bearer*, ou seja, o sujeito que está em maior grau de, eventualmente, prevenir-se contra a não utilidade superveniente, ou, alternativamente, sobre o sujeito que esteja em maiores condições de absorver e distribuir o risco, fazendo as vezes de segurador ou mediante a conclusão de contrato de seguro.

Nesse mesmo sentido concluem ANDREW KULL[58] e NICHOLAS WEISKOPF,[59] este defendendo que a aceitação do não-cumprimento do contrato pela frustração de seu fim vai de encontro aos anseios da segurança contratual e aos usos comerciais da alocação dos riscos.[60]

Esse é o cenário da evolução do tema da alteração das circunstâncias no *commom law*, havendo, ainda, outra tendência a encarar esses problemas como uma questão de alocação dos riscos contratuais, como poderemos observar no decorrer deste trabalho.

3. A abrangência da *frustration*: *impossibility*, *impracticability* e *frustration of purpose*

O estudo da evolução do tema da alteração das circunstâncias no *common law* dá conta do caráter geral da doutrina da *frustration*, açambarcando situações de impossibilidade e ilegalidade supervenientes, de excessiva onerosidade e de frustração do fim do contrato. O termo *frustration*, por si só, é polissêmico.

Essa percepção é importante para podermos particularizar o objeto de estudo da presente obra, bem como localizá-lo, posteriormente, dentro do sistema jurídico brasileiro, de modo a evitar superposição com outros institutos ou teorias.

A doutrina da *frustration* abrange, de modo geral, três casos que, nos sistemas de origem romano-germânica, são conhecidos por impossibilidade da prestação (*impossibility*), excessiva onerosidade (*impracticability*) e frustração do fim do contrato (*frustration of purpose*).

---

[58] KULL, Andrew. Mistake, frustration, and the windfall principle of contract remedies. *Heinonline – Hastings Law Journal*, v. 43, Nov.1991, p. 1-56.

[59] WEISKOPF, Nicholas R. Frustration..., *passim*.

[60] A pretensa segurança jurídica é – e talvez sempre será – o argumento que sempre procurou impedir qualquer margem de interpretação que vise à manutenção do equilíbrio do contrato e busque a justiça contratual.

3.1. *Impossibility*

A partir do já citado caso *Taylor v. Caldwell*, flexibilizou-se a regra da responsabilidade absoluta no *common law* a fim de reconhecer que, quando o cumprimento da prestação se torna impossível, as partes podem liberar-se de suas respectivas obrigações.

Transportando-a para o nosso ordenamento jurídico, a *impossibility* teria base legal nos arts. 234,[61] 238,[62] 239,[63] 248,[64] 250[65] e 256,[66] todos do novo Código Civil. Na impossibilidade superveniente, enquadram-se os seguintes acontecimentos:[67]

a) destruição do objeto: o exemplo mais citado é o *Taylor v. Caldwell*, no qual o imóvel em que ocorreria o concerto foi inutilizado pelo incêndio;

b) morte, incapacidade: aplica-se aos contratos *intuitu personae*, seja em relação àquele que deve efetuar a prestação ou recebê-la. Assim, considera-se frustrado: (1) o contrato de trabalho cujo empregado foi preso (*F. C. Shepherd & Co. Ltd. v. Jerrom* – 1986); (2) o contrato para escrever um livro cujo autor foi acometido por insanidade superveniente; (3) o contrato de prestação de serviços cuja continuidade em sua execução acarretará sérios riscos à saúde do contratante (*Condor v. The Barron Knights Ltd.* – 1966); (4) o contrato para receber aulas de dança cujo aluno sofreu sério

---

[61] "Art. 234. Se, no caso do artigo antecedente, a coisa se perder, sem culpa do devedor, antes da tradição, ou pendente a condição suspensiva, fica resolvida a obrigação para ambas as partes; se a perda resultar de culpa do devedor, responderá este pelo equivalente e mais perdas e danos."

[62] "Art. 238. Se a obrigação for de restituir coisa certa, e esta, sem culpa do devedor, se perder antes da tradição, sofrerá o credor a perda, e a obrigação se resolverá, ressalvados os seus direitos até o dia da perda."

[63] "Art. 239. Se a coisa se perder por culpa do devedor, responderá este pelo equivalente, mais perdas e danos."

[64] "Art. 248. Se a prestação do fato tornar-se impossível sem culpa do devedor, resolver-se-á a obrigação; se por culpa dele, responderá por perdas e danos."

[65] "Art. 250. Extingue-se a obrigação de não fazer, desde que, sem culpa do devedor, se lhe torne impossível abster-se do ato, que se obrigou a não praticar."

[66] "Art. 256. Se todas as prestações se tornarem impossíveis sem culpa do devedor, extinguir-se-á a obrigação."

[67] Tomaremos por base a classificação exposta por TREITEL, G. H. *The law...*, p. 652-665.

acidente e não pode mais dançar (*Parker v. Arthur Murrray Inc.* – 1973);

c) indisponibilidade: aplica-se aos casos nos quais a pessoa ou o objeto essenciais para o objetivo do cumprimento da obrigação, embora não deixem de existir ou não estejam definitivamente incapacitados, tornam-se indisponíveis para esse objetivo. Enquadram-se aqui os exemplos de expropriação, apropriação ou requisição superveniente do bem móvel ou imóvel por entidades governamentais ou por inimigos de guerra (*Bank Line Ltd. v. Arthur Capel & Co.*[68] – 1919; *Exploration (Lybia) v. Hunt*[69] – 1982), bem como os casos nos quais o contratante está acometido por doença prolongada ou foi recrutado pelo serviço militar (*Notcutt v. Universal Equipment Co. (London) Ltd.* – 1986; *Morgan v. Manser* – 1948). A mesma ideia foi aplicada para liberar o vendedor que, por força da guerra, não pôde entregar as mercadorias no prazo avençado e, ao final do período da guerra, com o cenário fático completamente alterado, teve exigida pelo comprador a sua entrega (*Acetylene Co. of G.B. v. Canadá Carbide Co.* – 1922). O atraso indefinido no cumprimento, em virtude da guerra, levou a declarar frustrado o contrato de construção de um reservatório (*Water Board v. Dick, Kerr & Co.* – 1918);

d) falha de uma fonte/origem particular: quando o contrato prevê que os objetos serão obtidos de uma fonte específica (*v.g.*, milho de um determinado milharal; mercadoria importada de um país específico, etc.), o esgotamento dela, sem culpa de nenhuma das partes, pode ensejar a frustração do contrato.[70] Em *Howell v. Coupland* (1876), um fazendeiro vendeu 200 toneladas de batatas que seriam colhidas de uma propriedade específica mencionada no contrato; a colheita teve problemas e o contrato foi declarado frustrado, sem que o fazendeiro precisasse indenizar os prejuízos do comprador. Se não foi mencionada no contrato a origem dos objetos e somente um dos contratantes pretendia que fosse de uma específica origem,

---

[68] Caso de requisição pelas autoridades do Governo de um navio fretado.

[69] Caso da expropriação pelo governo local de um campo petrolífero explorado por dois contratantes.

[70] Apesar da separação didática feita por TREITEL, os casos aqui retratados poderiam ser enquadrados naqueles de indisponibilidade.

não se reconhece a *frustration*: assim, se o vendedor tinha em mente colher os frutos de uma propriedade "x" (sem que o comprador soubesse)[71] ou se o comprador pagaria a compra com recursos de uma fonte "y" (sem que o vendedor tivesse conhecimento),[72] o contrato não será tido por frustrado. Por fim, em casos de "falha" parcial da fonte, abrem-se três possibilidades: i) obrigação de cumprir só da parte que não foi atingida pela "falha"; ii) liberação do devedor nos casos em que o cumprimento da parte não atingida pela falha seja tão pequeno que se revela antieconômico; iii) permissão do comprador para não aceitar o cumprimento parcial.

e) modo de execução impossível: se o contrato prevê um modo de execução específico e exclusivo, o qual se impossibilita, pode ser reconhecida a *frustration* (*Nicholl & Knight v. Ashton Edridge & Co.*). Não sendo previsto esse caráter exclusivo do modo de execução, a tendência dos Tribunais é não reconhecer a *frustration*, em especial pelos inúmeros exemplos decorrentes do fechamento do Canal de Suez em 1956 e em 1967. Nesses casos, mesmo com o desvio pelo Canal da Boa Esperança importa uma viagem duas vezes e meia mais longa, essa diferença não foi considerada fundamental para permitir a liberação das partes (*Tsakiroglou & Co. Ltd. v. Noblee Thor GmbH* – 1962).

O traço fundamental da *impossibility* é que a prestação tal qual ajustada não pode mais ser definitivamente cumprida, ainda que as partes estejam dispostas a suportar um custo maior.

Diversa é a situação da frustração do fim do contrato, em que as prestações são plenamente possíveis, conforme veremos a seguir.[73]

---

[71] *Blackburn Bobbin Co. Ltd. v. T.W. Allen Ltd.* (1977).

[72] *Universal Corp. v. Five Ways Properties Ltd.* (1979).

[73] "Before proceeding, it will be desirable to mention two usages of the word 'frustate', which appear in the law elsewhere than in connection with the doctrine of frustration of contract. The first of these is to speak of a contract as 'frustrated' when actually has occurred is that performance has become impossible. This usage is inaccurate because the concepts of frustration of contract and impossibility of performance are mutually in opposition: the situation where a defendant claims the defense of frustration is where performance by him is fully possible but the exchange has become undesirable-exactly as in the Coronation Cases" (ANDERSON, Arthur. Frustration of contract, p. 3-4).

3.2. *Impracticability*

A terminologia *impracticability* surgiu nos Estados Unidos como reação à relatividade do termo *impossibility* e como uma maneira de expandir o campo de incidência da doutrina da *frustration*.[74]

Sua origem está vinculada ao precedente *Mineral Park Land Co. v. Howard* (1916), no qual foi concluído que, embora o cumprimento não tivesse se tornado impossível, somente poderia ser realizado com um excessivo e não razoável custo.

A *impracticability* inclui extrema e não razoável dificuldade, despesa, ofensa ou perda para uma das partes.[75] Comparando com os ordenamentos jurídicos de origem romano-germânica, o termo corresponderia à excessiva onerosidade, mas requer, indispensavelmente, que haja uma transformação de tal magnitude que, se o contrato fosse cumprido, seria algo diferente daquilo que fora contratado.

Deve haver, pois, uma mudança essencial na natureza do contrato. O mero incremento de custos não enseja a declaração da *frustration* em sua vertente da *impracticability*. Foi o que restou assentado em *Davis Contractors Ltd. v. Fareham* (1956)[76] e nos julgamentos relativos ao fechamento do Canal de Suez. Igualmente, é o que estabelece o Comentário 4 ao § 2-615 do U.C.C., bem como o comentário "d" ao § 261 do *Restatement (second) of Contracts*.[77]

Os requisitos da *impracticability* são, portanto:

a) evento superveniente inesperado e não causado por quem o alega, cuja não-ocorrência era uma *basic assumption*[78] sobre a qual se

---

[74] TREITEL, G. H. *The law...*, p. 662; SMYTHE, Donald J. *Bounded rationality...*, p. 227 e ss.).

[75] TREITEL, G. H. *The law...*, p. 662.

[76] Já relatado no item 2 deste Capítulo.

[77] Reproduzimos o teor desses comentários no item 2 deste Capítulo.

[78] A *basic assumption* seria análoga à base do negócio em sentido objetivo, e não subjetivo. A doutrina adverte que "a finding that the nonoccurrence of a particular event was a basic assumption on which the contract was made does not depend on whether the parties consciously thought about the event at the time the contract was made. The courts, although their exact method of analysis is unclear, consider factors such as foreseeability of the event or contingency, assumption of risk, and allocation of risk as important in determining the basic assumptions of the parties." (HUBBARD, Steven W. *Relief...*, p. 87). Esse teste da *basic assumption* é chamado por SMYTHE de teste objetivo da previsibilidade (*objective foreseeability*

assentava o contrato; demonstração da *impracticability* acarretada pelo evento, não bastando o mero incremento de custos.

Esses requisitos em nada se igualam aos da frustração do fim do contrato, pois nesta não há alteração na dificuldade ou onerosidade no cumprimento da prestação[79].

3.3. *Frustration of purpose*

Outra forma de manifestação da *frustration* é a *frustration of purpose*, a qual não se confunde com as demais já estudadas. É tipicamente a frustração do fim do contrato investigada neste livro.

Ela difere da impossibilidade superveniente porque as prestações são passíveis de execução e distingue-se da *impracticability* porque não há alteração no valor monetário dos deslocamentos patrimoniais – ocorre simplesmente a perda de sentido da prestação; o fato superveniente faz com que a prestação não tenha mais nenhuma razão de ser, pois a finalidade para qual se destinava tornou-se estéril. Já vimos que os exemplos clássicos da frustração do fim do contrato, que se confundem com a própria gênese da doutrina, são extraídos dos casos da coroação.

---

test), autor que concorda com HUBBARD em ser essa interpretação mais consistente do que a versão subjetiva (SMYTHE, Donald J. *Bounded rationality...*, p. 227 e ss.). SMYTHE entende que a relação entre as partes, os termos do contrato e as circunstâncias presentes no momento de sua formação devem ser examinados para determinar se pode ser inferido, com justiça, que o risco do evento não era razoavelmente previsível. Tudo aquilo que fosse previsível seria assumido por uma das partes (SMYTHE, Donald J. *Bounded rationality...*, p. 227 e ss.). Advertimos que muitas vezes o fato até pode ser previsível, mas suas consequências é que são imprevisíveis. Essa ressalva, todavia, não é feita por SMYTHE. Reforçando as ideias de HUBBARD e SMYTHE, *vide* nota 51, item 2, deste Capítulo.

[79] WEISKOPF resume e esclarece bem o problema: "Precisamente definida, a frustração do fim tem que ser distinguida do conceito de impossibilidade (ou impraticabilidade) do cumprimento. Em um verdadeiro caso de frustração, o cumprimento de ambas as partes não se torna impossível ou significativamente mais difícil do que o originalmente contemplado. Em vez disso, a parte que busca a liberação em termos de *frustration* (aquela que pagará, nos casos em que o negócio não é daqueles em que há troca de produtos ou serviços por outros produtos ou serviços) ainda pode fazer aquilo que o contrato determina, mas não tem mais a mesma motivação original que o induziu a participar da barganha." (WEISKOPF, Nicholas R. Frustration..., p. 239-240).

Embora sejam marcantes as distinções entre as ramificações da *frustration*, a doutrina reconhece a similitude da *frustration of purpose* e da *impracticability*. HUBBARD ensina que "a doutrina da *frustration of purpose* é muito parecida com a doutrina da *commercial impracticability*. Há, entretanto, uma importante distinção em relação ao evento que acarreta sua aplicação. Em vez de focar nos eventos supervenientes que impedem o cumprimento, a doutrina da frustração foca nos eventos supervenientes que fazem a troca menos útil para uma das partes".[80]

O § 265 do *Restatement (Second) of Contracts* alberga a *frustration of purpose*[81].

Os requisitos para a aplicação da *frustration of purpose*, segundo WEISKOPF, seriam os seguintes:[82]

a) a finalidade frustrada deve ser o principal objetivo que levou a parte a celebrar o contrato. Não é suficiente que o contratante tenha em mente um objetivo específico; ele deve ser a base do contrato, entendida por ambas as partes, sem a qual a transação não faria o menor sentido;

b) a frustração deve ser substancial, pois a simples redução do ganho ou a incursão em algum prejuízo não é suficiente para a sua caracterização. Isso significa que a frustração deve ser severa e encontrar-se fora dos riscos assumidos no contrato;

c) a não-ocorrência do evento que gera a frustração deve ser uma premissa básica assumida pelas partes quando o contrato foi feito.

A dificuldade está em identificar quais tipos de objetivos e quais circunstâncias, caso não alcançados, dão margem à decretação da *frustration of purpose*.

O certo é que o objetivo de foro íntimo, os motivos, não dá margem à *frustration*. O objetivo deve ser relevante para ambas as partes, deve ter sido tomado em consideração por elas, sendo que alguns referem-se a isso como o objetivo comum. Ele deve influenciar ambas as partes na

---

[80] HUBBARD, Steven W. Relief..., p. 93. No mesmo sentido, TREI- TEL, G. H. *The law...*, p. 665.

[81] Vide nota de rodapé n. 50.

[82] WEISKOPF, Nicholas R. Frustration..., p. 239 e ss.

contratação. Assim, no caso *Krell v. Henry*, não só o locatário queria ver o desfile da coroação, mas o locador também anunciou a locação como destinada para essa finalidade, tanto que tal fato interferiu no preço ajustado. Ambos tinham em mente esse objetivo, esse resultado para o qual se destinava a locação. Uma circunstância que também denota que a finalidade da locação era somente proporcionar a vista do desfile da coroação era a expressa exclusão da permanência dos locatários no imóvel durante as noites.

Também é certo que o objetivo de lucrar ou de evitar perdas, quando não alcançado, não dão margem à *frustration*, embora o precedente *Aluminium Company of America v. Essex Group, Inc.* represente uma exceção a essa regra.

Tendo em vista que o risco ocorrido não estava alocado no contrato pelas partes, o julgador deveria preencher a lacuna e determinar o que os contratantes teriam ajustado caso vislumbrassem a possibilidade da ocorrência do evento que gerou a frustração, tendo em conta um modelo de conduta do homem de boa-fé. Essa atividade acabou sendo denominada *gap filling doctrine*.[83]

Mesmo preenchendo um espaço que outras teorias não alcançam, TREITEL,[84] GALLO[85] e HUBBARD[86] revelam que a *frustration of purpose* não teve muito sucesso na Inglaterra e nos Estados Unidos. A opinião de GALLO, entretanto, baseia-se na obra de ARTHUR ANDERSON, cujo conteúdo parece não revelar o rigor científico que o autor pretendeu impingir em seu texto.[87]

A compreensão do instituto da *frustration*, especialmente das bases nas quais foi desenvolvido, requer uma breve incursão a respeito da *consideration*, eis que alguns contratos postos à apreciação da *House of Lords* não foram considerados frustrados em virtude de haver a necessária e suficiente *consideration*. Isso porque, no direito inglês, a regra é a de que uma promessa somente obriga como se fosse contrato caso

---

[83] HANS SMIT (Frustration..., p. 287-315) aborda a utilização da *gap filling doctrine* nos Direitos suíço, alemão, holandês, francês, inglês e americano.

[84] TREITEL, G. H. *The law...*, p. 666.

[85] GALLO, Paolo. *Sopravvenienza...*, p. 57.

[86] HUBBARD, Steven W. Relief..., p. 92.

[87] *Vide* nota de rodapé n. 48 deste Capítulo.

seja feita sob determinada forma (*under seal*) ou sustentada por alguma *consideration*.[88]

A ideia básica por trás do conceito da *consideration* é a de "reciprocidade", ou seja, um benefício, vantagem, direito, perda, responsabilidade, enfim, algo de valor que uma das partes outorga à outra no contrato. É por isso que, em alguns julgamentos, mesmo tendo a contratação se tornado inócua, o Tribunal não declarou frustrado o contrato, justamente por existir a necessária e suficiente reciprocidade no ajuste.

Especificamente em relação aos *coronation cases*, as soluções não foram uniformes porque a House of Lords identificava uma série de particularidades em cada um deles, ora justificando e ora rejeitando a aplicação da *frustration*.

Os exemplos clássicos e mais citados da frustração do fim do contrato originários do Direito inglês são os conhecidos *coronation cases*.

Uma dessas particularidades foi, por exemplo, ter o contrato mais de uma finalidade, não sendo possível dizer que o negócio perdeu sua razão de ser devido ao cancelamento do desfile do rei. Foi o que ocorreu em *Herne Bay Steam Boat Co. v. Hutton*, no qual, embora a finalidade de apreciar a revista naval não pudesse mais ser alcançada, o objetivo de passear pela região com a embarcação ainda poderia ser realizado pelo locatário.

Outro critério distintivo da aplicação da *frustration* era o de que um evento que afetasse mais do que uma pequena fração do contrato não ensejaria a declaração de sua frustração.[89] Da mesma forma, é o fim comum que deve se frustrar, e "not merely the individual advantage that one party or the other might have gained from the contract".[90]

Além dos *coronation cases*, em suporte à frustração do fim do contrato, também podem ser citados julgamentos realizados nos Estados Unidos.

Em *Alfred Marks Realty Co. v. Hotel Hermitage Co.* (1915) e *Alfred Marks Realty Co. v. "Churchills"* (1915), os anunciantes, que celebraram contratos para que fossem anunciados seus produtos por ocasião da realização de uma corrida de barcos, foram liberados do pagamento em razão do cancelamento da corrida por causa da Primeira Guerra Mundial.

---

[88] TREITEL, G. H. *The law...*, p. 51.

[89] ATIYAH, Patrick Selim. *An introduction to the law of contract*. Oxford: Clarendon Press, 1995, p. 232.

[90] ATIYAH, Patrick Selim. *An introduction...*, p. 232.

No mesmo sentido foi o julgamento *20th Century Lites Inc. v. Goodman* (1944), no qual o locatário de um painel luminoso de neon foi liberado dos pagamentos mensais ao locador em razão de uma medida emergencial ter proibido o seu uso à noite, somente o admitindo durante o dia.

Ainda citado como exemplo de um caso de *frustration of purpose* é o *La Cumbre Golf and Country Club v. Santa Barbara Hotel Co.* (1944). O clube de campo e golfe e o hotel fizeram uma parceria, por um período de mais de três anos, pela qual o hotel pagaria um valor mensal para o clube em troca de privilégios aos seus hóspedes para a prática do golfe. O hotel foi destruído por um incêndio e, em razão disso, liberado dos pagamentos da parceria com o clube de campo e golfe.

A partir da verificação das especificidades dos casos concretos é que foi sendo sedimentada a doutrina da *frustration*, e é justamente delas que podem ser extraídos detalhes importantes para aplicar a frustração do fim do contrato no Brasil, especialmente no que se refere ao conceito de fim/finalidade necessário para a sua caracterização.[91]

A experiência jurídica inglesa revela, por meio da *frustration*, uma forma de garantir a justiça contratual, de modo que não seja mantida uma contratação cuja finalidade foi perdida, mas que, ao mesmo tempo, não fique prejudicado aquele que incorreu em gastos tendentes ao cumprimento de sua prestação.

4. Fundamentos teóricos da *frustration*[92]

No decorrer dos anos foram sendo apontados vários fundamentos teóricos para embasar a doutrina da *frustration*. Eles se alteravam na mesma medida da relevância atribuída ao papel da vontade nos contratos. Entre eles, pode-se citar:

(a) *implied term*: tinha caráter nitidamente subjetivo. Deveria ser verificada, ao tempo da contratação, qual a intenção das partes com relação às consequências do contrato, caso tivessem previsto a mudança das circunstâncias, de modo que haveria uma cláusula implícita no negócio a seu respeito;

---

[91] O que será tratado no Capítulo IV, item 5.1.2.

[92] Para um aprofundamento dos fundamentos teóricos da *frustration* com exame de casos, vide COGO, Rodrigo Barreto. *A frustração do fim do contrato*. O impacto dos fatos supervenientes sobre o programa contratual. São Paulo: Renovar: 2012, p. 44/52.

(b) *foundation of the contract*: o Tribunal deveria verificar se os elementos e as circunstâncias existentes ao tempo da assinatura do contrato eram seu fundamento, a ponto de se possível inferir que o cumprimento dependia da permanência deles e que, uma vez extintos, o contrato também deveria sê-lo;

(c) *just solution*: o fundamento da *frustration* estaria na verificação do resultado justo e razoável que o caso concreto requereria, seja ela a manutenção das obrigações ou liberação das partes;

(d) *construction*: o Tribunal deveria indagar qual seria o verdadeiro significado do contrato, ou seja, o que as partes realmente obrigaram-se a cumprir e em qual extensão. Uma vez constatado que, fruto da mudança no cenário de fato, o cumprimento do contrato importaria realizar algo radicalmente diferente do que fora ajustado, poder-se-ia reconhecer a *frustration*. A *construction* representou uma mudança de enfoque, da vontade das partes ou do homem justo e razoável –, para a própria obrigação e no que ela se transformou, considerando as partes envolvidas, o tempo em que o negócio foi celebrado e os demais fatores presentes na contratação;

(e) *failure of consideration*: o fundamento do reconhecimento da *frustration* seria a falha na vantagem (benefício/valor) que uma das partes outorgaria à outra.

5. As consequências da *frustration*

O *Law Reform (Frustrated Contracts) Act*[93] dispõe sobre como resolver os casos de *frustration* dos contratos submetidos à lei inglesa[94] e aos termos

---

[93] O *Law Reform (Frustrated Contracts) Act* foi editado em 05 de agosto de 1943.

[94] Antes do *Frustrated Contracts Act*, podiam ser estabelecidos dois efeitos para a *frustration*: a) efeito geral: resolução automática do contrato (*Hirji v. Cheong Yue Steamship Co. Ltd.*); b) efeitos particulares: b.1) direitos nascidos antes da frustração permanecem exigíveis (*Chandler v. Webster* – 1904), mas esta regra foi mitigada no precedente *Fibrosa Spolka Akoyjna v. Fairbairn Lawson Gombe Barbour Ltd.* (1943), o que inspirou a edição do *Frustrated Contracts Act*; b.2) direitos não nascidos ao tempo da frustração são inexigíveis. (ESPERT SANZ, Vicente. *La frustración del fin del contrato*. Madrid: Editorial Tecnos, 1968, p. 63-64). Em *Chandler v. Webster*, havia sido celebrado um contrato de locação para assistir à coroação do rei Eduardo VII pelo preço de 141.15 libras esterlinas, pagos de forma adiantada. O locatário pagou só 100 libras adiantado e, antes de pagar as 41.15 libras esterlinas restantes, sobreveio a notícia

do referido *Act*. De modo geral, as consequências podem ser assim esquematizadas:[95]

a) repetição dos valores já pagos (em razão do contrato) antes do evento que ocasionou a frustração do contrato e inexigibilidade do pagamento dos que ainda não venceram. É o que determina a Seção 1(2), primeira parte, do *Law Reform (Frustrated Contracts) Act*[96];

b) se a parte que recebeu os valores (e que agora deve devolvê-los) realizou gastos com o cumprimento do contrato, o Tribunal pode, se entender justo, de acordo com as circunstâncias do caso, autorizar que seja retida certa quantia ou conceder uma indenização limitada a tais gastos. Essa previsão está na segunda parte da Seção 1(2) do *Law Reform (Frustrated Contracts) Act*.[97] Ressaltamos que o contratante que não exigiu algum pagamento adiantado não terá

---

do cancelamento do cortejo da coroação. O locatário não só não conseguiu recuperar o que já havia pago como também foi obrigado a pagar as 41,15 libras esterlinas remanescentes, porque todo o valor deveria ter sido pago antes do evento que frustou o contrato. O caso *Fibrosa Spolka Akoyjna v. Fairbairn Lawson Gombe Barbour Ltd.*, que alterou o entendimento de *Chandler v. Webster*, referia-se à venda de maquinário de uma companhia inglesa para uma empresa polonesa pelo preço de 4.800 libras esterlinas, sendo que 1.600 libras esterlinas seriam pagas em adiantamento, e a diferença, posteriormente. Quando 1.000 libras esterlinas já haviam sido pagas, o contrato frustrou-se em decorrência da invasão alemã à Polônia depois da deflagração da guerra, em 1939. A *House of Lords* permitiu que a companhia polonesa recuperasse o dinheiro pago, pois a empresa inglesa não tinha entregue nem sequer parte das mercadorias. Essa regra, no entanto, poderia gerar injustiças, pois os recursos recebidos na forma de adiantamento poderiam ter sido investidos em atos destinados à contratação, de sorte que todas as perdas seriam suportadas por uma das partes. O *Law Reform (Frustrated Contracts) Act* tem disposições para evitar essa disparidade.

[95] Para uma visão geral das consequências da *frustration vide* ESPERT SANZ, Vicente. *La Frustración del fin del contrato*. Madrid: Editorial Tecnos, p. 63-64.

[96] "(2) All sums paid or payable to any party in pursuance of the contract before the time when the parties were so discharged (in this Act referred to as "the time of discharge") shall, in the case of sums so paid, be recoverable from him as money received by him for the use of the party by whom the sums were paid, and, in the case of sums so payable, cease to be so payable."

[97] "(2) (...) Provided that, if the party to whom the sums were so paid or payable incurred expenses before the time of discharge in, or for the purpose of, the performance of the contract, the court may, if it considers it just to do so having regard to all the circumstances of the case, allow him to retain or, as the case may be, recover the whole or any part of the sums so paid or payable, not being an amount in excess of the expenses so incurred."

direito a ressarcimento pelas despesas incorridas, pois se entende que, nesse caso, fez as despesas por sua conta e risco. A lei somente prevê a hipótese de ressarcimento quando alguma parte do contrato já foi paga. Calha ressaltar que a Corte inglesa avalia caso a caso qual a medida do reembolso das despesas realizadas. Um critério empregado consiste em saber se aquilo que foi produzido até então pode ser reaproveitado pela própria empresa ou por terceiros. Tomando o caso *Fibrosa* como exemplo, imaginemos que algumas máquinas já estivessem prontas para ser enviadas à Polônia ao tempo da frustração do contrato. Se elas pudessem ser vendidas a outras empresas, o reembolso seria muito menor do que se não pudessem ser. A Corte também pode repartir o prejuízo entre os contratantes, a fim de evitar que apenas uma das partes assuma-o integralmente. Se "A" pagou 1.000 a "B" para receber a mercadoria "x" e "B" realizou despesas de 1.000 até a frustração do contrato, determinar que "B" devolva 1.000 para "A" representaria imputar a ele todas as perdas decorrentes da frustração. Por isso, há a previsão da devolução de *todo* o montante recebido ou recebível ou de *parte* dele (*"the whole or any part of the sums so paid or payable"*);[98]

---

[98] TREITEL, G. H. *The law...*, p. 687. O autor ainda informa que o *British Columbia Frustrated Contracts Act 1974*, s. 5(3) e o *New South Wales Frustrated Contracts Act 1978*, s. 12(2)(b)(ii) e s. 13, preveem a divisão igualitária das perdas. A atual Seção 5 do *British Columbia Frustrated Contracts Act* apresenta regras de ajuste e direitos e responsabilidades em decorrência da frustração do contrato, valendo destacar (i) a previsão de restituição dos eventuais benefícios gerados às partes, em decorrência do contrato, antes da frustração (Seção 5(2)); (ii) a liberação do cumprimento das prestações (Seção 5(3)) e (iii) a previsão de que eventuais perdas suportadas por quem deve fazer a restituição serão distribuídas igualmente entre a parte que deve fazer a restituição e a que deve recebê-la (Seção 5(4): "If the circumstances giving rise to the frustration or avoidance cause a total or partial loss in value of a benefit to a party required to make restitution under subsection(2), that loss must be apportioned equally between the party re- quired to make restitution and the party to whom the restitution is required to be made" – Disponível em https://www.bclaws.gov.bc.ca/civix/document/id/complete/statreg/96166_01#section5, acesso em 19.02.21. A província de Alberta também possui seu Frustrated Contracts Act, com semelhante disciplina para os valores já pagos e a pagar (Seção 3), para as despesas incorridas (Seção 4) e para os eventuais benefícios obtidos pelas partes (Seção 5) (https://www.qp.alberta.ca/documents/Acts/F27.pdf, acesso em 19.02.21). O mesmo ocorre na província de Ontário, com o Frustrated Contracts Act (R.S.O 1990, Chapter F.34, disponível em https://www.ontario.ca/laws/statute/90f34, acesso em 19.02.21).

c) se o ato de um contratante cumprindo o contrato antes que tenha ocorrido o evento frustrante gerar para a outra parte um benefício (não monetário, que se resolve com as letras "a" e "b" citadas anteriormente), o Tribunal poderá, caso considere justo de acordo com as circunstâncias do caso, determinar a repetição desse benefício, limitado ao valor deste.

Essa previsão está presente na Seção 1(3) do *Law Reform (Frustrated Contracts) Act*[99] e visa a corrigir a injustiça que surgiria caso, antes da liberação de um dos contratantes, o outro já tivesse cumprido parte do contrato e gerado benefícios àquele que foi liberado. Esses benefícios poderiam ser qualquer vantagem que não fosse o pagamento por conta do próprio contrato, ao qual se aplica a Seção 1(2) do *Frustrated Contracts Act*.[100]

Na apreciação de quanto do benefício será repassado à outra parte, o *Frustrated Contracts Act* estabelece que o valor máximo será o do próprio benefício, devendo ser consideradas as circunstâncias do caso e os seguintes fatores:

a) o montante das despesas efetuadas em prol do contrato antes da sua frustração, tanto as que já foram incorridas quanto as que ainda serão pagas;

---

[99] "(3) Where any party to the contract has, by reason of anything done by any other party thereto in, or for the purpose of, the performance of the contract, obtained a valuable benefit (other than a payment of money to which the last foregoing subsection applies) before the time of discharge, there shall be recoverable from him by the said other party such sum (if any), not exceeding the value of the said benefit to the party obtaining it, as the court considers just, having regard to all the circumstances of the case and, in particular, (a) the amount of any expenses incurred before the time of discharge by the benefited party in, or for the purpose of, the performance of the contract, including any sums paid or payable by him to any other party in pursuance of the contract and retained or recoverable by that party under the last foregoing subsection, and (b) the effect, in relation to the said benefit, of the circumstances giving rise to the frustration of the contract."

[100] Em *Appleby v. Myers* (1867), o autor obrigou-se a fazer e a montar todo o maquinário na fábrica do réu, bem como a mantê-lo em ordem por dois anos a partir da data da conclusão dos trabalhos. Depois de montar parte do maquinário, a fábrica pegou fogo e foi destruída, inclusive o maquinário já instalado. A decisão judicial entendeu que o autor não poderia receber nada pelo maquinário instalado. Visando à correção dessa regra, entre outras, que o *Law Reform (Frustrated Contracts) Act* foi elaborado.

b) os efeitos das circunstâncias que deram margem à frustração relativamente ao benefício. Isso serve para avaliar, por exemplo, por quanto tempo se obteve o benefício. Se eu contratei um pescador para pescar em alto-mar por dois meses e ele morreu após um mês de pesca, somente se deve considerar parte do tempo para definir o benefício.

Um exemplo da aplicação da Seção 1(3) ocorreu no caso *B.P. (Exploration) Libya Ltd. v. Hunt* (1979). O senhor Hunt era proprietário de uma concessão de petróleo na Líbia e fez um acordo para a sua exploração com a *B.P. (Exploration) Libya Ltd.*. O ajuste, basicamente, previa que a empresa seria encarregada de todo o trabalho de exploração do petróleo e dos recursos necessários para tanto. Hunt simplesmente entraria com o direito de exploração do petróleo que a concessão lhe permitia. A empresa teria 50% da concessão e, assim que o petróleo fosse encontrado, receberia três oitavos da parte de Hunt, até atingir 125% das despesas efetuadas no investimento.

Em 1967, foi encontrado petróleo e por quatro anos a exploração foi feita normalmente, mas em 1971, o contrato frustrou-se por causa de um decreto expropriatório do governo da Líbia.

Para determinar as consequências do ressarcimento, foi utilizada a Seção 1(3) do *Law Reform (Frustrated Contracts) Act*. O Tribunal atuou em duas etapas: a definição do benefício auferido por Hunt (eis que esse seria o limite do ressarcimento à empresa) e a definição da "justa soma" a ser reembolsada tendo em conta as circunstâncias do caso e os seus efeitos em relação ao evento frustrante.

O benefício auferido por Hunt, até o momento da frustração, foi o montante de óleo que recebeu enquanto a concessão vigia e o valor da indenização paga pelo governo da Líbia pela expropriação. Esse seria o limite da compensação a ser paga à empresa, nos termos do que dispõe a Seção 1(3). Desse valor, o Tribunal determinou que metade caberia a cada uma das partes, pois o negócio era 50% para cada; adicionou a esse montante alguns valores pagos pela empresa ao senhor Hunt e depois subtraiu o óleo já reembolsado à *B.P. (Exploration) Libya Ltd.* durante os quatro anos de exploração.

A regra é, pois, o término do contrato, e não o ajuste das prestações. Esse término significa, em nosso ordenamento, ora a resolução (com o

O DIREITO INGLÊS: A ORIGEM DO INSTITUTO DA *FRUSTRATION*

retorno das partes ao *status quo ante*), ora a resilição (sem o retorno integral ao *status quo ante*, o que ocorre nos casos em que o contrato já vinha sendo cumprido).

Em virtude de a *frustration* não ensejar, como regra, o ajuste das prestações – o que muitas vezes é desejado pela parte prejudicada –, os contratantes têm optado por inserir em seus contratos cláusulas de força maior (*force majure clauses*) que preveem uma possibilidade de adaptação do cumprimento do negócio à nova realidade, *v. g.*, com a concessão de uma dilação de prazo.[101]

A necessidade de ajuste é mais premente na *frustration* configurada na hipótese de excessiva onerosidade (*impracticability*). Já na *frustration of purpose*, não há muita razão para um ajuste do contrato, pois, de qualquer prisma, não há mais sentido em levar o cumprimento adiante.

De toda forma, o direito inglês tem o mérito de fornecer o guia para o magistrado distribuir as perdas decorrentes do reconhecimento da *frustration* nos casos concretos, o que é, juntamente com a identificação da finalidade relevante, a parte mais árida do tema.

[101] ATIYAH, Patrick Selim. *An introduction...*, p. 244.

Capítulo 2
A Base do Negócio:
Antecedentes e Evolução do Instituto na Alemanha

1. Considerações gerais

No presente Capítulo, analisaremos o surgimento da teoria da base do negócio e a sua evolução sob o enfoque de alguns autores alemães, pois a frustração do fim do contrato, embora de origem inglesa, foi mais bem sistematizada na concepção de base do negócio em sentido objetivo, o que facilita o seu estudo e o seu entendimento.

O termo "base do negócio" nasceu sob a pena de PAUL OERTMANN. A despeito de sua teoria ainda ter alta carga subjetiva, como se observará, já traz a ideia de condição não desenvolvida, de autolimitação da vontade. Seu enfoque, apesar de também ter fundamento na vontade, apresenta uma incipiente mudança de ponto-de-vista, na medida em que visa a solucionar o problema aproveitando-se do conteúdo do contrato. Nessa medida, é o contrato que possui uma condição não desenvolvida e é dele e de suas circunstâncias que se extrairia a pressuposição bilateral, caso não constasse de forma expressa.[102]

---

[102] "La cláusula que dejamos muy brevemente expuesta, rebus sic stantibus, no puede confundirse con la denominada 'teoria de la presuposición', cuya autoría corresponde al célebre jurista alemán Windscheid. Tampoco es verdad, empero, que las diferencias entre una y otra puedan considerarse marcadas, tajantes o definitivas. De ahí que parezca razonable considerar a la 'presuposición' formulada por Windscheid como una interpretación de la

Pelo importante papel exercido na eclosão da teoria da base do negócio, serão analisados os pensamentos de BERNHARD WINDSCHEID, ERICK KAUFMANN e PAUL KRÜCKMANN, cujos estudos foram construídos rente à cláusula *rebus sic stantibus*, mas dela já se distanciando, por buscarem fundamentar, mesmo que modestamente, o problema da alteração das circunstâncias não somente na vontade das partes. As construções de ERICK KAUFMANN e PAUL KRÜCKMANN, como se verá, já foram mais adiante na desvinculação do dogma da vontade.

O corte da matéria dentro do ordenamento jurídico alemão justifica-se porque a frustração do fim do contrato é um tema afeto à alteração das circunstâncias, sendo uma das duas vertentes pela qual se manifesta a teoria da base do negócio em sentido objetivo, de estudo profundo de KARL LARENZ. Com a base objetiva, buscava-se uma desvinculação dos elementos psicológicos, ligados à vontade – tal qual ocorre nas teorias mais ligadas à cláusula *rebus sic stantibus*[103] –, para solucionar a perturbação das prestações decorrente da alteração superveniente das circunstâncias.

A base do negócio acabou sendo incorporada ao Código Civil Alemão (BGB)[104] com a Lei para a Modernização do Direito das Obrigações (*Gesetz zur Modernisierung des Schuldrechts*), aprovada em outubro de 2001. A sua ausência antes da reforma, no entanto, não impediu um vigoroso desenvolvimento da doutrina e da jurisprudência para a revisão ou resolução dos contratos em função da modificação superveniente das circunstâncias, tarefa realizada mediante a recondução do problema à cláusula geral do § 242 do BGB e à interpretação conforme a boa-fé objetiva.[105]

---

cláusula rebus sic stantibus. (...) El matiz más interesante dentro de esta corriente moderna de la presuposición – se acota con toda razón – radica en haber avanzado dentro del contenido, dentro del objeto del contrato, y haber manifestado que hay motivos que, no obstante no ser referidos expresamente por las partes, no pueden ser considerados irrelevantes, porque de la forma como actuaran las partes (sic), en el caso considerado, se puede deducir, en forma inobjetable, que fueron tenidos en cuenta, pues, de lo contrario, no se habría configurado el sinalagma originario ni la equivalencia de prestaciones" (MOSSET ITURRASPE, Jorge. *La frustración...*, p. 93-94).

[103] Trataremos da cláusula *rebus sic stantibus* no EXCURSO (item 10 deste Capítulo 2).

[104] Faremos referência ao Código Civil alemão simplesmente com a abreviatura BGB (*Bürgerliches Gesetzbuch*).

[105] A ponto de MENEZES CORDEIRO referir que "o sistema alemão ficaria conhecido, durante o século vinte, como um campeão no domínio da alteração das circunstâncias" (PIRES, Catarina Monteiro. *Impossibilidade da Prestação*. Coimbra: Almedina, 2018, p. 368).

Na parte relacionada ao "Direito da Perturbação das Prestações" (*Recht der Leistungsstörungen*), a Lei de Modernização envolveu modificações nas regras da impossibilidade (§§ 275 e seguintes), da resolução (§§ 346 a 354) e da denúncia (§ 314), além de codificar institutos já consagrados pela doutrina e jurisprudência, mas ainda não positivados, como a *culpa in contrahendo* (§ 311/2), os deveres acessórios (§ 241/2), a alteração das circunstâncias (base do negócio – § 313), a violação positiva do contrato (§§ 280/1 e 324) e o contrato com proteção de terceiros (§ 311/3).

Não se tratou de uma reforma que visava mudar soluções já consagradas, mas, antes, objetivar a "codificação de doutrinas e soluções já conhecidas" para que se tivesse "um direito mais facilmente e seguramente manuseável", onde "as conexões tornam-se mais claras e seguras".[106]

As novas regras relativas à impossibilidade e à alteração das circunstâncias são as que nos interessam para o desenvolvimento do presente trabalho, o que justifica uma pequena incursão.

A redação do § 275 ficou assim disposta:

"§ 275. Exclusão do dever de prestar

(1) A pretensão à prestação é excluída sempre que esta seja impossível para o devedor ou para todos.

(2) O devedor pode recusar-se ao cumprimento da prestação sempre que esta requeira um esforço que, tendo em conta o conteúdo da relação obrigacional e a regra da boa-fé, esteja em grave desproporção perante o interesse do credor. Na determinação dos esforços imputáveis ao devedor também deve ser levado em conta se ele foi responsável pelo impedimento da prestação.

(3) O devedor ainda pode recusar o cumprimento da prestação quando deva realizá-la pessoalmente e esta, ponderados os impedimentos do devedor perante o interesse do credor, razoavelmente não possa mais ser exigida do devedor.

(4) Os direitos do devedor são determinados pelos §§ 280, 283 a 285, 311a e 326."

---

[106] MENEZES CORDEIRO, António Manuel da Rocha e. *Da modernização do direito civil. Aspectos gerais.* Coimbra: Almedina, 2004, v. I, p. 102.

MENEZES CORDEIRO[107] aponta, com razão, que os novos dispositivos da impossibilidade representam um alargamento do seu campo de aplicação, posto que: (a) o § 275/2 alberga a impossibilidade prática ou fática, na medida em que, conquanto seja possível prestar, os esforços que deveriam ser empenhados para a sua realização não seriam razoáveis, tendo em conta o interesse do credor que seria prestigiado;[108] (b) o § 275/3 trata da impossibilidade em obrigações personalíssimas, a chamada impossibilidade pessoal, e alcançará casos como o da cantora que se recusa a cantar no show para ficar com seu filho que está acometido de grave doença. Procede-se a um cotejo entre o interesse do credor e o impedimento do devedor, a fim de avaliar a configuração desse tipo de impossibilidade.

Já no que se refere à alteração das circunstâncias, o § 313 tratou de positivar o que os Tribunais alemães construíam, antes da Lei de Modernização, com base nos §§ 157 e 242 do BGB. O dispositivo está assim redigido:

---

[107] *Da modernização...*, p. 109-110.

[108] "O exemplo dado pela justificação governamental de motivos, retirado de HECK é o do anel que ao devedor caberia entregar, mas que caiu no fundo arenoso de um lago. Seria possível drenar o lago e pesquisar adequadamente na areia, numa operação de milhões. Haveria, todavia e perante a boa-fé, um grave desequilíbrio perante o interesse do credor" (MENEZES CORDEIRO, António. *Da modernização...*, p. 110). A definição do que seja o "esforço desproporcional tendo em conta o conteúdo da relação obrigacional e o interesse do credor" será feita caso a caso, mas tudo indica, pelo exemplo da justificativa governamental, que revela um caráter econômico, embora não seja desarrazoado pensar em um esforço desproporcional subjetivo, aliado à condição pessoal do devedor. Dessa forma, se a prestação vale "x" e o esforço ao seu cumprimento "1000x", não seria razoável o esforço. Poderia haver, portanto, uma sobreposição com o campo da base do negócio (§ 313), o que MENEZES CORDEIRO diz não ocorrer na medida em que ela leva em conta as possibilidades do devedor, enquanto a impossibilidade "determinar-se-ia mercê de um crasso desequilíbrio, inadmissível perante a boa fé". Além disso, sustenta o autor português que "o alargamento da impossibilidade à 'impossibilidade de facto', operada pelo BGB/2002, visa a depuração da alteração das circunstâncias. A impossibilidade deve ser tomada em sentido sóciocultural: não físico ou naturalístico. Daí que, impossível, seja o que, como tal e na concreta relação existente com o credor, se apresente". (*Da modernização...*, p. 110). A nebulosa e difícil fronteira entre a frustração do fim do contrato e a impossibilidade será tratada no item 6.3.3 do Capítulo 4 deste livro. De todo modo, a frustração do fim não se enquadra no conceito de "esforço" previsto no § 275 do BGB.

"§ 313. Perturbação da base do negócio

(1) Quando, depois da conclusão do contrato, as circunstâncias que constituíram a base do contrato se alterado tenham consideravelmente e quando as partes, se tivessem previsto esta alteração, não o tivessem concluído ou o tivessem feito com outro conteúdo, pode ser exigida a adaptação do contrato, desde que, considerando todas as circunstâncias do caso concreto, e, em especial, a repartição contratual ou legal do risco, não possa razoavelmente ser exigida a manutenção inalterada do contrato.
(2) Também se verifica a alteração das circunstâncias quando representações essenciais que tenham sido base do contrato se revelem falsas.
(3) Quando a modificação do contrato não for possível ou não puder ser razoavelmente exigida de uma das partes, pode a parte prejudicada resolver o contrato. Nas obrigações duradouras, em vez do direito de resolução tem lugar o direito de denúncia."

Segundo a justificação do Governo alemão, o novo § 313/1 do BGB "visou consignar na lei os princípios já consagrados pela jurisprudência: não, propriamente, alterá-los"[109]. Nesse aspecto, chama atenção a circunstância de que, embora o viés do § 313/1 seja preponderantemente objetivo (ao remeter a elementos objetivos para a interpretação, como as circunstâncias do caso concreto, repartição contratual ou legal do risco) – confirmando, assim, o acolhimento legislativo da base do negócio –, não se pode deixar de observar também um certo recurso a um viés subjetivo na parte do artigo em que orienta o intérprete a avaliar se as partes teriam celebrado o contrato ou o teriam feito com outro conteúdo caso tivessem previsto a alteração das circunstâncias[110].

Segundo EMMERICH, as hipóteses albergadas no espectro da alteração das circunstâncias seriam de duas ordens: (a) fatos contemporâneos

---

[109] MENEZES CORDEIRO, António. *Da modernização...*, p. 115.
[110] Nesse sentido, CATARINA MONTEIRO PIRES aponta que "é duvidoso que tenha sido acolhido um específico conceito de base do negócio e alguma doutrina tem, até, notado que o § 313/1 apela a uma delimitação de circunstâncias que estejam integradas na base do negócio, aferida à luz de critérios objetivos, mas, também, subjetivos, dispensando categorizações" (*Impossibilidade...*, p. 372).

à contratação (erro sobre a base do negócio, os casos de erro comum de cálculo, de erro comum de direito e de falsa representação das partes sobre a evolução subsequente); (b) fatos posteriores à contratação: (modificações subsequentes de circunstâncias, a dificultação extraordinária da prestação, as perturbações na equivalência, a frustração do escopo, as catástrofes e as modificações da legislação ou da jurisprudência)[111].

Conforme se verá a seguir, a fórmula da base do negócio sofreu diversas críticas ao longo dos anos. De modo geral, essas críticas exploravam a falta de segurança ou previsibilidade das soluções que ela fornecia.

De todo modo, há um inegável mérito da base do negócio em termos de organização, em dois grandes grupos, dos vieses condutores da modificação dos contratos em decorrência da perturbação das prestações por força de fatos supervenientes: o de natureza subjetiva (calcado, essencialmente, na reconstrução da vontade das partes caso elas tivessem previsto a alteração das circunstâncias); e o de natureza objetiva (calcado nas circunstâncias objetivas que circundavam a contratação).

A frustração do fim do contrato é justamente uma das hipóteses nas quais é afetada a base do contrato em sentido objetivo. Analisemos, pois, os antecedentes e a evolução da base do negócio.

2. Teoria da Pressuposição: BERNHARD WINDSCHEID

Depois de um longo período de esquecimento das teorias revisionistas preocupadas com a alteração das circunstâncias posteriores à contratação, o que perdurou desde o final do século XVIII e durante o século XIX, o alemão BERNHARD WINDSCHEID lançou, em 1850, a teoria da pressuposição.[112]

---

[111] EMMERICH. *Das Recht der Leistungsstörungen*. 5. ed., 2003, p. 412. *Apud* MENEZES CORDEIRO, António. *Da modernização...*, p. 116, nota de rodapé 336.

[112] "En lugar del modo o carga, Windscheid pretendió introducir, en su obra así titulada (Die Voraussetzung, en 1850), el concepto de la presuposición. Ésta representa un término intermedio entre el simple motivo (véase supra, § 39) y el motivo elevado a la categoria de verdadera condición (véase supra, §§ 52 y 53), la idea de la realidad de un acontecimiento, positivo o negativo, pasado, presente o futuro, en el cual se funda la declaración. La inexactitud o el incumplimiento de esa «presuposición» debe dar lugar, por regla general, con arreglo a la doctrina de Windscheid, a la ineficacia del negocio" (OERTMANN, Paul. *Introducción al derecho civil*. Trad. Luis Sancho Seral. 3. ed. Barcelona-Buenos Aires: Editorial Labor, 1933, p. 304).

A pressuposição seria uma condição não desenvolvida, uma autolimitação da vontade verdadeira e não da vontade efetiva.[113] O contratante manifesta a declaração negocial sob a certeza de que certas circunstâncias apareçam ou não se alterem, e que, por isso, não são postas como condição.[114] Seria determinação inexa,[115] a qual poderia constar de forma expressa ou tácita.[116]

---

[113] "La presupposizione è una condizione non isvolta [unentwicklelte] (una limitazione della volontà, che non si è svolta fino ad essere una condizione). Chi manifesta un volere sotto una presupposizione vuole, al par di colui che emette una dichiarazione di volontà condizionata, che l'effetto giuridico voluto abbia ad esistere soltanto dato un certo stato dei rapporti; ma egli non giunge sino a far dipendere l'esistenza dell'effetto da questo stato dei rapporti. La conseguenza di ciò è, che l'effetto giuridico voluto sussiste e perdura, sebben venga meno la presupposizione. Ma ciò non corrisponde al vero, proprio volere dell'autore della dichiarazione di volontà e, quindi la sussistenza dell'effetto giuridico, sebbene formalmente giustificata, non ha però sostanzialmente ragione, che la giustifichi. In conseguenza di ciò colui, che è pregiudicato dalla dichiarazione di volontà, può tanto difendersi con l'eccezione contro le ragioni, che da essa si derivano, quanto anche instituire a sua volta contro colui, a vantaggio del quale l'effetto giuridico ha avuto luogo, un'azione diretta a farlo cessare" (WINDSCHEID, Bernhard. *Diritto delle pandette*. Trad. Carlo Fadda e Paolo Emilio Bensa. Volume primo. Parte prima. Torino: Unione Tipografico-Editrice, 1902, p. 394-397).

[114] "Windscheid entendía por «presuposición» una limitación de la voluntad, exteriorizada en el supuesto de hecho de la declaración negocial, de tal naturaleza que la voluntad negocial tenga validez sólo para el caso, que el declarante considera cierto y, por tanto, no puso como «condición» (en sentido técnico-jurídico), de que exista, aparezca ou persista una determinada circunstancia. Si esta presuposición no se realiza las consecuencias jurídicas corresponderán a la voluntad efectiva, pero no a la verdadera. La presuposición es, por consiguiente, una condición no desenvuelta y, al igual que la condición típica, una «autolimitación de la voluntad», no de la voluntad efectiva, consciente, sino de la voluntad verdadera." (LARENZ, Karl. *Base del negocio jurídico y cumplimiento de los contratos*. Trad. Carlos Fernández Rodríguez. Granada: Coma-res, 2002, p. 18).

[115] PONTES DE MIRANDA, F. C. *Tratado de Direito Privado*. Rio de Janeiro: Borsoi, 1954, t. XXV, p. 221. PONTES DE MIRANDA explica que determinações inexas são aquelas insertas nos atos jurídicos. De dentro do negócio interferem em sua eficácia. Por isso não se anexam ao negócio, são neles, in-nexam. Exemplos de determinações inexas são o termo e a condição, porque de dentro do negócio traçam-lhe o limite de eficácia no tempo (*Tratado de Direito Privado*. t. V. São Paulo: RT, p. 93).

[116] "La presupposizione può essere manifestata per via di una aggiunta espressa fatta alla dichiarazione di volontà; ma essa può anche risultare voluta senza espressa enunciazione, per via del restante contenuto della dichiarazione di volontà. (...) Ma una presupposizione può risultare voluta non solo dal restante contenuto della dichiarazione di volontà, ma anche dalla

WINDSCHEID sustentava que a manifestação de vontade é feita sempre tendo em conta certos pressupostos, à semelhança de quem declara sua vontade submetida à condição de que a eficácia do negócio venha a se produzir em um determinado estado das coisas. Se esse pressuposto sobre o qual a vontade se assentou não se verifica ou se altera, pode resistir ao cumprimento do ajuste exigido pela outra parte.

É perceptível a valoração que WINDSCHEID dava à vontade psicológico--real, o que se justifica por ser ele um dos grandes expoentes da pandectística.

Justamente o elevado grau de subjetividade e abstração de sua teoria foram objetos de severas críticas, especialmente por parte de OTTO LENEL, segundo o qual não havia diferença entre a pressuposição e um simples motivo, de forma que "la presuposición o bien debe configurarse como condición de validez del contrato y debe ser acceptada por el otro contratante, o bien se reduce a un motivo jurídicamente irrelevante; «no hay un término medio entre un motivo (irrelevante) y la auténtica condición»."[117]

A insegurança que a teoria da pressuposição poderia gerar no tráfico dos negócios foi a grande preocupação de seus críticos.[118]

Outro ataque que LENEL fez à teoria da pressuposição residia no fato de o §742 do Projeto do BGB, apesar de acolher a pressuposição de futuro, não abrigar a de passado e a de presente, concluindo que, "assentando uma doutrina num princípio único, ou está toda certa ou toda errada".[119]

É claro que WINDSCHEID procurou rebater essa crítica com o argumento de que a pressuposição que não resultava de declaração expressa exsurgia por meio de uma declaração tácita, verificada pelo conteúdo e

---

circostanze, che l'accompagnano, senza che essa sia espressamente manifestata come voluta" (WINDSCHEID, Bernhard. *Diritto...*, p. 397 e 400).

[117] LARENZ, Karl. *Base...*, p. 18-19.

[118] Essa preocupação parecia incoerente para MENEZES CORDEIRO, diante de dispositivos com conceitos bem mais abertos no BGB: "Ora o BGB não teve dúvidas em consagrar dispositivos bem mais ousados e bem menos esclarecidos do que o da pressuposição – pense-se na boa-fé! – chegando mesmo, em certas disposições – §§ 321 e 610 a admitir, em termos amplos, embora sectorizados, a relevância da modificação superveniente das circunstâncias" (*Da boa fé...*, p. 975).

[119] MENEZES CORDEIRO, António Manuel da Rocha e. *Da boa-fé...*, p. 974.

circunstâncias da manifestação de vontade. Por essa razão, não haveria de se confundir com os motivos.

Não adiantou. As críticas de LENEL tiveram êxito: a teoria da pressuposição constante no Primeiro Projeto do BGB foi excluída pela 2ª Comissão do Projeto e, assim, não integrou o Código, justamente porque "atentaria contra a segurança do tráfico (Protokolle, II, 290 s.)".[120]

Analisando as críticas sofridas pela teoria da pressuposição, MENEZES CORDEIRO entende que elas não atacaram o ponto certo. Para o jurista português, deve ser percorrido o caminho que WINDSCHEID trilhou até a pressuposição, para que se possa fazer-lhe um combate contundente. E os passos seguidos pelo alemão foram basicamente assentar o sistema civil na vontade humana, na esteira do seu mestre SAVIGNY, e arrancar a pressuposição a partir da doutrina das *condictiones*[121], "o que é dizer numa linguagem que exprima, com mais vigor, a pertença do modo de pensar windscheidiano à terceira sistemática: WINDSCHEID captou perifericamente a presença de deslocações patrimoniais frustradas no seu fundamento; pratica uma redução amparada na representação central da vontade."[122]

A partir dessas importantes constatações, MENEZES CORDEIRO aponta que a vontade humana como representação central do sistema e a delimitação periférica pré-operada são os dois pontos nos quais WINDSCHEID pode ser criticado.[123]

---

[120] PONTES DE MIRANDA, F. C. *Tratado de direito privado,* tomo. XXV..., p. 221.

[121] "Na conjunção entre esses dois aspectos, reside a chave do pensamento de WINDSCHEID. A pressuposição é reconduzida à vontade humana dentro da lógica sistemático-savignyana de que, na vontade, há que procurar a razão de ser de todas as posições jussubjectivas, favoráveis ou limitativas. A sua falta não se prende, porém, a falhas na vontade, susceptíveis de induzir a impugnação directa do negócio celebrado; deriva de factores a ela estranhos, havendo, pois, que lhes reagir com *exceptiones* ou com *condictiones*" (MENEZES CORDEIRO, António Manuel da Rocha e. *Da boa fé...,* p. 978).

[122] MENEZES CORDEIRO, António Manuel da Rocha e. *Da boa fé...,* p. 978.

[123] "Na evolução, subsequente a WINDSCHEID, da Ciência do Direito, as posições jussubjetivas, permissivas ou injuntivas, não se justificam mais na vontade dos interessados. (...) Não lhe deve, pois, ser reconduzido o tema posto pela alteração de circunstâncias. Neste não se debate a situação gerada pela não concretização de pré-figurações desenvolvidas, aquando da contratação, pelas partes, mas antes o impacto de modificações fácticas sobre situações jurídicas que não as prevejam. Na ligação, mantida por WINDSCHEID, entre a sua tese e a lógica das *condictiones – maxime a condictio causa data causa non secuta –* reside o porquê do

De fato, grande parte dos contratos afetados pela mudança do estado das coisas deve-se à falta de previsibilidade das partes acerca dos eventos futuros, de sorte que se torna extremamente frágil a teoria da pressuposição nesse ponto.

Mesmo assim, o legado deixado pela teoria da pressuposição foi o de servir de base para os novos trabalhos que a sucederam nessa matéria, os quais procuravam "lapidar" os estudos de WINDSCHEID de forma a torná-los mais objetivos e, assim, afastar as críticas fundadas na insegurança jurídica.

3. Teoria de KAUFMANN: a vontade eficaz e a finalidade essencial do contrato

Em 1911, ERICK KAUFMANN procurou revitalizar[124] e fundamentar a justificação da cláusula *rebus sic stantibus*[125] em um método distinto do psicológico de WINDSCHEID com a chamada finalidade essencial do contrato. Essa finalidade essencial seria constituída pelo que cada contrato possui de geral e racional, "en inseparable unión con el fin que le atribuyan las partes. Es, por tanto, algo al mismo tiempo subjetivo-objetivo, concreto-general y especial".[126]

Essa tentativa de revitalização da cláusula *rebus sic stantibus* foi estudada no âmbito do direito internacional nos anos imediatamente precedentes à Primeira Guerra Mundial.

Segundo KAUFMANN, a alteração dos fatos deveria ser levada em consideração na medida em que pusesse em perigo a finalidade essencial

---

confinar da pressuposição aos elementos elevados por uma das partes, com possibilidade de conhecimento pela outra, a factores na ausência dos quais não se teria contratado. Esta delimitação – ampliável, apenas, através de ficções – deixa sem resposta todas as hipóteses – muitas serão – em que a alteração sobreveio em áreas de tal modo inesperadas que, sobre elas, não houve representação alguma de qualquer das partes" (grifos nossos) (MENEZES CORDEIRO, António Manuel da Rocha e. *Da boa fé...*, p. 979-980).

[124] BESSONE, Mario. *Adempimento...*, p. 140.

[125] Tratava-se, na verdade, de uma tentativa de ressuscitar a velha cláusula depois do desgaste que sofrera com o jusracionalismo e com o seu apagamento na pandectística, o que teve raízes em STAMMLER e STAHL, assim como nos estudos históricos de PFAFF e FRITZE. Nesse sentido, confira-se MENEZES CORDEIRO, António Manuel da Rocha e. *Da boa fé...*, p. 985-997.

[126] LARENZ, Karl. *Base...*, p. 169.

do contrato (como ocorreria nos casos da destruição da equivalência entre as prestações).[127] Para ele, a cláusula vigia ainda que os contratantes não a tivessem acolhido em sua "vontade empírica", pois a vontade que determinava as consequências jurídicas era a "vontade eficaz"[128], "mais ampla que aquela já que se dirige a tudo o que se deduza do sentido da declaração e seja, portanto, imputável ao declarante".[129]

LARENZ menciona que não se deu a devida atenção ao trabalho de KAUFMANN porque se referia principalmente ao direito internacional público e pela terminologia pouco corrente por ele utilizada.[130]

4. Teoria de KRÜCKMANN: a reserva virtual

KRÜCKMANN foi outro defensor da cláusula *rebus sic stantibus*.[131] Sustentava que, mesmo se as partes não tivessem conhecimento a respeito da cláusula, ela tinha aplicação, pois seria uma reserva virtual,[132] "lógico--inmanente a su voluntad negocial y declaraciones".[133] A cláusula *rebus sic stantibus* converte-se em conteúdo do contrato desde que a outra parte não se oponha expressamente a ela. Seus efeitos conduziriam à resolução do contrato caso sua falta de sentido, fim ou objeto, ocorrida desde o seu princípio ou posteriormente, seja resultado da alteração imprevista

---

[127] "Para E. KAUFMANN, a vontade negocial não é só a empírica é tôda a vontade eficaz, isto é, tôda a vontade que foi manifestada mais a que corresponde ao tipo negocial, à finalidade mesma, essencial, do negócio jurídico" (PONTES DE MIRANDA, F. C., *Tratado de direito privado*, t. XXV..., p. 217).

[128] "KAUFMANN advertiu que a modificação das circunstâncias que influenciam o contrato tem relevo, não tanto em função da representação mental que eventualmente tiveram as partes, mas mais na medida em que um novo estado de coisas prejudica o escopo e economia do negócio, os quais são indicados pelo tipo negocial e pelo conteúdo do próprio contrato." (BESSONE, Mario. *Adempimento...*, p. 140, p. 59).

[129] LARENZ, Karl. *Base...*, p. 26.

[130] LARENZ, Karl. *Base...*, p. 26. Confira-se também outro enfoque de críticas em MENEZES CORDEIRO, António Manuel da Rocha e. *Da boa fé...*, p. 992-993.

[131] GALLO, Paolo. *Sopravvenienza...*, p. 95.

[132] PONTES DE MIRANDA, F. C. *Tratado de direito privado*. XXV..., p. 217. MENEZES CORDEIRO salienta que existiu um primeiro e um segundo KRÜCKMANN: aquele, antes das influências de OERTMANN, com uma visão objetiva a respeito da alteração das circunstâncias (ligando a *rebus* à essência do sinalagma); este, ao contrário, numa versão subjetiva, com a chamada "reserva virtual" (*Da boa fé...*, p. 993-994 e 1.037).

[133] LARENZ, Karl. *Base...*, p. 27.

das circunstâncias. LARENZ aponta que KRÜCKMANN não conseguiu precisar satisfatoriamente os casos nos quais teria lugar sua teoria.[134]

KRÜCKMANN concebia a "reserva virtual" não como uma vontade hipotética e imputável às partes, mas presente na "imanente lógica do contrato": "o contrato pensa em lugar das partes"[135].

Observa-se que essa teoria é bastante significativa no quadro evolutivo de uma dogmática mais atenta à realidade do que às ficções geradas pelo voluntarismo, na medida em que propõe a interpretação conforme a boa-fé (BGB, § 157) como o meio pelo qual se identificam as circunstâncias que integram a base do negócio.

5. Teoria da Base do Negócio Jurídico de PAUL OERTMANN: a base em sentido subjetivo

Sempre tendo por norte a superação das deficiências da teoria da pressuposição, PAUL OERTMANN desenvolveu, no ano de 1921, na obra *Die Geschäftsgrundlage, ein neuer Rechtsbegriff*,[136] o que chamou de base do negócio (*Geschäftsgrundlage*), a qual, segundo sua opinião, tinha muitos pontos de apoio no BGB.[137]

OERTMANN reconhecia que a teoria da pressuposição apresentava grandes dificuldades no enfrentamento das críticas que lhe foram feitas, especialmente no que concernia à confusão com os motivos.[138] Por isso advertiu que "otra cosa sucede, sin embargo, tratándose de uma presuposición bilateral, elevada, expresa o tácitamente, a elemento integrante del contrato. Sucede en ocasiones que, de una manera cognoscible, las partes quieren apoyar los efectos del negocio exclusivamente sobre la base de un hecho determinado, no elevando éste a condición simplemente por suponerlo ya dado o considerar indudable su cumplimiento futuro. En tal

---

[134] LARENZ, Karl. *Base...*, p. 27.

[135] LARENZ, Karl. *Base...*, p. 168. "Segundo KRÜCKMANN, o regulamento contratual traz implícita uma reserva em virtude da qual a falta das circunstâncias pressupostas autoriza o sujeito a se desvincular da relação. E esta reserva virtual não é qualquer coisa concebida segundo uma vontade identificável no momento do consenso, mas um dado que se deduz de uma interpretação do contrato segundo o metro da boa-fé objetiva." (BESSONE, Mario. *Adempimento...*, p. 141, nota 61).

[136] *A base do negócio*, um novo conceito jurídico.

[137] OERTMANN, Paul. *Introdución...*, p. 305.

[138] OERTMANN, Paul. *Introdución...*, p. 304.

hipótesis, el hecho de que se trata no constituye una condición, pero, de no tomarlo en consideración, se iria contra el deseo y los intereses de las partes. Por ello no seria demasiado atrevimiento considerar la presuposición, tomada en ese sentido, como base del negocio y elemento esencial por conseguiente, para existencia del mismo, aunque no se hubiera estipulado expresamente – cosa que raramente sucede en tales casos – que había de producir esos efectos."[139]

Observamos claramente que OERTMANN deu ênfase ao conhecimento expresso ou tácito pelo contratante a respeito da *representação* do outro e o significado desta para a contratação, ou seja, a certeza de que a motivação do contratante se baseia no fato de que determinada circunstância existe, subsistirá ou virá a ocorrer, a ponto de nem ser preciso inseri-la como condição do negócio. Tentava contornar o problema da representação mental de somente uma das partes, a levar para o terreno dos motivos, como verificamos na pressuposição de WINDSCHEID. Esse seria o sucesso da teoria de OERTMANN em relação à pressuposição de WINDSCHEID: assegurar uma ampla tutela da confiança.

Base do negócio, portanto, seria a "representación mental de una de las partes en el momento de la conclusión del negocio jurídico, conocida en su totalidad y no rechazada por la otra parte, o la común representación de las diversas partes sobre la existencia o aparición de ciertas circunstancias, en las que se basa la voluntad negocial."[140]

Trata-se da base do negócio em sentido subjetivo.[141] Assim como a de WINDSCHEID, a teoria de OERTMANN valorizava o elemento vontade,[142] pois seu método tinha por base a ciência do Direito do

---

[139] OERTMANN, Paul. *Introdución...*, p. 304-305

[140] OERTMANN, Paul. *Geschäftsgrudlage, apud* LARENZ, Karl. *Base...*, p. 5 e 20. O conceito ainda pode ser extraído de GALLO, Paolo. *Sopravvenienza...*, p. 97 e em PIRES. Catarina Monteiro. *Impossibilidade...*, p. 374.

[141] PONTES DE MIRANDA define a base subjetiva do negócio jurídico como "o que levou os figurantes a concluir o contrato, ou o que se supôs para se concluir o contrato" (*Tratado de direito privado*, t. XXV..., p. 224).

[142] "In realtà, la teoria di Oertmann ha avuto tutto il successo che non poteva mancare alla teoria capace di trasformare il concetto pandettistico di presupposizione in un altro meno esposto ad obiezioni, senza tuttavia rimuovere la mística della volontà (...)" (BESSONE, Mario. *Adempimento...*, p. 131, grifos nossos). "El punto de partida de OERTMANN en la construcción de la doctrina de la base del negocio era psicológico, aunque el proprio OERTMANN destaca

século XIX, de forma que, sendo ela – vontade – a responsável pela definição do regulamento contratual, somente ela poderia decidir a eficácia da alteração das circunstâncias, ou seja, dependeria da vontade a consideração de que as circunstâncias foram fundamento do negócio.

Todavia, enquanto a pressuposição de WINDSCHEID referia-se a uma declaração isolada, a base de OERTMANN relacionava-se ao negócio como um todo.[143]

MENEZES CORDEIRO explica que OERTMANN entendia que os negócios eram celebrados sobre certos fundamentos (base), os quais eram, ao mesmo tempo, menos e mais que os motivos. Menos, porque, além de não determinar a decisão de contratar, os fundamentos, quando muito, revelavam que o negócio poderia não ter sido feito caso não estivessem presentes (os fundamentos); mais que os motivos, porque, enquanto estes fossem mera representação psicológica presa a apenas uma declaração negocial, de caráter unilateral (que só por rara coincidência são compartilhados entre as partes), os fundamentos eram algo comum a ambas as partes, ligado ao contrato no seu todo.[144] Além disso, a base do negócio

que la base del negocio no forma parte del proceso psicológico" (FLUME, Werner. *El negocio jurídico*. Parte general del derecho civil. Trad. José Maria Miguel González; Esther Gómez Calle. 4. ed. Madrid: Fundación Cultural del Notariado, 1998, t. 2, p. 587). Sem prejuízo, NELSON NERY JUNIOR destaca que "os aspectos objetivos da base do negócio vêm definidos em Oertmann, Geschäftsgrudlage, § 16, p. 135 *et seq.*" (Código Civil Comentado e Legislação Extravagante. São Paulo: RT, 2005, p. 382). Isso significa que, a despeito do evidente cunho subjetivo de sua teoria, OERTMANN já lançara a semente para a base objetiva do negócio, aperfeiçoado posteriormente pelos outros que o sucederam.

[143] A respeito, LARENZ, Karl. *Base...*, p. 20; MOSSET ITURRASPE, Jorge. *La frustración...*, nota de rodapé 2, p. 98. No mesmo sentido, CATARINA MONTEIRO PIRES menciona que, "distanciando-se das premissas windscheidianas, OERTMANN clarifica, assim, que a base do negócio não resultaria de uma pressuposição, mas do próprio negócio jurídico. Porém, OERTMANN distingue entre interpretação complementadora do contrato e base do negócio, salientando que, no §157 BGB, estaria em causa um desenvolvimento baseado na vontade hipotética, e não na vontade real das partes (*Impossibilidade...*, p. 375).

[144] "O. explica que os negócios se firmam sobre certos fundamentos – certa base – que não podem ser ignorados sem formalismo. Esses fundamentos são menos do que os motivos: não conduzem à decisão de contratar tendo, quando muito, o alcance negativo de que, sem eles, não se teria contratado; por outro lado, enquanto o motivo é algo de unilateral, que só por coincidência rara é compartilhado entre as partes, os fundamentos representam algo de comum a ambas as partes. São, por outro lado, mais do que motivos: estes representam uma realidade meramente psicológica, que se prende, quando muito, apenas a uma declaração negocial e não

de OERTMANN também não se confundiria com a pressuposição de WINDSCHEID e a cláusula *rebus sic stantibus*, uma vez que:

a) a pressuposição seria uma manifestação de vontade unilateral, enquanto os fundamentos não seriam manifestação de vontade e se prenderiam ao conteúdo do contrato no seu todo. Ademais, a pressuposição seria uma limitação da vontade – relacionada, pois, com o lado psicológico do negócio; já a base do negócio oertmanniana traduziria uma representação sobre a qual se formava a vontade. Por fim, enquanto a base do negócio surgia como comum a ambos os contratantes, à pressuposição – de caráter unilateral – era suficiente a sua cognoscibilidade pela outra parte;

b) a cláusula *rebus sic stantibus* fazia parte do próprio negócio e se referia somente a alterações de futuro; já a base do negócio era apenas uma representação sobre a qual se formava a vontade e abrangia não só as alterações de futuro, mas também as relacionadas ao presente e ao passado.[145]

c) A teoria de OERTMANN foi aplicada pelos Tribunais,[146] ainda que, em algumas ocasiões, tão somente de maneira linguística, revelando por detrás do nome "base do negócio" uma decisão calcada na equidade.

---

ao contrato no seu todo. Também não haveria confusão com a pressuposição windscheidiana: esta é uma manifestação de vontade – os fundamentos não o são – unilateral – os fundamentos reportam-se ao conteúdo no seu todo" (MENEZES CORDEIRO, António Manuel da Rocha e. *Da boa fé...*, p. 1.033).

[145] "(...) a pressuposição seria uma limitação da vontade, relacionando-se com o lado psicológico do negócio, enquanto a bn traduziria uma representação sobre a qual se formaria a vontade; a pressuposição teria uma natureza unilateral, bastando ser cognoscível pela outra parte, enquanto a bn surgiria como comum a ambas as partes. Também perante a *clrss* existiriam diferenças, embora de modo não tão claro, dada a multiplicidade de sentidos com que a *cláusula* tem sido utilizada. Assim, a *clrss* faria parte do próprio contrato, enquanto a bn seria apenas uma representação sobre que se formaria a vontade; além disso, a *clrss* visaria apenas a alterações de futuro, enquanto a bn alcançaria, também, a não conformidade do negócio com as circunstâncias, presentes e passadas, para que ele estaria programado" (MENEZES CORDEIRO, António Manuel da Rocha e. *Da boa fé...*, p. 1.039-1.040).

[146] *Vide* a respeito o julgamento do caso dos marcos de madeira referido por LARENZ. *Base...*, p. 13-14.

Permaneciam, no entanto, algumas das deficiências já apontadas na teoria da pressuposição, pois OERTMANN não conseguiu explicar satisfatoriamente a diferença entre a representação mental determinante do negócio e um motivo especialmente destacado. Além disso, LARENZ aponta como vicissitudes da base do negócio de OERTMANN o fato dela ser ao mesmo tempo uma teoria ampla e limitada: ampla, porque não consegue definir qual representação exteriorizada e que chega ao conhecimento do outro contratante é suficiente para ser considerada como base do negócio, de forma que se aplicaria a uma infinidade de casos e acarretaria indesejada insegurança jurídica; limitada, porque se preocupa simplesmente com a representação mental das partes, deixando de lado o aspecto objetivo, qual seja, as circunstâncias que interferem na possibilidade de alcançar a finalidade contratual comum a ambas as partes.[147]

Acrescente-se a essas falhas a constatação de MENEZES CORDEIRO, no sentido de que "não se pode imputar à vontade aquilo que, por desconhecimento, ela nunca poderia ter querido. Fazê-lo, nem é ficção; é engano."[148]

Paradoxal foi também um adjetivo empregado para qualificar a teoria da base do negócio pelo fato de não atender ao negócio como negócio, senão às representações do contratante como um fato especial paralelo ao contrato. Dessa forma, acabava sendo determinante não o que era importante e central – o negócio –, mas a realidade à qual se refere o negócio. Em outras palavras, as circunstâncias nas quais o negócio foi feito eram mais importantes do que o próprio negócio.[149]

De fato, a aplicação da base do negócio de OERTMANN tornou-se mais difícil quando, por meio dela, tentou-se solucionar casos de contratos de fornecimento de longo prazo que, por conta da guerra, tiveram a relação de equivalência das prestações desestabilizada. Isso porque, antes da Primeira Guerra Mundial, ninguém pensava em alteração das circunstâncias, de sorte que seria forçado admitir que as partes contratantes

---

[147] LARENZ, Karl. *Base...*, p. 17.

[148] *Da boa fé...*, p. 1.044. Mario BESSONE informa que as objeções à teoria de OERTMANN são muito convincentes: a) dá margem para a consideração de simples erro de previsão; b) não distingue entre pressupostos relevantes e mero motivo de iniciativa; c) favorece uma arbitrária distribuição do risco da operação econômica (*Adempimento...*, p. 136, nota 51).

[149] FLUME, Werner. *El negocio...*, p. 587-588.

tivessem baseado suas representações mentais no fato de permanecerem inalteradas as condições da contratação.

OERTMANN defendia-se alegando que nada atua por completo sem representações, sendo a declaração baseada na atualidade. Aqui, sem perceber, OERTMANN migra de uma pressuposição psicológica para uma lógico-imanente, ou seja, "en tanto que puede decirse que de lo contrario su voluntad negocial no tendría sentido".[150]

De todo modo, se, para a relevância de uma circunstância ou de um interesse, bastasse o conhecimento da representação mental do contratante pelo outro, todo e qualquer risco poderia ser transferido mediante simples comunicação de todas as vantagens esperadas do negócio, o que seria uma artificiosidade extrema[151].

6. Teoria de LOCHER: finalidade objetiva do negócio

EUGEN LOCHER[152] fundiu a teoria psicológica de OERTMANN com a teoria da cláusula *rebus sic stantibus*, visando a corrigir as falhas apontadas ao criador da base do negócio em sentido subjetivo.

Tratou de formular a tese de que a base do negócio está constituída não pelas representações das partes, mas por aquelas circunstâncias necessárias para alcançar a "finalidade do negócio",[153] determinada pelas partes e posta em relevo no contrato, mediante as suas condutas que sejam conforme o contrato.[154] Justificar-se-ia a resolução sempre que surgissem circunstâncias imprevistas que impedissem atingir a finalidade que as partes perseguiam com o negócio e que dele faz parte. O fundamento de sua teoria era o § 812, 1, parte final, do BGB,[155] o qual trata do enriquecimento injusto.

---

[150] LARENZ, Karl. *Base...*, p. 23.

[151] A despeito das críticas, a base do negócio subjetiva "influenciou decisivamente a jurisprudência alemã, refletindo-se também nas pistas exploradas por alguma doutrina recente" (PIRES, Catarina Monteiro. Impossibilidade..., p. 376)

[152] Além da obra de LARENZ, confira-se a obra de MOSETT ITURRASPE (*La frustración...*, p. 101-102) e o *Tratado de direito privado* de PONTES DE MIRANDA, t. XXV..., p. 224-225, os quais se baseiam no livro de LARENZ.

[153] BESSONE, Mario. *Adempimento...*, p. 149, nota 72.

[154] LARENZ, Karl. *Base...*, p. 27.

[155] "§ 812. 1. Quien a través de un acto prestado por otro, o de cualquier otra manera, adquiera algo a expensas de este último sin causa jurídica, está obligado a restituírselo. Esta obligación

LARENZ destaca os avanços da teoria de LOCHER: a) seu critério é o da impossibilidade de atingir a finalidade do negócio, não interessando se foi ou não representação psicológica a subsistência das circunstâncias presentes à contratação; b) elimina da base do negócio os casos em que resultou inexequível o fim de apenas uma das partes, como, por exemplo, o propósito de utilização do comprador.

A finalidade do negócio para LOCHER é a finalidade objetiva, ou seja, aquela comum a ambas as partes, excluindo-se desse conceito a finalidade de uma só delas.[156] Caso se torne impossível alcançar a finalidade objetiva do contrato, justifica-se a sua resolução.

A base do negócio de LOCHER seria, então, determinada pelo escopo do negócio, podendo ser definida como "«(...) o conjunto daquelas circunstâncias, sem cuja existência, manutenção ou verificação futura o escopo prosseguido pelo negócio e determinado de acordo com o seu conteúdo, não pode ser obtido através do negócio, apesar de ele ter sido devidamente concluído e ainda que se realize o sacrifício exigível às partes, segundo o conteúdo negocial»."[157]

Elimina-se aqui a ideia de que a resolução seria justificada pelo fato de não se concretizar a representação das partes de que permaneceria o estado de coisas presente no momento da contratação, o que é estritamente subjetivo.

Para LOCHER, finalidade do negócio é sempre "la finalidad de una de las partes que ha pasado a formar parte del contrato y ha sido admitida bilateralmente",[158] o que é diferente da "finalidade essencial" de KAUFMANN, pois somente pela vontade concordante das partes é que a finalidade de uma parte, de cunho unilateral, converte-se em finalidade do negócio, ou seja, no resultado perseguido com a devida atenção ao

---

subsiste incluso si la causa jurídica desaparece posteriormente o si el resultado que se pretendía conseguir mediante una prestación de acuerdo con el negocio jurídico no se produce. 2. El reconocimiento de la existencia o no existencia de una relación obligatoria, si se realiza bajo contrato, también se considera que es una prestación." (EIRANOVA ENCINAS, Emílio. *Código Civil alemán comentado – BGB*. Madrid: Marcial Pons, 1998, p. 259).

[156] LARENZ, Karl. *Base...*, p. 154.

[157] LOCHER, Eugen. *Geschäftsgrundlage und Geschäftszweck*, AcP 121 (1923), *Apud* MENEZES CORDEIRO, António Manuel da Rocha e. *Da boa fé...*, p. 1.035.

[158] LARENZ, Karl. *Base...*, p. 28.

conteúdo do negócio jurídico.[159] São as circunstâncias objetivamente consideradas – e não as representações das partes – que determinam a finalidade do contrato; ademais, a base do negócio está constituída por essas circunstâncias objetivamente necessárias para a consecução da finalidade do negócio. A teoria de LOCHER não prevaleceu na doutrina e na jurisprudência porque:[160] (1) não determinava exatamente quando a finalidade de uma das partes passava a integrar o conteúdo do contrato e, portanto, a finalidade objetiva do contrato; (2) abarcava somente uma parte dos casos, deixando de lado o problema do erro recíproco,[161] mais bem resolvido com a teoria de OERTMANN.

ITURRASPE aponta que, apesar de a tese de LOCHER ter se esforçado na busca de objetivação da teoria da base do negócio, ela ainda seria subjetiva, pois a finalidade do negócio é definida como "aquella que ha nacido como propia de una de las partes que, habiendo sido admitida por la otra, ha pasado a formar parte del contrato".[162]

7. Teoria de LEHMANN: teoria unitária

Movido pela crítica que LOCHER sofreu – por sua tese não abarcar o erro bilateral –, H. LEHMANN buscou unir os elementos objetivos e subjetivos para criar uma nova teoria, designada teoria unitária.

Segundo LEHMANN, deve ser verificado se, de acordo com a boa-fé e em atenção ao fim do contrato, o contratante admitiu que ele dependia de certas circunstâncias, ou se lealmente o teria admitido, caso, no momento da conclusão do contrato, tivesse em conta a insegurança dessas circunstâncias.

LUIS RENATO FERREIRA DA SILVA sustenta que não houve união de fatores objetivos e subjetivos, pois acredita que a boa-fé à qual se refere LEHMANN é de cunho meramente subjetivo.[163] Todavia, aparentemente, parece tratar de boa-fé em sentido objetivo, pois o que deve ser avaliado é se o modelo de comportamento do contratante corresponde àquele tido

---

[159] LARENZ, Karl. *Base...*, p. 28-29.

[160] Mario BESSONE reconhece também o fracasso da teoria de LOCHER (*Adempimento...*, p. 149, nota 72).

[161] PONTES DE MIRANDA, F. C. *Tratado de direito privado.* t. XXV..., p. 225.

[162] MOSSET ITURRASPE, Jorge. *La frustración...*, p. 101.

[163] *Revisão dos contratos:* do Código Civil ao Código do Consumidor. Rio de Janeiro: Forense, 1998, p. 136.

como socialmente típico, normalmente esperado, ou seja, como aquele padrão de conduta. Em outras palavras, verificar se o *standard* jurídico de atuação naquela contratação seria no sentido de admitir que o negócio estava sujeito a certas condições ou não, e, a partir daí, comparar com o comportamento da parte no caso concreto. Nesse ponto, a teoria, de fato, revela seu lado objetivo, inserindo uma exigência normativa a respeito do comportamento do contratante.[164]

Por outro lado, a segunda parte da teoria unitária – o fato de admitir que, lealmente (de boa-fé), caso se soubesse da insegurança das circunstâncias, o negócio estaria a elas submetido – revela semelhança com a pressuposição de WINDSCHEID, porque se tem novamente uma condição não desenvolvida, revelável com o auxílio da boa-fé.

A expressão "lealmente ter admitido" revela o esforço de LEHMANN para delimitar objetivamente a aplicação de sua teoria. Desse modo, em tese, não deveria ser analisado se a representação das partes era a de que o estado de coisas subsistiria, mas inferir essa representação a partir de um comportamento objetivo, padrão, leal, enfim, de boa-fé. Acreditamos que, nesse aspecto, o que muda na teoria de LEHMANN em relação à teoria de WINDSCHEID é justamente o prisma pelo qual encaram a questão: este extrai a pressuposição da vontade do contratante (seu enfoque é psicológico), enquanto aquele a extrai a partir de um comportamento leal, ou seja, de uma conduta-modelo que o homem médio apresentaria.

LARENZ afirma que essa teoria retorna à teoria de WINDSCHEID, mas não a vê como uma realidade psicológica, e sim como uma exigência normativa com relação ao outro contratante. A falha que aponta na teoria de LEHMANN é que ela não diz quando um honrado contratante deve admitir uma condição semelhante – de sujeição do negócio a determinadas circunstâncias, caso tivesse em conta a incerteza das mesmas –, o que LARENZ crê ser uma falha de toda teoria que pretenda abarcar todas as hipóteses que possam ser contempladas.[165]

---

[164] LARENZ, Karl. *Base...*, p. 30. MOSSET ITURRASPE, Jorge. *La frustración...*, p. 102. Nesse sentido, ainda, MARIO BESSONE defende que a teoria de LEHMANN procura conciliar os pontos de vista subjetivo e objetivo, traduzindo um "entrelaçamento de diversos componentes que por um lado requer o tradicional assunto nos termos de uma hipótese psicológica e, por outro lado, deixam ao contrário aflorar o exercício de um controle sobre a economia do negócio" (*Adempimento...*, p. 149-150, nota 74).

[165] LARENZ, Karl. *Base...*, p. 30.

A teoria unitária serviu de base, por sua vez, para a constatação de LARENZ de que havia uma grande diversidade de hipóteses envolvidas na alteração das circunstâncias, não sendo útil e adequado abarcá-las em uma teoria unitária. Para o jurista alemão, somente com uma diferenciação das hipóteses e com uma correta distribuição das consequências jurídicas é que poderiam ser alcançados resultados concretos,[166] o que o levou à elaboração da base do negócio em sentido subjetivo e objetivo.

8. Teoria de LARENZ: base do negócio em sentido subjetivo e em sentido objetivo

KARL LARENZ apresentou seu estudo a respeito da base do negócio impulsionado pelos seguintes fatores: (i) a certeza de que a teoria unitária, assim como todas as outras até então desenvolvidas, não forneciam critérios seguros para determinar as hipóteses em que se configuraria o desaparecimento da base do negócio; (ii) o paulatino abandono da teoria de OERTMANN pela jurisprudência do Tribunal Supremo da Colônia para a Zona Britânica, rumo ao julgamento dos processos que envolviam a alteração dos fatos de acordo com a ponderação das circunstâncias do caso concreto segundo a boa-fé, apta a resolver o dilema entre o princípio da imutabilidade do contrato e o da acomodação do contrato à nova situação; (iii) a convicção de que uma jurisprudência de equidade incorre no problema da generalização, sendo necessárias bases mais concretas para a solução das demandas.

A obra de LARENZ – *Base del negocio jurídico y cumplimiento de los contratos* – contém um verdadeiro arsenal de decisões proferidas na Europa, especialmente na Alemanha e no direito inglês, que tratavam do tema atinente à alteração das circunstâncias posteriormente à conclusão do negócio jurídico. O jurista alemão trata de analisar o movimento doutrinário e jurisprudencial, apontando os erros, acertos e mostrando que os problemas poderiam ser divididos em dois diferentes grupos, construindo, assim, a sua teoria.

Foi desse modo que LARENZ brindou a ciência do direito com a afirmação de que a base do negócio poderia ser entendida em um duplo sentido:[167]

---

[166] LARENZ, Karl. *Base...*, p. 31.
[167] LARENZ, Karl. *Base...*, p. 34.

a) Base subjetiva: representação mental existente ao concluir o negócio que influenciou grandemente na formação dos motivos. Essa foi a base do negócio adotada por WINDSCHEID e OERTMANN. LARENZ afirma que a base em sentido subjetivo entra no campo dos motivos e tem que ser concebida juridicamente na teoria do erro nos motivos e dos vícios da vontade;[168]

b) Base objetiva: conjunto de circunstâncias cuja existência ou persistência pressupõem devidamente o contrato – conheçam-nas ou não os contratantes – já que, não sendo assim, não se lograria o fim do contrato, isto é, o propósito das partes contratantes, e a subsistência do contrato não teria sentido, fim ou objeto. Essa foi a base do negócio perseguida por KAUFMANN, KRÜCKMANN e LOCHER.

LARENZ afirma que a base objetiva se refere à questão de ser ou não possível realizar-se o fim do contrato e a intenção conjunta das partes contratantes. As duas principais formas de manifestação da base do negócio são: (1) a destruição da relação de equivalência; e (2) a impossibilidade de alcançar o fim do contrato.[169]

Relacionando a teoria da base do negócio com institutos do sistema jurídico inglês e austríaco, LARENZ aponta que (a) a base do negócio em sentido *subjetivo* constitui os casos de erro mútuo do direito inglês (*commom mistake*) e a pressuposição individual do direito austríaco; (b) a base do negócio em sentido *objetivo* é tratada juntamente com os casos de impossibilidade posterior da prestação do direito inglês (desaparecimento da *basis of contract*) e a pressuposição típica do direito austríaco.[170]

Analisaremos, de forma separada, cada uma delas.

8.1. A base do negócio em sentido subjetivo

Base do negócio em sentido subjetivo seria a representação mental comum dos contratantes pela qual ambos se deixaram guiar ao fixar o conteúdo do contrato. A representação tem que induzir ambas as partes – e não só uma delas – a concluir o contrato. Se a representação não se concretiza, cada uma das partes incorreu em um "erro nos motivos", que se refere a

---

[168] LARENZ, Karl. *Base...*, p. 34.
[169] LARENZ, Karl. *Base...*, p. 34-35.
[170] LARENZ, Karl. *Base...*, p. 35.

uma situação de fato admitida por ambas, ou seja, a uma pressuposição comum às partes.[171]

O passo a mais dado por LARENZ em relação a OERTMANN foi o de considerar relevante para formar a base em sentido subjetivo apenas a representação mútua de ambas as partes, e não somente a representação de uma das partes não rechaçada pela outra ou a esperança comum de não se alterarem as circunstâncias.

Como já havíamos apontado,[172] LARENZ criticava a construção de OERTMANN justamente por não conseguir definir qual representação exteriorizada e que chega ao conhecimento do outro contratante seria suficiente para ser considerada como base do negócio. E foi com a pressuposição comum que buscou resolver o problema.

A base do negócio em sentido subjetivo que tem relevância jurídica deve apresentar os seguintes requisitos:

a) deve ser uma representação comum de ambos os contratantes, na qual se basearam para celebrar o contrato;

b) essa representação comum deve ter influenciado a decisão de ambas as partes na conclusão do contrato; deve ser decisiva, a ponto de se poder dizer que não teriam celebrado o contrato, ou que não o teriam feito daquela maneira, se conhecessem a sua inexatidão;

c) a representação comum pode referir-se a uma circunstância considerada como existente ou esperada no futuro, mas é indispensável que se trate de uma representação ou esperança determinada, não sendo suficiente a simples falta de esperança da variação das circunstâncias (tal como propunha OERTMANN).

A solução dos casos de desaparecimento da base em sentido subjetivo deveria partir, segundo LARENZ, da disciplina do erro recíproco nos motivos. A falsa ideia dos motivos de um só dos contratantes seria

---

[171] Tradução livre do seguinte trecho de LARENZ, Karl. *Base...*, p. 37: "Entendemos por base del negocio aquella común representación mental de los contratantes por la que ambos se han dejado guiar al fixar el contenido del contrato. La representación tiene que haber inducido a concluir el contrato no a una sino a ambas partes. Si la representación no se realiza, cada una de las partes ha incurrido en un «error en los motivos», que se refiere a una situación de hecho por ambas admitida, o sea, a una presuposición común a ambas."

[172] Cf. *supra*, Capítulo 2, item 5.

irrelevante para o direito, a menos que se tratasse de erro sobre a qualidade, nos moldes do § 119, II, do BGB.

Ocorre que, diversamente do Código Civil brasileiro (art. 140),[173] o erro nos motivos não é regulado expressamente no BGB. Mesmo assim, LARENZ concorda com a interpretação no sentido de considerar o § 119, II, do BGB,[174] que trata do erro sobre uma qualidade essencial para o tráfico de uma pessoa ou coisa, como abrangente do erro nos motivos.[175]

Todavia, a jurisprudência alemã considerava os casos nos quais se deveria falar em base em sentido subjetivo como hipóteses de erro na declaração, fundamentando a decisão no § 119, I, do BGB – do que LARENZ discordava –, de forma a evitar o problema de os motivos serem tachados de irrelevantes.[176] LARENZ sustenta que esses casos seriam mais bem resolvidos com recurso à base do negócio.

8.2. A base do negócio em sentido objetivo

Após depurar a base do negócio em sentido subjetivo de OERTMANN, eliminando de seu campo um grande número de casos, LARENZ tratou de verificar se eles não se enquadrariam no que denominou "base do negócio objetiva".

---

[173] "Art. 140. O falso motivo só vicia a declaração de vontade quando expresso como razão determinante. No BGB só há a regulamentação acerca do erro bilateral sobre a base do contrato para os casos de transação: "§ 779 (Concepto; error acerca de la base de la transacción) 1. Un contrato por el que se suprime el litigio o la incertitumbre de las partes sobre una relación jurídica por vía de concesiones mutuas (transacción) es inválido si la situación considerada esencial, de acuerdo con los términos del contrato, no se corresponde con los hechos reales y el litigio o la incertitumbre no hubiesen aparecido si se hubiesse conocido la situación. 2. Es equivalente a la incertitumbre relativa a una relación jurídica el que la efectividad de una pretensión sea insegura." (EIRANOVA ENCINAS, Emilio. *Código...*, p. 253-254).

[174] "§ 119 (Rescisión debida a error) 1. Quien en el momiento de hacer una declaración de voluntad está en un error en cuanto a su contenido, o no pretendía en absoluto hacer una declaración de dicho contenido, puede rescindir la declaración si se da por sentado que no la habría hecho con conocimiento de los hechos y una estimación razonable de la situación. 2. Como error sobre el contenido de la declaración se considera también un error encuanto a las cualidades de la persona o cosa que se consideran esenciales en el negocio". (EIRANOVA ENCINAS, Emilio. *Código...*, p. 82).

[175] LARENZ, Karl. *Base...*, p. 37.

[176] A respeito, confiram-se os casos dos rublos e outros citados por LARENZ na obra já referida (*Base...*), p. 42-53.

A dúvida de LARENZ era a seguinte: seria possível encontrar uma solução para os casos de transformação das circunstâncias que aspirasse a um grau de *generalidade*,[177] ou sempre se estaria na dependência de critérios de equidade a ser analisados caso a caso? Para resolver a indagação, o jurista alemão tratou de verificar exaustivamente a jurisprudência alemã sobre o assunto, constatando que os casos poderiam ser organizados em dois grupos de hipóteses típicas: (a) a destruição da relação de equivalência entre as prestações; e (b) a impossibilidade de alcançar o fim.[178]

LARENZ não nega que na questão está envolvido "el viejo problema de la clausula rebus sic stantibus"[179], mas também é categórico ao afirmar que "el criterio decisivo en ambos casos no es algo ajeno al contrato, como la situación económica del deudor o de ambas partes, sino el sentido y fin propio del contrato".[180]

---

[177] Essa busca por uma fórmula única e geral é severamente criticada por FLUME porque, segundo ele, conduziria a soluções de equidade, enquanto o que deveria ser verificado era qual dos contratantes deveria suportar o risco da realidade tendo em conta o concreto tipo contratual (*El negocio...*, p. 590).

[178] LARENZ, Karl. *Base...*, p. 92.

[179] LARENZ, Karl. *Base...*, p. 92.

[180] LARENZ, Karl. *Base...*, p. 93. FLUME sustenta que esse "fim próprio do contrato", enunciado por LARENZ, seria, em verdade, o fim de somente uma das partes porque, com exceção dos contratos de sociedade ou similares, somente existem fins autônomos das partes. E, como não se poderia contemplar o problema apenas a partir da perspectiva de uma das partes, FLUME conclui que a ideia de LARENZ não estava correta, ainda mais porque afirma que ele não mostra claramente por que o outro contratante deveria conformar-se com a indenização dos gastos nem por que poderia exigi-la em todos os casos de frustração do fim (FLUME, Werner. *El negocio...*, p. 604). A crítica de FLUME deve ser tomada com ressalvas, pois, muito embora o fim possa ser autônomo e restrito a uma das partes, na grande parte dos casos é possível extrair do próprio regulamento contratual que o negócio se dirigia para atender a essa finalidade (de uma das partes), integrando o seu conteúdo. Nessa medida, embora, em um contrato de compra e venda de um aquecedor a gás, a finalidade de ter a água aquecida seja somente do comprador, é evidente que esse fim é integrante do conteúdo do contrato. É dentro dessa perspectiva que foi exposta a finalidade do contrato por LARENZ e não como se fosse algum fim íntimo, recluso e que não poderia ser extraído do próprio contrato e de suas circunstâncias, como parece dar a entender a crítica de FLUME. Verificada a finalidade do contrato, um outro passo é saber quem suporta o risco de vê-la impossibilitada. Porém, essa segunda etapa não pode ser confundida com a primeira ou ser óbice para que a finalidade que integrou o conteúdo do contrato seja identificada.

O movimento da jurisprudência da Alemanha a respeito da modificação das circunstâncias, especialmente a partir da Primeira Guerra Mundial, foi no sentido de, inicialmente, equiparar os casos de excessiva onerosidade do ato a ser prestado com os de impossibilidade da prestação. A agravação da situação econômica, inclusive a temporária – por conta da guerra –, era tratada igualmente aos casos de impossibilidade da prestação.[181] A orientação alemã era, pois, a de alargar o conceito de impossibilidade.

Em um momento posterior, o Tribunal Supremo do Reich deu um passo adiante a partir de uma decisão do ano de 1920,[182] pela qual decidiu que, se a prestação depois da guerra resulta, segundo o seu conteúdo e significado econômicos, distinta do que as partes ajustaram inicialmente, o contratante libera-se da obrigação, pois a sua manutenção "no puede conciliarse con la consideración de la buena fé y de los usos del tráfico impuesta por los §§ 157 y 242 del Código civil".[183] A partir dessa decisão, LARENZ aponta que a fundamentação passou da impossibilidade da prestação para a da inexigibilidade,[184] com a abertura para considerações de equidade e para elementos extracontratuais, tais como a ruína econômica do devedor. As consequências da perda da base seriam, assim, determinadas caso a caso, de acordo com as ponderações gerais da equidade.

LARENZ concorda com os resultados encontrados por essa jurisprudência casuística da equidade – a justiça material –, muito embora discorde com veemência dos meios pelos quais chega a tal resultado. Defende que

---

[181] O que OSTI qualificava como "*tendenze dottrinali manifestamente erronee*" (Verbete "Clausola rebus sic stantibus". *Novissimo Digesto Italiano*. Torino: Unione Tipográfico-Editrice Torinese, 1957, v. III, p. 358). Sobre os desenvolvimentos da impossibilidade alargada, confira-se MENEZES CORDEIRO, António Manuel da Rocha e. *Da boa fé...*, p. 998-1.007. O autor também analisa os rumos que a jurisprudência alemã foi trilhando após o fracasso da impossibilidade alargada: inexigibilidade, normatização das próprias alterações, aplicação direta da boa-fé e a exceção de ruína do devedor. O curioso é que a reforma do BGB aprovada em 2001 contemplou justamente o alargamento da impossibilidade em seu § 275 (2) e (3), conforme já demonstramos no item n. 1 deste Capítulo 2.

[182] Um dos contratantes havia se obrigado, em abril de 1915, a entregar um automóvel ao outro imediatamente depois que a paz fosse restaurada. Ao ser demandado, o contratante sustentou que o contrato não podia ser exigido nas mesmas condições por ter ocorrido uma variação muito grande das circunstâncias econômicas que levaram à contratação.

[183] LARENZ, Karl. *Base...*, p. 95.

[184] Cujos representantes, na dicção de MENEZES CORDEIRO (*Da boa fé...*, p. 1.015-1.017) foram HARTMANN e NIPPERDEY.

deve ser encontrada uma solução de validade geral[185] para que não se recorra a considerações de equidade, o que apresenta duas vantagens: permite tanto a segurança e a continuidade da jurisprudência, como uma compreensão dos seus fundamentos que o homem moderno exige para respeitar a autoridade das decisões judiciais.[186] E, para encontrar essa solução geral, deve-se verificar que as modificações ocorridas fundamentam-se "en el propio contrato; las circunstancias puramente personales del deudor no entran en consideración a este respecto, o lo hacen solo en cuanto que constituyen la propia base del contrato, como sucede en los contratos de alimentos".[187]

A grande percepção de LARENZ, todavia, foi a de que os casos de impossibilidade da prestação por fatos posteriores e alheios à vontade do devedor não são os únicos em que a relação obrigacional perde a finalidade ou o objeto. Há casos nos quais a prestação é perfeitamente possível, mas em que, por algum evento superveniente, o contrato não tem mais razão de ser, perdeu seu sentido, tornou-se inócuo, vazio. Aqui se insere a frustração do fim do contrato, que, tanto na Alemanha quanto no Brasil, não possui um regramento expresso.[188]

LARENZ justifica essa ausência devido à maior importância que os ordenamentos jurídicos continentais deram ao tratamento da impossibilidade da prestação.

É por isso que LARENZ enquadra na base do negócio em sentido objetivo a (1) destruição da relação de equivalência e a (2) impossibilidade de alcançar o fim do contrato.

Base do negócio em sentido objetivo seriam, pois, "las circunstancias y estado general de cosas cuya existencia o subsistencia es objetivamente

---

[185] Ideia que FLUME critica (*El negocio...*, p. 590), para quem as soluções únicas e de caráter geral é que levam à equidade.

[186] LARENZ, Karl. *Base...*, p. 97.

[187] LARENZ, Karl. *Base...*, p. 97.

[188] Sem que isso queira significar que a frustração do fim do contrato não possa estar presente nesses sistemas jurídicos. À guisa de ilustração, a Lei de Modernização do BGB, editada em janeiro de 2002, deu nova redação ao § 313 do BGB, acolhendo a teoria da base do negócio, sendo que a frustração pode ser ali fundamentada de maneira bem mais facilitada do que na época em que LARENZ escreveu sua obra. No Brasil, do mesmo modo, as disposições dos arts. 113 e 422 do Código Civil têm o condão de embasá-la, assim como o art. 3º, I, da Constituição Federal.

necesaria para que el contrato subsista, según el significado de las intenciones de ambos contratantes, como regulación dotada de sentido."[189]

O ponto central da teoria da base do negócio em sentido objetivo é manter o contrato sempre dotado de sentido, o que deixa de existir quando é destruída a relação de equivalência entre as prestações, de tal modo que não se pode mais falar em "contraprestação", ou que resulte inalcançável a finalidade objetiva do contrato, expressa em seu conteúdo, mesmo quando seja possível a prestação.[190]

A verificação dessas duas hipóteses de perda da base deve ser feita à luz da combinação objetiva dos §§ 157[191] e 242 do BGB, ou seja, "lo importante es el sentido de lo contrato, tal como tiene que ser compreendido y desenvuelto conforme a la «buena fe»".[192]

Há uma clara diferença de método e enfoque entre a base objetiva de LARENZ e o pensamento de WINDSCHEID e de OERTMANN, pois a tarefa da interpretação não parte da representação mental das partes. Segundo LARENZ, não é a vontade negocial, senão a declaração (originada pela vontade negocial, mas de certo modo dela desligada), o que constitui, enquanto complexo de sentido objetivamente inteligível, e na significação cognoscível pelo destinatário e imputável ao declarante, o fundamento suficiente das consequências jurídicas.[193] Aduz, pois, que a meta da interpretação dos negócios jurídicos não é a averiguação da vontade negocial em sentido psicológico-real, mas a significação que a declaração tem para o destinatário e para o declarante. A declaração pode abarcar elementos e consequências de que o declarante não tinha

---

[189] LARENZ, Karl. *Base...*, p. 159.

[190] LARENZ, Karl. *Base...*, p. 159.

[191] A redação do artigo 113 do Código Civil brasileiro é muito parecida com a do §157 do BGB, que dispõe: "Los contratos serán interpretados de acuerdo con los requisitos de la fidelidad y de la buena fe, teniendo en consideración los usos del tráfico" (EIRANOVA ENCINAS, Emilio. *Código...*, p. 88).

[192] LARENZ, Karl. *Base...*, p. 170.

[193] LARENZ, Karl. *Base...*, p. 164-165. Lembra bem Antonio Junqueira de Azevedo que "a vontade não é elemento do negócio jurídico; o negócio é somente a declaração de vontade" (*Negócio jurídico*: existência, validade e eficácia. São Paulo: Saraiva, 2002, p. 82). A vontade não faz parte do plano da existência do negócio jurídico, muito embora ela possa ter influência nos planos da validade e da eficácia; no plano da existência, ela é "inteiramente absorvida pela declaração, que é seu resultado" (AZEVEDO, Antonio Junqueira de. *Negócio jurídico...*, p. 82).

A BASE DO NEGÓCIO: ANTECEDENTES E EVOLUÇÃO DO INSTITUTO NA ALEMANHA

consciência, ao menos de modo induvidoso, no momento de emiti-la e que, por conseguinte, supera os limites de sua "atual vontade negocial".[194]

Há uma congruência entre o modo pelo qual LARENZ entende que deva ser feita a interpretação do negócio e a chamada teoria da confiança.[195] Assim, é da "idea fundamental y de la finalidad, del contexto total y de la naturaleza genérica del contrato respectivo, por estar conjuntamente compreendidas en el sentido del mismo" que a interpretação deve extrair as consequências da perda da base, e não da "presunta voluntad hipotética de las partes".[196] Mais uma vez, percebe-se a evolução de LARENZ em relação a seus antecessores.

As consequências da perda da base seriam a revisão do contrato ou sua resolução. O grande problema reside, todavia, em definir quem arcará com eventuais prejuízos decorrentes da alteração das circunstâncias. Há alguma obrigação de ressarcimento de despesas já incorridas por alguma das partes?[197]

Buscando a delimitação do âmbito de aplicação da teoria da base objetiva, LARENZ também sustentou que não importam o seu desaparecimento as transformações que: (1) são pessoais ou se limitam à esfera

---

[194] LARENZ, Karl. *Base...*, p. 165.

[195] A chave para a escolha entre a adoção da teoria da vontade ou a teoria da declaração parece estar, conforme sustentava BETTI (*Teoria generale del negozio giuridico*. Napoli: Edizioni Scientifiche Italiane, 1994), no ponto de relevância hermenêutico, o qual varia de acordo com a categoria do negócio jurídico em questão. Em se tratando de negócios *inter vivos*, o ponto de relevância hermenêutico, via de regra, concentra-se no declaratário; nos negócios *causa mortis*, no declarante. A respeito, confira-se o trabalho de MARINO, Francisco Paulo De Crescenzo. *Interpretação do negócio jurídico*: panorama geral e atuação do princípio da conservação, 2003, 272f. Dissertação (Mestrado). Faculdade de Direito da USP, São Paulo. É sob a ótica do ponto de vista hermenêutico que deve ser feita a leitura do art. 112 do Código Civil brasileiro ("Nas declarações de vontade se atenderá mais à intenção nelas consubstanciada do que ao sentido literal da linguagem"), muito embora possamos verificar que alguns dispositivos do próprio Código Civil brasileiro indicam qual o ponto de relevância hermenêutico, como no art. 138, onde se lê: "são anuláveis os negócios jurídicos, quando as declarações de vontade emanarem de erro substancial *que poderia ser percebido por pessoa de diligência normal*, em face das circunstâncias do negócio" (grifos nossos). Ou seja, o que interessa é o impacto que a declaração tem sobre o declaratário, a confiança que ela pode despertar. Se, diante das circunstâncias, uma pessoa de diligência normal não teria acreditado na declaração, o negócio não deverá ser, por exemplo, anulado por erro.

[196] LARENZ, Karl. *Base...*, p. 165.

[197] Analisaremos mais adiante esta questão.

de influência da parte prejudicada; (2) repercutiram no contrato porque a parte prejudicada estava em *mora solvendi* ou *accipiendi*; (3) sendo previsíveis, fazem parte do risco do contrato.[198]

Calcado nessas premissas é que LARENZ expôs à comunidade jurídica a sua teoria, tratando de analisar sua aplicação não só na Alemanha, mas também em outros sistemas legais (como o direito suíço, o austríaco, o francês, o inglês), tanto sob a ótica da destruição da relação de equivalência quanto da impossibilidade de alcançar os fins do contrato.[199]

9. Teorias do Risco: KEGEL, FIKENTSCHER, FLUME

Como uma alternativa para fugir da mística do voluntarismo (teoria subjetiva) passaram a ser apresentadas teorias fundadas no risco, as quais também ofereciam argumentos para a crítica da teoria da base do negócio, a ponto de vir a ser considerada uma fórmula dogmática vazia.[200]

A premissa básica e genérica dessas teorias é que contratar envolve riscos, podendo as partes distribuí-los de acordo com a autonomia privada. O risco decorrente da alteração das circunstâncias deve ser suportado por quem o assumiu ou teve a sua esfera jurídica atingida, não se olvidando as disposições do ordenamento jurídico a relativas às consequências para o tipo contratual sob análise.

Destacam-se na seara da teoria do risco autores como KEGEL, WIEACKER, FIKENTSCHER, FLUME, ROTHOEF, KÖHLER[201],

---

[198] LARENZ, Karl. *Base...*, p. 159.

[199] Como bem destaca CATARINA MONTEIRO PIRES, a evolução da base do negócio desde OERTMANN a LARENZ contribuiu para tentar delimitar as fronteiras entre os casos de perturbação da base do negócio e os de impossibilidade da prestação (*Impossibilidade...*, p. 380).

[200] MENEZES CORDEIRO, António Manuel da Rocha e. *Da boa fé...*, p. 1.050. Em que pese a crítica de MENEZES CORDEIRO, o texto do §313 do BGB, inserido com a reforma de 2002, positivou a teoria da base do negócio no sistema jurídico alemão. No direito italiano, MARIO BESSONE também tece críticas à teoria da base do negócio em sentido objetivo, principalmente por não oferecer critérios de juízo circunstanciados que permitam fazer da *geschäftsgrundlage* uma fórmula precisa (*Adempimiento...*, p. 148).

[201] A intenção deste autor era reconduzir a base do negócio à ideia do *venire contra factum proprium*, de forma que, uma vez finalizado o contrato, tendo as partes levado em conta determinada situação, a exigência da prestação no caso de desaparecimento/modificação dessa situação representaria um comportamento contraditório com o anteriormente assumido.

ULMER, MEDICUS, KOLLER e CHIOTELLIS[202], mas nos limitaremos a apresentar as ideias de KEGEL, FIKENTSCHER e FLUME.[203]

9.1. KEGEL: a grande e a pequena base do negócio

O estudo de KEGEL a respeito da alteração das circunstâncias parte do "risco como dano causal – não imputável, que, fundamentalmente, é suportado pelo titular da esfera atingida"[204]. Sua preocupação também era identificar quais alterações seriam eficazes a ponto de permitir uma distribuição do dano ocasionado entre os contratantes.

Nessa tarefa de identificação, KEGEL sustentava que existiam dois grupos nos quais os eventos supervenientes poderiam ser inseridos, quais sejam:

a) grande base do negócio: absorveria os acontecimentos que traduzem um perigo da comunidade em geral, massificado, oriundo de fatores naturais (catástrofes) ou humanos (causados pelo Estado, como guerras, planos econômicos), o qual acarretaria danos indiscriminadamente a grandes grupos de pessoas. Ter-se-ia, aqui, uma esfera de perigo comunitária;

b) pequena base do negócio: seria a esfera de perigo individual de cada contratante.

Em princípio, somente as alterações que se situassem na grande base do negócio é que seriam eficazes para proporcionar uma distribuição dos riscos do contrato entre os contratantes, de modo que, "vendo na cominação final do dano, sofrido no âmbito de um perigo comunitário, apenas a uma das partes, uma injustiça, determinaria a sua distribuição, também, pela outra",[205] o que é feito "segundo juízos de equidade e oportunidade, tendo em conta as circunstâncias do caso concreto"[206]. KEGEL recomenda

---

[202] MENEZES CORDEIRO, António Manuel da Rocha e. *Da boa fé...*, p. 1.057.

[203] No direito italiano podemos citar Paolo Gallo (*Sopravenienzza...*) e Mario Bessone (*Adempimento...*).

[204] MENEZES CORDEIRO, António Manuel da Rocha e. *Da boa fé...*, p. 1.053.

[205] MENEZES CORDEIRO, António Manuel da Rocha e. *Da boa fé...*, p. 1.053.

[206] MENEZES CORDEIRO, António Manuel da Rocha e. *Da boa fé...*, p. 1.054.

uma distribuição dos danos metade por metade como um indicador básico que atende a esses elementos.[207]

As alterações das circunstâncias que ficariam circunscritas à pequena base do negócio não dariam margem à distribuição dos danos, salvo exceções, como nos casos de negócios de favor ou de erro na transação.[208] O critério aplicável seria a distribuição dos riscos e danos conforme as regras gerais de responsabilidade e de acordo com o tipo negocial.[209]

MENEZES CORDEIRO critica as teorias do risco na parte em que não trazem *critérios* para as soluções possíveis aos casos de eventos supervenientes, embora tenham introduzido o ponto positivo de considerar relevantes somente as alterações não incluídas no risco do negócio. Além disso, muitos autores não assumem – diversamente de KEGEL – que, verificada a relevância do evento, a solução seria estabelecida de acordo com o caso concreto.[210]

Podemos dizer que a teoria de KEGEL representa um prolongamento, mas não uma ruptura completa, da teoria da base do negócio, na medida em que parte da análise das circunstâncias supervenientes para avaliar se a *fattispecie* seria digna de tutela jurídica: se integrasse a grande base do negócio, mereceria a proteção; do contrário, fazendo parte da pequena base do negócio, não faria por merecer. O enfoque é, ainda, partir das circunstâncias para o negócio, e não do negócio para as circunstâncias:

$$\textit{Circunstâncias} \longrightarrow \textbf{Negócio}$$

Mesmo assim, o fato de KEGEL sugerir a repartição dos riscos com base no tipo contratual, e as regras de responsabilidade a ele aplicáveis segundo o ordenamento jurídico, significa o avanço – e, por isso, falamos em prolongamento – da teoria da base do negócio.

---

[207] A repartição salomônica proposta por KEGEL é criticada por WERNER FLUME, pois o professor emérito da Universidade de Bonn defende que a "justa" repartição dos riscos deve levar em consideração não só a repercussão do evento superveniente sobre a relação contratual, mas também como ele afetou cada um dos contratantes (*El negocio...*, p. 617, nota 77). Tem razão FLUME, na medida em que as perdas de uma das partes podem ser muito superiores às da outra, fato que, para quem almeja uma decisão equânime, é de indispensável consideração.

[208] MENEZES CORDEIRO, António Manuel da Rocha e. *Da boa fé...*, p. 1.053.

[209] BESSONE, Mario. *Adempimento...*, p. 159, nota 89.

[210] *Da boa fé...*, p. 1.059-1.060.

9.2. FIKENTSCHER: a base da confiança

Avaliando a fenomenologia dos riscos, FIKENTSCHER criou a chamada "base da confiança". Ela seria constituída, basicamente, por eventos não sujeitos à álea do negócio que, uma vez ocorridos, acarretariam a inexigibilidade da obrigação. Os riscos delimitariam o conteúdo do contrato, sendo determinados pela interpretação do negócio jurídico, pelos costumes do tráfego, pelas condições contratuais gerais e pela lei.

O risco teria o efeito de definir o contrato, estabelecer até que ponto são exigíveis as prestações em razão de eventos estranhos ao contrato e, havendo inexigibilidade, como deveriam ser repartidos os riscos. Em resumo, uma teoria da inexigibilidade, a qual seria assentada na boa-fé (§ 242, BGB).

A base do negócio, pois, seria definida a partir de uma repartição dos riscos. No momento em que o contrato é celebrado, as partes decidem submeter-se a um fator de insegurança, a um *âmbito de risco*, que é fruto do próprio exercício da autonomia privada. A alteração das circunstâncias pode fazer com que esse âmbito de risco seja ultrapassado.

Tendo em conta esse âmbito de risco, FIKENTSCHER sustenta que a base da confiança seria "a série de circunstâncias nas quais, consciente ou inconscientemente, se confiou quando da conclusão do negócio", "que abrange, pois, tudo o que não se integre no campo do risco contratual. Dos motivos, o direito define os que constituem circunstâncias de confiança, cuja soma formaria a base da confiança".[211]

A base da confiança seria dividida em:

a) base pessoal de confiança: inclui pressuposições ligadas ao contratante, as quais poderiam ensejar a inexigibilidade por razões pessoais;

b) base negocial de confiança: abrange circunstâncias exteriores à vontade negocial.

O evento que estivesse dentro da base da confiança e, portanto, fora do risco, poderia acarretar a inexigibilidade. Entretanto, na medida em que os riscos são determinados pela interpretação do contrato, pelos costumes do tráfego, pelas condições contratuais gerais e pela lei, a fórmula

---

[211] MENEZES CORDEIRO, António Manuel da Rocha e. *Da boa fé...*, p. 1.060-1.061.

de FIKENTSCHER, apesar de partir dos riscos, acaba inevitavelmente na equidade e, assim, pobre de conteúdo.

9.3. FLUME: negócio jurídico e risco da realidade

Muito embora a teoria da base do negócio (*Geschäftsgrundlage*) tivesse a intenção de fugir da mística do subjetivismo com o recurso à base do negócio em sentido objetivo, não escapou às duras críticas de FLUME, as quais foram um importante passo para o aprimoramento do estudo da alteração das circunstâncias.

FLUME rompe em definitivo com a perspectiva de análise da teoria da base do negócio e sustenta que os problemas que essa teoria trata são, em verdade, os problemas da relação entre o negócio jurídico e a realidade,[212] não havendo como proporcionar uma solução unitária, mas somente caso a caso, a qual é obtida a partir do acordo contratual.

O ponto de partida é sempre o contrato e sua redação, pois quase todos os tipos contratuais são dotados de uma regulamentação própria na lei para o tratamento da distribuição dos riscos. Do ajuste contratual, cristalizado pela autonomia privada, parte-se para as circunstâncias envolvidas, a fim de descobrir se a especificidade do tipo contratual justifica um tratamento especial e/ou diferenciado com relação ao tipo tradicional para a distribuição dos riscos. Graficamente, temos:

$$\textit{Negócio} \longrightarrow \textbf{Circunstâncias}$$

A mudança de enfoque não é apenas retórica e teórica, mas apresenta consequências práticas importantes, como veremos.

A fórmula da base do negócio em sentido objetivo não apresentava critérios pormenorizados para a solução judicial e, em razão de sua abstração,[213] não vinculava a identificação da economia do negócio jurídico com o plano de distribuição dos riscos implícitos no contrato e na disciplina legal.[214]

---

[212] FLUME, Werner. *El negocio...*, p. 586.

[213] Seja porque a relação de equivalência entre as prestações não apresenta um critério quantitativo seguro, seja porque o conceito de fim/escopo contratual é bastante ambíguo.

[214] "La doctrina de la base del negocio ha conducido a no tomar ya en serio el contrato y a no esforzarse ya en hallar la solución jurídica a partir del contrato. En muchos casos de los

A teoria da *Geschäftsgrundlage* passou a ser mais uma moldura, uma fórmula geral, onde poderiam ser enquadrados diversos princípios para dar uma solução justa ao caso concreto. Isso levou FLUME a sustentar que "o problema da relevância das circunstâncias incompatíveis com os planos da autonomia privada não é outro senão uma questão de distribuição dos riscos".[215]

Tratou de dar relevo à repartição dos riscos inerentes a cada tipo contratual (compra e venda, locação, prestação de serviços, empreitada), prevista na própria lei e que durante bastante tempo quedou subaproveitada ante a comodidade do recurso à boa-fé.[216] A opinião dominante de que a solução estaria no recurso direto e imediato à boa-fé (BGB, § 242) é criticada por FLUME ao afirmar que nada se ganhou de concreto com a remissão à boa-fé, pois é óbvio que uma decisão judicial deve ser conforme ela. Tampouco é produtivo sustentar que, nos casos de modificação ou desaparecimento da base do negócio, serão produzidas as consequências jurídicas que o homem razoável (homem médio), agindo honestamente, teria pactuado. Para FLUME, "esta formulación no

---

resueltos por la Jurisprudencia con la doctrina de la base del negocio, una solución orientada al acuerdo contractual habría conducido al mismo resultado. Por eso podría pensarse que no importa, o que es solo un problema de formulación, si se atiende a la base del negocio o al acuerdo contractual. Pero no es así. La orientación al acuerdo contractual proporciona una delimitación más precisa de la realidad a tener y a no tener en cuenta para la valoración jurídica, y ofrece por sí sola la garantía de que, si no se ha dispuesto otra cosa por acuerdo individual de las partes, se ponga en práctica la distribución típica contractual de los riesgos, esto es, una distribución de riesgos como la que en larga tradición jurídica ha dado buenos resultados en la mayor parte de los casos.

Pensar en la doctrina de la base del negocio es una tentación constante para liberarse de obligaciones contractuales. La misma es una tentación para el abogado para defender tales aspiraciones y es una tentación para el juez para sustituir el Ordenamiento jurídico y el reparto de riesgos determinado por el Ordenamiento jurídico con su propria idea de la equidad. El juez cree que las especiales circunstancias del caso exigían la resolución que se deduce de la doctrina de la base del negocio. Pero si niega el reparto de riesgos establecido por el Ordenamiento jurídico, resuelve en contra del Ordenamiento jurídico." (FLUME, Werner. *El negocio...*, p. 619).

[215] BESSONE, Mario. *Adempimento...*, p. 151: "(...) il problema della rilevanza di circostanze incompatibili con i piani dell'autonomia privata non è altro che una questione di distribuzione di rischi". (Tradução livre).

[216] MENEZES CORDEIRO, António Manuel da Rocha e. *Da boa fé...*, p. 1.092.

es otra cosa que un circunloquio para decidirse que ha de buscarse una solución justa".[217] O nó górdio estaria em responder qual decisão está conforme à boa-fé. Essa, a grande indagação.

Observou, ainda, que a característica da *Geschäftsgrundlage* era ter seu conteúdo e seu objeto calcados na "interrelazione tra contratto e realtà", ou seja, naquele conjunto de circunstâncias que, estando refletidas nas cláusulas contratuais ou, ainda, mesmo que não integrantes do conteúdo do contrato, constituem o ambiente econômico no qual foi concluído o negócio.[218]Entretanto, se não era prevista uma determinada situação superveniente que vem a turbar o programa contratual ajustado, FLUME adverte que não se está na verdade diante de uma *inter-relação* entre contrato e realidade, mas de *contradição*. À vista dessa afirmação, a pergunta a ser respondida é: quem suporta o risco da realidade?[219]

A resposta a essa indagação FLUME[220] extrai das próprias normas dedicadas à distribuição do risco, aplicáveis para cada tipo contratual.[221]

---

[217] FLUME, Werner. *El negocio...*, p. 589-590.

[218] BESSONE, Mario. *Adempimento...*, p. 151.

[219] FLUME, Werner. *El negocio...*, p. 590.

[220] "Cuando la realidad no concuerda con la referencia del contrato o se modifica posteriormente, como se ha dicho, el contrato no determina cuál de las partes soporta el riesgo de la realidad. Sin embargo, la regla ha de establecerse en relación con el contrato como naturale negotii, lo que respecto de los naturalia negotii siempre ha sido tarea de la Jurisprudencia. El abandono del numerus clausus de los tipos contractuales y el establecimiento de la abstracción del contrato obligatorio nada ha cambiado acerca de que la valoración jurídica respecto de los naturalia negotti sólo es posible si el concreto contrato obligatorio sobre el que ha de decidirse jurídicamente, no si concibe como singularidad sino como tipo contractual. En lugar de las soluciones únicas a las que se han dirigido los esfuerzos de la doctrina de la base del negocio y que, finalmente, han conducido a una simple solución de equidad, de lo que se trata es establecer en cada caso, para el concreto tipo contractual como naturale negotii, la regulación adecuada sobre la cuestión de cuál de los contratantes soporta el riesgo de la realidad." (FLUME, Werner. *El negocio...*, p. 590).

[221] BESSONE, Mario. *Adempimento...*, p. 151. BESSONE elogia construção em termos de risco contratual, especialmente por corrigir os equívocos do subjetivismo: "A mio avviso, la diffusa propensione a descrivere la questione in termini di rischio costituisce uno dei più preziosi risultati dell'elaborazione dottrinale, perchè la considerazione che il problema non consiste tanto nell'accertare se proposta o accettazione presupponevano o no talune circostanze solidali con certe aspettative quanto nel chiedersi come distribuire i rischi e i danni impliciti nel crearsi di un dato stato di cose – al di là di insignificanti notazioni di ordine cronologico – assume il senso di autentico punto di approdo della tormenta evoluzione di idee maturata

A BASE DO NEGÓCIO: ANTECEDENTES E EVOLUÇÃO DO INSTITUTO NA ALEMANHA

Dessa forma, o tipo de negócio escolhido deveria servir de base para a avaliação da relevância da modificação das circunstâncias, bem como de suas consequências aos contratantes. Cada tipo contratual encerra em si um plano de distribuição dos riscos. Além disso, serviam também na tarefa de solução da assunção dos riscos as regras vigentes no ordenamento jurídico sobre a impossibilidade, o enriquecimento sem causa ou, ainda, da interpretação integradora.[222]

A repartição dos riscos no pensamento de FLUME, portanto, partia de dois eixos de análise: a) o tipo de evento ocorrido (caso se tratasse de um fato mais restrito que afetasse um dos contratantes – o que equivaleria à "pequena base do negócio" de KEGEL (aqui se enquadram ocorrências como flutuação ou depreciação da moeda e alteração da legislação) –, ou caso fosse um fenômeno da realidade social comum a ambos os contratantes (guerras, fatos políticos similares à guerra e catástrofes naturais) – o que corresponderia, analogamente, à "grande base do negócio" kegeliana); e b) a regulamentação do tipo contratual[223].

Dentro desse esquema genérico de distribuição dos riscos, FLUME apresenta casos práticos da sua aplicação aos contratos de compra e venda,

---

nell'esperienza tedesca e riassume bene l'esito del processo attraverso il quale hanno potuto essere dissipati gli equivoci determinati dalla tradizionale mística della volontà" (p. 154).

[222] "Explorando a via até suas últimas consequências, FLUME pronuncia-se pelo abandono de uma doutrina geral da «base do negócio». Retomando a terminologia de KEGEL da «pequena base do negócio» constata que os problemas nela agrupados conduzem aos temas da repartição do risco, tratada nos diversos tipos contratuais, da impossibilidade, total ou parcial, sendo possível acrescentar os do enriquecimento sem causa e, em conjunturas particulares, à própria interpretação contratual complementadora. Ficariam os casos da « grande base do negócio» ou, na linguagem flumeniana, de «modificações da existência social», conectados, com guerras, crises ou alterações legislativas e que, em várias das suas manifestações, seriam irredutíveis aos esquemas pré-consagrados que actuam, em geral, nas reduções dogmáticas internas levantadas. FLUME considera não haver, em tais hipóteses, saídas unitárias que justifiquem uma saída coesa: ora se procederia a uma repartição do risco adveniente de tais eventos, consoante o pactuado ou de acordo com a regulação típica do contrato em jogo, ora o risco seria suportado pelo titular da situação atingida" (MENEZES CORDEIRO, António Manuel da Rocha e. *Da boa fé...*, p. 1.096).

[223] Especificamente para as alterações legislativas, o princípio que solve as discussões é o *casum sentit dominus*. Se o vendedor cumpriu o contrato de compra e venda e, depois, pela mudança da lei, a coisa comprada não pode mais ser utilizada ou perdeu o sentido, o risco é do comprador. Todavia, o vendedor suporta o risco pela sua prestação, até onde tenha realizado (FLUME, Werner. *El negocio...*, p. 612).

locação, empreitada e prestação de serviços, o que ajuda no entendimento de sua ideia.[224]

A tese de FLUME, de fato, chega a um ponto de objetivação bem maior do que as teorias até então desenvolvidas, mas não é igualmente isenta de críticas,[225] especialmente nos casos que envolvem uma interpretação integradora, de acordo com o contrato. Isso porque, em sede de interpretação, duas posições antagônicas podem ser perfeitamente sustentáveis.

Imaginemos que, em um contrato, é estabelecido um preço fixo a ser pago depois de certo tempo. Antes do vencimento, há uma grande desvalorização da moeda, de sorte que a quantia fixada não corresponde mais à realidade atual. A interpretação conforme o contrato seria no sentido de que o cumprimento deveria ser feito com base no preço fixado no passado ou a interpretação conforme o contrato seria no sentido de que o preço deveria ser aquele que está de acordo com a nova realidade social? A interpretação conforme o contrato é aquela que soluciona com base na equação de equivalência existente no contrato ou a que respeita a literalidade do contrato?

Em sede de interpretação, as soluções perdem em certeza, o que é natural.

---

[224] Para exemplificar essa hipótese, FLUME menciona o caso da imposição de um novo imposto sobre as bebidas alcoólicas. Os contratantes não contavam com o novo imposto, podendo-se dizer que o fornecimento de bebidas alcoólicas com imposto não era a prestação acordada. FLUME enquadrou essa alteração legislativa como extraordinária, oferecendo a solução no sentido de que nenhuma das partes poderia impor à outra uma prestação adicional pela modificação da lei, tampouco se negar ao cumprimento se o outro toma para si o custo dessa mudança. A problemática residiria, agora, em como considerar uma alteração "extraordinária". FLUME não responde a essa pergunta..

[225] "A posição de FLUME (...) não pode ser seguida até o fim. O aperfeiçoar contínuo de vários institutos consagrados permite, sem dúvida, aumentar os seus campos de aplicação, com redução das áreas residuais onde, a coberto de cláusulas gerais, havia que resolver com recurso à eqüidade, ao sentimento ou, numa linha que tem vindo a tomar corpo neste estudo, com apelo ao sistema. O infinito dos problemas possíveis e a necessidade de evitar alterações generalizantes, danosas para a busca de uma justiça mais adequada às realidades, impedem uma cobertura total com o recurso a tipos omnicompreensivos. Fica, por isso, um resíduo sem soluções pré-concebidas: o próprio FLUME acaba por reconhecê-lo, quando, afinal, admitindo a manutenção dos contratos atingidos, deixa hipóteses sem saída justa" (MENEZES CORDEIRO, António Manuel da Rocha e. *Da boa fé...*, p. 1.096-1.097).

A BASE DO NEGÓCIO: ANTECEDENTES E EVOLUÇÃO DO INSTITUTO NA ALEMANHA

O sistema da distribuição contratual ou legal dos riscos proposto por FLUME, contudo, não é tão rígido quanto possa aparentar, porque ele também entende ser legítima a atuação da jurisprudência em verificar se a especificidade do negócio jurídico que está sob análise, mesmo que se encaixe genericamente em algum tipo contratual, requer uma distribuição distinta dos riscos. Isso é possível. Da mesma forma, pode ser que as cláusulas do contrato revelem uma repartição dos riscos diversa da que se admite para o tipo contratual, o que deve ser respeitado, em prestígio à autonomia privada.[226]

Em caso de dúvida acerca da justiça da distribuição dos riscos para um tipo de contrato em razão das especiais circunstâncias envolvidas, FLUME adverte – e aqui, parece-nos, está a grande diferença com relação à base do negócio e seus prolongamentos – que "el juez no puede inferir la decisión «justa» de las circunstancias del caso. Estas circunstancias – a diferencia del contenido del acuerdo contractual a determinar por medio de la interpretación – tan sólo pueden ser un estímulo para él si el tipo contractual regulado por la Ley es demasiado general y ha de dividirse en tipos particulares que precisen un reparto especial de riesgos, o si la norma existente para el tipo contractual respecto de la distribución de riesgos ha de diferenciarse según las distintas circunstancias. El juez, por tanto, tiene que hallar una norma que esté orientada al tipo contractual y esta norma tiene que encuadrarse en el conjunto del Ordenamiento jurídico. Si se contempla así la tarea judicial, es evidente que esta creación jurídica no puede ser el quehacer de cada día, aunque cada día puede ofrecer estímulos para ello."[227]

Como podemos notar, FLUME visa a superar as gerações da base do negócio e cria um modelo novo para a alteração superveniente das circunstâncias, no qual se incluem os casos de frustração do fim do contrato.

10. EXCURSO – A cláusula *rebus sic stantibus*

Não devemos ficar perplexos com a vinculação, ou mesmo, a confusão do tema da frustração do fim do contrato (exposta por meio da base do negócio jurídico, da pressuposição ou da *frustration*), com a doutrina da

---

[226] FLUME, Werner. *El negocio...*, p. 620.
[227] FLUME, Werner. *El negocio...*, p. 621 (grifos nossos).

cláusula *rebus sic stantibus*. De fato, a relação entre elas é intensa e indissociável, embora não se trate do mesmo fenômeno.

Segundo a regra da cláusula *rebus sic stantibus*, os contratos estão submetidos à condição de que os fatos permaneçam do modo como estavam ao tempo da contratação. Se, em razão da alteração das circunstâncias, o programa contratual avençado for afetado, justifica-se a revisão do contrato ou a sua resolução. Em linhas gerais, esta é a ideia básica da cláusula.

Desde o Código de Hamurabi, já se mostrava uma preocupação com a alteração das circunstâncias.[228] O mesmo se observa nas lições de Cícero e Sêneca, respectivamente no *De officiis* (Livro I, cap. 10 e Livro III, cap. 25) e no *De beneficiis* (Livro IV, caps. 24 e 25).[229]

A ideia básica da cláusula *rebus sic stantibus* não foi tratada de forma expressa e sistematizada pelos romanos, ou mesmo reconhecida como um princípio geral, muito embora alguns autores tenham visto na flexibilização do princípio da imutabilidade dos contratos a sua presença no direito romano.[230]

---

[228] Trata-se da Lei n. 48: "se alguém tem um débito a juros, e uma tempestade devasta o campo ou destrói a colheita, ou por falta d'água não cresce o trigo no campo, ele não deverá nesse ano dar trigo ao credor, deverá modificar sua tábua de contrato e não pagar juros por esse ano" (SIDOU, J. M. Othon. *Resolução judicial dos contratos e contrato de adesão no direito vigente e no projeto de Código Civil*. 3. ed. Rio de Janeiro: Forense, 2000, p. 3).

[229] GIUSEPPE OSTI transcreve as passagens das duas obras nas quais se constata a noção de persistência da situação de fato da ocasião da contratação, bem como os célebres exemplos de Cícero sobre (1) o advogado que promete prestar assistência, mas, depois, tem o filho adoentado gravemente; (2) a restituição de uma espada ao depositante que se tornou louco; e (3) a restituição do dinheiro àquele que, hoje, está em guerra contra o país (OSTI, Giuseppe. Verbete Clausola "rebus sic stantibus". *Novíssimo Digesto Italiano*, v. III, p. 353-360). Confira-se, ainda: SIDOU, J. M. Othon. *Resolução...*, p. 3-5. Interessante a observação de MENEZES CORDEIRO (*Da boa fé...*, p. 938-939) no sentido de negar a possibilidade de os textos de Cícero e Sêneca serem base de normas jurídicas.

[230] Nesse sentido: SIDOU, J. M. Othon. *Resolução...*, p. 8; MENEZES CORDEIRO, António Manuel da Rocha e. *Da boa fé...*, p. 940. Giuseppe OSTI demonstra que podem ser encontradas nas fontes jurídicas romanas afirmações particulares que podem ser reconduzidas à cláusula, mas afirma que não houve seu reconhecimento como princípio geral (OSTI, Giuseppe. Verbete clausola "rebus sic stantibus". *Novíssimo Digesto Italiano*, v. III, p. 354). Renato José de Moraes (*Cláusula rebus sic stantibus*. São Paulo: Saraiva, 2001, p. 45-46) sustenta que a cláusula *rebus sic stantibus* existiu no direito romano somente de forma ampla, representando a regra segundo a qual a alteração das circunstâncias acarreta a modificação das relações jurídicas. Todavia, não

Após o Direito romano, o tema dos fatos supervenientes/alteração das circunstâncias e sua manutenção/alteração mereceu estudo dos glosadores e dos canonistas no final do século XI: aqueles tendo por base o direito romano e o regramento da vida dos cidadãos e estes estudando o direito da Igreja.

O monge e professor da Escola de Bolonha, GRACIANO, contribuiu para a transformação da até então regra moral da cláusula *rebus sic stantibus* em regra jurídica, por meio da sua coleção de leis, denominada *Decretum Gratiani*, em 1142, na qual autoriza o não cumprimento do prometido em razão da alteração significativa das circunstâncias, inclusive utilizando-se do mesmo exemplo já mencionado pelos estoicos cem anos antes.[231]

foi desenvolvida no direito romano uma teoria da cláusula *rebus sic stantibus*, com requisitos e consequências de sua aplicação de forma sistematizada, até mesmo porque não havia em Roma uma teoria geral do contrato, um conceito geral de contrato (a respeito, tratando da concepção mais antiga e realista do contrato: VILLEY, Michel. *En torno al contrato, la propiedad y la obligación*. Pequeña Biblioteca de Filosofia del Derecho. Buenos Aires: Ghersi Editor, s/d, Capítulo I – *"El contrato (prefacio histórico al estudio de la noción de contrato)"* (p. 21 a 41). Por isso que BUCKLAND e McNAIR destacam que os romanos não possuíram uma teoria geral do contrato (como ocorreu na *common law*), mas uma teoria geral doS contratoS, na medida em que cada contrato era uma unidade individual e independente, possuindo características e história própria. Não há um modelo geral ao qual podem ser subsumidos os tipos de contratos que, em Roma, eram aqueles dotados de ação (BUCKLAND, W.W.; McNAIR, Arnold. *Roman law and com- mon law*: a comparison in outline. London: Cambridge University Press, 1936). Renato José de Moraes justifica que "a razão dos jurisconsultos e legisladores romanos não terem formulado um princípio geral, semelhante à *cláusula rebus sic stantibus* em sentido estrito, pode estar na ausência do dogma da eficácia da vontade contratual entre eles", percebendo que "a não sistematização do direito romano, ao contrário do que é feito em nossos códigos de hoje, constitui uma amostra da visão aberta e flexível do direito do povo do Lácio. As soluções jurídicas deviam ser procuradas em cada caso concreto, sendo, com frequência, dificilmente encontráveis *a priori*. Sendo rígidas as formas e os tipos contratuais, eles eram aplicados com grande flexibilidade, a fim de satisfazer as mais diversas necessidades. Assim, o contrato não era flexibilizado, mas flexível por natureza" (*Cláusula...*, p. 46). Também defendendo que as fontes jurídicas romanas (em especial, referindo-se à glosa de ACCURSIO ao fr. 8, D, *de condictione causa data causa non secuta*, XII, 4) revelam afirmações que poderiam ser reconduzidas à cláusula, mas não a um reconhecimento dela como um princípio geral, OSTI, Giuseppe. Verbete "Clausola...", p. 354.

[231] Tratava-se da não consideração como depositário infiel daquele que se negou a devolver uma espada ao homem que não se mostrava são, embora o fosse ao tempo da entrega da coisa em depósito. MORAES, Renato José de. *Cláusula...*, p. 49-50; OSTI, Giuseppe. Verbete "Clausola...", p. 354.

SÃO TOMÁS DE AQUINO sedimentou a teoria dos canonistas sobre a cláusula *rebus sic stantibus*.[232]

Os pós-glosadores, também conhecidos como comentadores, práticos ou consiliadores,[233] seguiram os canonistas e glosadores, mas procuraram dar um conteúdo mais prático às construções teóricas. Destaca-se o trabalho de BÁRTOLO DE SAXOFERRATO (1314-1357), que se vale da expressão *rebus sic se habentibus* para interpretar restritivamente uma renúncia de direitos: deve-se entender a renúncia de acordo com o estado das coisas no ato em que é realizada.[234]

Destacado também foi o trabalho de BALDO ao defender a ideia *"quia rebus sic se habentibus loquimur, et si promissiones intelliguntur rebus sic se habentibus"*, ou seja, de que as promessas devem submeter-se à cláusula *rebus sic stantibus*[235].

Esses juristas da Baixa Idade Média não trataram de elaborar uma teoria sistemática da cláusula *rebus sic stantibus* – até mesmo porque nunca foi uma preocupação primordial deles –, a ponto de tornar a sua aplicação desordenada e demasiadamente ampla, a qual se fundava na vontade do contratante e no equilíbrio das prestações, inclusive estendendo-a não só a contratos de trato sucessivo, mas a todas as promessas obrigatórias, tal qual defendeu TIRAQUELLO.[236]

Essa extrema desordem levou o italiano ALCIATO (1482-1550), influenciado pelo humanismo que tomou força a partir do século XV, a tentar dar uma roupagem à teoria, definindo, a partir de uma distinção entre atos unilaterais e bilaterais, que: (i) os efeitos da declaração de

---

[232] SILVA, Luis Renato Ferreira da. *Revisão...*, p. 98.

[233] WIEACKER, Franz. *História do direito privado moderno*. Trad. A. M. Botelho de Espanha. 2. ed. Lisboa: Fundação Calouste Gulbenkian, 1967, p. 79.

[234] Vide a respeito MENEZES CORDEIRO, António Manuel da Rocha e. *Da boa fé...*, p. 941.

[235] "Questo orientamento dei pratici finisce molto presto per prevalere anche nella dottrina: a cominciare da BARTOLO (8) e soprattutto da BALDO (9) si vede accolto in termini sempre più generali il principio che le dichiarazioni di volontà debbono intendersi fatte rebus sic stantibus (...)." (OSTI, Giuseppe. Verbete "Clausola...", p. 355.

[236] SIDOU, J. M. Othon. *Resolução...*, p. 13; OSTI, Giuseppe. Verbete "Clausola...", p. 355: "Mas é também intuitivo que por aquela excessiva generalidade de sua aplicação, aquela máxima deveria constituir mais um adminículo ou uma justificativa meramente verbal das soluções pelas quais se fazia referência, do que propriamente um argumento jurídico adotado com plena consciência da sua *ratio* e por isso também de suas correlativas limitações."

vontade nos atos unilaterais podem ser modificados quando ocorrer a alteração das circunstâncias, desde que seja verossímil que o declarante teria disposto de forma contrária caso soubesse dessa futura mudança; (ii) em geral, nos atos bilaterais, não é permitida a modificação da vontade, exceto: (1) se ela – vontade – estiver viciada pelo erro; (2) se o contrato permitir a alteração da vontade; (3) se a lei ou as partes permitirem a rescisão ou a revogação; (4) se sobrevier algum fato não considerado pelas partes na conclusão do ajuste que, caso tivesse sido imaginado, não teriam se obrigado reciprocamente – aqui reside, pois, a cláusula *rebus sic stantibus*.[237]

Há, como bem observa RENATO JOSÉ DE MORAES,[238] uma diminuição do espectro de atuação da cláusula, constante na exceção (4) acima delineada, pois limita as hipóteses de aplicação, desde que as partes ou a lei tivessem previsto, de modo expresso ou tácito, a sua utilização.

Após ALCIATO, houve uma divisão entre os autores, uns que, à sua semelhança, restringiam a aplicação da cláusula *rebus sic stantibus*, e outros que, à semelhança de BÁRTOLO, ampliavam-na.[239]

Progressivamente passa a observar-se um esquecimento do tema,[240] embora GRÓCIO, PUFENDORF e LEYSER, ilustres representantes do direito natural,[241] ainda admitissem a aplicação da cláusula *rebus sic stantibus*

---

[237] SIDOU, J. M. Othon. *Resolução...*, p. 13.

[238] MORAES, Renato José de. *Cláusula...*, p. 57.

[239] Ponto de referência nesse período foi a obra de PAOLO ROSSI, o qual subordinava expressamente a aplicação da cláusula à imprevisibilidade da mutação do estado de fato e, na tentativa de determinar o seu fundamento, oscilava entre (1) critério de mera interpretação e (2) autolimitação da vontade (OSTI, Giuseppe. Verbete "Clausola...", p. 356).

[240] COCCEJO, por exemplo, é um dos autores que se manifesta contrariamente à aplicação da *rebus sic stantibus*, exceto aos negócios de disposição de última vontade (OSTI, Giuseppe. Verbete "Clausola...", p. 356-357).

[241] "É certo que o termo Direito Natural abrange uma elaboração doutrinária sobre o Direito que, no decorrer de sua vigência multissecular, apresentou – e apresenta – vertentes de reflexões muito variadas e diferenciadas, que não permitem atribuir-lhe univocidade. Existem, no entanto, algumas notas que permitem identificar, no termo Direito Natural, um paradigma de pensamento. Entre estas notas, que determinam o que uma doutrina do Direito Natural normalmente considera merecedor de estudo, podem ser destacadas: (a) a ideia de *imutabilidade* – que presume princípios que, por uma razão ou outra, escapam à história e, por isso, podem ser vistos como intemporais; (b) a ideia de *universalidade* destes princípios metatemporais *diffusa in omnes*, nas palavras de Cícero; (c) e aos quais os homens têm acesso através da *razão*, da *intuição* ou da *revelação*. Por isso, os princípios do Direito Natural são *dados*, e não postos por convenção.

em casos excepcionais, sem erradicá-la.[242]Era a época do jusracionalismo, fortemente influenciado pelo Iluminismo, que deu ao homem o objetivo de, a exemplo das ciências naturais, criar uma sistematização do direito de maneira completa e capaz de mostrar uma verdade jurídica objetiva.[243]

Na França, é facilmente perceptível essa tendência nos séculos XVII e XVIII, com os autores JEAN DOMAT (1625-1692) e RO- BERT JOSÈPHE POTHIER (1699-1772). Em nenhum momento, eles trataram da cláusula *rebus sic stantibus*, a ponto de ela não ser inserida no Código Civil francês de 1804. Ao contrário, o art. 1.134 do *Code* previu que as convenções têm força de lei entre as partes. Diante da marcante influência mundial desse corpo de leis no século XIX, a *rebus* deixou de ser estudada e aplicada tal como já o tinha sido. O Código Civil italiano de 1865, por exemplo, não contemplou a cláusula *rebus sic stantibus*.[244]

Era até mesmo previsível que a doutrina da cláusula *rebus sic stantibus* perdesse campo com os jusracionalistas, pois a falta de sistematicidade, a vagueza e a amplitude da cláusula não se coadunavam com os ideais dessa época.

Mesmo após o primeiro ataque do humanismo, seguido pelo jusracionalismo, a cláusula *rebus sic stantibus*, na segunda metade do século XVIII, ainda continuou presente e foi inserida em alguns diplomas legislativos europeus: (1) *Codex Maximilianeus Bavaricus Civilis* (1754); (2) direito territorial prussiano (*Preussisches Allgemeines Landrecht* – 1794);[245] (3) Código Civil austríaco (*Österreichisches Allgemeines Bürgerliches Gesetzbuch* – 1811).

Daí, (d) a ideia de que a função primordial do Direito não é comandar, mas sim *qualificar* como boa e justa ou má e injusta uma conduta, pois, para retomar o texto clássico de Cícero, a *vera lex – ratio naturae congruens* – por estar difundida entre todos, por ser *constans* e *sempiterna, vocet ad officium jubendo, vetendo a fraude deterreat*. Essa qualificação promove uma contínua vinculação entre norma e valor e, portanto uma permanente aproximação entre Direito e Moral" (LAFER, Celso. *A reconstrução dos direitos humanos*: um diálogo com o pensamento de Hannah Arendt. São Paulo: Cia. das Letras, 1988, p. 35-36).

[242] A preocupação com a unidade do sistema e das fontes era premente. A possibilidade de uma modificação dos contratos acarretava grave perigo à perfeição do sistema, pois se atribuía ao julgador um leque amplo de ponderação.

[243] Vide a respeito WIEACKER, *História*..., p. 279-395.

[244] OSTI, Giuseppe. Verbete "Clausola...", p. 356.

[245] O direito territorial prussiano apresenta, nos §§377 a 384, regras específicas exatamente sobre a frustração do fim do contrato, a serem tratadas mais adiante.

Todavia, pode-se dizer que o período de declínio mais acentuado da cláusula *rebus sic stantibus* deu-se com a edição do *Code Civil*. O voluntarismo, o individualismo e o poder da vontade permitiam que o cidadão dispusesse no contrato todos os seus interesses. Afinal eram todos "livres e iguais", não estando o Estado autorizado a intervir para determinar alguma consequência de um contrato que porventura não havia sido disposta pelas partes.[246]

De forma a fazer com que a vontade livre não tivesse a intervenção do Estado, a burguesia, detentora do poder econômico, deu-se conta de que não bastaria simplesmente alcançar o poder de governar, mas necessitaria especialmente o de editar as leis. E, também pela via legislativa, mostra-se uma outra faceta desse movimento, ocorrido com a Revolução Francesa, na área da hermenêutica jurídica, qual seja, a vedação à interpretação da lei e, em um momento posterior, a admissão somente de uma interpretação literal.[247] Daí a famosa expressão de que o juiz era simplesmente *la bouche de la loi*.

Ora, se ao juiz não era dado interpretar a lei, senão literalmente, seria decorrência lógica o declínio de uma teoria que se valia exatamente dessa função outorgada ao juiz para readequar uma relação contratual abalada por fatos supervenientes. Contudo, assim como um evento histórico da envergadura da Revolução Francesa foi capaz de encobrir uma concepção doutrinária até então estudada, outros fenômenos sociais também fizeram com que a investigação da cláusula *rebus sic stantibus* fosse retomada,[248] confirmando a tese de que "o direito é processo social de adaptação".[249]

---

[246] Em contraste com esse entendimento, a jurisprudência do Conselho de Estado da França admitia a revisão dos contratos de empreitada ou de serviços públicos nos casos de aumento dos preços que tornavam a prestação do empreiteiro excessivamente onerosa (OSTI, Giuseppe. Verbete "Clausola...", p. 356).

[247] Um breve apanhado dos reflexos sobre o direito, especialmente nos contratos, da tomada do poder pela burguesia, pode ser consultado em ARRUDA ALVIM NETTO, José Manoel de. A função social dos contratos no novo Código Civil. *Revista dos Tribunais*. São Paulo: RT, v. 815, set. 2003, p. 19 e ss.

[248] Em 1850 OERTMANN já apresentava a teoria da pressuposição, embora não vinculada à cláusula *rebus sic stantibus*. Sessenta e um anos depois, em 1911, KAUFMANN já buscava o resgate da cláusula por meio da finalidade essencial do contrato. KRÜCKMANN também procurou uma forma de revalorizar a *rebus sic stantibus*.

[249] PONTES DE MIRANDA, F. C. *Tratado de direito privado*, t. XXV..., p. 215.

Assim o foi a Primeira Grande Guerra Mundial, que fez eclodir um novo ciclo de estudos em torno da cláusula *rebus sic stantibus* e deu azo a novas teorias hoje muito conhecidas, tais como a teoria da imprevisão e a da base do negócio.

A nuvem que encobriu a doutrina da cláusula *rebus sic stantibus*, a partir da metade do século XVIII e durante a maior parte do século XIX,[250] começou a ser dissipada, tendo a Alemanha como o seu principal berço de renovação, a partir da célebre monografia de BERNHARD WINDSCHEID, com a qual apresentou a teoria da pressuposição. Essa foi a base para que tanto a teoria da imprevisão[251] como a teoria da base do negócio jurídico se desenvolvessem.[252]

---

[250] Mesmo diante desse esquecimento da cláusula, OSTI aponta que na Alemanha os §§321 e 610 do BGB representavam a sua sobrevivência: o primeiro artigo tratava da possibilidade de não prestar, caso ocorresse diminuição patrimonial da outra parte; já o segundo referia-se à prerrogativa do promitente-mutuante não cumprir a promessa de mútuo caso se verificasse uma escassez patrimonial superveniente do promissário-mutuário (OSTI, Giuseppe. Verbete "Clausola...", p. 357).

[251] O nome "teoria da imprevisão" é mais ligado ao direito civil francês. Basicamente, os requisitos para a sua aplicação seriam: (a) contratos de execução continuada; (b) imprevisibilidade e extraordinariedade do fato superveniente; (c) inimputabilidade desse fato superveniente à parte lesada; (d) geração de excessiva onerosidade para uma das partes; (e) não se inserir o prejuízo dentro da álea normal do contrato. Na França, a aplicação da teoria da imprevisão se fez mais por via legislativa do que jurisprudencial. O caso mais famoso é o da Lei Faillot, de 21 de janeiro de 1918, último ano da guerra, que visava a resolver os contratos que, em virtude da guerra, impusessem a um dos contratantes encargos que lhe causassem prejuízos cuja importância ultrapassava em muito as previsões razoavelmente feitas na época do ajuste. Na Itália, a teoria da imprevisão está prevista no art. 1.467, sob o título *"dell'eccessiva onerosità"*. O Brasil acolheu no novo Código Civil, em seu art. 478, à semelhança do Código Civil italiano, a teoria da imprevisão, sob o nome de "excessiva onerosidade", com mais um requisito além dos já aqui relacionados, qual seja, a existência de extrema vantagem para a outra parte (além da excessiva onerosidade para o lesado), permitindo somente a resolução do contrato, a menos que a outra parte ofereça-se a modificar equitativamente as condições do contrato.

[252] É inegável a importância da Primeira Guerra Mundial nesse novo despertar da cláusula *rebus sic stantibus*. Na Alemanha, por exemplo, deu ensejo a interpretações como a da impossibilidade alargada, que abrangia casos de mera impossibilidade econômica, considerada equivocada por OSTI (Verbete "Clausola...", p. 358). Na França, por sua vez, deu impulso à promulgação da Lei *Faillot*, em 21.01.1918, mesmo diante da tradição firme do *pacta sunt servanda* prevista no *Code Civil*. Na Itália, BARSANTI, mesmo sem uma regra específica no Código Civil, desenvolveu

A BASE DO NEGÓCIO: ANTECEDENTES E EVOLUÇÃO DO INSTITUTO NA ALEMANHA

Essa breve e despretensiosa narração histórica a respeito da cláusula *rebus sic stantibus* serve para tentar demonstrar que ela é o fundamento – direta ou indiretamente – de todas as teorias que se desenvolveram a respeito do surgimento de fatos supervenientes que importem uma alteração do programa contratual ajustado no momento da contratação. Todavia, apesar de ser a ideia base, as novas teorias não se identificam mais com a velha *rebus sic stantibus*, apresentando particularidades, características e requisitos próprios que as fazem independentes dela.[253]

A cláusula *rebus sic stantibus* está impregnada de ideais morais e religiosos,[254] justificados pela sua origem e por seus idealizadores. Além disso, é por demais ampla e genérica e, por isso, causadora de insegurança.[255]

Já a teoria da imprevisão apresenta requisitos e campo de aplicação mais definidos, construídos pela doutrina e pela jurisprudência desde o século XX

Observa-se na teoria da imprevisão um apego ao voluntarismo, à valorização da vontade. Desse modo, como o contratante não imaginava que as circunstâncias pudessem se alterar e acarretar a excessiva onerosidade, a conclusão é de que essa não era a sua vontade, mostrando-se correta, portanto, a revisão ou a extinção do negócio.

Já a teoria da base do negócio afasta-se desse caráter voluntarista por não recorrer às representações das partes, mas ao negócio e às circunstâncias presentes ao tempo da contratação. Também apresenta campo definido de aplicação: desequilíbrio entre as prestações e frustração do fim do contrato, hipóteses que, por sua vez, também carregam suas particularidades, a ponto de assumir, cada uma, feição própria como teoria.[256]

---

o princípio em termos de permissão à resolução dos contratos de trato sucessivo no caso de imprevista mudança do estado de fato (OSTI, Giuseppe. Verbete "Clausola...", p. 358).

[253] Nesse sentido, confira-se ALMEIDA COSTA, Mário Júlio de. *Direito das obrigações*. 7. ed. Coimbra: Almedina, 1999, p. 265.

[254] SILVA, Luis Renato Ferreira da. *Revisão...*, p. 126.

[255] "O grande mal das teorias em tôrno do problema está em que não precisam *quais* as circunstâncias, que podem dar ensejo à resolução, ou à resilição, ou à revisão, e *quais* os pressupostos do contrato para que uma dessas conseqüências se dê" (PONTES DE MIRANDA, F. C. *Tratado de direito privado*, t. XXV..., p. 250).

[256] Conforme se verá a seguir, no que se refere ao tema desta monografia.

A diferença pode ser percebida na redação do art. 437 do Código Civil português[257], quando comparada com a dos países que adotam a teoria da imprevisão:

> "Art. 437. Se as circunstâncias em que as partes fundaram a decisão de contratar tiverem sofrido uma alteração anormal, tem a parte lesada direito à resolução do contrato, ou à modificação dele segundo juízos de equidade, desde que a exigência das obrigações por ele assumidas afete gravemente os princípios da boa-fé e não esteja coberta pelos riscos próprios do contrato."

Havendo, pois, qualquer alteração anormal nas circunstâncias que não esteja incluída na álea do contrato, pode-se pleitear tanto a resolução quanto a revisão do contrato. Apesar de não haver referência literal à imprevisibilidade, a alteração anormal tem sido interpretada pela doutrina e pela jurisprudência portuguesa como sendo uma modificação decorrente de um evento imprevisível, por influência da doutrina alemã[258].

Por tudo isso, acreditamos não ser mais necessário falar em cláusula *rebus sic stantibus* para justificar a revisão ou a resolução de um negócio devido à modificação dos fatos que levaram as partes a contratar. Sua utilidade se revela como fonte de estudo para verificar que as novas teorias partiram da sua ideia básica – manutenção das mesmas circunstâncias, presentes na contratação, ao tempo da execução do contrato –, mas adquiriram autonomia própria.[259]

---

[257] CATARINA MONTEIRO PIRES explica que "a maioria das posições defendidas tem aceitado que a referência do art. 437.º, n.º 1, às «circunstâncias em que as partes fundaram a decisão de contratar», traduz o acolhimento da ideia de base do negócio" (*Impossibilidade...*, p. 406).

[258] PIRES, Catarina Monteiro. *Impossibilidade...*, p. 422.

[259] Parece exagerada a afirmação de PONTES DE MIRANDA (*Tratado de direito privado*, t. XXV..., p. 236), no sentido de que "a propósito das teorias sobre o desequilíbrio entre a prestação e a contraprestação, frustração da finalidade do contrato e inexeqüibilidade por se ter tornado arruinante o adimplemento, não se pode dizer que 'houve muito barulho por nada', mas que se levantou muita poeira inútil é a pura verdade". Acreditamos que cada teoria foi muito útil para que as demais passassem a apontar seus defeitos, procurar solucioná-los e, assim, aprimorar aquelas teorias. É claro que PONTES DE MIRANDA não se limitou a lançar essa afirmação a esmo, mas tratou de mostrar como resolver o problema: por meio da interpretação do negócio, inclusive recorrendo ao antigo art. 85 do Código Civil de 1916 (*Tratado...*, t. XXV..., p. 255 e 258). Na prática, entretanto, uma inferência a partir do art. 85

O fato de ser difícil o enquadramento das situações cotidianas nesta ou naquela teoria não justifica considerá-las inseridas em uma doutrina cujos fundamentos – morais e religiosos, como se observou – não são mais admitidos. A aridez do terreno somente anima o intérprete a procurar delimitar o campo de atuação de cada uma dessas teorias, a fim de dar suporte à sua aplicação prática pelos operadores do direito, de forma a trazer a solução justa ao caso concreto.

---

do Código Civil de 1916, em se tratando de alteração de circunstâncias, certamente não teria sucesso jurisprudencial, pois recairia inevitavelmente em um áspero problema probatório e limitaria demais os pleitos de revisão e resolução. Por essa razão, cada teoria que tenta delimitar seus requisitos, estrutura e âmbito de incidência revela-se útil para dar contornos seguros à avaliação de juízes e árbitros.

Capítulo 3
A Frustração do Fim do Contrato no Direito Italiano

1. Considerações gerais

Até o momento, tratamos da contextualização da frustração do fim do contrato no *common law* (*frustration of purpose*) e na Alemanha (*Zweckvereitelung*), que foram muito importantes para a sedimentação da teoria.

Na Itália, por sua vez, a frustração do fim do contrato – *irraggiungibilità dello scopo contrattuale* – também encontra aplicação, mas com outra roupagem: a doutrina da *presupposizione*.

Com a edição do *Codice Civile* de 1942, foi inserido o art. 1.467,[260] que trata da resolução por excessiva onerosidade superveniente. É regra que inspira o nosso atual art. 478 do Código Civil, o que é verificável pela própria semelhança de redação.[261]

---

[260] "Art. 1.467. Contratto con prestazioni corrispettive – Nei contratti a esecuzione continuata o periodica ovvero a esecuzione differita, se la prestazione di una delle parti è divenuta eccessivamente onerosa per il verificarsi di avvenimenti straordinari e imprevidibili, la parte che deve tale prestazione può domandare la risoluzione del contratto, con gli effetti stabiliti dall'articolo 1458.

La risoluzione non può essere domandata se la sopravvenuta onerosità rientra nell'alea normale del contratto.

La parte contro la quale è domandata la risoluzione può evitarla offrendo di modificare equamente le condizioni del contratto."

[261] "Art. 478. Nos contratos de execução continuada ou diferida, se a prestação de uma das partes se tornar excessivamente onerosa, com extrema vantagem para a outra, em virtude

Embora o art. 1.467 do *Codice Civile* abranja uma grande gama de hipóteses de alteração das circunstâncias nas quais não se tem a impossibilidade (física) da prestação, seu suporte fático não comporta o enquadramento da frustração do fim do contrato. Isso se deve ao fato de que a frustração do fim do contrato não requer uma excessiva onerosidade na prestação, havendo simplesmente a perda da utilidade da contratação. A equivalência das prestações pode ser mantida e, mesmo assim, estaremos diante de uma ocasião em que o contrato não tem mais razão de ser. Aliás, uma das críticas feitas à construção legal italiana acerca da alteração das circunstâncias é justamente ser extremamente setorial (ligada ao incremento dos custos), de modo que "si limita infatti a considerare una categoria rilevante di mutamento delle circostanze, vale a dire i casi di rottura dell'equilibrio sinallagmatico tra le prestazioni (Äquivalenzstörung,

de acontecimentos extraordinários e imprevisíveis, poderá o devedor pedir a resolução do contrato. Os efeitos da sentença que a decretar retroagirão à data da citação."
"Art. 479. A resolução poderá ser evitada, oferecendo-se o réu a modificar eqüitativamente as condições do contrato."
A excessiva onerosidade no Código Civil tem campo de aplicação mais restrito do que aquela positivada no Código de Defesa do Consumidor ("CDC"), na combinação dos arts. 6º, VIII, e 51, IV, posto que o diploma consumerista não exige o requisito da imprevisibilidade nem mesmo que da alteração das circunstâncias sobrevenha, juntamente com a excessiva onerosidade, a extrema vantagem para a outra parte. Além disso, o Código de Defesa do Consumidor privilegia o pedido de revisão do contrato, bem como a nulidade da cláusula que estabeleça obrigação que coloque o consumidor em desvantagem exagerada ou que seja incompatível com a boa-fé e a equidade. Nesse sentido: "A norma do art. 6º do CDC avança ao não exigir que o fato superveniente seja imprevisível ou irresistível, apenas exige a quebra da base objetiva do negócio, a quebra do seu equilíbrio intrínseco, a destruição da relação de equivalência entre prestações, ao desaparecimento do fim essencial do contrato. Em outras palavras, o elemento autorizador da ação modificadora do Judiciário é o resultado objetivo da engenharia contratual que agora apresenta a mencionada onerosidade excessiva para o consumidor, resultado de simples fato superveniente, fato que não necessita ser extraordinário, irresistível, fato que podia ser previsto e não foi." (MARQUES, Cláudia Lima. *Contratos no Código de Defesa do Consumidor*. 3. ed. São Paulo: RT, 1998, p. 299). E, ainda: "É pela ausência de requerer-se a imprevisibilidade do fato superveniente que se sustenta adotada, no direito brasileiro, via Código de Defesa do Consumidor, a presente teoria. O art. 6º, V, 2ª parte, refere a possibilidade de modificação por tornar-se excessiva a prestação por eventos futuros. Não se faz a exigência da imprevisibilidade do evento futuro. Isto aproxima a dicção legal mais da base do que da imprevisão, eis que amputado o elemento diferenciador entre as duas figuras, em favor daquela" (SILVA, Luis Renato Ferreira da. *Revisão...*, p. 143).

impracticability), mentre taglia completamente fuori un'altra fattispecie sicuramente rilevante, vale a dire l'irragiungibilità dello scopo contrattuale (Zweckvereitelung, frustration, presupposizione)."[262]

Por isso juristas como PAOLO GALLO reconhecem, com acerto, que a *irraggiungibilità dello scopo contrattuale* constitui "suporte fático diferente daqueles que examinamos até este momento. Nos casos desse gênero, a alteração das circunstâncias não incide sobre a possibilidade material de exigir a prestação, que resta realizável, e nem mesmo sobre os custos de execução, que na maior parte dos casos restam invariáveis; mas antes, sobre a utilidade que o estipulante esperava obter com a execução do contrato".[263] É categoria própria que não pode ser confundida com outros casos de superveniência contratual.[264] A *irraggiungibilità dello scopo contrattuale* não se confunde com a *eccessiva onerosità* do art. 1.467, mas, mesmo assim, merece tutela por representar uma hipótese de perturbação das prestações.[265]

A resposta italiana aos problemas de frustração do fim do contrato é a *presupposizione*, a qual passaremos a analisar.

2. A *presupposizione*

Neste momento do trabalho, já fica claro que acreditamos na particularidade da *fattispecie* da frustração do fim do contrato, com características próprias que a diferem das outras situações consagradas de modificação superveniente das circunstâncias. Esse pensamento é observado tanto no *common law* como no direito alemão e no próprio direito italiano, podendo ser traçado o seguinte paralelo:

---

[262] GALLO, Paolo. *Sopravvenienza...*, p. 106.

[263] Tradução livre do seguinte trecho de GALLO, Paolo. *Sopravvenienza...*, p. 275-276: "(...) fattispecie differenti da quelle che abbiamo esaminato fino a questo momento. Nei casi de questo genere il mutamento delle ciscostanze no incide sulla possibiltà materiale di eseguire la prestazione, che resta realizzabile, e neppure sui costi d'esecuzione, che nella maggior parte dei casi restano invariati; ma piuttosto sull'utile che lo stipulante si riprometteva di trarre dall'esecuzione del contratto."

[264] GALLO, Paolo. *Sopravvenienza...*, p. 278.

[265] A norma do art. 1.467 do Código Civil italiano, mesmo se a expressão "extraordinariedade" for interpretada de um modo bastante extensivo, deixa sem solução uma série de outros problemas relativos à alteração superveniente das circunstâncias. Nesse sentido: BESSONE, Mario. *Adempimento...*, p. 49.

(a) Commom law: impossibility – impracticability – frustration;
(b) Direito alemão: Unmöglichkeit – Äquivalenzstörung – Zweckvereitelung;
(c) Direito italiano: impossibilità – eccessiva onerosità – presupposizione.

Situações fáticas diferentes requerem, na medida do possível, consequências jurídicas igualmente díspares.

Na Itália, a percepção de que os casos de frustração do fim do contrato não eram idênticos aos da impossibilidade da prestação ou da excessiva onerosidade acabou por gerar a convicção de que as regras dessas figuras não lhes poderiam ser aplicadas. Daí o emprego da teoria da pressuposição, que veio albergar aqueles acontecimentos nos quais simplesmente a finalidade da contratação, sua utilidade, resta frustrada em decorrência da mudança do estado de fato que engendrou o contrato.

Segundo análise feita por GALLO, a frustração do fim do contrato apresenta um maior terreno de aplicação no ordenamento jurídico italiano do que no *commom law* e no direito alemão.[266] O conceito da pressuposição, contudo, passou por uma evolução.

A *presupposizione* dos italianos tem sua origem na já comentada pressuposição de WINDSCHEID,[267] sendo que a primeira sentença na Itália a lhe dar aplicação foi prolatada em 15 de fevereiro de 1932, segundo a qual a "pressuposição é aquela circunstância ou evento que, embora não desenvolvido, constitui parte ou elemento do conteúdo volitivo, circunscrevendo a eficácia".[268]

---

[266] A análise da *frustration* (tanto na Inglaterra quanto nos Estados Unidos) e da *Zweckvereitelung* é realizada por GALLO (*Sopravvenienza...*) nas p. 278-290 e p. 291-296, respectivamente. No estudo, o autor expõe decisões nas quais ora se reconhece a frustração do fim do contrato (para o *common law*, *vide* os exemplos dos Estados Unidos gerados pela proibição de venda de bebidas relacionados com casos de locação de lugares para instalação de bares e casas noturnas, entre outros, nas p. 281-284; no direito alemão, confiram-se os casos nas p. 295-296), ora se nega (para o *common law*, vejam-se os exemplos da redução das vendas decorrentes de intervenções estatais na economia, entre outros, nas p. 287-290; no direito alemão, chequem-se as decisões nas p. 292-293). Ao final, GALLO aponta sua posição, no mesmo sentido da já esposada por MARIO BESSONE, de que o problema é, definitivamente, uma questão de risco e de sua assunção.
[267] *Vide* Capítulo 2, n. 2.
[268] GALLO, Paolo. *Sopravvenienza...*, p. 298.

A FRUSTRAÇÃO DO FIM DO CONTRATO NO DIREITO ITALIANO

É nitidamente perceptível o apego dessa primeira aplicação da *presupposizione* ao caráter subjetivo e vinculado à vontade, tal qual o idealizado por WINDSCHEID.

Na mesma medida em que OERTMANN procurou aprimorar a pressuposição de WINDSCHEID, a jurisprudência italiana evoluiu para um viés mais oertmanniano da pressuposição. Assim, a previsão do efeito desejado, tendo em conta as circunstâncias presentes ao tempo da contratação, deve entender-se como ínsita na declaração de vontade, além de constituir uma pressuposição apreciável quando for, ao mesmo tempo, "determinante da vontade de um dos contraentes e... notada pelo outro".[269] É a ideia de pressuposição no sentido de circunstância que integra o conteúdo do contrato, por ser comum a ambas as partes, ou que, sendo de uma das partes, foi conhecida pela outra. Inúmeras sentenças deram aplicação a esse entendimento.[270]

Sobreveio o Código Civil de 1942 e, por não se ter positivado a figura da *presupposizione* – mas só a da excessiva onerosidade –, alguns autores passaram a defender a tese de que não havia mais lugar para essa teoria no direito italiano, o que encontrou respaldo na jurisprudência.[271] Esse entendimento, entretanto, não durou muito tempo e cedeu passo à tese de que a *irraggiungibilità dello scopo contrattuale* é uma *fattispecie* própria que não pode ficar sem tutela pelo ordenamento jurídico, sendo a *presupposizione* a forma de dar guarida a esse tipo de problema.

Uma amostra dos exemplos nos quais a pressuposição era utilizada é verificada em contratos de compra e venda de imóveis com fins de edificação, nos quais a edificação resta impedida em virtude da falta de concessão da licença administrativa. Em casos desse jaez, a jurisprudência italiana orientava-se em três direções:

a) quando a possibilidade de edificar o imóvel era certa e foi integrante do conteúdo do contrato: a pressuposição permite a extinção do contrato;[272]

---

[269] BESSONE, Mario. *Adempimento...*, p. 88.

[270] BESSONE, Mario. *Adempimento...*, p. 135.

[271] O curioso é que nem mesmo o Código Civil de 1865 apresentava a *presupposizione* expressamente positivada, o que não foi empecilho para a sua aplicação.

[272] Referência às decisões podem ser encontradas na nota de rodapé n. 89, p. 300, na obra já citada de PAOLO GALLO (*Sopravvenienza...*, cit.).

b) quando a possibilidade de edificar o imóvel era certa, mas não foi integrante do conteúdo do contrato (por exemplo, porque o preço pelo qual foi vendido era mais baixo do que o do mercado, a ponto de se poder dizer que o risco era do comprador): não tem lugar a aplicação da pressuposição;

c) quando há dúvida se a possibilidade de edificar do terreno integrava o conteúdo do contrato: não se aplica a pressuposição, pois o risco seria do comprador.

Outro exemplo que pode ser citado é o do contrato de fornecimento de café, celebrado considerando o término de outro contrato de fornecimento. Não tendo havido o término, os juízes entenderam ser possível pôr fim ao contrato com a aplicação da doutrina da pressuposição. Da mesma forma, foi considerado suscetível de extinção um contrato de locação concluído com base no pressuposto de que o contrato anterior fosse terminar e que não seria possível prorrogá-lo legalmente.

Já nos casos em que não se consegue obter um financiamento programado para pagar o contrato celebrado, nega-se a liberação do vínculo contratual, podendo, contudo, ser reconhecido o desfazimento da relação contratual, caso ainda não tenha sido iniciada a execução do contrato.

GALLO informa que a jurisprudência italiana traz como requisitos para o reconhecimento da *presupposizione* que: a) o pressuposto seja comum a ambos os contraentes, evitando atribuir relevância aos meros motivos individuais; b) a sua verificação seja independente da vontade. Algumas decisões ainda acrescem o requisito da certeza do pressuposto, no sentido de que a dúvida importa a assunção do risco.[273]

O viés subjetivo da pressuposição e a ideia de condição não desenvolvida de WINDSCHEID, que subordinava a eficácia do contrato, foi cedendo espaço para uma concepção objetiva, a ser verificada no conjunto de circunstâncias que, não obstante estranhas ao texto contratual, mostravam-se presentes na contratação e revelavam-se necessárias para que o escopo do negócio fosse atingido.

Discutiu-se quais seriam os fundamentos para a teoria da pressuposição: regras da excessiva onerosidade, regras do erro, causa do contrato. Nenhuma dessas, entretanto, servia para fundamentá-la.

---

[273] GALLO, Paolo. *Sopravvenienza...*, p. 307.

Mesmo sob uma perspectiva objetiva, a pressuposição ainda gerava a sensação de instabilidade nas relações contratuais, na medida em que não fornecia critérios seguros para saber a relevância do conjunto de circunstâncias que circundavam a contratação.

O salto doutrinário que a teoria da pressuposição teve na Itália deu-se com MARIO BESSONE, que trouxe os elementos necessários para uma observação objetiva das circunstâncias, tratadas em termos de relação entre custo e benefício. O problema da superveniência contratual é, para BESSONE, uma questão de repartição do risco entre os contratantes, a ser feita segundo um juízo de boa-fé e de acordo com a relação entre custo e benefício.

Mesmo a grande evolução trazida com a base do negócio em sentido objetivo, por LARENZ, não foi suficiente para satisfazer aos anseios de mais certeza, objetividade e definição dos critérios para a repartição do risco de BESSONE. Ele assevera que essas construções eram artificiosas e levavam à elaboração de métodos de decisão muito empíricos.[274] Para BESSONE, a *ratio decidendi*, em termos de *foundation of the contract* e da *Geschäftsgrudlage* em sentido objetivo, vale-se da interpretação somente com a finalidade de definir o sentido e o equilíbrio econômico do contrato. Essa interpretação seria apenas o primeiro ato de uma operação mais complexa: de um lado, a identificação dos pressupostos do contrato não é o resultado de uma pura e simples atividade de interpretação subjetiva, porque a escolha das circunstâncias relevantes é feita com base na economia do negócio, que prescinde da intenção dos contratantes; de outro lado, a seleção das circunstâncias apreciáveis não se exaure nem mesmo na interpretação objetiva, posto que atribui relevância aos eventos nos quais as cláusulas do contrato não fazem alguma referência.[275]

A fórmula da *Geschäftsgrudlage* em sentido objetivo seria, pois, equivocada, basicamente porque: a) não havendo um índice quantitativo seguro, a apreciação do desequilíbrio entre as prestações fica dificultada para definir se houve ou não incômodo à relação de equivalência; b) o conceito de escopo é bastante ambíguo, ainda mais quando se sabe que cada um dos contraentes persegue fins próprios que se entrelaçam na mesma iniciativa

---

[274] BESSONE, Mario. *Adempimento...*, p. 199.
[275] BESSONE, Mario. *Adempimento...*, p. 198.

negocial.[276] Por isso, o autor conclui que a atividade do juiz de *costruire*[277] o contrato, enriquecendo o seu conteúdo, não é outra coisa senão a individualização de um plano de distribuição dos riscos e danos coerente com os interesses dispostos conforme a autonomia privada.[278]

Duas barreiras existentes para o deslanchar da teoria da pressuposição italiana são o conceito de causa do contrato conjugado com o dogma da irrelevância dos motivos.

O conceito de causa na Itália, após as críticas às concessões subjetivas,[279] assumiu o aspecto objetivo, no sentido de função econômico-social. Essa função típica abrangeria, por si só, uma série de interesses apreciáveis – relevantes –, de sorte que todos aqueles que estivessem fora da função econômico-social seriam, em princípio, irrelevantes. Ora, se a causa do contrato esgota-se naqueles interesses constituintes da função econômico-social que caracteriza o tipo contratual, todos os demais não enquadrados e não previstos nas cláusulas do contrato adentram no campo dos motivos. Como consequência, esses interesses não devem ser apreciados, porquanto teoricamente irrelevantes.

O ponto é, pois, saber se a razão que justifica um negócio esgota-se em sua função econômico-social. É identificar se essa concepção de causa integra de modo exauriente a série de interesses dignos de tutela, estando todos os demais excluídos da economia do contrato, caracterizando-se, portanto, como motivos irrelevantes.

Esse raciocínio – de que a função econômico-social esgota os interesses merecedores de proteção – não se afigura satisfatório para BESSONE, que sugere um conceito de função econômico-social particular de cada contratante ou função econômico-individual.[280] Segundo esse autor,

---

[276] BESSONE, Mario. *Adempimento...*, p. 166, nota 102.

[277] A analogia é feita com a *construction*, que se refere à atividade do juiz de identificar a circunstância que seria objetivamente indispensável para que o adimplemento da prestação fosse coerente com a economia do negócio.

[278] BESSONE, Mario. *Adempimento...*, p. 201.

[279] Para uma referência bibliográfica a respeito das correntes anticausalistas, causalistas subjetivas e causalistas objetivas na doutrina italiana, o que foge ao nosso objetivo no presente trabalho, confira-se a nota de rodapé 108, constante na p. 266 da obra *Adempimento...*, de MARIO BESSONE.

[280] As expressões são encontradas nas p. 228, nota de rodapé 36, e p. 265, nota de rodapé 104, respectivamente (BESSONE, Mario. *Adempimento...*, cit.).

"[a] propensão a circunscrever o âmbito dos interesses relevantes àqueles que são característicos de um tipo legal (...) é por isso incompatível com uma realística consideração do papel que o contrato assume no quadro dos projetos de cada operador econômico e que a própria lei lhes prescreve. (...) o contrato é por isso sempre uma técnica oferecida à autonomia privada para realizar interesses privados. E, portanto, a lei deve garantir aos contratantes a tutela dos seus interesses, ainda que puramente privados, que entrem na economia do negócio".[281]

A garantia da tutela desses interesses, no entanto, não é alcançada com normas e técnicas de juízo que identificam a causa do contrato com a sua função econômico-social.

A causa como função econômico-social somente dá uma ideia abstrata da razão justificativa do negócio. Revela apenas uma de suas facetas, deixando de lado a concretude da contratação, que é extremamente importante para efetuar uma alocação correta dos riscos do contrato.[282] A ideia de *função concreta*[283] do negócio ilumina o caminho na busca de uma solução adequada e condizente com os reais interesses que fazem parte do conteúdo do contrato, ou seja, que são apreciáveis[284].

---

[281] BESSONE, Mario. *Adempimento...*, p. 263-265.

[282] "In questo senso, un'adeguata operazione di controllo involge una serie di valutazioni in chiave di assunzione di costi ed acollo di rischi ben piu articolate delle considerazioni nelle qualli si esaurirebbe una argomentazione in termini di funzione economico-sociale. E assai spesso quelle valutazioni concorrono a dimostrare che vi sono interessi i quali non rientrano nella funzione del contratto e tuttavia costituiscono un aprezzabile elemento della sua economia" (BESSONE, Mario. *Adempimento...*, p. 280). A *ratio legis* que embasa os dispositivos acerca dos vícios ou da falta de qualidade do produto ou serviço (arts. 1.490 e 1.497 do *Codice Civile*) revela e impõe a necessidade de tutela dos interesses que, mesmo não estando contidos na causa do contrato (encarada na visão objetiva dos italianos – função econômico-social) ou em suas cláusulas, são parte integrante da economia do negócio (BESSONE, Mario. *Adempimento...*, p. 282).

[283] BESSONE, Mario. *Adempimento...*, p. 268, nota 110.

[284] "De fato, uma vez acertada a possibilidade de atribuir relevância aos interesses descurados das cláusulas do contrato e ao mesmo tempo estranhos à função econômico-social, seria de se ver caso a caso se as circunstâncias verificadas não prejudicaram um de tais interesses. E de qualquer modo, em nível da dogmática, dever-se-ia registrar uma nova perda de terreno por parte da teoria da causa, porque é claro que se se identifica a causa do contrato com a sua função econômico-social, toda vez que verifique que são apreciáveis interesses dos contratantes estranhos às cláusulas do negócio e à sua função, deve-se reconhecer que o conceito de

Fixado que os interesses dignos de tutela não se restringem unicamente àqueles constantes na função econômico-social do tipo, assim como não precisam necessariamente estar expressos no contrato, resta, ainda, a tarefa mais difícil: escolher quais desses interesses merecem proteção. Aqui reside o ponto de "estrangulamento" de diversas teorias, uma vez que, embora possam sustentar um desprendimento da mística da vontade na identificação dos interesses merecedores de amparo, acabam por esvair-se em soluções de equidade.[285]

Visando a evitar esse tipo de incerteza, GALLO – que também vê o tema como uma questão de alocação dos riscos – de pronto adverte que "non è possibile attribuire rilevanza ai motivi ed agli scopi di carattere personale".[286] Na sua opinião, deve ser verificado, no caso concreto, se o escopo individual passou a fazer parte do fundamento do contrato: (i) em caso negativo, o ajuste ou a extinção do contrato não seria possível; (ii) em caso positivo, haveria de se distinguir entre as hipóteses em que a extinção do contrato traz prejuízos à outra parte: (a) não havendo danos, a extinção seria possível; (b) havendo-os, deveria ser feita uma análise caso a caso, a fim de evitar o prejuízo à contraparte e, não sendo factível evitá-lo, não seria possível a extinção.[287]

BESSONE, por sua vez, parte, *grosso modo*, da verificação da assunção do risco norteada pelos critérios da tipicidade e do preço de mercado.[288] A tipicidade seria relevante porque cada tipo contratual já encerraria em si uma distribuição dos riscos. Assim, o respeito à autonomia privada, como escolha do tipo de contrato adotado pelas partes, é um primeiro indício a ser verificado e, acima de tudo, respeitado. Deve-se observar a distribuição dos riscos que a autonomia privada dos contratantes dispôs.

Além disso, outro elemento para identificar se o risco foi assumido por uma das partes seria a análise do preço de mercado e o custo arcado

---

causa indica somente um aspecto da razão justificativa do negócio (...)" (BESSONE, Mario. *Adempimento...*, p. 268, tradução livre).

[285] As decisões baseadas na equidade teriam o defeito de distribuir o risco segundo critérios diversos daqueles constantes na economia do contrato, fazendo com que o modelo de distribuição justo e razoável do juiz se sobrepusesse ao modelo de troca projetado pelas partes. Dessa forma, aniquilar-se-ia a autonomia privada, que é um dos elementos a ser observado pelo julgador na avaliação do caso concreto (BESSONE, Mario. *Adempimento...*, p. 320).

[286] GALLO, Paolo. *Sopravvenienza...*, p. 323.

[287] GALLO, Paolo. *Sopravvenienza...*, p. 324-325.

[288] O preço também é um fator relevante na opinião de GALLO (*Sopravvenienza...*, p. 318).

pelo interesse. A ideia básica por trás dessa abordagem relaciona-se com o "dar algo em troca" pela assunção ou não de um determinado risco: um serviço será prestado por um preço menor que o do mercado porque o risco da alteração das circunstâncias será absorvido pela contraparte; ou, sob outra perspectiva, será cobrado o preço de mercado ou acima deste porque o risco da modificação da situação correrá por conta de um dos contratantes. Percebe- se que, nessa perspectiva, é importante a ideia de correspectivo desembolsado pelo risco,[289] fornecendo um um indício para o operador saber tanto se o interesse integra a economia do negócio como quem deve suportar as consequências, por exemplo, de uma frustração da finalidade do contrato.

Por intermédio do emprego desses dois critérios, busca-se fugir da análise de ordem subjetiva, das representações mentais que as partes tiveram no momento da contratação e daquelas que supostamente teriam caso tivessem em conta – naquela época – a alteração das circunstâncias. A adoção de um pensamento baseado na noção de representação mental "descreve mal a realidade das coisas, porque o objeto de disciplina é constituído de um interesse, e não da representação mental deste, que poderia também faltar e seria ficção sustentar sua existência em cada caso".[290]

O dogma da irrelevância dos motivos, dentro da perspectiva do risco econômico da iniciativa contratual,[291] passa a ser visto com outros olhos, diversamente do ângulo subjetivo, mas como uma regra que serve justamente para evitar a possibilidade de amparar um interesse que não teve

---

[289] "In breve, la tutela dell'interesse di un contraente si risolve, volta a volta, nell'acollo di un obbligo o di un rischio all'altro contraente, il quale ne accetta il peso solo nella misura in cui ne ricave un corrispettivo (...) Naturalmente, la teoria giuridica del contratto non può trascurare di considerare che un interesse del quale non si é pagato il costo non può costituire oggeto di tutela. (...) Più esattamente, sarebbe iniquo atribuire rilevanza ad interessi di una parte dei quali questa non ha affrontato il costo e – correlativamente – accollare all'altra rischi e obblighi che essa non si era assunti, non avendone ricevuto il corrispettivo" (BESSONE, Mario. *Adempimento...*, p. 272, 273 e 275).

[290] BESSONE, Mario. *Adempimento...*, p. 274 (tradução livre).

[291] "Ora, rischio economico dell'iniziativa contrattuale significa alea alla quale uno dei contraenti si assoggetta nella speranza di un risultato utile: più precisamente, il contraente che non si acolla il costo della realizzazione di un interesse è un operatore che si assoggetta al rischio della mancata soddisfazione di esso nella speranza del risultato utile che si verificherebbe se l'interessse *medesimo dovesse trovare soddisfazione senza che se ne sia affrontato il costo*" (BESSONE, Mario. *Adempimento...*, p. 277).

a exata contraprestação que justifique esse amparo. Em outras palavras, a irrelevância dos motivos deve ser encarada como a vedação de atribuir o risco àquela parte que, na economia do negócio, não recebeu o correspectivo para tanto. É importante, ainda, que se potencialize essa regra – da irrelevância dos motivos em outro sentido, mais importante do que o de impedir a atribuição de riscos a quem não os assumiu: o de confirmar que o controle sobre o ato de autonomia privada serve também para proteger aqueles interesses que, de fato, fazem parte da economia do negócio.

Essa bipolaridade (negativa e positiva, respectivamente) na leitura da regra da irrelevância dos motivos deve ser observada pelo operador. Portanto, a questão é: "a demonstração que uma certa expectativa constitui somente um motivo inapreciável da decisão econômica resulta de uma avaliação do conflito de interesses em jogo em termos de custo e de risco, não já da constatação da falta de identificação dessa com a função econômico-social do contrato ou do silêncio de suas cláusulas".[292]

O emprego da pressuposição, pois, revela dois momentos, quais sejam: (a) verificar se o interesse é digno de tutela, assim entendido como o que passou a fazer parte da economia do negócio; b) avaliar quem suporta o risco da não-satisfação desse interesse em decorrência da alteração superveniente do estado das coisas.

Nesses dois momentos, o julgador deve desprender-se do desejo de tentar desvendar a vontade das partes, pois há o sério risco de cair em ficções. Deve, portanto, valer-se dos elementos trazidos pelo contraditório, da identidade dos contratantes, das suas posições recíprocas, do sentido que o contrato assume em um dado contexto econômico e social e da evidência do justo.[293] Para sair da mística da vontade e das decisões fundadas na equidade, deve delimitar as obrigações e os riscos com recurso aos instrumentos da interpretação do contrato, qualificação do negócio e integração do seu conteúdo, sempre tendo em vista, conjuntamente: a) a autonomia privada expressa no contrato; b) a escolha do tipo con-

---

[292] BESSONE, Mario. *Adempimento...*, p. 279.

[293] BESSONE, Mario. *Adempimento...*, p. 290. Um exemplo dado por BESSONE é o de uma contratação na qual, embora não houvesse cláusula no contrato a respeito, o contratante conseguiu demonstrar que o contratado havia garantido que o evento "x" não ocorreria. Nesse caso, o interesse prejudicado pelo acontecimento "x" pôde ser considerado relevante, porque concretamente foi identificada sua consideração e importância na celebração do contrato, embora as partes não o tivessem clausulado (p. 291).

tratual, que já revela um plano de distribuição dos riscos; c) o custo contraprestado pela busca do proveito (interesse) almejado, segundo um critério de *regularidade* e *normalidade* do exercício da iniciativa econômica,[294] de acordo com a boa-fé objetiva.

É importante destacar que a boa-fé objetiva assume um papel extremamente relevante na verificação dos interesses (pressupostos) que integram a economia do negócio e na alocação dos riscos.

Cada negócio tem o seu próprio equilíbrio econômico, o que revela a importância de trazer à análise o máximo de elementos concretos que integraram a sua celebração. De qualquer forma, há sempre um equilíbrio econômico normal e regular, revelado basicamente pelo preço de mercado. *Integrar a normalidade com a particularidade*, a partir de um juízo de boa-fé objetiva muito articulado, é a proposta de BESSONE para efetuar a distribuição dos riscos sem desatender ao plano da autonomia privada dos contratantes e, ao mesmo tempo, evitar que interesses merecedores de tutela restem frustrados.[295] É, pois, a boa-fé objetiva, aliada com os indícios do tipo contratual e do preço, que será o grande instrumento para fundar e efetuar o controle da incompatibilidade entre as circunstâncias e o adimplemento.[296]

Um exemplo auxiliará no entendimento da ideia.[297] Imaginemos um contrato de compra e venda de uma propriedade gravada com impossibilidade de edificação, cujo gravame está em vias de ser retirado ante pedido formalizado junto à Administração Pública, e com o preço do imóvel sendo o valor normal de mercado de área edificável. O argumento de que, durante as tratativas, o comprador tomou em consideração a iminência da

---

[294] BESSONE, Mario. *Adempimento...*, p. 337.

[295] "In realtà, l'adozione di un modelo di distribuzione dei rischi secondo criterii di normalità nell'esercizio dell'iniziativa contrattuale deve costituire un mezzo per acollare le conseguenze delle circostanze verificatesi nel modo più coerente all'economia del negozio e non può quindi mancare di accompagnarsi ad una attenta considerazione di ogni particolari caratteristica del singolo affare, senza che la decisione del caso di specie sia esposta in alto grado al pericolo di realizzare una composizione degli interessi diversa da quella solidale con i piani dei contraenti. Ma il giudizio di buona fede indubbiamente contempera queste diverse esigenze appunto perchè si concreta in una analisi che involge, al tempo stesso, considerazione di ciò che è normale nel traffico contrattuale e ricerca di ciò che è particolare ad ogni singolo rapporto" (BESSONE, Mario. *Adempimento...*, p. 339).

[296] BESSONE, Mario. *Adempimento...*, p. 348.

[297] O exemplo foi extraído da já citada obra de MARIO BESSONE.

retirada do gravame, segundo BESSONE, não é decisivo para determinar a relevância dessa expectativa de edificabilidade do comprador. Já a avaliação do preço pactuado constitui um índice de apreciação, se não decisivo, muito importante no juízo de boa-fé a ser realizado. Não há dúvida de que, se a regularidade dos preços de aquisição de imóveis edificáveis é normalmente aquele que o comprador pagou ao vendedor, o interesse – edificabilidade –, mesmo que não conste do contrato, é, conforme um juízo de boa-fé, um pressuposto que integra o seu conteúdo e deve ser levado em conta no caso de sua frustração.

É claro que, conforme já ressaltado, cada contrato tem o seu próprio equilíbrio econômico, que pode ser diverso daquele comumente fixado pelo mercado. Isso demonstra que uma análise em termos de valor de mercado é valiosa, mas não pode ser feita sem atentar às condicionantes do caso concreto. A cautela é essencial.

De qualquer modo, o tipo contratual e o preço de mercado oferecem uma contribuição excelente para *racionalizar o juízo de boa-fé*, removendo "grande parte das dúvidas sobre a idoneidade da cláusula geral de boa-fé a valer como instrumento exauriente de controle sobre a compatibilidade entre circunstâncias e adimplemento".[298] O preço de mercado, especialmente, proporciona o indício de que, dentro da economia do contrato, a diferença de preço serviria para remunerar a (não) assunção de determinado risco.

Uma interpretação segundo a boa-fé ainda define o limite do sacrifício exigível do contratante, dentro dos balizamentos da economia do contrato. Ao lado dela, mas em um momento posterior (pois o juízo de boa-fé sempre define primeiro se o interesse entrou na economia do contrato e se a circunstância ocorrida é relevante), BESSONE indica que o critério da diligência deve ser empregado quando as circunstâncias supervenientes são efeito do comportamento de uma das partes, o que pode engendrar uma situação de responsabilidade por culpa[299].

---

[298] BESSONE, Mario. *Adempimento...*, p. 362.

[299] "Mais exatamente, o juízo de boa-fé serve ao fim de deduzir da economia do negócio a margem de sacrifício até a qual estão respectivamente vinculados os contraentes e a seguir consente a definir se – dadas as circunstâncias – a prestação das partes pode ainda ser requerida ou se constitui mais abuso de direito a pretensão de obtê-la." (BESSONE, Mario. *Adempimento...*, p. 399. Tradução livre)

É nesse contexto que os casos de frustração do fim do contrato são resolvidos na Itália. A *presupposizione* é a maneira italiana de tutelar essas situações e constitui uma fonte de inspiração aos demais sistemas de *civil law*, inclusive o do Brasil, ante a similitude de diversas regras positivadas em seus Códigos Civis, o que será objeto de análise no decorrer deste trabalho.

PARTE II

A FRUSTRAÇÃO DO FIM DO CONTRATO
NO ESTUDO DE CASOS E NA DOGMÁTICA JURÍDICA

Capítulo 4
Frustração do Fim do Contrato: Noções

1. Nota de esclarecimento

Antes de ingressarmos no tratamento do tema, para efeitos da edição deste livro, é importante fazer uma nota de esclarecimento preliminar.

A definição do correto enquadramento dogmático da frustração do fim do contrato é uma das tarefas mais árduas a ser realizada no tratamento do tema. Essa dificuldade decorre do fato de que a frustração do fim do contrato flerta com a base do negócio (*rectius*, alteração das circunstâncias) e com o direito da impossibilidade. Não fosse esse flerte, por si só suficiente dificultar o problema, tanto a base objetiva quanto a impossibilidade são temas de contornos controvertidos na doutrina e, ademais, ainda em desenvolvimento[300].

Como bem expõe PONTES DE MIRANDA, "quando se tenta fixar a base objetiva do negócio jurídico, percebe-se que se entra no campo da doutrina da impossibilidade, ou no campo da doutrina do atingimento do escopo".[301-302]

---

[300] A ponto de PONTES DE MIRANDA sustentar que a impossibilidade da prestação é uma das questões "mais árduas no direito das obrigações". (Tratado de Direito Privado. Tomo XXII. Rio de Janeiro: Editor Borsoi, 1958, p. 69)

[301] PONTES DE MIRANDA, F. C. *Tratado de Direito Privado*. Tomo XXV. Rio de Janeiro: Borsoi, 1971, p. 232.

[302] MARTINS-COSTA, Judith e COSTA E SILVA, Paula. *Crise e Perturbação no Cumprimento da Obrigação*. Estudos de Direito Comparado Luso-Brasileiro. São Paulo: Quartier Latin, 2020, p. 167.

Os desafios ainda aumentam porque a identificação com os casos de impossibilidade depende dos contornos do conceito de prestação, notadamente se ela se resume apenas e tão somente ao ato de prestar (em abstrato) ou se inclui o resultado que se espera atingir com a conduta do devedor (em concreto).

Com efeito, saber se os efeitos do cancelamento do desfile da coroação do rei sobre o contrato de locação da janela para assistir ao cortejo deve ser tratado no âmbito da alteração das circunstâncias (base objetiva, na forma de frustração do fim do contrato) ou se deve ser visto como impossibilidade (porque a prestação do locador deve ser entendida como alugar a janela *para ver o desfile do rei*), é uma questão que passa, igualmente, pelo espinhoso tema do conceito de prestação. Esse conceito, por sua vez, não é normativo, trazendo, igualmente, grandes desafios para o seu entendimento.

A única unanimidade que pode ser reconhecida nesse campo é a da extrema complexidade desse estudo e a inexistência de consenso ou estabilidade sobre as opiniões a respeito[303].

Pensemos no exemplo do aluguel do camarote na Marquês de Sapucaí para assistir aos desfiles de carnaval que foram cancelados por força da pandemia da COVID-19. Uns dirão que houve uma alteração de circunstâncias, acarretando uma perturbação da base do negócio. Outros, porém,

---

[303] Embora deixe claro não ser objeto do seu trabalho, MARIA DE LURDES PEREIRA explica que "as situações de 'perturbação do fim secundário' do credor encerram uma dificuldade acrescida, que foi por nós, até agora, deliberadamente omitida." (PEREIRA, Maria de Lurdes. *Conceito de Prestação e Destino da Contraprestação*. Coimbra: Almedina, 2001, p. 36). A partir do uso do exemplo do portal da igreja, a autora registra as distintas opiniões quanto ao seu enquadramento jurídico e as razões que autorizariam a resolução do contrato, destacando, de um lado, a posição de LARENZ, situando o problema dentro da base do negócio em sentido objetivo e, de outro, a posição de Beuthien, enquadrando a situação dentro do direito da impossibilidade porque haveria uma prestação vinculada a um fim (p. 38-40). Ao final, conclui MARIA DE LURDES PEREIRA que "este brevíssimo esboço de algumas das tentativas de solução do problema da perturbação do 'fim secundário' do credor, dá-nos conta de sua extrema dificuldade. (...) Saber qual das versões é preferível é, no entanto, um problema de que não nos ocuparemos" (p. 43/44). A mesma dificuldade foi posta por JUDITH MARTINS--COSTA (*Crise e Perturbação...*, p. 170). CATARINA MONTEIRO PIRES fala em "melindre da fronteira entre 'prestação' e 'base do negócio' e as dificuldades de destrinça entre os âmbitos regulativos da impossibilidade da prestação e das perturbações da base do negócio jurídico' na terminologia alemã" (*Impossibilidade...*, p. 348).

sustentarão que a prestação se tornou impossível porque a locação foi feita com a finalidade específica de permitir a contemplação dos desfiles das escolas de samba.

Aparentemente, em nosso ordenamento jurídico, o fim deve ser visto como algo exterior à prestação, atuando como um fator de eficácia. Desse modo, verificando que o fim (causa concreta, fim de utilização do credor, fim secundário) restou impossibilitado por um fato superveniente à contratação, a *fattispecie* estaria incluída dentro do campo da alteração das circunstâncias. Apenas os casos de frustração do fim do contrato (i) por consecução da finalidade por meio diverso do contratado ou (ii) por alteração no substrato da prestação[304] que afeta o cumprimento, devem ser enquadrados no campo da impossibilidade da prestação. Parece-nos que esse entendimento não conflita, mas, ao contrário, alinha-se, com a tese do conceito de prestação como resultado, bem exposto por Maria de Lurdes Pereira[305].

Parece-nos haver certos fins, interesses ou resultados que, conquanto fatores externos à prestação, se unem de tal maneira ao ato de prestar que acabam definindo a prestação. É como se eles fossem indissociáveis do ato de prestar e impusessem ao devedor a necessidade não só de praticar uma conduta, mas, igualmente, de "causar" (*rectius*, buscar, visar) o resultado. Aparentemente, uma análise casuística indica que as hipóteses em que o resultado qualifica e integra a prestação são aqueles em que o fim está (i) quase visceralmente ligado à ação de prestar ou (ii) às condições (objetivas ou subjetivas) para que a ação de prestar seja executada. A finalidade da contratação do rebocador é desencalhar o navio, e ela está ligada de forma visceral à prestação de serviço contratada, de modo que, se o navio se solta com a subida da maré, estaremos diante de um caso de impossibilidade, e não de frustração do fim.

---

[304] O substrato da prestação abrange tanto condições objetivas quanto subjetivas para que ela seja cumprida, englobando, portanto, circunstâncias relativas à pessoa do credor (ex.: paciente que se cura de uma doença antes de ser operado; aluno de música que ensurdece antes de iniciar as aulas de música) ou ao objeto/bens envolvidos no cumprimento da prestação (ex.: navio que desencalhou sozinho antes de o rebocador chegar; igreja que foi destruída antes de o pintor iniciar os trabalhos de pintura da abóbada).

[305] Referimo-nos à obra *Conceito de Prestação e Destino da Contraprestação*. Coimbra: Almedina, 2001.

Em sua obra, MARIA DE LURDES PEREIRA se propõe a estudar o destino da contraprestação nos casos de impossibilidade no direito português, valendo-se, para tanto, do conceito de prestação como resultado, assim entendido como aquilo que se pretende obter por meio da ação de prestar em concreto. A autora faz a ressalva de que seu livro não tratará do complexo tema da frustração do fim secundário, que é aquele próprio da frustração do fim do contrato de que aqui nos ocupamos.

Se bem compreendido, o conceito de prestação enquanto resultado está atrelado ao pensamento de que, nos contratos sinalagmáticos, aplica-se o princípio da mútua dependência ou do condicionamento recíproco das vinculações[306]. Nessa perspectiva, o resultado parece estar associado à contraprestação que se espera obter com a ação de prestar concreta da outra parte, devendo ser avaliado o resultado que o devedor deveria causar, denominado "resultado definidor"[307]. Nesse caso, certos resultados podem integrar o conceito de prestação em concreto, definindo a presta-

---

[306] PEREIRA, Maria de Lurdes. *Conceito de Prestação...*, p. 311.

[307] Para facilitar a diferenciação das obrigações de meio e de resultados e as consequências sobre os custos da prestação, MARIA DE LURDES PEREIRA e PEDRO MÚRIAS propõem o uso dos conceitos de *resultado definidor da prestação, resultado exterior* e *resultado subalterno* (PEREIRA, Maria de Lurdes; MÚRIAS, Pedro. Obrigações de Meios, Obrigações de Resultados e Custos da Prestação. *Centenário do Nascimento do Prof. Doutor Paulo Cunha. Estudos em Homenagem.* Almedina: Coimbra, 2012, p. 999-1018). O resultado definidor é aquele cuja obtenção foi definida pelas partes como necessário para considerar a obrigação cumprida, ou seja, é o resultado que deve ser causado pelo devedor. Os resultados externos não precisam ser causados pelo devedor (nas obrigações de resultado) ou tentados (nas obrigações de meio), sendo os "resultados do resultado definidor" (p. 1.007); equivalem, portanto, ao "fim da prestação" na acepção que indicamos neste livro. Já os resultados subalternos seriam aqueles "destinados a causar ou a contribuir para causar o definidor" (p. 1.007), como os resultados que se atingem ao longo da execução de um contrato tendentes a consumar o cumprimento da prestação. O resultado definidor da prestação "se contrapõe aos resultados exteriores, por vezes chamados de fim da prestação – e aos resultados subalternos" (p. 1.006). Assim, por exemplo, se o advogado se obriga a entregar um parecer para ser usado em uma arbitragem, seriam resultados subalternos o estudo do caso, o término da pesquisa de doutrina e jurisprudência. O resultado definidor, por outro lado, seria a entrega da opinião legal e o resultado externo o uso na arbitragem. A identificação do resultado definidor "depende da interpretação da fonte da obrigação, máxime o contrato, nos termos gerais da interpretação e das regras interpretativas específicas que no caso caibam." (*Obrigações de Meios...*, p. 1.007). Por ser matéria de interpretação, alguns intérpretes podem enxergar determinados fins como definidores ou exteriores, com impactos na qualificação (ou não) de certas situações como casos de impossibilidade. Agradecemos a

ção (*resultado definidor*)[308], e outros não. Por isso que, no caso do rebocador do navio que desencalha sozinho com a alta da maré, se está diante de um caso de impossibilidade. Afinal, o resultado consistente em desencalhar aquele específico navio (e não qualquer outro) não tem mais como ser realizado, porque encalhado ele não mais está. Porém, se se pensasse na prestação apenas como uma ação de prestar em abstrato, desvinculada do resultado que se espera obter em concreto, não se poderia falar em impossibilidade, porque o dono do rebocador estaria em condições de realizar a prestação entendida como o ato de desencalhar (em abstrato) e rebocar qualquer navio (fazer o deslocamento, lançar os cabos, etc), pouco importando se ele está ou não encalhado[309].

Não por acaso, MARIA DE LURDES PEREIRA traz uma série de hipóteses distintas, tratando, aparentemente, ora do resultado (definidor), ora do fim secundário[310]. Caso fossem sinônimos, não seriam tratados como

gentileza da Professora Maria de Lurdes em nos enviar o material e a disponibilidade para o intercâmbio de ideias relativas a aspectos intrincados desse tema e do conceito de prestação.

[308] Trataremos mais adiante desse conceito oferecido por MARIA DE LURDES PEREIRA e PEDRO MÚRIAS.

[309] Por essa razão, como veremos mais adiante, concordamos que os casos de consecução do fim por meio diverso do contratado são, na verdade, hipóteses de impossibilidade da prestação e não propriamente de frustração do fim do contrato.

[310] "Cada uma das partes assume a sua vinculação para obter a prestação: mas que prestação? A simples actividade da contraparte? O resultado imediato dessa actividade? E como apurar o preciso conteúdo desse resultado? Finalmente, que relevo possuirá a circunstância de uma das partes declarar, expressa ou tacitamente, que 'assume a vinculação não apenas para o fim de adquirir um determinado objeto como contraprestação, mas antes *adicionalmente* para o fim de utilizar este objecto de uma determinada forma? Suponha-se que o proprietário de uma igreja se obriga perante um artista, residente no estrangeiro, ao pagamento de determinado preço, em contrapartida à da construção de um novo portal para o edifício. A obra, quando concluída, deverá ser entregue a um transportador que a conduzirá até a igreja. O preço é prometido *como contrapartida de* o artista fabricar e entregar ao transportador o portal já concluído (*prestação enquanto ação de prestar*)? O preço é prometido *como contrapartida* de o proprietário da igreja ser investido no efectivo controlo material da coisa (*prestação enquanto resultado*)? O preço é prometido *como contrapartida* de o proprietário da igreja ser investido no efectivo controlo material de uma coisa em si mesma apropriada para servir o fim específico convencionado (*prestação enquanto resultado com qualidades intrínsecas tais que a tornam apropriada a determinado fim*)? Finalmente, preço é prometido *como contrapartida* de o proprietário da igreja ser investido no efectivo controlo material de uma coisa em si mesma apropriada para servir o fim específico convencionado, seja sob o ponto de vista de suas qualidades próprias, seja sob o ponto de

situações diferentes. Tal premissa, se acertada, conduz à conclusão de que não se pode apropriar de forma automática a ideia de prestação como resultado para, com isso, reconduzir **todas** as hipóteses de impossibilidade de alcançar o fim do contrato a casos de impossibilidade da prestação.

Afinal, se todo e qualquer "resultado" fosse sempre elemento constitutivo da prestação, nenhum espaço mais haveria para a frustração do fim do contrato, enquadrando-se todas as hipóteses de perda de sentido do contrato por impossibilidade de atingir o fim como casos de impossibilidade da prestação[311], o que não nos parece correto. Nesse caso, se alguém alugou a janela para assistir ao desfile da coroação, o cancelamento do cortejo faria com que a prestação não fosse mais possível. Esse

---

vista de quaisquer circunstâncias exteriores à coisa que tornem possível esse emprego, como, por exemplo, a existência da igreja (*prestação enquanto resultado apropriada a um determinado fim)?* Abstraindo agora das interferências que resultam de ser declarado o específico fim de emprego previsto para a prestação, diremos que aquilo pelo qual cada parte se vincula à sua (contra)prestação não pode deixar de ser a prestação enquanto resultado, *rectius*, a obtenção da prestação enquanto resultado *através* da acção de prestar do devedor. O proprietário da igreja promete o pagamento do preço em troca de ser investido no controlo material da coisa. O proprietário do barco encalhado que contratou os serviços de uma empresa de rebocadores promete a remuneração para que este o liberte. O passageiro que reserva um lugar num avião obriga-se ao pagamento da tarifa para ser transportado por aquela companhia de navegação aérea. Convertendo-se em impossível a prestação enquanto resultado, ainda que a acção de prestar em abstracto se mantenha realizável, frustra-se simultaneamente o fim com que foi assumida a obrigação de efectuar a contraprestação, entra em crise o nexo de interdependência que esteve na origem das recíprocas vinculações." (p. 120). A autora ainda apresenta em grupos separados exemplos de <u>impossibilidade de prestação</u> enquanto resultado (caso do portal da igreja e do passageiro que não comparece para embarcar no voo) e exemplos de impossibilidade da obtenção do resultado por meio da ação de prestar do devedor (caso do rebocador que se liberta com uma onda inesperada). Essa separação nos leva a crer que, aparentemente, há, de fato, uma diferença de intensidade com que resultado se liga e molda a prestação, pois, do contrário, os casos deveriam ser sempre tratados de modo uniforme, sem distinção entre impossibilidade ou frustração do fim.

[311] Pode haver resultados que, por estarem visceralmente unidos à ação de prestar, acabam integrando o conceito de prestação porque o devedor deve perseguir a sua realização. O desafio, aqui, é interpretar o negócio e as circunstâncias para identificar se esse resultado integra (ou não) a prestação, com consequências para a verificação do adimplemento e da impossibilidade: se integrar o resultado integrou a prestação, só haverá cumprimento se ele for alcançado, assim como teremos uma hipótese de impossibilidade caso não seja mais possível a sua realização [do resultado]. Se o resultado não integrar a prestação e ele se tornar impossível, estaremos no campo da frustração do fim do contrato.

entendimento contraria respeitada doutrina, que reserva um campo de aplicação específico para casos típicos de frustração do fim do contrato, como adiante veremos.

Como será exposto no item 6.1.2 desse Capítulo, uma das perspectivas que empregamos para analisar se a frustração do fim do contrato pode ser aplicada é identificar se o fim integrou o conteúdo do negócio jurídico. Basicamente, deve ser analisado se o fim era conhecido por ambas as partes e se foi considerado relevante por ambos para a contratação (não sendo um fim particular ou mesmo um mero motivo), o que se faz por meio de uma tarefa de interpretação orientada por um juízo articulado de boa-fé atento ao tipo de negócio celebrado, do preço e condições de mercado e das circunstâncias em que ele foi firmado. Preenchidos esses requisitos, o fim está credenciado para interferir na eficácia do negócio jurídico, integrando o conteúdo do contrato.

Há, de todo modo, uma verificação paralela a ser feita, e que não conflita com a verificação da integração do fim ao conteúdo do negócio jurídico, mas, ao contrário, a complementa. Ela consiste em identificar, também por meio da interpretação, se o resultado se entrelaçou de tal forma ao ato de prestar que se deva considerar impossível a prestação caso o resultado se torne impossível ou não seja atingido. Se o resultado integrou de modo indissociável a prestação (resultado definidor, para usar a expressão da MARIA DE LURDES PEREIRA), o fim necessariamente também terá integrado o conteúdo do contrato, mas, nesse caso, a impossibilidade de alcançar o resultado será regida pela impossibilidade da prestação, e não pela frustração do fim, que a ela cede passo. Se, por outro lado, o resultado não integrou de modo indissociável a prestação (resultado não está "definindo" a prestação), ainda assim o intérprete deverá verificar se a finalidade integrou, ao menos, o conteúdo do negócio jurídico, autorizando a aplicação da frustração do fim do contrato. Nessa perspectiva, é como se o fim penetrasse no negócio jurídico por meio de dois filtros, sendo o primeiro relativo à sua integração ao conteúdo do negócio jurídico e, o segundo, mais intenso, relativo à eventual fusão com o próprio ato de prestar. Desse modo, sempre que o resultado se entrelaça de modo visceral ao ato de prestar, o fim também estará integrado ao conteúdo do contrato, e estaremos no campo da impossibilidade se o resultado não mais puder ser alcançado; no entanto, nem todo fim que integra o conteúdo do contrato estará ligado de modo visceral à prestação, ensejando, no entanto, a eventual aplicação da frustração do fim do contrato.

Basta pensar, por exemplo, nos *coronation cases*. A finalidade de assistir ao desfile da coroação, a nosso ver, não integrava a prestação do locador de modo indissociável porque o resultado a que ele se vinculou era o de oferecer a janela com vista apta a proporcionar a contemplação do desfile da coroação. O resultado consistente em efetivamente assistir ao desfile não poderia sequer ser causado pelo devedor. Porém, mesmo assim, esse fim de emprego adquire relevância para tornar ineficaz o negócio jurídico caso seja impossível atingi-lo, uma vez que o locador e locatário definiram os termos da contratação (preço e tempo de permanência no imóvel, por exemplo) levando em conta o horário do desfile, sendo razoável interpretar, portanto, que o fim foi conhecido e considerado relevante por ambas as partes.

O tema está posto, portanto, em uma zona controversa, englobando uma discussão que está longe de terminar. Quanto mais se estuda o tema, tanto mais dúvidas que certezas surgem. De todo modo, ao longo do presente capítulo, apresentaremos o pensamento que nos pareceu consentâneo com o ordenamento jurídico brasileiro quando tratamos do tema no livro publicado em 2012, incluindo, ao longo do texto, algumas considerações adicionais fruto dessas novas reflexões, sem prejuízo da realização de novas ponderações a respeito do tema.

2. Considerações gerais

Após termos verificado o instituto da *frustration* do direito inglês, a evolução da doutrina da base do negócio e a *presupposizione* italiana, podemos analisar a teoria da frustração do fim do contrato em si, investigando sua origem, seu conceito, seus requisitos, suas hipóteses de aplicação, suas consequências sobre o contrato e sua distinção face a outros institutos.

Embora a origem e o conceito da frustração do fim do contrato devessem estar na parte dedicada à dogmática, optamos por tratar esses pontos antes dos demais aspectos abordados neste Capítulo, porque assim será possível entender a real extensão e o correto enfoque do exame dos casos abordados a seguir.

Posteriormente à exposição de uma série de casos práticos reportados por KARL LARENZ e VICENTE ESPERT SANZ, apresentaremos a parte dogmática da frustração do fim do contrato, que representa o cerne de sua estruturação.

3. Origem

A origem da teoria da frustração do fim do contrato remonta ao direito inglês.[312]

Diferentemente do direito dos países de base romanizada, o direito inglês não reconhece, como regra, o caso fortuito e a força maior como causas de exoneração do cumprimento da prestação que se torna absolutamente impossível.[313] Aliás, o princípio pelo qual os contratos devem ser cumpridos vige de forma absoluta no direito inglês. Tal característica levou-os a construir uma doutrina própria para as hipóteses em que, em decorrência da alteração das circunstâncias, a prestação tornou-se ilegal, impossível ou comercialmente estéril: a *frustration*.

MOSSET ITURRASPE resume os casos nos quais os fatos supervenientes acarretam a ineficácia do contrato, destacando as hipóteses de (1) impossibilidade superveniente, (2) frustração do propósito conhecido, (3) inaptidão da coisa para a função específica, fortuita e superveniente, (4) não-verificação de uma condição implícita (não expressa) sob a qual o contrato foi realizado, (5) *frustration of the venture*, (6) ilegalidade superveniente da prestação objeto do contrato.[314]

A doutrina da *frustration* foi caracterizada no Capítulo 1 do presente trabalho. Neste momento, basta que saibamos que é o berço da frustração do fim do contrato.

---

[312] *Vide* Capítulo 1, item 1.

[313] "**Supervening impossibility**. It's a basic common law rule that a party is not discharged from his contractual obligations merely because performance has become more onerous or impossible owing to some unforseen event. The general rule is that a contractual obligation is absolute, and if a party wishes to protect himself against subsequent difficulties in performance, he should stipulate for that protection. The doctrine of frustration has, however, developed a number of exceptions to this general rule of absolute contractual liability" (MAJOR, William T. *The law of contract*, p. 153-154).

[314] "Los casos que se señalan de pérdida de eficacia, por un hecho sobreveniente a su perfección, son los siguientes: 1) cuando la prestación objeto del contrato se ha vuelto de cumplimiento imposible. Como leading case se cita: Taylor v. Caldwell: hipótesis de destrucción de una cosa específica; 2) los 'casos de la coronación': la frustración del propósito conocido; 3) ineptitud de la cosa para su función específica, ineptitud fortuita y sobrevenida; 4) cuando el contrato se ha celebrado bajo una condición implícita, no expresada, y esta condición no se ha cumplido; 5) frustration of the venture, cuando obligar a cumprir significa obligar a algo muy distinto, esencialmente diferente, a lo que fue originariamente pactado; 6) cuando, por un cambio de la legislación, la prestación del contrato se ha vuelto ilegal bajo el imperio del ordenamiento nuevo" (*La frustración...*, p. 187).

4. Conceito: o que é a frustração do fim do contrato?

A frustração do fim do contrato é a teoria destinada a resolver os casos nos quais a prestação ainda é plenamente possível, mas o contrato perdeu seu sentido e/ou sua razão de ser, por não ser mais possível alcançar seu fim, seu escopo, seu resultado, sua função (concreta), em decorrência da alteração superveniente e inesperada das circunstâncias. Seguindo a terminologia de LARENZ, é hipótese na qual há a perturbação da base do negócio em sentido objetivo.[315] Sob a perspectiva da teoria da causa, representa situação de perda superveniente da causa concreta do negócio.

O fim aqui referido é o efeito prático que o contrato proporcionará. São os *efeitos que os efeitos do negócio jurídico gerarão*: os efeitos diretos resultantes do contrato de locação são um dar (entrega do preço) em troca de um fazer (permitir o uso do bem); essa locação pode ser feita para admirar uma queima de fogos no *réveillon*, que será o efeito esperado com os efeitos da locação.[316] É a já conhecida causa concreta, a ser estudada mais adiante, ou também o chamado fim secundário ou fim de emprego/utilização do credor.

LARENZ expõe que a impossibilidade de consecução do fim constitui, juntamente com a destruição da relação de equivalência, a segunda

---

[315] É oportuna a observação de ESPERT SANZ, no sentido de que a base do negócio não é o mesmo que o fim do contrato, pois enquanto este é "lo que hay que conseguir", aquela é o "statu quo que el mundo exterior ha de conservar para que el fin ha de cumplirse" (ESPERT SANZ, Vicente. *La frustración...*, p. 185). Em outras palavras, a base do negócio (em sentido objetivo) é o conjunto de circunstâncias que existem ao tempo da contratação e que são objetivamente necessárias para que o negócio continue dotado de sentido. Trata-se, portanto, de elemento exterior ao contrato. A relação é externa ▶ interna. Já o fim é um elemento que vai integrar o próprio conteúdo do contrato e dele emana; a relação é interna ▶ externa.

[316] "Faz-se aí, uma distinção entre os 'efeitos que resultam diretamente do negócio' e o 'resultado que, hipoteticamente, o negócio jurídico atingiria, se todos os efeitos dele decorrentes, se concretizassem'. Essa distinção parece muito semelhante àquela, anteriormente sugerida, entre 'eficácia jurídica' e 'efetividade' do negócio jurídico, consistindo esta no assim chamado 'efeito de fato' ou 'efeito prático' do negócio jurídico; e lembre-se o exemplo: a falta de cumprimento de obrigações contratuais perfeitamente constituídas tornaria o contrato 'inefetivo', embora juridicamente eficaz" (DEL NERO, João Alberto Schützer. *Conversão substancial do negócio jurídico*. Rio de Janeiro: Renovar, 2001, p. 88, nota de rodapé 72).

fattispecie, que, ao se verificar, faz com que o contrato não mereça ser conservado por ter perdido o seu sentido originário.[317]

Imagine-se o seguinte exemplo: "A", visando a economizar luz e gás, contrata "B" para que este instale, em sua residência, um aparelho de aquecimento da água, movido a energia solar. O único local em que os coletores solares[318] podem ser instalados é na face leste da casa, tendo em vista que os demais pontos de insolação são encobertos pela sombra dos prédios existentes ao redor da residência de "A". O contrato prevê um prazo para instalação de 30 dias, pois o equipamento é importado e demora cerca de 20 dias para estar disponível no mercado interno. Passados 10 dias da assinatura do contrato, inicia-se uma obra no terreno vizinho de "A", que impedirá o sol de incidir sobre os coletores solares.

No singelo exemplo, as prestações de "A" e de "B" são plenamente possíveis: "A" pode arcar com o valor da instalação e "B" pode instalar o sistema de aquecimento. Todavia, de que adianta um sistema de aquecimento por energia solar onde não se terá a luz do sol? Não se trata, a rigor, de impossibilidade da prestação. Simplesmente, o contrato restou estéril, sem sentido, pois se impossibilitou – não a prestação – a finalidade para o qual foi firmado: aquecer a água. E esse fim é extraído da própria contratação, sem que se tenha que adentrar no foro íntimo de cada um dos contratantes para desvendá-lo: "A" adquire o produto *para* aquecer a água e "B" vende *para* proporcionar aquecimento; essa finalidade é relevante, comum e notória para ambas as partes. É diferente do objetivo de economizar luz e gás, enquadrado na seara dos motivos, pois restrito à esfera pessoal de "A" e não extraível do próprio contrato com a mesma naturalidade e clareza da finalidade de aquecimento. Assim como economizar luz e gás poderia ser um objetivo, facilmente poderia não ser. O fim frustra-se

---

[317] "La imposibilidad de alcanzar el fin objetivo del contrato puesto de relieve en el contenido del mismo, o, según la terminología de Krückmann, la imposibilidad de la consecución del fin (o del ejercicio del derecho), constituye, al lado de la destrucción de la relación de equivalencia, el segundo supuesto de hecho típico al realizarse el cual (con independencia del caso, legalmente regulado, de la imposibilidad de la prestación) el contrato no merece ser conservado o serlo sin modificaciones, por haber perdido su sentido originario" (LARENZ, Karl. *Base...*, p. 138).

[318] Os coletores solares destinam-se a sistemas em que se busca somente o aquecimento da água, enquanto os módulos fotovoltaicos são utilizados para aqueles que desejam produzir eletricidade a partir da energia solar.

porque há a perda do interesse do credor na prestação em decorrência do evento posterior à contratação, que mutilou o fim do contrato.

A rigor, os casos de frustração do fim do contrato não podem ser resolvidos, por exemplo, com recurso ao art. 248 do Código Civil,[319] pois nenhuma das prestações restou impossibilitada. Também não há como aplicar o art. 393 do Código Civil,[320] porque não se trata de inadimplemento decorrente de caso fortuito ou de força maior, mas simplesmente de uma forma de buscar legitimar a recusa ao cumprimento de um contrato existente, válido e eficaz. Trata-se, pois, de hipóteses nas quais, embora seja possível o cumprimento do contrato, não há mais utilidade, razão de ser para a sua manutenção. O fim do contrato é que se frustra.

RUY ROSADO DE AGUIAR JUNIOR, com auxílio em PONTES DE MIRANDA, enquadra o tema dentro da alteração das circunstâncias, afirmando que "a frustração do fim do contrato, por fatos externos e não incluídos no risco daquele tipo de negócio, destrói a razão de ser da permanência das obrigações: 'deixa de subsistir a base do negócio jurídico (...): (b) se não se pode obter a finalidade objetiva do negócio jurídico, ainda que possível a prestação, entendendo-se que a finalidade de um dos figurantes, que o outro admitiu, é objetiva (= subjetiva comum)'."[321]

Embora tanto LARENZ quanto juristas como PONTES DE MIRANDA,[322] ANTONIO JUNQUEIRA DE AZEVEDO,[323] RUY ROSADO DE AGUIAR JUNIOR e LUIS RENATO FERREIRA DA SILVA[324]

---

[319] "Art. 248. Se a prestação do fato tornar-se impossível sem culpa do devedor, resolver-se-á a obrigação; se por culpa dele, responderá por perdas e danos."

[320] "Art. 393. O devedor não responde pelos prejuízos resultantes de caso fortuito ou força maior, se expressamente não se houver por eles responsabilizado."

[321] AGUIAR JUNIOR, Ruy Rosado de. *Extinção dos contratos por incumprimento do devedor (resolução)*. Rio de Janeiro: Aide, 1991, p. 151.

[322] *Tratado de direito privado*, t. XXV..., p. 257.

[323] Negócio jurídico e declaração negocial (noções gerais para a formação da declaração negocial). 1986. 244 f. – Tese para o concurso de Professor Titular de Direito Civil da USP, São Paulo, p. 224.

[324] "Pode-se ter, fundamentalmente, duas formas de afetação que atingem a base. Uma diz respeito com a impraticabilidade do pactuado (aqui trata-se de impossibilidade relativa, porque a impossibilidade absoluta não é cogitação deste trabalho). (...) Outra forma que afeta a prestação, frustrando-a na sua finalidade, é a perda da utilidade para uma das partes que não terá mais razão para cumprir, eis que o fim que a moveu na contratação desapareceu.

limitem o campo de incidência da frustração do fim do contrato,[325] o não menos célebre JORGE MOSSET ITURRASPE focaliza a questão de maneira mais ampla. Para ele, "la frustración es el género compreensivo de todos los supuestos de pérdida de sentido y razón de ser del negocio, tengan una base subjetiva u objetiva (...)".[326]

Nessa medida, o autor argentino inclui na frustração eventos como a excessiva onerosidade e situações de perda da base do negócio em sentido subjetivo, afirmando que "a frustração do contrato é uma teoria recepcionada pelos ordenamentos jurídicos de base romanizada, inclusive os latino-americanos, entre eles o argentino, para aludir à finalidade não alcançada, às expectativas fracassadas, relativas à base subjetiva ou objetiva do negócio".[327]

Uma advertência é indispensável. A frustração do contrato a que se refere MOSSET ITURRASPE não é a frustração do fim do contrato que nos dispusemos a estudar. A opção metodológica de MOSSET ITURRASPE foi a de elencar diversas hipóteses – inclusive a frustração do fim do contrato, mas não só ela – em que o programa contratual é alterado por algum evento subsequente à contratação, incluindo todas elas no gênero de frustração do contrato. Por isso, a leitura da obra *La frustración del contrato* deve ser feita com essa ressalva, a fim de evitar confusões com o tema específico da frustração *do fim* do contrato.

A frustração do fim do contrato não tem a amplitude da frustração do contrato dada pelo jurista argentino, sob pena de se confundir com outras

---

Aqui, a obrigação é totalmente possível, apenas que inócua. Pode ser que até mesmo inexista onerosidade ou vantagem excessiva" (*Revisão...*, p. 138-139).

[325] Nesse mesmo sentido, STIGLITZ, Rubén S. *Objeto, causa y frustración del contrato*. Buenos Aires: Depalma, 1992, p. 35, *verbis*: "Expuesta así, sinteticamente, la teoria de las 'bases del negocio', concluimos en que no es factible sostener su equiparación conceptual con la 'frustración del fin del contrato'. A lo sumo, podemos afirmar que nuestro tema se halla subsumido en uno de los supuestos que trata Larenz, el de la base objetiva del negocio, y de él, exclusivamente, el que se refiere a la imposibilidad de alcanzar el fin del contrato."

[326] MOSSET ITURRASPE, Jorge. *La frustración...*, p. 82.

[327] Tradução livre do seguinte trecho de MOSSET ITURRASPE, Jorge. *La frustración...*, p. 67-68: "la frustración del contrato es una teoría receptada por los ordenamientos jurídicos de base romanizada, incluidos los latinoamericanos, entre ellos el argentino, para aludir a la finalidad malograda, a las expectativas fracasadas, en orden a la base subjetiva u objetiva del negocio."

teorias já consagradas e com espaço próprio de atuação,[328] tais como a teoria da imprevisão, também chamada de excessiva onerosidade, a teoria do erro, os vícios redibitórios, a impossibilidade e o enriquecimento sem causa. O trabalho que pretendemos desenvolver visa justamente a tentar delimitar o campo de incidência da frustração do fim do contrato, segregando-a de outras hipóteses que, aparentemente, com ela se confundem. Não se há de omitir que a frustração do fim do contrato traduz uma patologia anormal do negócio desprovida de regulação típica e que, por esse motivo, entrelaça-se com as teses dedicadas a solucionar casos de modificação posterior dos fatos que basearam o ato de contratar, notadamente a impossibilidade superveniente. Aliás, essa é uma das críticas que se faz a ela.[329]

Uma explicação possível para essa abrangência que alguns autores dão à frustração do fim do contrato pode estar calcada em suas próprias origens. De fato, a *frustration* do direito anglo-saxão tem uma amplitude muito mais vasta e geral do que defendemos neste trabalho. Lá, a *frustration* serve para explicar os casos de impossibilidade da prestação, de inutilidade superveniente, de ilegalidade superveniente, de alteração das circunstâncias, enfim, de fatos relacionados especialmente com a ineficácia superveniente. A tradução e a identificação do termo *frustration* com a frustração pode ser uma das explicações para a – errônea – inserção, na frustração do fim do contrato, de situações que com ela não se identificam (*v.g.*, impossibilidade, excessiva onerosidade, erro).

Os próprios fundamentos da *frustration* são objeto de divergência na doutrina inglesa.[330] Entretanto, isso não foi suficiente para impedir

---

[328] Pode-se observar que no Capítulo X da obra *Frustración del contrato*, MOSSET ITURRASPE insere, sob o título de "La frustración del contrato en el derecho de los países de Europa y otras naciones", os casos de excessiva onerosidade superveniente do direito italiano (art. 1.467), do direito português (art. 437) e do direito dos Países Baixos (art. 6.5.3.11:1). Como já alertado, a posição do jurista argentino justifica-se na medida em que se refere à expressão *frustração do contrato*, e não especificamente à frustração do *fim* do contrato.

[329] Ver MOSSET ITURRASPE, Jorge. *La frustración...*, p. 70-73.

[330] WILLIAM T. MAJOR menciona que, em se tratando das bases da doutrina da *frustration*, "there are two main theories to consider: (a) the implied condition: this is merely an extension of the more general doctrine of the implied term, i.e. the law will imply a term where necessary to give effect to the unexpressed, but presumed, intentions of the parties. In *Taylor v. Caldwell* (1863), which may, perhaps, be regarded as the origin of the doctrine of frustration, the

FRUSTRAÇÃO DO FIM DO CONTRATO: NOÇÕES

a particularização dos casos em que as prestações eram perfeitamente possíveis, sem excessiva onerosidade, mas nos quais a contratação não tinha mais nenhum sentido, sendo consagrados por meio da *frustration of purpose*. Esta é a que realmente se identifica com a frustração do fim do contrato exposta neste livro.

Aclarando a matéria, ESPERT SANZ oferece definição bastante completa da frustração do fim do contrato, sem extravasá-la para searas nas quais já figuram outras teorias, tal qual nos propomos a aqui desenvolver. Segundo ele, "la frustración del fin del contrato es un supuesto concreto dentro de esta patología sobrevenida, consistente en que posteriormente a la perfección del contrato, ciertas circunstancias han cambiado, haciendo inútil para una de las partes la prestación pendiente de cumplimiento y planteando el problema de saber hasta qué punto puede dicha parte ser obligada a cumplir su propia prestación aun a sabiendas de que lo que recibe a cambio de ella no le reportará ya ninguna utilidad, de que el contrato ha perdido para ella su sentido."[331]

Para o autor espanhol, essa frustração pode ocorrer, por meio de duas formas: (1) impossibilidade de alcançar o fim do contrato; (2) obtenção do fim por meios diversos do contratado[332]

A despeito da falta de clareza quanto ao conceito da frustração do fim do contrato e à luz de todos os elementos postos, entendemos que a

---

subject-matter of the contract was destroyed: in holding that the parties were discharged, Blackburn, J., said that the contract was 'subject to an implied condition that the parties shall be excused in case, before breach, performance becomes impossible from the perishing of the thing without default of contractor'; (b) construction of the contract: the most recent theory is that the courts have a power to impose a solution on the parties in the event of frustration. In effect, the courts have a power to impose a condition which will discharge the contract. In a 1944 House of Lords case, in which the parties were in dispute as to whether frustration had ocurred, Lord Wright said, 'The data for decision are on the one hand terms and construction of the contract, read in the light of the existing circumstances, and on the other hand the events which have occurred. It is the court which has to decide what is the true position between the parties': Denny, Mott y Dickson Ltd. V. Fraser (James) & Co. Ltd. (1944)" (*The law of contract...*, p. 154-155 – g.n). ESPERT SANZ destaca, além da *implied conditon*, mais três bases jurídicas para a teoria da *frustration*, a saber: teoria da solução justa e razoável; teoria do desaparecimento da base do contrato; teoria da alteração das obrigações (ESPERT SANZ, Vicente. *La frustración...*, p. 59-61). *Vide*, a respeito, o Capítulo 1, n. 4.

[331] ESPERT SANZ, Vicente. *La frustración...*, p. 162.

[332] ESPERT SANZ, Vicente. *La frustración...*, p. 202-203.

frustração do fim do contrato deve ser vista como a hipótese na qual, mesmo sendo possíveis as prestações ajustadas, o contrato perde seu sentido e razão de existência por não ser mais possível alcançar a sua finalidade concreta (causa concreta), em decorrência de um fato superveniente à contratação não imputável às partes. Não se confunde, pois, com a impossibilidade da prestação ou com a teoria da imprevisão,[333] mas convive ao lado delas e com área própria e autônoma de incidência.

5. Exame de casos

O estudo de alguns casos julgados pelos Tribunais de diversos países servirá para demonstrar as razões pelas quais a teoria da frustração do fim do contrato entrelaça-se com diversos outros temas, os quais são usados indistintamente e sem preocupações dogmáticas pela jurisprudência. Além disso, essas situações reais também fornecem o material necessário para comprovar que a frustração do fim do contrato tem uma base de incidência específica e bem delimitada.

Optamos por reportar os exemplos colhidos por KARL LARENZ e por VICENTE ESPERT SANZ, por condensarem boa parte dos que são citados esparsamente na doutrina.

5.1. Casos analisados por LARENZ

É interessante analisar alguns casos estudados por LARENZ ao abordar o tema da impossibilidade de alcançar o fim do contrato, de modo que possamos avaliar, na prática, com o que estava lidando ao dividir a base do negócio em sentido objetivo em duas vertentes.

LARENZ já vislumbrava, na época, certa dificuldade em segregar o que se enquadraria no conceito de frustração do fim do contrato e o que adentraria na seara da impossibilidade da prestação, pois, em alguns casos, confunde-se o substrato da prestação com a perda da finalidade[334].

---

[333] O que será tratado neste Capítulo, item 6.3.

[334] Apesar de LARENZ ter abandonado alguns dos pressupostos da sua tese inicial, ele continuou mantendo a frustração do fim do contrato como uma hipótese de perda da base do negócio em sentido objetivo. "A frustração do fim (*Zweckvereitelung*), que corresponderia ao desaparecimento da base objetiva, do negócio (*Fortfall der objektiven Geschäftsgrundlage*) não se confundiria com a inatingibilidade do resultado (*Unerreichbarkeit des Leistungserfolges*). Nos primeiros casos, frustrar-se-ia o fim secundário ou de emprego (*weitere Zweck*), mas a prestação continuaria possível. Já nos últimos casos – por exemplo, se a igreja cujo teto que deveria ser

5.1.1. O caso da diligência de Rouen

Em 1842, uma empresa parisiense contratou, pelo período de dois anos, os serviços de uma empresa de transportes que fazia o percurso Paris--Rouen, para o que despendia três dias. Sem que se pudesse esperar, no ano seguinte ao da contratação, foi inaugurada uma linha de trem que fazia o mesmo trajeto da empresa contratada, em apenas meio dia.

A empresa parisiense pediu a resolução do contrato, que já não tinha mais finalidade, o que foi admitido pelo Tribunal, pois aduziu que o advento da linha de trem constituía um caso de força maior que acarretava a impossibilidade de cumprimento do contrato.[335] Em realidade, conforme anota LARENZ, o cumprimento não era impossível, mas apenas "económicamente no tenía finalidad".[336]

O caso de Rouen representa uma exceção no direito francês, pois a tradição francesa é a de obediência estrita ao *pacta sunt servanda*.

5.1.2. Caso Appleby v. Myers

Nesse caso, o demandante foi contratado para instalar máquinas nos edifícios do demandado, sendo fixado um preço único para a realização de todo o serviço. Durante a execução do contrato, um incêndio destruiu os prédios e as máquinas, ainda não completamente instaladas, assim como os materiais utilizados para a sua instalação.

O Tribunal decidiu que a destruição dos edifícios, sem culpa de nenhuma das partes, é um caso fortuito que deve liberá-las das obrigações.

A dificuldade para absorver a decisão, em nosso ordenamento jurídico, reside no fato de que parece estarmos diante de um caso de impossibilidade da prestação: se é preciso instalar máquinas no edifício de uma pessoa e este não existe mais porque foi destruído pelo incêndio, não há como executar a prestação na forma estipulada. No Brasil, portanto, nossa cultura jurídica procura analisar essas questões a partir da ótica da

---

pintado pelo devedor fosse destruída ou se o barco a rebocar se afundasse antes da chegada do rebocador – a prestação não seria recuperável (*nachholbar*). Haveria nestes casos uma perda do substrato da prestação. No quadrante das perturbações da base do negócio objetiva incluir-se-iam situações de perturbação da equivalência das prestações e da frustração do fim." (PIRES, Catarina Monteiro. *Impossibilidade...*, p. 356).

[335] Por mais perplexidade que possa causar a descrição do resultado da decisão, foi exatamente nesses termos retratada por LARENZ (LARENZ, Karl. *Base...*, p. 108).

[336] LARENZ, Karl. *Base...*, p. 108.

impossibilidade, em um primeiro momento. LARENZ, todavia, entende que "cuando desaparece el substrato de la prestación, pierde el contrato su base (objetiva), no puede alcanzarse su finalidad y resulta carente de sentido y de objeto".[337]

Não há razão para mudar, no Brasil, a forma de encarar a lógica da alteração das circunstâncias por fatos supervenientes, de forma que, se se trata de impossibilidade da prestação, não há por que recorrer à base do negócio em sentido objetivo ou à frustração da finalidade do contrato, mesmo que se possa deduzir, por vias transversas, a sua ocorrência. O ponto fundamental será saber discernir quando estamos diante de cada um desses casos, o que será analisado no decorrer do trabalho.

5.1.3. Os casos da coroação

Os *coronation cases* são os mais famosos e citados ao tratar do tema da *frustration*. Os mais conhecidos deles são: *Krell v. Henry* e *Herne Bay Steam Boat Co. v. Hutton*, os quais analisaremos separadamente.[338]

a) *Krell v. Henry* (1903): em decorrência da coroação do rei Eduardo VII, Henry celebrou com Krell um contrato de locação de algumas salas em Pall Mall (Londres) que possuíam janelas para a rua onde passaria o desfile da coroação nos dias 26 e 27 de junho de 1902. O locador Krell havia anunciado nas janelas do prédio o aluguel para a visualização da coroação real e pediu a quantia de 75 libras, sendo que 25 libras seriam pagas antecipadamente. O rei adoeceu, e o desfile da coroação não se realizou. O locador ajuizou ação para haver o valor integral da locação, mas a sentença de primeiro grau julgou a favor do réu, aduzindo que o locatário não tinha mais a obrigação de cumprir o contrato e, ainda, tinha o direito de recuperar as 25 libras pagas antecipadamente. O locador apelou, mas seu recurso não foi provido pelo juiz Vaughan Williams;

b) *Herne Bay Steam Boat Co. v. Hutton* (1903): tratava-se da locação de uma embarcação para que o locatário (um empresário) pudesse

---

[337] LARENZ, Karl. *Base...*, p. 117.

[338] Os dados dos precedentes foram extraídos da obra: WHEELER, Sally; SHAW, Jo. *Contract law...*, p. 738-744; LARENZ trata dos casos nas p. 117-119 da obra já citada (*Base...*).

levar os curiosos para assistir à revista da frota que ocorreria em 28 de junho de 1902 em razão da coroação do rei Eduardo VII. Tendo em vista o adoecimento do rei, a revista foi cancelada. O locador demandou o locatário para receber o valor da locação do barco (200 libras). O locatário defendeu-se, oferecendo reconvenção para que lhe fosse restituído o valor das 50 libras já depositadas. O locatário foi vencedor em primeiro grau, mas perdeu a ação no Tribunal.

Apesar de os casos relatados serem muito semelhantes, a distinção feita entre eles foi a de que, no caso do aluguel do barco, a revista naval não era "the foundation of this contract",[339] de sorte que "there was not here, by reason of the review not taking place, a total failure of consideration, nor anything like a total destruction of the subject-matter of the contract".[340] E não era a base do contrato, porque a locação de embarcações era feita continuamente, todos os dias, pelo locador, de modo que a finalidade de organizar a embarcação para facilitar a contemplação da revista da frota era unilateral, somente do locatário, ou seja, não era a finalidade comum de ambos os contratantes. A *Herne Bay Steam Boat Co.* não havia locado o barco para a contemplação da revista naval, mas, como fazia regularmente, para que o locatário pudesse utilizá-lo para navegar.

Já no caso *Krell v. Henry*, o locador havia anunciado a locação das salas com as janelas para que se assistisse ao desfile da coroação, de sorte que essa era a finalidade comum de ambas as partes. A ocorrência do cortejo real seria, portanto, a base do contrato.[341]

---

[339] Excerto do voto do juiz Vaughan Williams, *Apud* WHEELER, Sally; SHAW, Jo. *Contract law...*, p. 742.

[340] Excerto do voto do juiz Romer, *Apud* WHEELER, Sally; SHAW, Jo. *Contract law...*, p. 742.

[341] "... the plaintiff exhibited on his premises, third floor, 56A,Pall Mall, an announcement to the effect that windows to view the royal coronation processions were to be let, and that the defendant was induced by that announcement to apply to the housekeeper on the premises, who said that the owner was willing to let the suite of rooms for the purpose of seeing the royal procession for both days, but not nights, of June 26 and 27 (...)" Excerto do voto do juiz Vaughan Williams no caso *Krell v. Henry, Apud* WHEELER, Sally; SHAW, Jo. *Contract law...*, p. 739.

FRUSTRAÇÃO DO FIM DO CONTRATO

Outra perspectiva sob a qual é analisada a diferença entre as duas decisões é fornecida por ROGER BROWNSWORD[342], ao salientar que, em *Herne Bay Steam Boat Co. v. Hutton*, estava-se diante de uma relação comercial, pois *Hutton* era um empresário que alugava os barcos para organizar passeios pela baía; já em *Krell v. Henry*, tinha-se a figura de *Henry* como a de um consumidor. Além disso, sustenta que, neste caso, o locatário ficou "deprived of substantially the whole benefit of his bargain", enquanto no Herne Bay case o locatário "was not wholly deprived of what he had bargained for", pois o barco poderia ser utilizado para inúmeras outras finalidades, tal qual várias pessoas faziam regularmente (por exemplo, ver as belezas da região); já *Henry* de nada aproveitaria uma janela locada para nada ver além do movimento de uma rua de Pall Mall.

5.1.4. Caso dos marcos de madeira

Trata-se de um processo julgado pelo Tribunal de Apelação de Stuttgart em 1948. A relação estabeleceu-se entre um fabricante de marcos de madeiras (autor da ação) e um fabricante de aparatos elétricos (réu na ação). Durante a Segunda Guerra Mundial, o autor deveria fornecer marcos de madeira, nos quais eram montados aparatos elétricos, fornecidos pelo demandado. O produto pronto (marcos de madeira + aparatos elétricos) era entregue ao demandado para o único objetivo de venda ao exército alemão.

Por força da derrota na guerra, o exército alemão não pôde mais comprar os produtos.

O fabricante dos marcos de madeira pretendia continuar o seu fornecimento, embora a fabricante dos aparatos elétricos não mais pudesse vender o produto acabado ao exército.

O Tribunal decidiu pela resolução do contrato, mas obrigou o réu a pagar pelos marcos de madeira que já haviam sido produzidos, liberando-o dos demais pagamentos. O fundamento para tal decisão foi a perda da base do contrato.[343]

---

[342] BROWNSWORD, Roger. Towards a rational law of contract. *In:* WILHEMSSON, T. *Perspectives of critical contract law.* Aldershot, Dartmouth, 1993, p. 241-247, *Apud* WHEELER, Sally; SHAW, Jo. *Contract law...*, p. 742-743.

[343] O que se extrai do seguinte trecho da decisão, retratado por LARENZ (*Base...*, p. 14): "Tampoco puede ignorarse que las dos circunstancias últimamente mencionadas (la aceptación

É importante, no entanto, a observação feita por LARENZ no sentido de não ser possível a liberação do contratante quando a expectativa de entregar a um terceiro (cliente, no caso) os produtos que compraria tenha sido a base, cognoscível pelo outro contratante, de sua contratação. Isso geraria uma insegurança indesejável no tráfego jurídico. LARENZ defende que o propósito de utilização de uma parte não pode ser introduzido como fator de risco a ser transferido à outra parte, mesmo que tenha sido de seu conhecimento. Somente quando o contratante fez seu o propósito de utilização do cliente, a ponto de transformá-lo em finalidade do contrato decisiva para ambas as partes, é que deve ser tomado em consideração a fim de corrigir os desvios provocados pela alteração das circunstâncias. É a hipótese clara ocorrida em *Krell v. Henry*, ou seja, o locador ofereceu o seu imóvel para que fosse visto o desfile da coroação; essa finalidade – ver o desfile – era essencial e decisiva para o locador – até mesmo porque constou no anúncio que o locatário não poderia passar a noite no imóvel – e consistia no seu diferencial, assim como também o era para o locatário, eis que a locação seria celebrada para que fosse possível assistir ao desfile.

5.1.5. Caso do posto de gasolina
Esse caso é mencionado por LARENZ como uma situação claríssima de perda da base do negócio por impossibilidade de se atingir a finalidade do contrato em decorrência da alteração superveniente das circunstâncias, embora a fundamentação utilizada pelo Tribunal Supremo do *Reich* no julgamento tenha sido diversa.

Tratava-se do arrendamento de um posto de gasolina celebrado um pouco antes da Primeira Guerra Mundial, mas que, em razão da eclosão dela, não pôde ser explorado, haja vista o controle sobre os combustíveis assumido pelo governo alemão. Com isso, a finalidade do contrato de arrendamento do posto de gasolina, que para nada mais servia a não ser vender combustível, impossibilitou-se.

y pago por el Reich de los utensilios ultimados) han afectado a la base de los negocios que había entre las partes (...) No puede ponerse en duda que el hecho de que los utensilios se destinaban al ejército era conocido por ambas partes a la conclusión del contrato; que la aceptación por el ejército de aquéllos constituía para la demandada la base del contrato. La demandante tampoco pudo sustraerse a esta consideración. De ello se deduce que la buena fe exige liberar a la demandada de aquellos contratos ya concluidos que la demandante no había comenzado a ejecutar, y para cuya ejecución ya se habían hecho gastos."

O Tribunal Supremo do *Reich* afirmou que, se a utilização para a qual se destinava o arrendamento restou impossibilitada por conta de fatores extraordinários e alheios ao arrendatário, o prejuízo deve ser suportado pelo arrendador, pois é isso o que se deduz da essência dos contratos bilaterais que exsurge dos §§ 323[344] e 537[345] do BGB.

5.1.6. Caso do anúncio luminoso

Este caso revela uma prática bem comum hoje nas grandes metrópoles, pois se relaciona com divulgação de anúncio publicitário visual. Tratava-se de um contrato de arrendamento de uma parede de determinada casa para a instalação de um anúncio luminoso. No entanto, em razão de medidas de escurecimento da cidade adotadas por conta da guerra, de nada adiantaria ter o arrendamento da parede para a instalação do anúncio.

---

[344] Antes da Lei de Modernização do Direito das Obrigações, época em que LARENZ escreveu a obra *Base de los contratos...*, a redação do § 323 era a seguinte: "(Desarrollo de la imposibilidad de la que ninguna parte es responsable) 1. Si la prestación debida por una parte, a causa de un contrato bilateral, se hace imposible por causa de una circunstancia de la qui ni ésta ni la otra parte son responsables, la parte pierde su derecho a la contraprestación; en caso de imposibilidad parcial la contraprestación se aminora de acuerdo con los §§ 472 y 473. 2. Si la otra parte exige la entrega, de acuerdo con el § 281, de la indemnización recibida por el objeto poseído o la cesión de la pretensión de indemnización, sigue obligada a realizar la contraprestación; ésta se aminorará, sin embargo, de acuerdo con los §§ 472 y 473, en tanto que el valor de la indemnización, o de la pretensión de indemnización sea menor al valor de la prestación debida. 3. Si se ha realizado una contraprestación que no era debida de acuerdo con estas disposiciones, en tanto que la prestación esté realizada, puede exigirse su devolución de acuerdo con las disposiciones relativas a la devolución del enriquecimiento injusto". (EIRANOVA ENCINAS, Emilio. *Código...*, p. 134). Após a Lei de Modernização, o § 323 passou a regular a extinção do contrato por incumprimento ou cumprimento defeituoso.

[345] "§ 537 (Defectos en la cosa arrendada). Si la cosa arrendada está, en el momento de cederse al arrendatario, afectada por un vicio que impide o disminuye su aptitud para el uso estipulado, o si dicho defecto aparece durante el tiempo del arrendamiento, el arrendatario queda libre del pago del alquiler durante el tiempo en el que la aptitud de la cosa queda impedida; durante el tiempo en el que su aptitud queda disminuida está obligado a pagar sólo una parte del alquiler, a calcular de acuerdo con los §§ 472 y 473. Una disminución insignificante de la aptitud no se toma en consideración. 2. El apartado 1 también se aplica si una cualidad garantizada está ausente o desaparece a continuación. En el arrendamiento de una finca la garantía de las dimensiones especificadas es equivalente a la garantía de una cualidad. 3. En el caso de un arrendamiento de vivenda, un acuerdo que cambie esto en perjuicio del arrendatario no es valido". (EIRANOVA ENCINAS, Emilio. *Código...*, p. 183)

LARENZ[346] afirma que a possibilidade de instalar o anúncio luminoso era a base objetiva do contrato, cujo desaparecimento fazia necessário que se aplicassem analogicamente as regras do § 537 do BGB.

5.2. Casos analisados por ESPERT SANZ[347]
5.2.1. Señoras Más Martín vs. Juan Carsí

As senhoras Más e o senhor Juan Carsí eram proprietários de porções de terras contíguas na cidade de San Vicente de Sarriá. O terreno delas não tinha saída para a Rua da Indústria, ainda não urbanizada em toda a sua extensão ao tempo da celebração do contrato. Tinha somente acesso pela Rua Ganduxer.

Celebraram, assim, uma promessa de compra e venda de uma área de propriedade do senhor Juan Carsí, que tinha possibilidade de saída para a Rua da Indústria, inserindo no contrato que a finalidade desta compra e venda era justamente possibilitar o acesso da propriedade das senhoras Más a essa rua, que viria a ser construída.

Ajustaram que, passados 15 anos, ou antes desse prazo, a contar da data da assinatura do contrato, sempre que fosse aberta a Rua da Indústria no ponto acertado, o senhor Carsí se comprometeria a vender as porções de terra discriminadas no contrato pelo preço desde já estipulado em 0,75 pesetas por metro quadrado.

Transcorridos 15 anos da assinatura do contrato, as senhoras Más ingressaram com uma ação judicial pleiteando que o senhor Carsí fosse obrigado a outorgar a escritura pública das porções de terra objeto do negócio.

O senhor Carsí contestou a ação, alegando que o fim do contrato não foi outro senão possibilitar que a área das senhoras Más tivessem comunicação com a Rua da Indústria e que, portanto, o contrato fundava-se na consideração de que as senhoras ou seus herdeiros continuassem a ser proprietários da porção de terra que possuíam ao tempo da celebração do

---

[346] *Base...*, p. 147. Situação semelhante ocorreu na cidade de São Paulo, com a chamada "Lei Cidade Limpa" (Lei Municipal nº 14.223/06 e Decreto nº 47.950/06), pela qual foram proibidos outdoors e anúncios luminosos, e regulamentaram-se as características que os anúncios poderiam ter (tamanho, área total, entre outros), tudo com vistas ao combate da poluição visual.

[347] Os casos estão descritos nas páginas 23 a 40 do livro *La frustración....*

contrato. Essa situação já não se verificava mais, pois haviam vendido a terra a um terceiro. As senhoras Más replicaram os argumentos, dizendo que os motivos dos contratantes não influenciavam na validade do contrato.

A sentença declarou existente, válido e eficaz o contrato, mas não condenou o senhor Carsí a outorgar a escritura, pois não haviam sido implementadas as condições pactuadas no contrato.

Em sede de apelação, a sentença foi reformada, determinando-se que fosse efetivada a compra e venda, o que levou o senhor Carsí a interpor recurso de cassação para o Tribunal Supremo da Espanha. Este assinalou que, com a venda da propriedade das senhoras Más, deixou de existir a condição motriz da vontade contratual determinante do direito das autoras a exigir o cumprimento do pactuado, desaparecendo a base em que se assentava o negócio, que era justamente propiciar que o terreno tivesse contato com a Rua Ganduxer e com a Rua da Indústria. Tal desiderato não mais poderia ser atingido com a venda da propriedade das senhoras Más. Dessa forma, o Tribunal proveu o recurso de cassação do senhor Carsí.

5.2.2. Rufo Luelmo García vs. Sociedad Fomento de la Propiedad

Em 15 de fevereiro de 1915, Luelmo García firmou com a Sociedad Fomento de la Propiedad um contrato de compra e venda de certos terrenos, expressando tanto no contrato quanto na escritura que a venda era efetuada para que a Sociedade construísse as chamadas Casas Baratas. Essa finalidade imprimia um propósito social ao negócio, constante nos documentos. Até mesmo o preço foi mais baixo tendo em consideração esse cunho social.

A posse dos terrenos permaneceu com o vendedor.

A Sociedade não construiu as casas e, em 1944, os herdeiros do vendedor descobriram que a empresa pretendia vender os terrenos a terceiros, razão pela qual ajuizaram ação com o fito de declarar prescrita a obrigação de entrega dos terrenos ou, subsidiariamente, declarar resolvido o negócio de forma a não ser preciso entregá-los à Sociedade, haja vista que a finalidade do contrato havia se frustrado.

A Sociedade contestou a ação e alegou que o negócio constituía uma compra e venda pura e simples, incondicional, e que a finalidade manifestada existiu apenas como forma de se conseguir benefícios fiscais concedidos para a construção das Casas Baratas.

A sentença resolveu o contrato, determinando à Sociedade a devolução dos terrenos e aos herdeiros do senhor Luelmo García a restituição de um certo número de ações recebidas por ocasião da venda.

A apelação reformou a sentença, de sorte que a Sociedade não precisou devolver os terrenos.

Por meio de recurso de cassação, os autores alegaram que a Sociedade estava obrigada não só a pagar o preço, mas também a construir as Casas Baratas. Todavia, o Supremo Tribunal da Espanha entendeu que a finalidade de edificar afetava somente a Sociedade, e não o vendedor, sendo que a Sociedade não assumiu nem expressa e muito menos tacitamente a obrigação de construir, faltando requisitos para que se pudesse decretar a resolução do contrato.

5.2.3. Altos Hornos de Viscaya S.A. e Basconia S.A. vs. Sociedad Cauco S.L.

Altos Hornos de Viscaya S.A. e Basconia S.A. contrataram a Sociedad Cauco S.L. para construir uma cobertura plana impermeável de 50.000 metros quadrados que seria utilizada para cobrir uma grande máquina industrial. O preço foi fixado por metro quadrado e havia prazo certo para a entrega.

A Sociedad Cauco S.L. comprometeu-se a fazer a cobertura, impermeabilizá-la por meio de um procedimento que tinham patenteado e, ainda, ofereceu uma garantia de 20 anos para a impermeabilização, no que se incluíam consertos em eventuais infiltrações decorrentes de defeito nos materiais ou na mão-de-obra.

Após ter impermeabilizado 23.000 metros quadrados, a Altos Hornos de Viscaya S.A. e a Basconia S.A. resolveram unilateralmente o contrato, sob o argumento de que a Sociedad Cauco S.L. o tinha descumprido, pois já havia infiltrações na parte entregue.

A Sociedad Cauco S.L. alegava que as goteiras se deram em razão da forma como foi construída a cobertura, bem como por causa de outros trabalhos que se realizavam. Ajuizou ação contra Altos Hornos de Viscaya S.A. e Basconia S.A., aduzindo que a resolução deveria ter os efeitos de uma denúncia unilateral, com a condenação de pagamento pelo serviço já realizado e ainda não pago, além das perdas e danos.

Altos Hornos de Viscaya S.A. e Basconia S.A. ofereceram reconvenção pleiteando que se declarasse rescindido o contrato, ou, ainda, inexistente e nulo[348] por impossibilidade originária da prestação e falta de causa, assim como fosse condenada a autora-reconvinda a pagar uma indenização pelas perdas e danos.

A sentença julgou improcedente a ação e parcialmente procedente a reconvenção, condenando a Sociedad Cauco S.L. a pagar 519.000 pesetas como diferença do valor dos trabalhos que foram considerados aproveitáveis.

A apelação reformou a sentença, determinando que a resolução era perfeita porque a autora-reconvinda não havia cumprido com o prometido. Todavia, condenou Altos Hornos de Viscaya S.A. e Basconia S.A. a pagarem em 363.000 pesetas à Sociedade Cauco S.L. a título da diferença do valor das prestações efetivamente realizadas; também negou provimento ao pedido de indenização.

O Tribunal Supremo da Espanha rechaçou o recurso de cassação de ambas as partes, fazendo considerações importantes ao nosso estudo: a) a Sociedade Cauco S.L. havia se comprometido a obter o resultado de impermeabilizar a cobertura; b) os contratos de arrendamento de obras[349] não consistem em uma pura e simples execução de um encargo com abstração absoluta da finalidade desejada pelos contratantes, mas justamente a obtenção do resultado é que o diferencia do contrato de trabalho ou de prestação de serviços;[350] c) a finalidade perseguida pelos

---

[348] Cabe registrar que, se um ato jurídico é declarado inexistente, nem sequer adentra no plano da validade. Estamos aqui simplesmente retratando a narrativa tal qual foi feita por ESPERT SANZ a respeito dos fatos e dos envolvidos no processo, sendo irrelevantes – para esse fim – a tecnicidade ou a imperfeição da linguagem adotada.

[349] O que equivaleria à nossa empreitada.

[350] A diferenciação entre a empreitada e o contrato de prestação de serviços sempre foi tarefa difícil aos doutrinadores, na medida em que nenhum dos critérios que caracterizam cada uma dessas figuras é absoluto, sempre admitindo uma exceção. Assim, menciona-se basicamente como características do contrato de empreitada que: 1) o foco está no fim, que é a obra perfeita e acabada; 2) o cumprimento da obrigação se dá com a entrega do resultado, pois o empreiteiro compromete-se a uma atividade e à entrega do resultado; 3) a remuneração é feita em relação à obra em si; 4) o empreiteiro executa o trabalho de forma independente, por sua conta e responsabilidade, sem ingerência do contratante. Já a prestação de serviços se caracterizaria por: 1) o foco estar na atividade do prestador, e não no resultado; 2) cada ato do prestador representar o cumprimento da obrigação, pois há o compromisso de uma atividade em direção a um resultado; 3) a remuneração ser feita em relação ao tempo de duração do serviço; 4) o trabalho ser realizado sob a dependência e a fiscalização do contratante. Nenhum desses

FRUSTRAÇÃO DO FIM DO CONTRATO: NOÇÕES

demandantes era a impermeabilização da cobertura das máquinas, o que não era uma obrigação acessória ou meramente complementar no contrato, mas o efetivamente querido como equivalência pelo preço estipulado.

5.2.4. Papeleras del Maestrazgo S.A. vs. Talleres Martín S.L.

Tratava-se de um contrato de compra e venda de uma turbina elétrica que Talleres Martín S.L. fabricaria para Papeleras de Maestrazgo S.A. instalar em uma queda d'água no rio Cenia, celebrado em 21 de março de 1962. O preço total da venda era de 75.500 pesetas, a ser pago em quatro vezes, sendo a primeira no ato da assinatura do contrato.

Dois dias depois da assinatura, a compradora foi notificada de que a queda d'água onde instalaria a turbina seria desapropriada por motivo de utilidade pública e em caráter de urgência, o que a levou a comunicar à vendedora que desistiria do contrato.

Papeleras de Maestrazgo S.A. ajuizou ação para reaver a primeira parcela do preço paga, devidamente corrigida, bem como para confirmar a "anulação" do contrato. Talleres Martín S.L. contestou a ação,

---

critérios, todavia, é seguro, pois existem prestações de serviço, por exemplo, que não sofrem a ingerência do contratante, como ocorre nos serviços de advocacia, assim como há prestações de serviço que não se dirigem simplesmente a um resultado, mas também requerem o resultado (obrigação de resultado), tal como pode ocorrer com o parecer de um advogado sobre um certo caso. TERESA ANCONA LOPEZ situa a questão e oferece critério seguro para distinguir os dois contratos, ao assinalar que: "O Direito moderno usa o critério da exclusão para separar a obrigação dos dois contratos. Explicando melhor. Todos os trabalhos humanos (obrigações de fazer) que tenham por objeto um serviço material ou imaterial, com resultado ou não, são contratos de prestação de serviços, com exceção daquele contrato que tem por objeto a execução e a entrega de uma obra material (construção civil), que é o contrato de empreitada. Portanto, na empreitada há uma obrigação de fazer seguida de uma obrigação de dar, mas o contrato concentra-se no *dar* ou *entregar*. Por outro lado, na prestação de serviços, há também a obrigação de fazer, que é o seu objeto principal, mas que pode ser seguida também de um dar, como na entrega de exames médicos, na entrega de passageiros no local de destino, na elaboração de um contrato de locação por um advogado. A prestação de serviço pode ser obrigação de meios (a maioria) ou de resultados. A empreitada é sempre obrigação de resultado. A confusão entre os dois conceitos aparece quando na prestação de serviços há uma obrigação de resultado, sempre presente na empreitada. Mas essa confusão está atualmente fora de cogitação, porque a empreitada refere-se somente à construção de obra material" (*Comentários ao Código Civil*: parte especial: das várias espécies de contratos, (arts. 565 a 652). Coord. Antonio Junqueira de Azevedo. São Paulo: Saraiva, 2003, v. 7, p. 243).

ponderando que já tinha incorrido em custos com a contratação, pois teve de deslocar técnicos para o local onde seria instalada a turbina, entre outras despesas mencionadas. Além disso, argumentou que a autora poderia instalar a turbina em quaisquer dos outros locais onde explorava a mesma atividade. Ofereceu, igualmente, reconvenção, para que a autora-reconvinda fosse obrigada a pagar o saldo em aberto do contrato (53.625 pesetas).

A sentença julgou procedente a ação e improcedente a reconvenção, sob o argumento de que a desapropriação foi um evento de força maior, fato que exercia influência decisiva sobre a compra e venda.

Em sede de apelação, foi considerado não haver no caso falta de boa-fé dos contratantes, nem circunstâncias extraordinárias ou imprevisíveis, tampouco desequilíbrio contratual. Aduziu-se que Papeleras de Maestrazgo S.A. não tinha indicado que a turbina era especificamente para a queda d'água desapropriada, de modo que não se encontravam presentes os requisitos para tornar o contrato sem efeito. Deu-se provimento, pois, ao recurso da vendedora, condenando-se a compradora a pagar o restante do preço faltante.

Os exemplos retratados servem para demonstrar que o tema em estudo não se passa simplesmente no campo teórico. Revelam também as dúvidas e as dificuldades que o operador do direito pode enfrentar para o enquadramento correto dos fatos aos institutos jurídicos (excessiva onerosidade, frustração do fim do contrato, impossibilidade), dada a proximidade entre eles[351]. Observa-se, no entanto, uma dificuldade de aplicação prática da

---

[351] Uma gama variada de casos julgados ao longo dos anos é exposta por CATARINA MONTEIRO PIRES (*Impossibilidade...*, p. 348/354), entre eles: (a) casos da proibição da dança por conta da guerra e o impacto sobre contratos de locação; (b) casos dos martelos pneumáticos que fornecidos para o contratante para posterior revenda à indústria mineira do leste da Alemanha, impactada pela superveniente guerra; (c) caso do aluguel de reservatório de benzina e o efeito da proibição da comercialização desse produto sobre o contrato de locação; (d) caso do aluguel de recinto esportivo para a realização de um espetáculo da artista Marika Rökk, cancelado em razão do acidente sofrido pela artista; (e) caso da aquisição de um imóvel para construir casas pré-fabricadas, cuja licença para construção foi negada pelas autoridades competentes; (f) caso do contrato de compra e venda de cerveja alemã por empresa iraniana, impactado por conta da proibição de comércio e importação de produtos alcoólicos pelo aiatolá Khomeini; (g) caso da contratação da banda musical para tocar em uma festa de carnaval, impactado pela superveniente negativa das autoridades para a realização do evento em razão da Guerra do Golfo; (h) caso da contratação de empresa de iluminação técnica e

frustração do fim do contrato, ou, ainda, a sua utilização sob outras denominações, o que se deve à inexistência de uma regra categórica a respeito do assunto, o que trataremos de abordar adiante.

6. Dogmática da Frustração do Fim do Contrato
6.1. Requisitos

Como já pudemos explanar, a própria conceituação de frustração do fim do contrato não encontra unanimidade. Alguns autores estendem o campo de aplicação, e outros restringem-no. Isso também afetará a enumeração dos requisitos necessários para a sua aplicação.

Uma das formas de verificar os requisitos de sua incidência é identificar as características do instituto, que, para MOSSET ITURRASPE, são as seguintes: "(a) existe contrato válido; (b) é própria do momento dinâmico do contrato, ou seja, ocorre durante a sua execução; (c) é estranha aos contratos de cumprimento instantâneo, aplicando-se aos contratos de longa duração, na sua etapa de cumprimento ou execução; (d) não afeta os elementos essenciais do contrato, mas alcança os seus fins, sejam eles subjetivos ou motivos determinantes, sejam os objetivos a propósitos jurídico-econômicos perseguidos; (e) deve-se à alteração das circunstâncias presentes no momento da contratação, sobre o que as partes nada pactuaram; (f) o fato que ocasionou a alteração das circunstâncias é externo e alheio à vontade dos contratantes; (g) a situação superveniente origina um impedimento grave para o adimplemento de uma das partes, um rigor injusto, que se traduz em excessiva onerosidade; (h) desaparece o sentido funcional do contrato, violenta-se a sua economia, quebra-se o sinalagma, desnaturando a obrigação originariamente contratada; (i) essa alteração grave e não prevista faz necessário o reajuste, a readaptação do contrato para restabelecer o equilíbrio querido inicialmente,

design para acompanhar a turnê de um grupo musical e o impacto decorrente do término do referido grupo de música e o consequente cancelamento da turnê; (i) caso da locação de um posto de gasolina e o impacto decorrente do confisco do petróleo pelo governo; (j) caso da promessa de compra e venda de dois terrenos para edificação e o impacto da alteração da regulamentação para impedir a construção; (j) caso da promessa de compra e venda de um prédio para demolição e o impacto decorrente da lei superveniente proibindo a demolição; (k) caso da locação para fins de instalação de clínica médica, afetada por superveniente inviabilidade do uso para o fim pretendido decorrente de ausência de deliberação unânime de condôminos.

ou, se não for conveniente, a extinção do negócio; (j) a tarefa de rea-daptação pode ser confiada a pessoas idôneas (juízes e árbitros, quando as próprias partes não tiverem antecipado o caminho para a revisão particular)".[352]

Das características apontadas por MOSSET ITURRASPE, podemos afirmar que ao conceito de frustração do fim do contrato que entendemos correto, seria possível suprimir a da letra (g), cujo campo é o da teoria da excessiva onerosidade.

Não refutamos de forma absoluta a relação existente entre a frustração do fim do contrato e a teoria da onerosidade excessiva. De fato, quando uma prestação somente pode ser cumprida mediante um sacrifício des-proporcional, pode-se dizer que o intento do contratante prejudicado não se concretizou, pois imaginava pagar "x" para ter o bem "y", e não "5x" para ter o mesmo bem "y". O raciocínio contrário também é válido, pois o fato de alguém permanecer obrigado a realizar uma prestação sabendo que a contraprestação a que faz jus já não lhe é útil também se caracteriza como uma forma de onerosidade excessiva.[353]

Mesmo assim, é necessário diferenciar a excessiva onerosidade da frustração do fim do contrato, iluminando a fronteira nebulosa que as separa. A verificação dos seus requisitos ajuda nessa tarefa.

RUBÉN STIGLITZ aponta como requisitos da aplicação do instituto (a) contrato existente e válido; (b) incidência predominante nos contratos bilaterais, mas sem excluir a extensão aos contratos unilaterais e gratuitos; (c) incidência nos contratos de execução continuada ou diferida no tempo, excluindo-se os de execução imediata; (d) manifestação expressa ou tácita (deduzindo-se da natureza do contrato) do motivo determinante; (e) o contrato deve estar na etapa de cumprimento, mas não pode ter sido finalizada a execução; (f) a situação que ocasiona a frustração não pode ter sido gerada pela parte que a invoca ou por sua mora; (g) o fato que dá margem à frustração da finalidade essencial deve ser externo e alheio à vontade das partes, assim como superveniente à celebração do negócio; (h) a alteração das circunstâncias supervenientes tem de ser anormal, de modo que razoavelmente não se pudesse esperar por ambas as partes;

---

[352] MOSSET ITURRASPE, Jorge. *La frustración...*, p. 68-69.
[353] Nesse sentido, ESPERT SANZ, Vicente. *La frustración...*, p. 159.

(i) o fato superveniente é de tal magnitude que elimina a causa como elemento estrutural do contrato.[354]

Não há grandes divergências entre os elementos apontados por ITURRASPE e por STIGLITZ, os quais se mostram um tanto quanto complexos e descem a uma minúcia exagerada.

ESPERT SANZ[355], por sua vez, aponta os requisitos com maior leveza e simplicidade, sendo eles: (a) que o contrato seja bilateral (aqui incluindo a necessidade de serem onerosos, comutativos, de execução diferida ou continuada); (b) que o contrato tenha um fim; (c) que se frustre este fim.

Apesar de não existir diferenças substanciais nos requisitos expostos pelos juristas espanhol e argentinos, ITURRASPE valoriza o aspecto subjetivo da contratação, com a consideração dos motivos determinantes, o que é posto com maiores ressalvas por STIGLITZ e ESPERT SANZ.

A exigência de que o contrato seja bilateral não é absoluta, permitindo que se verifique, no caso concreto, se um contrato unilateral pode estar sujeito à frustração do fim do contrato. Essa situação é mais rara, pois, normalmente, a própria lei já traz dispositivos para solucionar problemas que nascem depois de concluído o ajuste, permitindo o desfazimento da relação contratual mediante o exercício de um direito formativo extintivo. Por exemplo, o mandato pode ser revogado pelo mandante ou renunciado pelo mandatário; o comodato por prazo indeterminado pode ser denunciado; o depósito pode ser encerrado pela simples manifestação do depositante requerendo a restituição do objeto.

Os requisitos que entendemos necessários para a aplicação da teoria da frustração do fim do contrato são os seguintes:

(i) que o contrato seja bilateral ou unilateral, de cunho patrimonial, comutativo ou aleatório, de execução diferida ou continuada;

(ii) que a finalidade integre o conteúdo do contrato (sem, no entanto, se entrelaçar de forma indissociável do ato de prestar);

---

[354] A referência à causa deve-se ao fato de o direito argentino inseri-la como um dos elementos essenciais do negócio jurídico, o que não ocorre em nosso ordenamento jurídico. Não obstante, é inegável a importância da causa na interpretação do negócio jurídico, ainda mais tendo em conta a disposição do art. 422, do Código Civil brasileiro de 2002.

[355] *La frustración...*, p. 169.

(iii) perda do sentido ou razão de ser do contrato em razão da impossibilidade superveniente de se atingir o seu fim;

(iv) ocorrência de evento posterior à contratação que não estava dentro da álea do contrato e era alheio à atuação culposa das partes;

(v) inexistência de mora do contratante frustrado.

Passemos, agora, à análise de cada um desses requisitos.

6.1.1. Contrato bilateral ou unilateral, comutativo ou aleatório, de execução diferida ou continuada

6.1.1.1. Contrato bilateral ou unilateral

A classificação dos contratos em unilaterais e bilaterais é feita tendo em consideração as obrigações geradas pelo ajuste, ou seja, o critério que se toma é o dos efeitos do contrato. Assim, haverá *contrato unilateral* toda vez que resultarem obrigações somente para uma das partes do contrato (*v.g.*, comodato, mútuo, mandato, depósito); e será *bilateral* quando o contrato estabelecer obrigações recíprocas para ambas as partes (*v.g.*, compra e venda, locação, mútuo feneratício, mandato remunerado, *leasing*, etc.).[356]

Não se devem confundir contratos unilaterais e bilaterais com negócios jurídicos unilaterais e bilaterais. Todo contrato é negócio jurídico bilateral porque depende do concurso de vontades concordes manifestadas. Aqui, o critério da classificação é o momento da manifestação da vontade: é unilateral quando se forma a partir da manifestação de vontade de somente uma pessoa (por exemplo, o testamento), e bilateral quando se forma a partir do concurso de vontades (por exemplo, a compra e venda). Portanto, o contrato, embora seja negócio jurídico bilateral quanto à formação, pode ser unilateral ou bilateral quanto aos seus efeitos.

O campo mais propício para a incidência da frustração do fim do contrato é o dos contratos bilaterais, pois neles há a correspectividade das prestações, tornando cada contratante vinculado ao outro pelo

---

[356] A distinção tem importante função prática, pois há regras específicas que se aplicam aos contratos unilaterais e aos bilaterais. A *exceptio non adimpleti contractus* (e também a sua espécie *exceptio non rite adimpleti contractus*) e a condição resolutiva tácita somente se aplicam aos contratos bilaterais. Na distribuição dos riscos do inadimplemento decorrente de força maior, também verificamos regras distintas: enquanto, nos contratos unilaterais aplica-se o *res perit creditori* (a coisa perece para o credor), nos contratos bilaterais vale o *res perit debitori* (a coisa perece para o devedor).

cumprimento das prestações. Como regra, a nenhum deles é dado simplesmente eximir-se da relação contratual por vontade própria sem enfrentar alguma espécie de empecilho para tanto. Cada contratante não pode exigir o cumprimento da prestação do outro antes que cumpra a sua (Código Civil, art. 476). É nos contratos bilaterais que temos cada contratante ao mesmo tempo como credor e devedor. Desse modo, nesse campo surgirá a discussão a respeito da parte não prejudicada pela frustração ainda poder exigir a prestação a que, em tese, faz jus, mas que, em decorrência de fato superveniente, é objeto de um contrato cujo sentido se perdeu.

Caso diverso ocorre com os contratos unilaterais, pois nestes geralmente é facultado àquele que não tem obrigações, ou mesmo àquele que as tem, extinguir a relação contratual mediante o exercício de um direito potestativo. É o que se verifica, por exemplo, no mandato, que pode ser revogado pelo mandante ou renunciado pelo mandatário, sem que, para isso, seja necessária a via judicial. A simples retirada da vontade já é o bastante.

Por isso, os casos de frustração do fim do contrato ocorrerão mais excepcionalmente nos contratos unilaterais, pois eles já vêm dotados de possibilidades para solucionar o problema da perda de sentido ou da razão de ser do contrato. Os contratos bilaterais, de outro lado, são o terreno próprio para que se tenha uma finalidade comum ou objetiva, decorrente da operação socioeconômica que o jogo das obrigações correspectivas revela, trazendo consigo o problema da definição do modo pelo qual as prestações são afetadas por conta da frustração do fim do negócio.

Os contratos bilaterais dependem normalmente da via judicial para que seja obtida, por exemplo, a resolução do negócio, em hipóteses que são definidas pela lei ou mesmo pela construção doutrinária e jurisprudencial, tal como ocorria na hipótese de revisão de um contrato por excessiva onerosidade antes do advento do Código Civil de 2002. A frustração do fim do contrato vem definir justamente mais uma causa de ineficácia[357]

---

[357] Adotando-se a terminologia empregada por DEL NERO, a frustração do fim do contrato seria uma situação de inefetividade do negócio jurídico. Segundo esse professor da Faculdade de Direito da Universidade de São Paulo, a efetividade e a inefetividade seriam, respectivamente, "a satisfação e a não satisfação do interesse (posto e aceito como último), isto é, o alcançamento e não alcançamento do fim prático, respectivamente" (*Conversão...*, p. 64).

superveniente do contrato, legitimando a sua extinção para o futuro em situações em que, tanto no Brasil como na Alemanha e na Espanha, não existe uma norma específica e expressa para tanto, embora o ideal de justiça de um sistema jurídico a exija.[358]

6.1.1.2. Contrato comutativo ou aleatório

A seara mais propícia à utilização da teoria da frustração do fim do contrato é aquela em que se apresenta a comutatividade, ou seja, no negócio jurídico em que as partes sabem, no momento de sua celebração, qual a extensão de suas obrigações; a "relação entre vantagem e sacrifício é subjetivamente equivalente, havendo certeza quanto às prestações".[359] A razão para tanto reside no fato de que, tendo as prestações sido definidas, cada contratante sabe o que esperar do outro e o que esperar do negócio em si, sem ficar na dependência de conhecer se as vantagens esperadas serão ou não obtidas, de modo que o fim do negócio materializa-se com mais facilidade, sem custo ou esforço.

Já nos contratos aleatórios, não se tem a certeza de que "a vantagem esperada será proporcional ao sacrifício",[360] não se sabendo realmente

A distinção é oportuna e retrata bem a situação da frustração do fim do contrato, porque não há nenhum problema com o negócio em si, que poderia ser, inclusive, perfeitamente cumprido por ambas as partes; em outras palavras, é existente, válido e eficaz. Ficamos em dúvida somente quanto ao manejo prático da (in)efetividade em uma contenda judicial, porque, de qualquer maneira, o pedido na ação será para que o negócio seja resolvido ou resilido, de modo que os efeitos resultantes do próprio negócio não mais se produzam, o que é exatamente característica da ineficácia. Um contrato eficaz pode ser inefetivo, mas o contrato ineficaz não poderá ser efetivo, pois o resultado esperado depende da implementação dos efeitos que decorrem do próprio contrato, a menos que esse resultado seja atingido por outra maneira diversa (do contrato). Dessa forma, parece-nos que o termo "efetividade/inefetividade" é adequado para explicar a situação jurídica de um contrato que teve sua finalidade frustrada, mas a solução do caso passará necessariamente pela decretação da ineficácia do negócio jurídico tendo em vista a resolução e/ou resilição que será operada. ANTONIO JUNQUEIRA DE AZEVEDO trata a frustração do fim do negócio como caso de ineficácia (*Negócio jurídico e declaração negocial...*, p. 129).

[358] Embora o objeto deste trabalho esteja delimitado à frustração do fim dos *contratos*, acreditamos que a teoria também possa subir um grau de abstração e ser aplicada ao campo dos negócios jurídicos, sejam bilaterais, sejam unilaterais, sempre, é claro, com um caráter de subsidiariedade às situações jurídicas já reguladas pela lei.

[359] GOMES, Orlando. *Contratos*. 25. ed. Rio de Janeiro: Forense, 2002, p. 74.

[360] GOMES, Orlando. *Contratos...*, p. 74.

FRUSTRAÇÃO DO FIM DO CONTRATO: NOÇÕES

o que esperar do negócio, dependente do elemento álea. Mesmo assim, o fim do contrato pode – e deve – ser extraído dentro dos limites balizados pela álea do contrato, pois o evento caracterizador do risco do negócio não enseja a aplicação da teoria da frustração do fim do contrato. Todavia, nada impedirá o emprego da frustração do contrato se o evento superveniente estiver fora da álea do contrato ou, ainda, se houver demonstração de que os riscos (ou a sua real extensão) não foram corretamente informados.

6.1.1.3. Contrato de execução diferida ou continuada
É requisito para a frustração do fim do contrato que o negócio jurídico seja de execução diferida ou continuada[361], ou seja, que não tenha cumprimento integral imediato, mas protraído no tempo.

O fato de essas espécies de contratos terem sua execução protraída no tempo sujeita-os à alteração das circunstâncias, fato necessário para ocorrer a frustração do fim.

A frustração no ato da contratação não é frustração no sentido técnico (hipótese de ineficácia), mas, possivelmente, caso de invalidade do negócio.

---

[361] Na execução continuada o "adimplemento sempre se renova sem que se manifeste alteração no débito" (COUTO E SILVA, Clóvis do. *A obrigação como processo*. São Paulo: José Bushatsky, 1976, p. 211). Na execução diferida, por sua vez, o adimplemento de cada parcela representa a extinção parcial do débito. Por exemplo, nos contratos de seguro-saúde, cada prestação paga mensalmente representa adimplemento, mas o débito da seguradora não se altera, de forma que se trata de um contrato de execução continuada, ou, como mencionaria CLÓVIS DO COUTO E SILVA, de duração (*A obrigação...*, p. 211). Já um contrato de compra e venda a prazo enquadrar-se-ia no conceito de execução diferida, pois cada parcela paga representa uma modificação na dívida. CLÁUDIA LIMA MARQUES nomeia os contratos de duração que se apresentam na sociedade moderna – caracterizados pela catividade, confiança, dependência do consumidor, oferecimento de segurança e qualidade, prestados normalmente por uma cadeia de fornecedores (diretos ou indiretos), em geral no campo da prestação de serviços, executada de forma contínua e duradoura – como *contratos cativos de longa duração*. Nesse conceito enquadrar-se-iam os contratos bancários, os de seguro-saúde, os escolares, os de habitação, entre outros (*Contratos no Código de Defesa do Consumidor*. 3. ed. São Paulo: RT, 1998, p. 68-80). RONALDO PORTO MACEDO, com base em autores da *common law*, chama esses contratos de *relacionais* (MACEDO JR., Ronaldo Porto. *Contratos relacionais e defesa do consumidor*. São Paulo: Max Limonad, 1998).

6.1.2. Que a finalidade integre o seu conteúdo

Esse aspecto nos parece ser, juntamente com a determinação das consequências da frustração do fim do contrato, o mais intrincado no enquadramento do tema.

Afinal, o que é a finalidade/fim do contrato? Trata-se de aspecto de ordem subjetiva ou se trata de um dado objetivo? Como já observado,[362] alguns autores alemães e certos ordenamentos jurídicos trataram de solucionar, a partir do conceito de finalidade do contrato, as adversidades geradas pela alteração das circunstâncias. Nessa ocasião, pode-se perceber que nunca houve um consenso quanto ao conceito de fim do contrato, mergulhado em polêmicas entre orientações subjetivistas e objetivistas, o que ainda se tornava mais nebuloso ante os pronunciamentos jurisprudenciais que misturavam uma série de institutos para atingir uma solução equitativa nos casos concretos de alteração das circunstâncias.

Para nós, o fim é um elemento objetivo ou objetivado, que foge, portanto, da área estrita da subjetividade (motivos), causa de insegurança às transações.

Todo ato humano possui uma finalidade.[363] Nada na vida é feito sem ter um objetivo, uma função, um interesse a satisfazer, um resultado a atingir. Isso já seria suficiente para não se desprezar o fim, não o deixar em segundo plano, como se não tivesse importância.

Não é diferente com as relações contratuais, nas quais o cumprimento das obrigações serve para satisfazer um certo interesse do credor ninguém se obriga pelo simples fato de querer se obrigar.

O fim contratual, igualmente, é visto em concreto (causa concreta), distinguindo-se da chamada causa da atribuição patrimonial. O fim do negócio colore o quadro contratual, dá vida e sentido às atribuições patrimoniais[364] que o contrato estabelece, "dá a medida da intensidade dos deveres secundários (...). Mas, tal finalidade, no que toca à aplicação do princípio da boa-fé, não é apenas o fim da atribuição patrimonial de que

---

[362] *Vide* Capítulo 2.

[363] "Todo querer é querer de resultado e de maneira: (...)" (PONTES DE MIRANDA, F. C. *Tratado de direito privado*, t. LVI..., p. 375).

[364] O deslocamento patrimonial é outro conceito em que o termo "causa" pode ser empregado, no sentido daquilo que o justifica de um contratante para o outro. A respeito, confira-se: AZEVEDO, Antonio Junqueira de. *Negócio jurídico e declaração negocial (noções gerais e formação da declaração negocial)*..., p. 124-126.

necessariamente se fala na teoria da causa. Por certo, é necessário que essa finalidade seja perceptível à outra parte. Não se cuida, aí, de motivo, de algo psicológico, mas de um 'plus' que integra o fim da atribuição e que está com ele intimamente relacionado. A desatenção a esse 'plus' torna o adimplemento insatisfatório e imperfeito, como ressalta do seguinte exemplo: 'A', comerciante, convenciona com 'B' a fabricação e a colocação de um anúncio luminoso para efeitos de propaganda. 'B' fabrica o anúncio, conforme o convencionado, mas, ao invés de colocá-lo em local de intenso tráfego, instala-o em lugar pouco frequentado, de sorte que o anúncio nenhum reflexo teria na venda dos produtos. Em tal hipótese, 'A' não poderá considerar o adimplemento como satisfatório, apesar de a convenção não determinar o local em que seria colocado o anúncio. 'B' deveria levar em consideração que quem contrata era comerciante e, por conseguinte, o anúncio só poderia ter interesse se situado em lugar adequado a sua finalidade. O 'plus' que integra o fim do negócio jurídico pode surgir, imediatamente, da atividade da pessoa com quem se contrata. De todo modo, trata-se de certeza objetiva, o que não ocorre com os motivos a que alude o art. 90 do Código Civil, de natureza meramente subjetiva".[365]

A associação do tema à teoria da causa é inevitável. Transpondo o fim do negócio para esse campo, ele se enquadra no conceito de *causa finalis* do negócio jurídico, a qual, conforme bem apontou ANTONIO JUNQUEIRA DE AZEVEDO,[366] desmembra-se em três vertentes: (a) causa subjetiva, pela qual o fim seria o motivo próximo e determinante; (b) causa subjetivo-objetiva, que seria o fim objetivo do contrato, ou seja, o fim comum, e não o individual, de cada contratante, que se integra e se revela no próprio contrato, sendo, por isso, também denominada causa concreta;[367] (c) causa objetiva, pela qual o fim é a função (econômico-social ou prático-social) do negócio jurídico, sendo, pois, idêntica em cada tipo negocial regulado pela lei – nos atípicos, requer, para sua admissão, que seja socialmente útil.

---

[365] COUTO E SILVA, Clóvis. *A obrigação...*, p. 40-41.

[366] AZEVEDO, Antonio Junqueira de. *Negócio jurídico e declaração negocial (noções gerais e formação da declaração negocial)...*, p. 127-129.

[367] Essa é a concepção de HENRI LUCIEN CAPITANT na multicitada obra *De la cause des obligations (contrats, engagements unilatéraux, legs)*, Paris: Dalloz, 1927.

O fim do negócio jurídico é, pois, a causa concreta, cuja importância também é destacada pelo professor do Largo de São Francisco.[368]

O fim é, portanto, fator importante no negócio jurídico, não podendo ser desconsiderado.[369] É por isso que, mesmo na falta de disciplina legal específica para os casos de impossibilidade de alcançar o fim do contrato, o direito não pode – e assim ele não o faz, como estamos tentando demonstrar – deixar de tutelar essas situações. Tendo em vista a aspereza com que o tema da causa é visto no nosso ordenamento jurídico, é adequada a opção de dispensar o uso desta nomenclatura e adotar a expressão "fim do contrato" para explicar o fenômeno objeto de nosso estudo. Isso auxilia até mesmo na fixação da teoria para seu posterior uso pelos Tribunais e para ensino nos bancos acadêmicos.

Em que pese a tradicional afirmação – comum na época do Código Civil de 1916 – de que nosso ordenamento jurídico é anticausalista,[370] não se pode negar a importância da causa como elemento relevante para uma interpretação correta do negócio jurídico, aquela que atende à justa decisão no caso concreto.

Não se trata de elemento arbitrário, um conceito-surpresa, uma incógnita da qual os defensores de uma falsa segurança jurídica irão se valer para evitar que o negócio – geralmente por eles disposto – venha a ser declarado ineficaz a partir de um determinado momento porque não

---

[368] "No outro significado, a *causa concreta* é, na verdade, o 'fim do negócio jurídico'. Esta é a melhor expressão. É importante que os juristas se dêem conta do fim último. Tem ele diversas funções: a) se ilícito, é, por ele, que se pode decidir pela nulidade dos negócios jurídicos simula- dos, fraudulentos, etc., como já dissemos; b) se se torna impossível, o negócio deve ser considerado ineficaz; ele explica, então, algumas das situações em que, há algum tempo, autores alemães vêm tentando cobrir com diversas teorias (teoria da pressuposição, de Windscheid; teoria da base do negócio, de Oertmann; teoria da base do negócio, de Larenz); c) é ainda o fim último que explica a pós-eficácia das obrigações; d) serve, finalmente, para interpretar corretamente o negócio realizado pelos declarantes." (AZEVEDO, Antonio Junqueira de. *Negócio jurídico e declaração Negocial (noções gerais e formação da declaração negocial)...*, p. 129.

[369] "El fin peculiar del contrato es todavía relevante, incluso enérgicamente relevante en la eficacia del contrato. Sin tenerlo en cuenta nos exponemos a caer en el literalismo de la contratación" (ESPERT SANZ, Vicente. *La frustración...*, p. 181).

[370] A respeito dessa polêmica, *vide* CAMPOS FILHO, Paulo Barbosa de. *O problema da causa no Código Civil Brasileiro*. São Paulo: Max Limonad, [s.d].

atende mais à finalidade à qual se propunha.[371] Segurança jurídica é ter a certeza de que o contrato que se celebra hoje em determinadas bases e com um dado fim – que é decisivo, conhecido e tomado em consideração por ambas as partes – não será exigível caso ocorra uma transformação das circunstâncias que acarrete a perda de sua razão de ser. Tal possibilidade não é restrita a somente um dos contratantes, mas se estende a todos eles, na medida em que qualquer um está sujeito à frustração do fim da contratação. Ademais, uma nova luz na análise do contrato abre-se quando temos consciência de que os interesses em jogo podem não se limitar àqueles expressos nas cláusulas do contrato[372] ou açambarcados na sua função típica, mas que, mesmo assim, podem – e devem – ter relevância, pois, de alguma forma, entraram no conteúdo do negócio.

BESSONE[373] utiliza a expressão *função concreta* ou ainda *função econômico-individual* para exprimir os interesses que deixaram de estar consignados expressamente nas cláusulas do contrato ou que não estão necessariamente contemplados na função econômico-social (típica) do negócio, mas que, mesmo assim, são relevantes. A função econômico--social é aquela fornecida pelas normas do ordenamento jurídico para cada tipo contratual, ou seja, revela a razão justificativa abstrata e constante para cada tipo negocial. O jurista italiano adverte, com razão, que a causa como função econômico-social indica somente um aspecto da razão justificativa do negócio.[374] Nessa medida, se adotada essa

---

[371] Comentando o art. 478 do Código Civil, NELSON NERY JUNIOR e ROSA MARIA DE ANDRADE NERY asseveram que "o contrato é *sempre*, e em qualquer circunstância, operação jurídico-econômica que visa a garantir a ambas as partes o sucesso de suas lídimas pretensões. Não se identifica, em nenhuma hipótese, como mecanismo estratégico de que se poderia valer uma das partes para tirar proveito excessivo de outra. Essa ideia de *sociabilidade* do contrato está impregnada na consciência da população, que afirma constantemente que *o contrato só é bom quando é bom para ambos os contratantes*" (*Código Civil anotado e legislação extravagante*. 2. ed. rev. e ampl. São Paulo: RT, 2003, p. 358).

[372] "O mais frequente, aliás, é que não se identifique no contrato o concreto resultado exterior, mas sim uma categoria de factos entre os quais ele se inscreve" (PEREIRA, Maria de Lurdes; MÚRIAS, Pedro. Obrigações de meios..., p. 1008).

[373] O desenvolvimento deste raciocínio é encontrado nas p. 262-268 de sua obra (BESSONE, Mario. *Adempimento...*, cit.).

[374] "Più esattamente, in questa ipotesi non rimarrebe che constatare come il concetto di causa rispecchi solo in astratto la ragione giustificativa dello scambio, mentre una corretta amministrazione del rapporto contrattuale esige che volta a volta si guardi al conflitto degli interessi

concepção de causa, todo interesse que não fosse enquadrado na função econômico-social do tipo de negócio celebrado estaria fora do conceito de causa e, assim, seria considerado motivo, irrelevante para o direito.[375] No entanto, existem interesses juridicamente apreciáveis que são estranhos à causa enquanto função econômico-social. "Una realistica valutazione degli interessi in gioco" demonstra o acerto em se considerar a causa função concreta, posto que "il contrato è pur sempre uno strumento a disposizione dell'autonomia privata per realizarne gli scopi".[376]

O importante a estabelecer quanto à finalidade é que ela não se restringe ao desejo íntimo do contratante.[377] Assim, se se faz um contrato de arrendamento de uma área pelo período de dois anos porque se

che vengono concretamente in gioco: in questo senso, riescono quanto mai persuasive le osservazioni della recente dottrina che traduce il problema dell'apprezzamento di circostanze incompatibili con i presupposti del contratto in una questione di controllo sulla «funzione concreta» dello scambio: Cataudella. Op. cit., p. 344 ss." (BESSONE, Mario. *Adempimento...*, p. 268, nota de rodapé 110).

[375] "Da un lato, interessi diversi da quelli che rientrano nella funzione indicata dal tipo negoziale sembrano per definizione estranei alla causa del contratto, e poichè la dogmatica privilegia l'assunto di una contrapposizione tra causa e motivi tale da non lasciare spazzi vuoti è naturale che interessi siffatti finiscano appunto per essere qualificati come motivi. Dall'altro, questa qualificazione viene ad assumere un senso pregnante perchè, nel linguaggio della tradizione, l'impiego del termine motivo si associa all'idea di irrilevanza dell'interesse, per l'appunto riassunta nella classica formula dell'irrilevanza dei motivi. (...) Infatti, il principio secondo il quale le circostanze che turbano i presupposti del contratto non sono apprezzabili trova argomento decisivo nello stesso dogma dell'irrilevanza dei motivi. E, a loro volta, giurisprudenza e dottrina intese ad accreditare il principio opposto non possono che articolarsi nel tentativo di rinvenire una figura a mezzo tra causa e motivo (quale la «causa reale» del negozio) o di valorizzare la constatazione che alla regola dell'irrilevanza dei motivi non mancano eccezioni" (BESSONE, Mario. *Adempimento...*, p. 216-218).

[376] BESSONE, Mario. *Adempimento...*, p. 267-268.

[377] Ao dissertar acerca dos requisitos de regularidade do negócio jurídico expostos por ANTONIO JUNQUEIRA DE AZEVEDO, o professor DEL NERO expõe que existem os requisitos relacionados com o fim da declaração, "entendido por 'fim da declaração' ou 'fim do negócio jurídico' – a que corresponde um dos vários sentidos da expressão 'causa do negócio jurídico' – o resultado que, hipoteticamente, o negócio jurídico atingiria, se todos os efeitos, dele decorrentes, se concretizassem; não é fim do negócio jurídico, pois, o que as partes pretenderam (motivos psicológicos), nem mesmo os efeitos que resultam diretamente do negócio, eis que estes ficam aquém do fim propriamente dito" (DEL NERO, João Alberto Schützer. *Conversão...*, p. 88)

quer construir uma casa para receber os amigos nesse período, não se pode postular a resolução do contrato se, porventura, não houver mais dinheiro para construir a casa. Esse desejo não expressado não passa de mero motivo, irrelevante para o direito. E, mesmo que tenha sido manifesto e conhecido pela outra parte, há de se verificar se foi relevante e assumido por ambas para que a contratação fosse levada a cabo – por relevante deve-se entender a finalidade que ambas as partes tomaram em consideração ou deveriam ter tomado (considerando a boa-fé objetiva) para a realização do negócio. Seria aquela finalidade, na expressão de VAZ SERRA, que *liga* ambas as partes[378]. Por exemplo, no caso da coroação *Krell v. Henry*, o locador ofereceu o imóvel e modelou o seu uso de forma que permitisse assistir ao desfile, e o locatário o alugou justamente para essa finalidade.

O fim, portanto, ao qual se refere a teoria da frustração do fim do contrato é aquele de cunho objetivo, o que significa que é extraído, revelado e retirado do próprio contrato, seja porque está nele expresso, seja porque se deduz de sua própria natureza[379], tendo sempre em conta que "a finalidade de um dos contratantes que o outro admitiu é objetiva (= subjetiva comum)".[380] Sendo considerado pelas partes e relevante para o negócio,

---

[378] "Quaisquer motivos, que o credor tivesse tido, são estranhos ao contrato e não autorizam o devedor a prevalecer-se deles. Mas já assim não sucede quando a finalidade do contrato seja de molde a ligar ambas as partes, isto é, quando uma se obriga porque a outra quer ver satisfeito determinado *interesse*. Então, a obrigação está limitada por aquele interesse do credor, e não deve subsistir, quando tal interesse desaparecer, porque só ele se justifica." (VAZ SERRA, Adriano Paes da Silva. *Impossibilidade superveniente por causa não imputável ao devedor e desaparecimento do interesse do credor*. Boletim do Ministério da Ivstiça. N. 46. Janeiro, 1955, p. 140). Agradecemos a Professora Judith Martins-Costa pela gentileza no envio do artigo e pelo instigante e profícuo debate sobre o tema da impossibilidade e da frustração do fim do contrato.

[379] MARTINS-COSTA, Judith; COSTA E SILVA, Paula Costa. *Crise...*, p. 181.

[380] PONTES DE MIRANDA, F. C. *Tratado de direito privado*, t. XXV..., p. 257. MOTA PINTO, citando Manuel de Andrade (que, por sua vez, apoia-se em LEHMANN), defende que a pressuposição deficiente só é relevante quando conhecida ou cognoscível para a outra parte no momento da conclusão do negócio e desde que esta, se lhe tivesse sido proposto o condicionamento do negócio à verificação da circunstância pressuposta, tivesse aceitado tal pretensão – ou deveria ter aceitado, segundo a boa-fé (MOTA PINTO, Carlos Alberto da. *Teoria geral do direito civil*. 3. ed. Coimbra: Coimbra Editora, 1999, p. 601). Nesse mesmo sentido, ALMEIDA COSTA, Mario Julio de. *Direito das obrigações...*, p. 276.

o fim passa a integrar o conteúdo do contrato, ou seja, o "complexo de todos os elementos do contrato, *do comportamento negocial ao resultado potencial*".[381]

---

[381] GOMES, Orlando. *Contratos*, p. 56. Reputamos relevante e adequada a distinção entre objeto e conteúdo do contrato feita por ORLANDO GOMES. É um dos enfoques pelos quais podemos investigar se estamos diante de um caso de impossibilidade da prestação ou de frustração do fim. A outra perspectiva de análise é a verificação dos casos de impossibilidade pela ótica do conceito de prestação enquanto resultado (cf. vimos anteriormente). O objeto, a nosso ver, refere-se ao momento de formação do negócio em que são definidas as prestações de cada uma das partes. Tem uma característica estática e representa o molde que delimita as fronteiras das obrigações e dos direitos de cada um dos contratantes; consiste naquilo que as partes devem fazer, e não naquilo para o que se destina a sua atuação. A finalidade do contrato não integra o seu objeto, mesmo que seja expressa em seu texto. Já o conteúdo é mais dinâmico, volátil e agrega a finalidade, variando com muito mais frequência do que o objeto dos contratos, de acordo com o que se objetiva em cada caso concreto. O conteúdo é o objeto em movimento, movendo-se a algum destino. "A *causa* se confundiria com o *objeto* do contrato se a noção do *objeto* se confundisse com a de *conteúdo*, como tal se entendendo, com Betti, o complexo de todos os elementos do contrato, do *comportamento negocial ao resultado potencial*. Se *objeto* do contrato fosse tudo isso e abrangesse até a causa final, nele entraria toda modificação da situação jurídico-negocial que deriva do contrato, e, assim, tudo estaria compreendido no elemento objetivo." (GOMES, Orlando. *Contratos*..., p. 56). MENEZES CORDEIRO também parece distinguir o conteúdo do objeto do contrato, definindo aquele como o conjunto de regras definidas no negócio que tem aplicação ao espaço sobre o qual as partes entenderam dispor (teria ele um caráter global e amplo), e este como o quid sobre o qual irá recair a relação negocial propriamente dita (MENEZES CORDEIRO, António Manuel da Rocha e. *Tratado de direito civil português*. Parte geral. Coimbra: Almedina, 2000, t. I, p. 479-480). Em sentido contrário parece pensar ANTONIO JUNQUEIRA DE AZEVEDO, quando afirma que por objeto do negócio jurídico deve-se entender todo o seu conteúdo (*Negócio jurídico*..., p. 107 e 134). Se o fim integra o objeto do contrato, não haveria razão para a lei declarar nulo o negócio que tenha por objetivo fraudar lei imperativa (CC, art. 166, VI), pois essa hipótese já estaria abrangida no objeto ilícito, a menos que se sustente a existência de uma espécie de fim (por exemplo, que não seja conhecido) que não integre o objeto do contrato. Entendemos que a ilicitude do objeto ocorre quando o conjunto das prestações é contrário à lei ou aos bons costumes. Pode ocorrer também de as prestações serem lícitas, mas o fim a que visam ser ilícito, o que, tecnicamente, não conduziria à nulidade por força da ilicitude do objeto, mas sim ilicitude do objetivo visado. Oportunas para aclarar o tema são as lições de MANUEL A. DOMINGUES DE ANDRADE, que ensina: "Por outro lado, deve-se assinalar que a relação obrigacional está colimada a proporcionar ao credor um certo bem ou utilidade – uma certa satisfação de interesses. Isso, porém, não constitui propriamente o seu objecto, mas o seu escopo; não é um elemento da sua estrutura, mas um *quid* exterior – a sua função. Entretanto, não deixa de ter certa relevância jurídica: assim, na doutrina do adimplemento por terceiro (art. 747) e na da

FRUSTRAÇÃO DO FIM DO CONTRATO: NOÇÕES

O fim não faz parte do objeto do contrato, pois este envolve apenas o "conjunto de atos que as partes se comprometeram a praticar, singularmente considerados, não no seu entrosamento finalístico, ou, por outras palavras, as prestações das partes (...)".[382]

Do Direito Comercial podemos aproveitar as noções de objeto e fim sociais que, com o respeito às opiniões contrárias, não são sinônimos. O objeto social consiste no conjunto de atividades que a empresa se propõe a desempenhar: prestar serviços jurídicos de advocacia, comprar e vender produtos para escritório, importação e exportação de veículos, etc. O fim social, por sua vez, é aquilo que se objetiva com o desenvolvimento das atividades do objeto social, geralmente, o lucro, mas nada impedindo que seja a filantropia, o aprimoramento da cultura, etc.[383]

Tomando o caso *Krell v. Henry*, por exemplo, a locação tinha por objeto[384] as janelas pelas quais se poderia ver o desfile da coroação

---

consecução do escopo (*Zweckerreichung*: HARTMANN) e do desaparecimento do interesse do credor, como causas extintivas da obrigação." (*Teoria geral das obrigações*. Coimbra: Almedina, 1966, p. 154). A distinção entre objeto e conteúdo do negócio jurídico também é realizada por DEL NERO (*Conversão...*, p. 408), segundo o qual o objeto do negócio jurídico seria o "sentido, unitário e estático, da declaração jurídico-negocial, isto é, o 'declarado' mediante a ação, composta e dinâmica, de declarar", enquanto o conteúdo do negócio jurídico seria o "conjunto de todas as suas conseqüências jurídicas, seja por terem sido instituídas por ele só, seja por lhe serem juridicamente imputáveis, por assim dizer."

[382] GOMES, Orlando. *Contratos...*, p. 56.

[383] "Por outro lado, o objeto não deve ser confundido com o objetivo, que é o de produzir lucros. O objeto é, portanto, a atividade econômica exercida pela sociedade" (BULGARELLI, Waldírio. *Manual das sociedades anônimas*. São Paulo: Atlas, 1999, p. 64). Esse entendimento é perfilhado por ALBIZU: "A nuestro entender, cuando el legislador utiliza la expresión fin social no pretende con ella referirse 'exclusivamente' al objeto social, sino al fin en sentido amplio que se concretaría tanto en el fin-medio (objeto social) como en el fin último (...)." (SAENZ GARCIA DE ALBIZU, Juan Carlos. El objeto social en la sociedad anónima. Madrid: Civitas, 1990, p. 342, *Apud* ZANINI, Carlos Klein. A dissolução da sociedade anônima pela impossibilidade de preencher seu fim. 2001. Tese (Doutorado) – Universidade de São Paulo, São Paulo, na Faculdade de Direito da USP, p. 121-122).

[384] Referimo-nos aqui ao objeto da obrigação, que é a prestação debitória. Tradicionalmente, distingue-se o objeto imediato e o mediato da obrigação, sendo aquele "a actividade ou conduta a que o devedor se acha adstrito com vista à satisfação do interesse do credor" e este "a coisa ou facto (positivo ou negativo) que deve ser prestado. Em uma palavra trata-se, respectivamente, da prestação em si e do próprio objecto da prestação" (ALMEIDA COSTA, Mario Julio de. *Direito das obrigações...*, p. 121-122). Ver, ainda, ANDRADE, Manuel A. Domingues de. *Teoria*

(fim), nos dias em que ela ocorreria, mas tal finalidade não foi expressa no contrato. Todavia, pelos termos do ajuste e pelas circunstâncias que circundavam a contratação (modo da oferta, localização, data, período de duração),[385] era evidente que se poderia extrair do negócio tal fim, de modo que poderia ser assim considerado, e não como um simples motivo. Conquanto o devedor não tenha se obrigado a causar tal fim (até porque está fora de sua esfera de controle manter ou cancelar o desfile do rei), a ocorrência do desfile era uma circunstância que influenciou de maneira objetiva a contratação, não sendo um motivo íntimo do credor. Já no caso *Herne Bay Steam Boat Co. v. Hutton*, ficaria mais difícil enquadrar a coroação e a consequente revista naval como a finalidade integrante do conteúdo do contrato, pois as embarcações eram locadas usualmente a qualquer interessado, independentemente de o fim ser passeio, exploração submarina ou outro qualquer. Desse modo, as circunstâncias não permitiam deduzir do contrato que assistir à revista naval era a finalidade motora e comum de ambos os contratantes na contratação.

Resta assim diferenciado o motivo do fim do contrato. O motivo é *o porquê* da contratação, enquanto a finalidade é *o para quê* ela se presta, o resultado almejado. Na medida em que os propósitos passam a ser de conhecimento da outra parte, que os aceita e os toma como relevantes, ele passa a integrar o conteúdo do contrato[386]. Não ficamos estritamente no campo subjetivo, tal qual ocorre com os motivos.

A ineficácia do negócio jurídico, no entanto, não é uma consequência obrigatória quando o fim, que integrou o conteúdo do contrato, não pode ser alcançado. Isso porque o esquema de distribuição dos riscos pode

---

geral das obrigações. Coimbra: Almedina, 1966, p. 153. No caso, "locar" é o objeto imediato da obrigação e as "janelas" são o objeto mediato.

[385] O imóvel situava-se no trajeto do desfile, e a oferta foi feita com o diferencial de proporcionar a sua contemplação. A locação também foi realizada para a data em que o desfile seria realizado.

[386] Como bem aponta MARIA DE LURDES PEREIRA, "mostra-se antes indispensável que, além disso, essa necessidade ou interesse se tenha de alguma forma objectivado, que tenha superado o 'limbo dos simples motivos, em princípio juridicamente irrelevantes', para se transmutar na finalidade da obrigação a que a lei se reporta. A 'finalidade da obrigação' identifica-se, pois, com um certo fim de uso ou de troca da prestação consagrado com usual no tráfego, ou, na falta dele (em certos casos mesmo, apesar dele) retirar-se-á de um (expresso ou tácito) 'entendimento'". (*Conceito de Prestação...*, p. 193-194).

ter sido engendrado de forma a alocar o risco da frustração do fim para apenas um dos contratantes. Teremos, pois, duas etapas: a) verificar se a finalidade integrou o conteúdo do contrato; b) analisar a distribuição do risco da impossibilidade de consecução do fim do contrato.

Juntamente com a etapa "a", identificado que o fim integra o conteúdo do contrato, o intérprete deverá proceder a uma segunda verificação, com o objetivo de identificar se esse fim se integrou visceralmente ao ato de prestar. Essa *dupla verificação* é necessária porque o fim que se integrou ao ato de prestar de modo indissociável ensejará a aplicação do regime da impossibilidade (e não da frustração do fim) caso se tore impossível atingir o resultado por fato superveniente inimputável às partes.

A tópica pode revelar dificuldades na averiguação a respeito de o fim integrar o conteúdo do contrato. Contudo, entendemos que, pior do que a tarefa interpretativa do caso concreto – que conta com regras para tanto[387] –, é ficar de braços cruzados e desconsiderar a existência de um contrato que se tornou inócuo e que, pela ausência de uma regra específica, não poderia ter outra solução a não ser o seu cumprimento já inútil a uma das partes.

A prática inglesa comprova o que queremos aqui defender. À vista da ausência de uma regra que estabelecesse a liberação da parte no caso de ocorrência de evento fortuito ou de força maior, o direito inglês tratou de evitar, por meio da *frustration*, que situações evidentemente injustas fossem toleradas pelo direito.

LARENZ esclarece que a finalidade deve ser objetiva, ou seja, não se inclui no seu conceito a finalidade de uma só das partes. É necessário que a finalidade de um dos contratantes seja tomada pelo outro como sua, de forma que integre o próprio conteúdo do contrato. Para LARENZ, "«Finalidad objetiva del contrato» es la finalidad de una parte se la outra hizo suya. Esto ha de admitirse especialmente cuando tal finalidad se deduzca de la naturaleza del contrato y cuando la ha determinado el contenido de la prestación o la cuantía de la contraprestación."[388]

---

[387] Nesse sentido, os arts. 112 e 113 do Código Civil.

[388] *Base...*, p. 159. Apesar de LARENZ ter aderido à tese de WIEACKER relativa ao conceito de prestação enquanto resultado, aplicável ao direito da impossibilidade, ele se mantém firme na distinção entre base objetiva e subjetiva, e a solução de casos dentro da teoria da base. É o caso da frustração do fim do contrato, conforme indicado na nota de rodapé n. 334. Nesse

É por essa razão que LARENZ insere a impossibilidade de alcançar o fim do contrato nos casos de perda da base do negócio em sentido objetivo.

Analisando a questão, ESPERT SANZ entende que o fim peculiar do contrato é o ponto de equilíbrio entre a causa (no sentido de causa objetiva dos italianos, ou causa abstrata) e o motivo,[389] e acaba definindo-o como o propósito para que serve o contrato na vida real dos contratantes,[390] ou seja, "(...) el fin del contrato a efectos de la teoría de la frustración de su fin es «el propósito práctico y básico a que la parte acreedora de la prestación más específica, menos fungible, va aplicar dicha prestación, cuando el propósito es conocido y aceptado por la otra parte, o al menos no rechazado»".[391]

O conceito de fim do contrato remonta àquele esboçado por LOCHER quando defendeu a sua teoria.[392]

Não se trata, pois, da pressuposição de WINDSCHEID ou da base do negócio de OERTMANN, pois não se está tratando aqui de representações mentais de que as coisas permaneçam ou apareçam ou, mesmo, "representación mental de una de las partes en el momento de la conclusión del negocio jurídico, conocida en su totalidad y no rechazada por la otra parte, o la común representación de las diversas partes sobre la existencia o aparición de ciertas circunstancias, en las que se basa la voluntad negocial".[393]

Aliás, a frustração do fim do contrato não é sinônimo de base do negócio em sentido objetivo; não há uma relação de identidade entre elas, eis

---

mesmo sentido, PONTES DE MIRANDA ensina que, "se os figurantes assentaram que o negócio jurídico se fazia porque a prestação ou a contraprestação teria certo fim, tal suposição bilateral ou plurilateralmente admitida ou estava desmentida pelos fatos e houve êrro, ou só o foi depois, e aí é que surge o problema da mudança de circunstâncias que ofenda a base do negócio" (PONTES DE MIRANDA, F. C. *Tratado de Direito Privado*. Tomo XXV..., p. 233).

[389] ESPERT SANZ, Vicente. *La frustración*..., p. 181.

[390] "El fin del contrato es el propósito para que sirve el contrato en la vida real, y no en la vida de los contratantes abstractamente considerados, sino en la vida de «sus» contratantes. Elemento yuxtapuesto íntimamente a la causa (hasta casi confundirse con ella en el sentido de Giorgiani para los negocios iniciales), fronterizo con los motivos, y de que sólo cobra vida propia cuando de su frustración nace el antivalor jurídico: la injusticia, y, en nuestro caso, la injusticia contractual" (ESPERT SANZ, Vicente. *La frustración*..., p. 185-186).

[391] ESPERT SANZ, Vicente. *La frustración*..., p. 187.

[392] *Vide* Capítulo 2, n. 6.

[393] OERTMANN, Paul. *Geschäftsgrudlage, apud* LARENZ, Karl. *Base*..., p. 5 e 20.

que a frustração é uma das formas pelas quais se manifesta a perda da base do negócio em seu sentido objetivo.

Não se está aqui, igualmente, defendendo a classificação da base do negócio de um ou de outro autor, pois acreditamos que a teoria da frustração do fim do contrato deve gozar de autonomia, tendo condições de ser um fenômeno próprio, conquanto inserto no gênero das alterações das circunstâncias. O recurso à inserção da frustração do fim do contrato como uma das vertentes da base objetiva do negócio, tal qual apontou LARENZ, é feito como forma de facilitar o entendimento do problema, tendo em vista que o conceito de base do negócio já foi por muitos estudado. Ajuda a compreender que se trata de um instituto que parte de critérios objetivos/objetivados para a solução das situações afetadas pela alteração do "estado das coisas", em que o fim do contrato desaparece. Além disso, serve para explicitar que o conjunto de circunstâncias que envolveram a contratação municia o intérprete com elementos para a identificação da finalidade do contrato, Afinal, "circunstâncias pesam e contam, porque as circunstâncias se inserem no *negotium*, que é atividade, o contrário de ócio, e essa atividade, ainda que venha a resumir-se no escrito, começou antes e, se bilateral o negócio, de dois lados".[394]

Um segundo passo é averiguar como a autonomia privada disciplinou a impossibilidade de alcançar a finalidade, assim como quais possíveis regras do ordenamento jurídico poderiam ser aplicáveis à espécie para fornecer a solução lícita, ou seja, para resolver se as partes serão liberadas de suas obrigações.

Buscando aclarar ainda mais a ideia de fim do contrato, DÍEZ PICAZO enuncia que deve ser entendido como "el propósito a que el contrato sirve dentro de la vida real, es decir, el resultado empírico o práctico que en orden a los propios y peculiares intereses se pretende alcanzar".[395]

Em seguida, DÍEZ PICAZO assevera que o tema da frustração do fim do contrato exige que seja delineado o conceito de "fim do contrato" frente aos conceitos de "causa" e de "motivos". O móvel ou o motivo é algo subjetivo irrelevante e remoto, porquanto permaneceu na esfera interna de cada contratante e não chegou a ser revelado ou manifestado

---

[394] PONTES DE MIRANDA, F.C. *Tratado de Direito Privado*. Tomo XXV..., p. 230.

[395] DÍEZ PICAZO, Luis. Prólogo à obra de Vicente Espert Sanz. *Frustración del fin del contrato...*, p. 10.

expressamente, nem se pôde, tampouco, induzir a sua existência. Já o fim do contrato, como resultado empírico pretendido ou conjunto de representações mentais das metas a que se aspira, ou é comum a ambos os contratantes ou, sendo peculiar e particular de somente um deles, foi por este revelado ou manifestado ao outro, que o conheceu e tomou ciência do caráter essencial ou básico que tinha a consecução de tal resultado. Dessa inferência parece se depreender que o conceito de "fim do contrato" se aproxima muito do de "causa", entendendo-se a causa conforme os direcionamentos subjetivistas. Ao contrário, se se mantém um conceito objetivo de causa, causa e fim aparecem como elementos distintos dentro da tipologia contratual. Por isso, para o subjetivismo, a frustração do fim do contrato deveria ser um caso de inexistência superveniente de causa (*causa non secuta*). Por um curioso paradoxo, no entanto, os subjetivistas não incluem a frustração do fim do contrato no tratamento dos problemas derivados da sua causa. Naturalmente, a questão adquire um caráter diferente se, no tema da causa, mantém-se um critério ou uma concepção de caráter objetivo. Concebida a causa como um elemento objetivo, a frustração do fim do contrato apresenta-se como um fenômeno autônomo e independente daqueles a que dão lugar os possíveis defeitos causais.[396]

O resultado prático, a utilidade que o contrato tem para os contratantes, o fim de utilização ou de uso, ou o resultado que se espera com o resultado da prestação[397] tempera a causa típica (= causa abstrata), dando-lhe o sabor da realidade, outorgando-lhe concretude, insuflando-lhe vida.

Na medida em que os interesses[398], revelados pelo fim do contrato – que, por sua vez, pode ser expresso ou revelado mediante atividade de interpretação –, são conhecidos e aceitos pelas partes, adquirem relevância e estão potencialmente aptos a afetar a sua eficácia.

Assim, no contrato de fabricação de uma porta para a igreja que foi destruída pela guerra, temos que o interesse – a necessidade a ser sanada – seria ter o produto (porta) para fechar a igreja. Mesmo que não se tivesse

---

[396] Tradução livre, DIEZ PICAZO, Luis. Prólogo..., p. 10-11.

[397] A denominação de MARIA DE LURDES PEREIRA equivale aos efeitos dos efeitos do negócio jurídico de ANTONIO JUNQUEIRA DE AZEVEDO.

[398] "Interesse é uma relação posta entre o sujeito credor e a prestação prometida, servindo esta a suprir a necessidade ou carência, daí dizer- se que o credor está interessado na prestação do credor" (AGUIAR JUNIOR, Ruy Rosado de. *Extinção*..., p. 132-133). Ver, ainda, ZANINI, Carlos Klein. *A dissolução*..., p. 132.

expressado no contrato tal circunstância, é facilmente dele extraído, pois a porta não era para qualquer igreja, mas para aquela que foi destruída. No caso *Talleres Martín S. L. vs. Papeleras del Maestrazgo S.A.*, no entanto, o Tribunal espanhol reformou a sentença que admitia a resolução do contrato porque não conseguiu vislumbrar que a turbina fosse precisamente para a queda d'água apontada.

É possível alugar uma embarcação – em uma área portuária onde existem diversos estabelecimentos que fazem desse negócio sua atividade primordial para que as pessoas possam passear pelas águas da região – com a finalidade de oferecer passeios às pessoas que se deslocarem até lá para ver a revista naval que acontecerá em virtude do desfile do rei. Caso a revista naval seja cancelada e não se tenha manifestado à outra parte essa finalidade do contrato, não se poderia dizer que o fim passou a integrar o conteúdo do contrato, pois este ainda teria um sem-número de utilidades que poderiam ser dele inferidas razoavelmente pelo locador, a ponto de não ter admitido como sua a específica finalidade da outra parte. Os barcos não haviam sido oferecidos em função da revista naval, de sorte que a finalidade de sua contemplação, embora talvez até fosse conhecida ou, de acordo com a boa-fé, pudesse vir a ser conhecida pelo locador, não havia sido por ele tomada em conta, mas apenas pelo locatário. O locador, no caso, não deveria causar o resultado pretendido pelo locatário.

Se um camarote na Marquês de Sapucaí é locado durante o período em que se realiza o Carnaval, extrai-se que o fim do contrato é assistir aos desfiles das escolas de samba, mesmo que, no contrato de locação, somente esteja previsto que "A" dá em locação a "B" o camarote "Folia" pelo período "y" e por um preço "x". Ninguém locaria um camarote em pleno Carnaval se não fosse para apreciar os desfiles, e quem o aluga também o faz tendo em conta o evento festivo que irá se realizar. Aqui mais uma inferência é fundamental: "não é necessário que o fim do contrato esteja nele expresso, mas a partir do regramento do próprio negócio e das circunstâncias que circundam a declaração negocial – e nela se consubstancia (Código Civil, art. 112) – pode-se perfeitamente extrai-lo." Assim, RUY ROSADO sustenta que "o próprio contrato, pela natureza das prestações pactuadas, das condições das partes, das demais cláusulas e condições que involucram o negócio, fornece elementos objetivos seguros para a formulação de um juízo sobre a força e os efeitos da modificação superveniente em relação ao contrato, quanto à equivalência e ao seu escopo natural. Para isso, não há que recorrer à vontade presumida das partes, perquirindo sobre as cláusulas que teriam redigido se conhecessem a atual realidade, seja para modificar as recíprocas obrigações, seja para estipular cláusula resolutória, porquanto, assim como a lesão enorme atua sobre o contrato independentemente da vontade do lesado até contra ela, como é do nosso direito, assim também a apreciação dos efeitos modificadores sobre o contrato há de se fazer tendo em vista os elementos objetivos que dele se possam extrair".[399]

Nesse mesmo sentido, BESSONE enfatiza que "a demonstração de que uma certa expectativa constitui somente um motivo inapreciável da decisão econômica resulta de uma avaliação do conflito dos interesses em jogo em termos de custo e de risco, não já da constatação da falta de identificação desta com a função econômico-social do contrato ou do silêncio de suas cláusulas".[400]

A partir da interpretação da natureza do contrato e de suas estipulações, consegue-se buscar a finalidade, o objetivo ou resultado que se espera da contratação, sem adentrar na área dos motivos e, assim, saber se ela foi levada em conta por ambos os contratantes, de modo que tenha passado a integrar o conteúdo do negócio.

Alguns indicadores são úteis para analisar se a finalidade do contrato integra o seu conteúdo, tais como a normalidade (usos e costumes cotidianos) das contratações, o preço e o tipo contratual escolhido.

Se a normalidade de uma contratação é atender à finalidade não expressa "x", não há por que não a considerar inserta no conteúdo do contrato, mesmo que não esteja expressamente escrita[401]. O exemplo do aquecedor alimentado por energia solar é elucidativo. Nesse contexto, deve-se verificar também se, dentro da normalidade, não se incluem outras finalidades para o mesmo contrato. Isso é importante porque: a) pode esclarecer se aquela que restou frustrada importará a afetação do

---

[399] AGUIAR JUNIOR, Ruy Rosado de. *Extinção...*, p. 150-151.

[400] BESSONE, Mario. *Adempimento...*, p. 279.

[401] "Tudo se reduz a uma questão de interpretação dos negócios jurídicos. Quando o uso está perceptível na conformação da coisa, ou nas indicações de seu destino objetivo, a proposição "para o uso tal" não precisa ser formulada, *mas existe*. Se o uso é outro, que se deu à coisa, – ou essa modificação resulta do que se exprimiu o do que as circunstâncias auxiliaram a determinar-se" (PONTES DE MIRANDA, F.C. *Tratado de Direito Privado*. Tomo XXV..., p. 255).

negócio como um todo; b) pode determinar se essa finalidade foi tomada em consideração – foi relevante – por ambas as partes. O caso *Herne Bay Steam Boat Company v. Hutton* demonstrou que a normalidade era o arrendamento dos barcos para passeios pelas ilhas locais, de sorte que a finalidade de observar a revista naval não foi levada em consideração pelo arrendador. O fato de não se cobrar um preço mais elevado na data da realização da revista naval também induz a essa conclusão.

O preço, em conjunto com a normalidade, também auxilia nessa tarefa. Assim, se o preço de mercado de terrenos para edificação de prédios comerciais é "y" por metro quadrado, a finalidade de edificação integra o conteúdo do contrato, mesmo que não explicitada. Já o preço abaixo do mercado pode significar que a finalidade de edificação não integrou o conteúdo do contrato ou que era risco do comprador. Existia no Brasil uma companhia aérea chamada "BRA", que praticava preços bem inferiores à média do mercado, o que se justificava pelo fato de que os voos podiam sofrer alterações de datas ou horários de partida, obrigando o passageiro a ligar para a companhia aérea com 24 horas de antecedência à data estipulada para o embarque para confirmar o seu voo. Trata-se de um exemplo típico em que o preço ajustado importa uma diferente distribuição dos riscos, assumindo o comprador o risco do atraso ou da alteração da data do voo. Evidentemente, essas restrições eram informadas aos clientes na aquisição da passagem aérea, o que impede uma discussão acerca da sua licitude e/ou abusividade, justamente porque o preço praticado justifica esse tipo de inconveniente. Quem não estiver disposto a assumir esses riscos deve comprar um bilhete em outra companhia aérea a um valor mais elevado, mas que não transfere ao passageiro o risco de remarcar data ou horário do voo. Caso as restrições não fossem informadas ao cliente, o risco deveria ser assumido pela companhia aérea, não só em função dos dispositivos de nosso Código de Defesa do Consumidor e do necessário dever de informação (dever anexo decorrente da aplicação do princípio da boa-fé objetiva), mas também em razão do critério da normalidade da contratação, pelo qual esses riscos seriam usualmente suportados pela empresa de aviação.

O tipo contratual escolhido também pode auxiliar o intérprete para verificar se a finalidade integrou o conteúdo, eis que cada tipo contratual implica uma certa distribuição dos riscos entre os contratantes.[402]

---

[402] BESSONE, Mario. *Adempimento...*, p. 350.

A verificação da finalidade e de sua integração ao conteúdo do contrato com o auxílio dos critérios da normalidade, do preço de mercado e do tipo contratual deve ser feita, ainda – e sempre –, tendo em conta o princípio da boa-fé. Nessa medida, deve ser avaliado se, a partir de um comportamento padrão de conduta, poder-se-ia afirmar que o co-contratante conheceu ou deveria ter conhecido o propósito prático do contrato, tomando-o igualmente como seu. Não recorremos, pois, à representação das partes, mas ao contrato e às circunstâncias que existem em torno dele. O ponto de partida deve ser sempre o contrato, em respeito à autonomia privada e sob pena de oferecer uma solução pouco coerente com o conflito de interesses em jogo. Se ele já contém informações suficientes para deduzirmos se a finalidade integrou ou não o seu conteúdo, podemos encerrar a tarefa de verificação; mas, se ainda houver dúvidas, devemos recorrer às circunstâncias do negócio (comportamento dos contratantes, tempo e lugar da contratação, ambiente social, político e econômico da época, negociações preliminares, outras possíveis finalidades que poderiam ser visadas com o mesmo negócio, etc.), atentando para os critérios da normalidade, do preço e do tipo de contrato escolhido. Em verdade, esses critérios tornam a aplicação da cláusula geral de boa-fé menos abstrata e vaga, proporcionando uma segurança maior.

O recurso à cláusula geral da boa-fé está plenamente legitimado pelo art. 113 caput e § 1º, III, do Código Civil[403] e pelo art. 4º, III, da Lei n. 8.078/90,[404] evitando quaisquer dúvidas a respeito de sua utilização para avaliar os interesses em jogo e sua integração ao conteúdo do negócio.

---

[403] "Art. 113. Os negócios jurídicos devem ser interpretados conforme a boa-fé e os usos do lugar de sua celebração.

§ 1º A interpretação do negócio jurídico deve lhe atribuir o sentido que:

(...)

III – corresponder à boa-fé;"

[404] "Art. 4º A Política Nacional das Relações de Consumo tem por objetivo o atendimento das necessidades dos consumidores, o respeito à sua dignidade, saúde e segurança, a proteção de seus interesses econômicos, a melhoria da sua qualidade de vida, bem como a transparência e harmonia das relações de consumo, atendidos os seguintes princípios: (...) III – harmonização dos interesses dos participantes das relações de consumo e compatibilização da proteção do consumidor com a necessidade de desenvolvimento econômico e tecnológico, de modo a viabilizar os princípios nos quais se funda a ordem econômica (art. 170, da Constituição Federal), sempre com base na boa-fé e equilíbrio nas relações entre consumidores e fornecedores.

Na verdade, os critérios de normalidade, preço e tipo contratual formam uma espécie de estrutura de freios e contrapesos ao juízo de boa-fé objetiva, tornando-o mais articulado, racional e atrelado à economia do negócio específico, segundo a formatação dada pelos contratantes. Nunca podemos esquecer que o contrato é uma técnica posta à disposição da autonomia privada, e a aplicação "solta" da boa-fé objetiva somente resultará em um juízo de equidade que traz consigo o fantasma da insegurança jurídica.[405]

Esse controle sobre o ato de autonomia privada é necessário tanto para que os interesses estranhos à economia do contrato não sejam nele incluídos (por serem meros motivos) como para permitir a proteção daqueles interesses que são efetivamente parte integrante do conteúdo do contrato (que não são meros motivos).

A partir do exposto, podemos dizer que, para efeitos da frustração do fim do contrato, deve-se entender por finalidade que integra o conteúdo do contrato o interesse, o resultado prático ou a função (concreta) que se extrai do negócio jurídico, relevante e conhecida por ambos os contratantes, ou que, de acordo com um juízo de boa-fé, articulado com o uso dos critérios da normalidade, preço e tipo contratual, razoavelmente se possa dizer que deveria ter sido considerada relevante ou conhecida por ambos, tendo em conta o tipo de negócio celebrado e as circunstâncias presentes na sua celebração.

6.1.3. Perda do sentido ou da razão de ser do contrato pela frustração do fim

A frustração do fim do contrato acarreta, inexoravelmente, a perda de sentido na contratação. O contrato deixa de ter razão de ser, torna-se

---

[405] "Al tempo stesso, il fatto che tali indici di apprezzamento [tipo contrattuale e valor de mercado] trovano impiego nel contesto di un giudizio di correttezza e buona fede garantisce contro il pericolo che il ricorso ad essi avvenga senza tutte le cautele necessarie per evitare una composizione degli interessi incompatibile con il senso attribuito al contratto dall'autonomia privata (...). Le osservazioni fino a qui sviluppate dimonstrano che l'impiego degli indici di apprezzamento costituiti dal tipo e dal prezzo di mercato esige molte cautele, ma consentono di rimuovere gran parte dei dubbi sulla idoneità della clausola generale di buona fede a valere come esauriente strumento del controllo sulla compatibilità tra circostanze ed adempimento" (BESSONE, Mario. *Adempimento...*, p. 348).

inútil, estéril, inócuo. A doutrina aponta que frustração pode ocorrer de duas maneiras:[406]

a) impossibilidade de alcançar o fim do contrato;
b) obtenção do fim por meios diversos dos estabelecidos no contrato.

Analisaremos cada uma dessas hipóteses para verificar se, de fato, ambas são mesmo hipótese da frustração do fim do contrato no sentido defendido neste livro.

6.1.3.1. Frustração por impossibilidade de alcançar o fim do contrato

Esta é a hipótese típica da frustração do fim do contrato. Em razão de um evento posterior à contratação – embora seja perfeitamente possível às partes efetuarem as prestações recíprocas –, não há mais como atingir o fim objetivo do contrato, de sorte que ele se torna inútil e sem interesse para o contratante.

Retome-se o exemplo do contrato para aquisição e instalação de equipamentos para aquecimento da água por energia solar. De que adianta ter o sistema instalado e em condições de perfeito funcionamento, se não haverá incidência necessária do sol para que o sistema aqueça a água? Nos casos da coroação, de que adiantaria ter a janela locada se não fosse possível ver o desfile em razão do seu cancelamento? De que adiantaria a continuidade do fornecimento de luz para uma fábrica que foi fechada por ordem judicial? Qual a utilidade em manter inalterada uma locação em shopping center diante da proibição de circulação de pessoas durante a pandemia de COVID-19? Qual o sentido em manter um contrato de transporte de van escolar se, por força das medidas de isolamento social, as crianças estão impedidas temporariamente de ir para a escola?

O que de comum se observa nesses exemplos é o fato de que o fim entabulado no contrato não pôde mais ser atingido, a expectativa objetiva do contratante não pôde mais ser alcançada. Em outras palavras, o interesse do contratante, que se tornou objetivo e presente no conteúdo do contrato, perdeu-se. Não havendo mais interesse, corporificado na

---

[406] Nesse sentido, LARENZ, Karl. *Base...*, p. 145 e 149; ESPERT SANZ, Vicente. *La frustración...*, p. 202.

finalidade que vem a integrar o conteúdo do contrato, não há mais razão para a manutenção do contrato.

E o quem vem a ser o interesse?

Interesse é uma relação de correspondência com um objeto no que se refere à utilidade, à necessidade, à vantagem ou ao benefício que ele pode gerar. No caso do direito das obrigações, o interesse é a relação entre o contratante e a prestação. Teremos, portanto, uma prestação útil ao credor sempre que ela seja capaz de suprir a sua necessidade e dar-lhe o proveito que visa a obter com o contrato. Dessa forma, a prestação será útil quando for apta a atingir o fim almejado (= satisfação da necessidade).

Como ensina RUY ROSADO, "[os] dados a considerar são de duas ordens: os elementos *objetivos*, fornecidos pela regulação contratual e extraídos da natureza da prestação, e o elemento *subjetivo*, que reside na necessidade existente no credor em receber uma prestação que atenda à carência por ele sentida, de acordo com a sua legítima expectativa. *Não os motivos ou os desejos que, eventualmente, o animavam, mas a expectativa resultante dos dados objetivos fornecidos pelo contrato, por isso legítima*. Esta assertiva consoa com o enunciado na Convenção de Viena: o incumprimento não pode atingir substancialmente a legítima expectativa do credor em relação ao cumprimento do contrato."[407]

A perda do interesse na frustração do fim do contrato, todavia, não se confunde com aquela decorrente da mora, que enseja o pedido de resolução com base no art. 395, parágrafo único, do Código Civil.[408]

Na frustração do fim do contrato, o programa contratual apresenta-se normal, estável, sem mora dos contratantes, até que uma circunstância superveniente, inesperada pelas partes, faz que o fim não possa mais ser alcançado. Se o fim não puder mais ser atingido em razão da mora de um dos contratantes (ou durante ela), não se adentrarão as fronteiras da frustração do fim do contrato, pois, para tanto, já há regulamentação específica no Código Civil. Quando a frustração do fim do contrato confunde-se com

---

[407] *Extinção...*, p. 133. *Vide* ainda, retratando o pensamento de CARNELUTTI, (g.n.) CAMPOS FILHO, Paulo Barbosa de. *O problema...*, p. 121-125.

[408] "Art. 395. Responde o devedor pelos prejuízos a que sua mora der causa, mais juros, atualização dos valores monetários segundo índices oficiais regularmente estabelecidos, e honorários de advogado.

Parágrafo único. Se a prestação, devido à mora, se tornar inútil ao credor, este poderá enjeitá-la, e exigir a satisfação das perdas e danos."

outras figuras jurídicas que já dispõem de regulamentação legal, cede-se espaço a elas, pois apresenta um *caráter subsidiário*.

Não esqueçamos, também, que a inexistência de mora do contratante frustrado é um dos requisitos para a aplicação da teoria em estudo.[409]

LARENZ[410] fornece dois exemplos de hipóteses de frustração do fim do contrato pela impossibilidade de alcançar o seu fim.

O primeiro deles refere-se ao arrendamento de um posto de gasolina pouco antes da Primeira Grande Guerra, o qual não pôde ser explorado em razão do controle estatal dos combustíveis por ocasião do início da guerra. O posto não tinha outra finalidade senão a venda de combustíveis. O Tribunal julgou o caso a favor do arrendatário, sob o fundamento de que, se o uso para o qual foi feito o arrendamento resulta impossível em absoluto (não só para o arrendatário em razão de circunstâncias extraordinárias alheias a este), o prejuízo corre por conta do arrendador. O cumprimento do arrendamento até era possível, mas a finalidade para a qual se destinava restou impossibilitada.

O outro exemplo é o do arrendamento de uma parede de uma casa para instalar um luminoso, o que não foi possível por terem sido adotadas medidas de escurecimento na cidade em função da guerra. LARENZ analisa o caso dizendo que a prestação do arrendador era possível e que não se poderia dizer que a parede tinha um vício pela falta de aptidão para o fim perseguido. A possibilidade de instalar o luminoso e de o anúncio ser visto eram a base do contrato, cuja perda fez que o contrato perdesse o seu sentido. A finalidade do arrendamento – visibilidade do anúncio à noite – não podia mais ser atingida.[411]

É citado, ainda, o arrendamento de uma loja comercial situada no passeio da praia de Borkum, que perdeu seu valor pela proibição de uso da praia e pela redução da afluência de viajantes à ilha de Borkum em virtude da guerra.

---

[409] Cf. item n. 6.1.5 deste Capítulo.

[410] *Base...*, p. 146-147.

[411] Se o contrato previa em seu objeto o arrendamento de uma parede com iluminação, acreditamos que o caso deveria ser enquadrado como de impossibilidade, eis que não era possível efetuar o cumprimento tal qual ajustado. A distinção entre frustração do fim do contrato e impossibilidade não é simples ou fácil e será analisada mais adiante. *Vide* item 6.3.3 deste Capítulo.

Em parecer publicado em 2004,[412] ANTONIO JUNQUEIRA DE AZEVEDO entendeu que a conduta de um dos contratantes consistente em pretender atribuir eficácia imediata à (a) resilição unilateral (denúncia) em contrato de distribuição por prazo determinado e ao (b) direito de recompra, permitiria a frustração do fim do contrato e de uma cláusula específica que previa o pagamento de uma indenização pelo exercício do direito de recompra. O caso concreto revelava uma disputa comercial em que a fornecedora sustentava a excessiva onerosidade e a inexequibilidade do contrato de distribuição, firmado pelo prazo de cinco anos, e a distribuidora acusava a fornecedora de cumprir defeituosamente suas obrigações contratuais a partir do primeiro ano da vigência do contrato. O ajuste ainda previa um direito de recompra do contrato de distribuição (cláusula 13.7), a qualquer momento, antes do advento do termo final, desde que paga uma indenização, a ser calculada de acordo com os parâmetros contratuais. Enquanto era discutido o mérito da excessiva onerosidade no juízo arbitral, a fornecedora denunciou o contrato e exerceu o direito de recompra sem pagar a indenização, alegando que os débitos da distribuidora superavam o valor que deveria ser desembolsado pela fornecedora.

O parecer concluiu que o fim econômico e social do direito expresso na cláusula 13.7 não é estabelecer termo final para uma relação jurídica constituída indefinidamente, com o escopo de evitar que as partes ficassem vinculadas eternamente, como se tratasse de resilição imotivada, mas sim "permitir uma extinção excepcional do Contrato, atendendo rigorosamente aos interesses de ambas as partes, em especial garantindo à Distribuidora S.A. o pagamento do preço correspondente à recompra, ruptura anormal do Contrato. Portanto, o fim econômico e social da estipulação contida na cláusula 13.7, bem como o próprio fim do Contrato, determinam a interpretação acima feita. Nesse sentido, é altamente discutível, até mesmo que a Goncourt Ltda. possa lançar mão do direito de recompra, tendo, tal como narrado pela consulente, descumprido o Contrato; parece razoável entender, que o *privilégio* atribuído à

---

[412] Contrato de distribuição – Causa final dos contratos de trato sucessivo – Resilição unilateral e seu momento de eficácia – Interpretação contratual – Negócio *per relationem* e preço determinável – Conceito de "compra" de contrato e abuso de direito. *Revista dos Tribunais*, São Paulo, RT, n. 826 ago. 2004, p. 119-136.

Goncourt Ltda. por força da cláusula 13.7 pressupõe o integral cumprimento de suas obrigações contratuais".[413]

Além desses casos, o exemplo já citado do aquecedor movido a energia solar também se encaixa aqui, havendo uma infinidade de outros exemplos nos quais se torna impossível a consecução da finalidade.

Um exemplo vem do setor petroquímico. A empresa "A" era a fornecedora de matéria-prima (um derivado do petróleo) para um grupo de empresas que chamaremos de "B", "C", "D", "E", "F", todas concorrentes, que processavam a matéria-prima fornecida e vendiam seus produtos no mercado. A vinculação e a dependência entre fornecedor e consumidor nessa área de atividade econômica é tão grande que o fornecimento é feito através de dutos que ligam diretamente a fornecedora aos clientes. Portanto, se os clientes param de comprar, a fornecedora está fadada ao encerramento de suas atividades, assim como, se houver corte no fornecimento, as consumidoras não conseguirão operar. Para mudar essa situação, o único modo é construir novas plantas consumidoras (outras empresas) e instalar novos dutos.

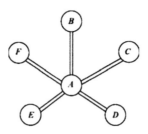

Essas cinco empresas consumidoras do derivado de petróleo eram acionistas da empresa "A", ou seja, eram donas de sua fornecedora, e

---

[413] AZEVEDO, Antonio Junqueira de. *Contrato de distribuição...*, p. 127. O parecerista também se valeu de outros argumentos para chegar à mesma conclusão, entre eles: (a) a impossibilidade de recompra sem a fixação prévia do valor do preço em procedimento arbitral, levando em conta os cálculos de ambas as partes; (b) a necessidade de concessão de prazo para a adaptação da distribuidora à ruptura prematura do contrato, tendo em conta o vulto dos investimentos feitos; (c) o enquadramento do contrato como negócio jurídico *per relationem*, o que leva à conclusão de que deveria ser eficaz até a determinação do ponto ainda não determinado (no caso, o valor do preço de recompra); (d) o exercício abusivo do direito de recompra, excedendo os limites impostos pelo fim econômico e social e pela boa-fé, ainda mais por se tratar de contrato de duração, em que o alongar-se no tempo é um *essentiale negotii*.

FRUSTRAÇÃO DO FIM DO CONTRATO: NOÇÕES

todos os meses reuniam-se para deliberar sobre o preço da matéria-prima que seria fornecida a elas mesmas. *Mutatis mutandis*, embora fosse uma sociedade anônima, a empresa "A" tinha um cunho "familiar", formado pela "família" de clientes. Essa forma de ajuste do preço, que era feita com base em critérios e em fórmulas matemáticas de alta complexidade, foi adotada em caráter provisório por meio de uma deliberação do Conselho de Administração. A função básica da fórmula era fazer que a empresa "A" fosse uma central de custo, de forma que os interesses dos seus clientes se sobrepujavam ao seu próprio. A fórmula acabava por fazer que o preço da matéria-prima não seguisse as cotações do mercado internacional.

Uma terceira empresa, "K", passou a adquirir de forma paulatina o controle acionário de algumas das empresas consumidoras. Em determinado momento, passou a ser acionista majoritária da empresa "A". A aquisição das ações das empresas consumidoras também poderia ter sido feita por qualquer das empresas "B", "C", "D", "E", "F", eis que negociadas no mercado da bolsa de valores.

Houve, assim, um evento superveniente: alteração do quadro societário da fornecedora. A empresa "A" pretende, sob nova direção, ser uma empresa que possa privilegiar seus interesses como sociedade que visa ao lucro e que tem de prestar contas aos seus acionistas, mas a consecução desse resultado não é garantida pela atual política de preços, determinada não por ela, mas por seus clientes.

Deixando de lado o aspecto concorrencial da questão, tem-se que a função econômico-social de uma empresa, ainda mais uma sociedade anônima de capital aberto, é gerar lucros. A finalidade lucrativa nas sociedades mercantis é, ademais, na classificação tradicional, *essentiale negotii* do negócio jurídico de sociedade. Assim, uma vez inexistindo, acabaria por fulminar sua existência como sociedade mercantil. Para isso, o mínimo necessário seria a possibilidade de autodeterminar o preço de seus produtos, sem que dependa da ingerência dos seus próprios consumidores, que possuem interesses completamente opostos aos seus. É inerente e evidente o conflito de interesses na definição do preço entre aquele que vende e aquele que compra.

A função concreta da empresa "A" como central de custo e não como sociedade que vise ao lucro – não mais se justifica em decorrência da alteração superveniente das circunstâncias. Ela se justificava na medida em que a arquitetura acionária fazia com que se prestigiasse o interesse dos clientes-acionistas,[414] e não os da própria sociedade, o que é uma situação atípica. Na atual circunstância, se a empresa "A" mantiver sua finalidade de central de custo, acabará por impossibilitar o preenchimento de seu fim, vertido no objetivo de lucro, que é, inclusive, uma das hipóteses de dissolução da companhia,[415] o que seria a saída mais prejudicial a todos os envolvidos.

Como podemos observar, a frustração da finalidade pela impossibilidade de alcançar o fim do contrato está bastante presente nas situações cotidianas.

6.1.3.2. Consecução do fim por meio diverso do estabelecido no contrato

ESPERT SANZ defende que a obtenção da finalidade por uma forma distinta daquela estabelecida no contrato é mais uma hipótese de frustração do fim do contrato. Essa posição, no entanto, não nos parece a mais acertada, pois esses casos, geralmente, são hipóteses de impossibilidade da prestação.

Imaginemos o contrato celebrado para a demolição do complexo do Carandiru, em São Paulo. Suponhamos que, uma semana antes da data marcada para a destruição, ocorresse um terremoto em São Paulo e que os prédios a ser detonados sucumbissem com esse evento, esfacelando-se. Temos aqui um exemplo pelo qual foi atingida a finalidade do contrato por meio diverso do contratado, sem que qualquer das partes tivesse influência sobre ela.

Suponhamos o caso de um tratamento para engravidar, programado para ser feito em diversas sessões durante alguns meses. Realizadas as consultas e elaborado o programa pelo médico, descobre-se, antes do início do tratamento, que a paciente engravidou. Também estamos aqui diante de mais uma situação na qual a finalidade do contrato foi atingida

---

[414] Interesses dos acionistas enquanto sócios, o que poderia caracterizar até mesmo a utilização abusiva da empresa por seus administradores controladores.

[415] Lei das Sociedades por Ações, art. 206, II, *b*. FABIO KONDER COMPARATO refere-se ao fim social como um elemento permanente, que é exatamente "o caráter lucrativo da atividade empresarial desenvolvida pela sociedade" (Reflexões sobre a dissolução judicial de sociedade anônima por impossibilidade de preenchimento do fim social. *Revista de Direito Mercantil, Industrial, Econômico e Financeiro*, São Paulo, RT, n. 96, out./dez. 1994, p. 69). Para um estudo aprofundado do tema, confira-se: ZANINI, Carlos Klein. *A dissolução...*, p. 205-227.

por outra forma que não a eleita no contrato. E o que dizer, ainda, do famoso caso do rebocador que iria desencalhar o navio encalhado, mas que, antes de iniciar a operação, vê-se surpreendido com o desencalhe natural pela força da maré? E, ainda, o do médico contratado para operar um paciente que obtém a cura antes da operação?[416]

Nesses casos de consecução do fim por caminho diferente daquele previsto no contrato, estamos muito mais próximos das hipóteses de impossibilidade superveniente inimputável da prestação – normalmente tuteladas pelos Códigos Civis, a exemplo do que ocorre no Brasil nos arts. 234, 238 (obrigações de dar),[417] 248 (obrigação de fazer)[418] e 250 (obrigação de não-fazer)[419] –, do que daquelas situações de frustração do fim.

Aqui, portanto, surge a dúvida: os casos em que se alcança o fim do contrato por modos diversos do pactuado encaixam-se, mesmo, na teoria da frustração do fim do contrato?

Acreditamos que, na maioria das vezes, não, pois nessas há justamente a impossibilidade da própria prestação, seja porque o resultado dela esperado – umbilicalmente ligado ao ato de prestar e que deve ser causado pelo devedor[420] – não pode mais ser alcançado, seja porque se impossibilitou ou se perdeu alguma condição objetiva ou subjetiva para a execução do ato de prestar (*v.g.*, paciente estar vivo para ser operado, igreja estar incólume para que a abóbada seja pintada).

Lembremos mais uma vez o exemplo do rebocador que é contratado para desencalhar o navio que, subitamente, em razão da inesperada alta

[416] VARELA, João de Matos Antunes. *Das obrigações em geral*. Coimbra: Almedina, 1999, V. II, p. 77.

[417] "Art. 234. Se, no caso do artigo antecedente, a coisa se perder, sem culpa do devedor, antes da tradição, ou pendente a condição suspensiva, fica resolvida a obrigação para ambas as partes; se a perda resultar de culpa do devedor, responderá este pelo equivalente e mais perdas e danos."

"Art. 238. Se a obrigação for de restituir coisa certa, e esta, sem culpa do devedor, se perder antes da tradição, sofrerá o credor a perda, e a obrigação se resolverá, ressalvados os seus direitos até o dia da perda."

[418] "Art. 248. Se a prestação do fato tornar-se impossível sem culpa do devedor, resolver-se-á a obrigação; se por culpa dele, responderá por perdas e danos."

[419] "Art. 250. Extingue-se a obrigação de não fazer, desde que, sem culpa do devedor, se lhe torne impossível abster-se do ato, que se obrigou a não praticar."

[420] Vide nota de esclarecimento no item 1 deste Capítulo 4.

da maré, desencalha sozinho. A prestação era desencalhar um navio específico. Se o navio não está mais encalhado, não há mais prestação a ser realizada; não é mais possível a prática do ato devido, pois não se tem como desencalhar aquilo que não está encalhado. O fato de a embarcação estar encalhada é necessário para que a prestação (como resultado) – desencalhar – seja passível de ser realizada. Há, aqui, além da perda do interesse – que também pode se equiparar à impossibilidade nos casos de mora do devedor,[421] por exemplo (Código Civil, art. 395, parágrafo único)[422] –, a própria inviabilidade de se realizar o objeto da obrigação, qual seja, a atividade na qual ela consiste: para desencalhar um navio é necessário que exista navio encalhado. O ato em si, ou, no caso, o resultado que define a ação de prestar, torna-se impossível.

Já na frustração do fim do contrato, a prestação em si é possível, pois não depende de alguma condição do devedor ou do objeto ao qual se refere a prestação. Trata-se do chamado "substrato" da prestação[423], entendido como as condições objetivas ou subjetivas indispensáveis ao cumprimento da prestação. Por exemplo, se o padre da igreja destruída pela guerra tivesse contratado um marceneiro para fazer uma porta nova para ela e um pintor para pintar a abóbada, teríamos duas situações jurídicas distintas: aquela de frustração do fim do contrato e esta de impossibilidade da prestação. Para que a porta seja feita, não é necessária a existência da igreja, mas é certo que de nada adianta uma porta se não mais existe igreja, de sorte que a prestação pode ser efetuada pelo devedor e recebida pelo credor, embora não lhe atenda mais à finalidade. Já no caso do pintor, para que este pinte a abóbada da igreja, é indispensável que ela exista, razão

---

[421] Nesse sentido, confiram-se as sistemáticas e claras lições de RUY ROSADO DE AGUIAR JUNIOR, *Extinção...*, p. 114-144.

[422] "Art. 395. Responde o devedor pelos prejuízos a que sua mora der causa, mais juros, atualização dos valores monetários segundo índices oficiais regularmente estabelecidos, e honorários de advogado.

Parágrafo único. Se a prestação, devido à mora, se tornar inútil ao credor, este poderá enjeitá--la, e exigir a satisfação das perdas e danos".

[423] "Sutilmente distinta é a hipótese de desaparecimento do fim. Este desaparece, geralmente, quando há a perda do substrato da prestação, assim entendida a destruição ou o perecimento de condições (objetivas ou subjetivas) cuja existência é necessária ao cumprimento da obrigação." (MARTINS-COSTA, Judith; COSTA E SILVA, Paula. *Crise...*, p. 169). Nesse mesmo sentido, CATARINA MONTEIRO PIRES. *Impossibilidade...*, p. 332, nota 1576.

pela qual a própria prestação em si se impossibilita, não podendo mais o credor recebê-la.

A frustração refere-se à finalidade do contrato, enquanto a impossibilidade, à prestação.[424]

RUY ROSADO, tratando da impossibilidade superveniente, esclarece que "a impossibilidade *definitiva* é a que inviabiliza para sempre a prestação ou que somente pode ser prestada mediante esforço extraordinário. O cumprimento de obrigação específica é impossível sempre que a coisa devida desapareça ou não mais esteja à disposição do devedor. A genérica, de sua vez, sempre é possível enquanto houver o gênero, ainda que não esteja eventualmente no patrimônio do devedor. A simples dificuldade não exonera, mas a desproporcionalidade do custo para o cumprimento da prestação é equiparável à impossibilidade. É o caso de impossibilidade superveniente a frustração dos efeitos da prestação, ainda que possível, quando o credor já não pode mais recebê-la (exemplo: paciente que falece antes da cirurgia, navio que afunda antes de ser desencalhado) ou teve de outro modo satisfeito o seu interesse (o paciente se recupera antes da operação ou o navio é desencalha- do pela força da maré)".[425]

ANTUNES VARELA também enquadra como situações de impossibilidade os casos em que o fim da prestação é obtido por outra via que não o cumprimento da obrigação.[426]

---

[424] ESPERT SANZ bem captou a distinção entre os dois fenômenos ao afirmar que ocorrem em campos ontológicos diferentes: "Al poner en conexión el tema de la imposibilidad sobrevenida de la prestación, y el de la frustración del fin del contrato, debemos contemplar dos aspectos del problema: su similitud conceptual y similitud de sus efectos. Desde el punto de vista conceptual imposibilidad y frustración pertenecen a dos campos distintos del pensamiento y son, por consiguiente, dos cosas distintas, que no pueden ni deven ser confundidas. La imposibilidad pertenece al terreno de lo ontológico, al poder ser. En este terreno no se discute ningún problema pragmático: lo que es legal o juridicamente imposible no llega a adquirir entidad propia. (...) La frustración es superior, ontologicamente hablando, a la imposibilidad, ya que no pertenece al campo del poder ser, sino al de *merecer ser*. (...) *No es lo mismo ser que merecer ser* (*La frustración...*, p. 194-195).

[425] *Extinção...*, p. 99-100.

[426] "Enquanto, nos casos normais de *impossibilidade*, o interesse do credor fica definitivamente por satisfazer, nas hipóteses que acabam de ser descritas o interesse do credor fica plenamente satisfeito. Só que foi preenchido por outra via, que não o cumprimento da obrigação, tornando por esse facto igualmente *impossível* a prestação a que o devedor se encontrava adstrito: não se pode retirar o veículo que já saíra do local pelos seus meios normais; não se operam órgãos sãos,

A distinção entre os casos de consecução do fim por via diversa da contratada das hipóteses de frustração do fim do contrato também é explicitada por CATARINA MONTEIRO PIRES. Refere a autora que há casos de "realização do fim por outra via ou consecução do fim por via diversa do cumprimento (Zweckerreichung), por um lado, e "desaparecimento do fim" (Zweckfortfall, Zweckverfehlung), por outro lado, devendo ainda salientar-se que ao lado das situações de desaparecimento do fim se distinguem também casos (cuja exata localização dogmática cabe determinar) de frustração do fim (Zweckvereitelung) ou de perturbação do fim (Zweckstörung)."[427]

O entendimento nos parece acertado e aderente à realidade jurídica brasileira. Não se pode confundir frustração do fim do contrato com os casos de obtenção do fim por meio diverso do contratado. Portanto, os casos em que se atinge o fim por via diversa do cumprimento devem ser enquadrados, em geral, como hipóteses de impossibilidade.

Entretanto, essa regra não nos parece ter um caráter absoluto, pois pode ocorrer de a consecução da finalidade da contratação por meio diverso do ajustado não se caracterizar como impossibilidade. São hipóteses extremas, mas possíveis. Por exemplo, se, após assinado o contrato para instalação dos coletores solares que aquecerão a água de minha residência eu sou contemplado em um sorteio em que ganho a instalação de um aparelho para a mesma finalidade, não teríamos um caso de impossibilidade, pois a instalação pode ser feita independentemente de já haver um sistema ou não. Se, um dia após a assinatura do contrato para a construção

---

ou já curados da deficiência que padeciam; não se desencalha um barco que já se conseguiu safar por seus próprios meios por acção dos elementos naturais" (*Das obrigações...*, p. 77-78). [427] *Impossibilidade...*, p. 329-330. Mais adiante, após esclarecer que, "nas hipóteses de consecução do fim por via diversa do cumprimento o resultado da prestação é atingido sem a atividade do devedor, perdendo a prestação o seu sentido útil", a autora prossegue dizendo que "a orientação prevalecente distingue entre casos de frustração do fim e casos de desaparecimento do fim, salientando que apenas os segundos pertencem ao quadrante dogmático da impossibilidade da prestação. A distinção entre 'frustração do fim' e desaparecimento do fim surge, em regra (mas nem sempre), em função da 'perda do substrato da prestação' (Wegfall des Leisungssubstrats), isto é, da destruição ou do perecimento de condições cuja existência é necessária ao cumprimento da prestação debitória. No primeiro caso (frustração do fim), a prestação perde o sentido para o credor, porque o se interesse deixa de poder ser satisfeito, enquanto no segundo torna-se mesmo irrealizável (undurchfurbar) por perda do substrato da prestação." (*Impossibilidade...*, p. 331/332).

FRUSTRAÇÃO DO FIM DO CONTRATO: NOÇÕES

da porta nova para a igreja, o padre recebe de presente dos devotos uma porta nova, também não estamos diante de um caso de impossibilidade, pois a fabricação dela não depende da existência ou não de uma porta. Seriam casos mais próximos da frustração do fim do contrato[428] do que da impossibilidade.

O pensamento de RUY ROSADO e de ANTUNES VARELA parece não ter chegado ao ponto de imaginar tais situações, fazendo-os afirmar simplesmente que os casos de impossibilidade de atingir o fim, quando é obtido por meios diversos do contratado, igualam-se aos casos de impossibilidade. Os exemplos retratados por esses notáveis juristas em suas obras são efetivamente de impossibilidade, com o que concordamos. A única ressalva é que nem todas as hipóteses de impossibilidade de atingir a finalidade, por já ter sido obtida por outros caminhos que não o cumprimento do contrato, encaixam-se no conceito de impossibilidade, pois podem – em tese – ser enquadradas na frustração do fim do contrato. Os exemplos trazidos comprovam essa assertiva.

Parece-nos que o critério para saber se, diante da consecução da finalidade por forma diversa da contratada, estamos frente a um caso de impossibilidade ou de frustração do fim do contrato, é avaliar se o ato de prestar em si e o resultado que com ele se pretende atingir depende do estado do credor ou do estado da coisa na qual a prestação será realizada. A consecução do resultado, nessas hipóteses, depende da incolumidade do substrato da prestação. Por um lado, para desencalhar, precisa estar encalhado; para consertar, é necessário que esteja estragado; para ensinar música, é preciso a audição. Nesses casos, "existe um obstáculo invencível ao cumprimento da obrigação, seja de ordem natural ou jurídica";[429] a prestação não pode ser feita sem um determinado estado das coisas. Por outro lado, para fazer um produto encomendado, não é preciso que não se tenha o mesmo produto; para instalar um sistema – geralmente – não é

---

[428] Isso não significa que o autor de uma demanda dessa natureza, na qual fosse pleiteada a resolução ou a resilição do contrato, seria vitorioso, pois há de ser verificado se alguma das partes não havia assumido o risco da frustração da finalidade. Estamos aqui simplesmente procurando demonstrar, topicamente, as diferenças entre a impossibilidade e a frustração do fim do contrato, sem que isso importe qualquer julgamento sobre a procedência da alegação. No caso, inclusive, estamos diante de um evento mais afeto à esfera de risco do credor da prestação da entrega do aquecedor.

[429] AGUIAR JUNIOR, Ruy Rosado. *Extinção...*, p. 96.

necessário que não se tenha o mesmo sistema; a prestação pode *ser* realizada, embora possa não *merecer ser* mais prestada. Uma ponderação no caso concreto será fundamental para avaliar em qual dos terrenos insere-se o problema.

As situações que já se encaixam em outras figuras ou institutos jurídicos, possuindo disciplina legal predeterminada, mas que, ao mesmo tempo, podem ser enquadradas na frustração da finalidade do contrato, devem permanecer reguladas pelas regras já existentes, por já fazerem parte da cultura jurídica e, também, por não serem legítimos casos de frustração. Para fins didáticos, podemos segmentá-las como hipóteses de *frustração do fim do contrato lato sensu*, enquanto a real, a técnica e a verdadeira frustração do contrato pode ser denominada *frustração do fim do contrato stricto sensu*.[430]

É o que ocorre, por exemplo, nos vícios redibitórios. Se compro um notebook *para que* eu possa ficar trabalhando sem a utilização de energia elétrica por três horas – fato conhecido e admitido pelo vendedor que vende o modelo "x" em razão dessa peculiaridade – e o aparelho somente funcione por uma hora, embora também esteja frustrado o fim de meu contrato, o caso resolver-se-á pelas regras dos arts. 441 e ss. do Código Civil ou pelo art. 18 do Código de Defesa do Consumidor.

Embora a frustração do fim do contrato tenha campo próprio de aplicação, mas seja "residual" quando confrontada com outras hipóteses que com ela se confundem, as soluções que apresenta são mais equânimes do que as da impossibilidade, por serem mais flexíveis[431]. Isso não justifica,

---

[430] No presente estudo, utilizamos sempre a expressão "frustração do fim do contrato" em sentido estrito. Quando formos nos referir ao sentido lato, faremos textualmente. Adotando-se essa terminologia, podemos dizer que MOSSET ITURRASPE trata – na obra *La frustración del contrato* – tanto da frustração em sentido lato quanto daquela em sentido estrito, sob a denominação, para ambas, de hipóteses de frustração *do contrato*.

[431] "A maior flexibilidade das consequencias da alteração das circunstâncias (ou da doutrina da perturbação das prestações da base do negócio), superando a pressão do binómio representação-exoneração, explica por que razão certos casos complexos foram reconduzidos àquele quadrante, ainda que à custa de algumas distorções dogmáticas" (*Impossibilidade...*, p. 404-405) As soluções conferidas pela impossibilidade são binárias, imputando o risco a uma das partes. Apesar de entendermos que as consequências da impossibilidade poderiam ser mais bem tratadas, inclusive com autorização para reembolso de despesas incorridas com a contratação, não é essa a experiência corrente que se verifica na doutrina e na jurisprudência.

contudo, que a lei não deva ser aplicada. Se o caso for de impossibilidade, é com essas regras que a disputa deverá ser resolvida.

Isso ocorre porque, como veremos mais adiante, a frustração do fim do contrato acarreta a ineficácia do contrato,[432] mas, em geral, garante ao que não teve a finalidade frustrada a indenização pelos gastos em que até então incorreu em virtude da contratação, ou seja, o chamado interesse negativo. Já os casos de impossibilidade superveniente inimputável acarretam pura e simplesmente a resolução do contrato, sem nenhum direito a indenização.

Imaginemos, novamente, o caso do navio encalhado. À luz da impossibilidade superveniente, resolveríamos o caso com os arts. 248 e 393 do Código Civil, liberando-se as partes sem responder por perdas e danos, pois não houve culpa na impossibilitação do fato. Se fôssemos resolvê-lo à luz da frustração do fim do contrato, os gastos que o rebocador tivesse despendido para o serviço deveriam, em princípio, ser ressarcidos.

6.1.4. Ocorrência de evento posterior à contratação que não estava na álea do contrato e era alheio à atuação culposa das partes

A perda da finalidade do contrato sempre se dá em razão da ocorrência de um fato superveniente à contratação. É por isso que, conforme já alertamos, a seara dos contratos de execução continuada ou diferida é a mais fértil para a aplicação da teoria.

A questão que se coloca neste momento é definir qual a característica desse evento superveniente à celebração do negócio. Há de ser um fato imprevisível ou extraordinário?

Observamos, nos exemplos expostos até aqui, que o evento gerador da frustração do fim do contrato é sempre inesperado, fora do controle das partes. Assim o é, por exemplo, o controle estatal da gasolina em decorrência da guerra, a desapropriação da queda d'água onde se instalaria a turbina encomendada, a destruição da igreja onde seria instalada a porta, a denegação de uma licença para o arrendador do restaurante, a construção do edifício que tira a luz do sol para o adquirente do sistema de aquecimento movido a energia solar, o embargo da obra de construção do *resort* para o promissário-comprador.

---

[432] Mais precisamente, inefetividade.

Percorrendo a escassa doutrina sobre o tema, observamos certo consenso no sentido de que o evento gerador da frustração deve apresentar as seguintes características: (i) ser posterior à contratação; (ii) não estar incluído na álea do contrato, ou seja, não fazer parte do risco do contrato assumido por uma das partes; (iii) ser alheio à vontade do contratante, ou seja, não ter sido causado culposamente ou em decorrência de sua mora; (iv) ser inesperado.

O Direito territorial prussiano elegia como requisito para a frustração do fim do contrato que a transformação das circunstâncias fosse imprevisível para os contratantes.[433]

MOSSET ITURRASPE, tratando da diferença entre a teoria da imprevisão e a da frustração, ensina que "los acontecimientos de la imprevisión deben ser, siempre, 'extraordinários e imprevisibiles'; los que conducen a la frustración – que como vimos es el género compreensivo de la espécie – puede tener o no estos caracteres".[434]

Nesse mesmo sentido, RUBÉN STIGLITZ defende que a finalidade deve ter se impossibilitada "por razones externas y ajenas a la voluntad de las partes y sobrevenientes a la conclusión del contrato" sendo que "la alteración de las cirunstancias sobrevenientes ha de ser anormal, la que razonablemente no era de esperarse por ambas partes, lo cual además presupone que no debe ser provocada por una de ellas".[435]

LARENZ, por sua vez, sustenta que "es preciso que el acontecimiento en que la imposibilidad se base sea para el interesado un caso de fuerza mayor que escape por completo a su esfera de influencia, y no puede ser evitado por él ni pertenezca al riesgo propio de sus actividades".[436]

O problema, a nosso ver, não está muito em saber se o evento era ou não previsível, mas sim em determinar se algum dos contratantes, devidamente informado, suportava o risco da alteração das circunstâncias, na proporção esperada. Em caso positivo, o evento estaria dentro da álea do negócio, não havendo que se falar em frustração do fim do contrato. Em caso

---

[433] "§ 378. No obstante, si a causa de una imprevista transformación de las circunstancias se hiciere imposible la consecución de la finalidad última de ambas partes, expresamente declarada o deducida de la naturaleza del negocio, cada una de las partes puede resolver el contrato todavia no cumplido" (LARENZ, Karl. Base..., p. 139).

[434] La frustración..., p. 83.

[435] Objeto..., p. 25.

[436] Base..., p. 148

negativo, abre-se a possibilidade de seu reconhecimento. O fato até pode ser previsível, desde que normalmente não seja o que costuma ocorrer, ou o que razoavelmente – segundo um *standard* de comportamento probo, leal e honesto – não se podia esperar. Assim, colore-se o suporte fático das características do evento necessário para que possamos resolver a situação com a teoria da frustração.[437] Reputamos o evento, nessas condições, como inesperado. A expressão "anormal", empregada no art. 437 do Código Civil português, parece traduzir melhor o conceito, embora a doutrina reconheça que a anormalidade ande junto com a imprevisbilidade[438].

---

[437] O fato de o art. 478 do Código Civil ter inserido a imprevisibilidade e a extraordinariedade como condições para a resolução do negócio que se torna excessivamente oneroso é hoje uma das críticas que se faz à sua redação. O art. 6º, V, da Lei n. 8.078/90, mais de dez anos antes da edição do novo Código Civil, já havia sido mais ousado ao acolher a teoria da base do negócio, requerendo, para a modificação das cláusulas do contrato que se tornasse excessivamente oneroso, simplesmente a alteração das circunstâncias, sem exigir o requisito da imprevisibilidade ou da extraordinariedade. Comentando o dispositivo do Código de Defesa do Consumidor, LUIS RENATO FERREIRA DA SILVA assim se manifesta: "É pela ausência de requerer-se a imprevisibilidade do fato superveniente que se sustenta adotada, no direito brasileiro, via Código de Defesa do Consumidor, a presente teoria. O art. 6º, V, 2ª parte, refere a possibilidade de modificação por tornar-se excessiva a prestação por eventos futuros. Não se faz a exigência da imprevisibilidade do evento" (Causas de revisão judicial dos contratos bancários. *Revista de Direito do Consumidor*, São Paulo, RT, n. 26, abr./jun. 1998, p. 133). CLÁUDIA LIMA MARQUES, por sua vez, ensina que: "A norma do art. 6º do CDC avança ao não exigir que o fato superveniente seja imprevisível ou irresistível, apenas exige a quebra da base objetiva do negócio, a quebra do seu equilíbrio intrínseco, a destruição da relação de equivalência entre prestações, ao desaparecimento do fim essencial do contrato. Em outras palavras, o elemento autorizador da ação modificadora do Judiciário é o resultado objetivo da engenharia contratual que agora apresenta a mencionada onerosidade excessiva para o consumidor, resultado de simples fato superveniente, fato que não necessita ser extraordinário, irresistível, fato que podia ser previsto e não foi" (*Contratos no Código de Defesa do Consumidor*, p. 413). O Projeto de Lei n. 6.960/2002, que visa à alteração de uma série de artigos do Código Civil, propõe a nova redação ao artigo, suprimindo o requisito da imprevisibilidade.

[438] "O critério da anormalidade da alteração coincide nos resultados, via de regra, com o da imprevisibilidade. Porém aquele afigura-se mais amplo do que este, permitindo, razoavelmente, conjugado com a boa-fé, estender a resolução ou modificação a certas hipóteses em que alterações anormais das circunstâncias, posto que previsíveis, afectem o equilíbrio do contrato (ex.: na locação de uma janela para assistir à passagem de um cortejo, pode ser previsível que este não se realize ou que mude de trajecto). Portanto, dispensa-se a imprevisibilidade nos casos em que a boa-fé obrigaria a outra parte a aceitar que o contrato ficasse dependente da manutenção da circunstância alterada" (ALMEIDA COSTA, Mario Julio de. *Direito das*

A previsibilidade do evento funciona, nessa ordem de ideias, como um fator de distribuição dos riscos: se o evento era previsível ao ser celebrado o contrato, há um *indício* de que a parte que seria prejudicada com o seu advento teria assumido o risco de sua ocorrência. Se, contemplando as circunstâncias, vislumbrou a probabilidade de sua ocorrência (o que qualificaria o evento como esperado) e, mesmo assim, decidiu contratar, talvez tenha assumido o risco. Há de se verificar caso a caso para saber se a probabilidade de ocorrência ou do conhecimento do evento futuro era de tal proporção que pudesse significar a assunção do risco de sua configuração.

A qualificação do contratante exerce uma grande influência na avaliação da previsibilidade do evento. Os consumidores, por exemplo, geralmente, têm menos condições de prever oscilações de mercado e tendências da economia do que uma empresa. Normalmente, é o empresário quem detém mais condições de fazer projeções para o futuro e, na interpretação do caso concreto, deve-se ver se não houve eventualmente falha no dever de informação e de aconselhamento deste em relação ao consumidor, o que pode também tornar ilícita a imputação do risco ao consumidor, em especial por força dos arts. 4º, IV,[439] 6º, III[440] e 46,[441] todos da Lei n. 8.078/90. O mesmo se pode aplicar nas relações entre empresas quando

---

obrigações..., p. 277-278). "A anormalidade tem sido predominantemente compreendida como imprevisibilidade. (...) Sem prejuízo deste entendimento geral, já se tem admitido também que a imprevisibilidade pode ser dispensada nos casos em que a boa-fé obrigaria a outra parte a aceitar que o contrato ficasse dependente da manutenção da circunstância alterada" (PIRES, Catarina Monteiro. *Contratos I. Perturbações na Execução*. Coimbra, Almedina, 2019, p. 187-188).

[439] "Art. 4º. A Política Nacional das Relações de Consumo tem por objetivo o atendimento das necessidades dos consumidores, o respeito à sua dignidade, saúde e segurança, a proteção de seus interesses econômicos, a melhoria de sua qualidade de vida, bem como a transparência e a harmonia das relações de consumo, atendidos os seguintes princípios: (...) IV – educação e informação de fornecedores e consumidores, quanto aos seus direitos e deveres, com vistas à melhoria do mercado de consumo".

[440] "Art. 6º São direitos básicos do consumidor: (...) III – a informação adequada e clara sobre os diferentes produtos e serviços com especificação correta de quantidade, características, composição, qualidade e preço, bem como sobre os riscos que apresentem."

[441] "Art. 46. Os contratos que regulam relações de consumo não obrigarão os consumidores, se não lhes for dada a oportunidade de tomar conhecimento prévio de seu conteúdo, ou se os respectivos instrumentos forem redigidos de modo a dificultar a compreensão de seu sentido e alcance."

uma delas não cumpre com o dever da informação. Como exemplo, podemos citar a série de questionamentos no ano 2009 a respeito de contratos de derivativos, cujo cerne das discussões centrava-se em possível falha na informação dos riscos – e da extensão deles – caso ocorresse um maior descolamento da taxa cambial. A proporção das perdas que poderiam ser geradas é uma das alegações das empresas que firmaram esses contratos, que acarretaram prejuízos milionários a empresas como Aracruz, Votorantim, entre tantas outras.

De qualquer maneira, a tônica estará sempre no modo da repartição dos riscos entre os contratantes: é necessário descobrir se algum deles assumiu o risco da alteração das circunstâncias que importasse a impossibilidade de atingir o fim do contrato.

Nessa tarefa, são de grande valia, além da qualificação dos contratantes, os mesmos instrumentos citados para analisar se a finalidade passou a integrar o conteúdo do contrato, que são suportes para o juízo de boa-fé a ser realizado: valor de mercado, tipo contratual escolhido, normalidade das contratações. Com esses elementos, a resposta ao problema estará mais próxima à realidade da contratação e ao ato de autonomia privada manifestada pelos contratantes por meio do negócio jurídico, não surgindo o perigo de uma decisão baseada simplesmente na equidade.[442]

As regras do tipo contratual, por exemplo, podem revelar que certos riscos são imputados a um dos contratantes, pois são, na classificação tradicional, *naturalia negotii*. Isso significa que, embora as partes nada tivessem disposto expressamente no contrato, o fato de terem celebrado, por exemplo, um contrato de comodato, e não um de locação, ou ainda uma empreitada, e não uma prestação de serviços, pode importar uma diferente distribuição dos riscos.

---

[442] "Per sua natura, l'equità è una tecnica di giudizio che si sottrae ad una precisa razionalizzazione, che cioè muove a decisioni non correlate l'una all'altra se non da una medesima esigenza di realizzare la giustizia sostanziale. E così è inevitabile che una giurisprudenza di equità finisca per pregiudicare la certeza dei rapporti. In secondo luogo, una valutazione equitativa del conflito degli interessi in gioco può portare a distribuire le conseguenze dannose delle circostanze che si sono verificate secondo criteri diversi da quelli impliciti nell'economia del contratto, perchè lo sforzo di perseguire «un risultato giusto e ragionevole» rischia sempre di indurre il giudice a sovraporre un suo modello di equilibrio economico dello scambio all'equilibrio di prestazioni volta a volta realizzato dall'autonomia privata" (BESSONE, Mario. *Adempimento...*, p. 320).

Assim, por exemplo, o contrato de empreitada possui uma disciplina própria dos riscos que serve para subsidiar o intérprete na investigação de quem suporta os danos no caso de eventos subsequentes. No art. 611 do Código Civil brasileiro, está estabelecido que, quando o empreiteiro fornece materiais, os riscos correm por sua conta até a entrega da obra, a contento de quem a encomendou, se este não estiver em mora de receber. A regra muda se a pessoa que encomendou a obra estiver em mora, caso em que assume esses riscos. Em se tratando de empreitada somente de lavor, a distribuição dos riscos está disciplinada nos arts. 612 e 613 do Código Civil.

Essas regras de distribuição dos riscos são *naturalia negotii* do contrato de empreitada, de modo que, no caso de disputa judicial a respeito da frustração do fim do contrato, podem ser utilizadas analogamente para saber quem suporta os riscos.

A normalidade das contratações e o valor de mercado também são peças-chave para deduzir se a parte pagou a mais porque não quis assumir determinado risco, ainda que previsível, ou mesmo para informar que, em negócios de determinada espécie, todos costumam ter a distribuição de risco de uma certa maneira.

E se, mesmo lançando mão desses critérios mais objetivos que tornam a solução segura e mais próxima do ato de autonomia privada (e, portanto, da realidade da contratação), em conjunto com a técnica da boa-fé, permanecer a dúvida, deve-se recorrer às circunstâncias da contratação como um guia para encontrar a direção correta a seguir e fornecer a solução mais adequada ao caso concreto. Nesse sentido é o pensamento de FLUME.[443]

Apesar de FLUME pretender dar uma importância secundária às circunstâncias do caso, elas podem ser uma fonte determinante e decisiva para alterar o rumo da interpretação do negócio jurídico no aspecto da repartição dos riscos, nunca, evidentemente, contrariando a distribuição legal e/ou contratual que se afigure clara, mas sempre adaptando-a quando a especificidade do caso concreto requerer. Afinal, o contrato não é apenas o que nele está contido, mas ele e as circunstâncias que o circundam[444].

---

[443] FLUME, Werner. *El negocio...*, p. 621. *Vide* Capítulo 2, item 9.3.

[444] "O contrato não é apenas a letra fria do instrumento. É o negócio embebido na realidade que o circunda, concebido e conduzido por *seres humanos* que, durante a vida do negócio, nele refletem suas *tendências*. A compreensão de seu entorno impõe-se para a disciplina das

Por derradeiro, se o fato que acarreta a não-consecução da finalidade ocorrer em razão da mora do contratante que alega a frustração, dela não poderá se beneficiar, pois o devedor responde pelos prejuízos aos quais sua mora der causa[445], inclusive em se tratando de caso fortuito ou de força maior, a teor do que dispõem os arts. 395 e 399 do Código Civil.[446]

6.1.5. Inexistência de mora do contratante frustrado

Demonstramos, no tópico anterior, que, se o evento que leva à frustração do fim do contrato se deu *em razão* da mora do contratante, não se preenche um dos requisitos para a aplicação da frustração do fim do contrato.

Da mesma forma e pelo mesmo fundamento (art. 399), se o contratante que teve a finalidade frustrada estava em mora ao tempo do surgimento do fato posterior que acarreta a impossibilidade de atingir o fim do contrato, não poderá se beneficiar da doutrina da frustração, a menos que prove não ter tido culpa (e então não haveria mora) ou que a finalidade se perderia ainda que não estivesse em mora.

---

demandas e conflitos que surgem ao longo da sua vida. Esse tipo de estudo explica e sistematiza, a partir da observação da realidade, a *tomada de decisões econômicas dos agentes* [empresas, consumidores, investidores etc.]. (...). Sem a compreensão interdisciplinar do contexto do contrato, das circunstâncias, não se pode interpretá-lo, imprimir-lhe execução. É preciso enxergar os vínculos que vão surgindo durante a vida do contrato, e os fatores jurídicos e extrajurídicos que impulsionam e aplacam os conflitos. O instrumental para tanto não é dado pela dogmática formalista do século passado, e sim emerge da acurada observação da realidade dos negócios empresariais contemporâneos." (FORGIONI, Paula A. *Contratos Empresariais: Teoria Geral e Aplicação*. São Paulo, Revisa dos Tribunais, 2015, p. 101).

[445] Em se tratando de mora do credor, a disciplina encontra-se no art. 404 do Código Civil, subtraindo o devedor isento de dolo à responsabilidade pela conservação da coisa, obrigando o credor a ressarcir as despesas empregadas em conservá-la, e sujeitando-o a recebê-la pela estimação mais favorável ao devedor, se o seu valor oscilar entre o dia estabelecido para o pagamento e o da sua efetivação.

[446] "Art. 395. Responde o devedor pelos prejuízos a que sua mora der causa, mais juros, atualização dos valores monetários segundo índices oficiais regularmente estabelecidos, e honorários de advogado."

"Art. 399. O devedor em mora responde pela impossibilidade da prestação, embora essa impossibilidade resulte de caso fortuito ou de força maior, se estes ocorrerem durante o atraso; salvo se provar isenção de culpa, ou que o dano sobreviria ainda quando a obrigação fosse oportunamente desempenhada."

6.2. Consequências da frustração do fim do contrato

São escassos os diplomas legais disciplinando quais são os efeitos da frustração do fim do contrato. Entre eles, podemos citar as disposições do direito territorial prussiano e o *Law Reform (Frustrated Contracts) Act* do direito inglês (1943).[447] No direito territorial prussiano, as consequências previstas eram diferenciadas de acordo com a ocorrência da frustração da finalidade de ambas as partes ou de somente uma delas:

a) frustração da finalidade de ambas as partes: direito de resolução se o contrato ainda não tivesse sido cumprido, com direito à indenização somente nos casos em que a transformação das circunstâncias ocorreu por atitude da outra (§§ 378 e 379);[448]

b) frustração da finalidade de só uma das partes: direito de resolução do contrato (§ 380),[449] com as seguintes peculiaridades referentes à indenização: (i) se a transformação das circunstâncias foi provocada por quem teve a finalidade frustrada, deverá indenizar por completo a outra parte (§ 381),[450] exceto se essa transformação (causada pela parte prejudicada) tiver sido motivada por conduta do outro contratante, caso em que a parte que teve a finalidade frustrada terá direito a uma indenização (§ 384);[451] (ii) se a alteração das circunstâncias foi provocada por quem não teve a finalidade frustrada, não há lugar para indenização de nenhuma delas

---

[447] O Canadá também possui *Frustrated Contracts Acts*, cujas disposições acerca das consequências da *frustration* são iguais às estabelecidas no *Frustrated Contracts Act* do direito inglês. Vide nota de rodapé n. 98.

[448] "§ 378. No obstante, si a causa de una imprevista transformación de las circunstancias se hiciere imposible la consecución de la finalidad ultima de ambas partes, expresamente declarada o deducida de la naturaleza del negocio, cada una de las partes puede resolver el contrato todavía no cumplido."

"§ 379. Cada parte podrá exigir de la otra una indemnización sólo cuando la transformación de las circunstancias se deba a un acto libre de aquélla."

[449] "§ 380. Si a causa de la transformación de las circunstancias se frustre unicamente la finalidad, expresamente declarada o sobreentendida, de una de las partes, puede ésta resolver el contrato."

[450] "§ 381. Esta parte tiene que indemnizar por completo a la otra si la transformación se produjo por obra suya."

[451] "§ 384. El que resuelva el contrato podrá exigir una indemnización cuando la transformación ocurrida por obra suya fue motivada por la conducta de la otra parte."

(§ 382),[452] exceto se essa transformação tiver sido motivada por ato de quem teve a finalidade frustrada, caso em que deverá arcar com uma indenização (§ 383).[453]

Apesar de traçar um esquema bem definido das consequências da frustração do fim do contrato a partir da causa da modificação das circunstâncias, o direito territorial prussiano não delimita em que extensão se dará a indenização, ficando em aberto se se trata somente do interesse negativo ou, também, do interesse positivo.

No direito inglês, foi editada em 5 de agosto de 1943 a *Law Reform (Frustrated Contracts) Act*, que estabelece as consequências para os casos de impossibilidade superveniente e *frustration* dos contratos submetidos à lei inglesa.[454]

As consequências estabelecidas naquele direito podem ser assim esquematizadas:[455]

a) repetição dos valores já pagos (em razão do contrato) antes do evento que ocasionou a frustração do contrato e inexigibilidade do pagamento dos que ainda não venceram;[456]

b) se a parte que recebeu os valores (e que agora deve devolvê-los) realizou gastos com o cumprimento ao contrato, o Tribunal pode, se entender justo, de acordo com as circunstâncias do caso, autorizar que seja retida certa quantia ou conceder uma indenização limitada a tais gastos;[457]

c) se o ato de um contratante cumprindo o contrato antes que tenha ocorrido o evento frustrante gerar para a outra parte um benefício (não monetário, que se resolve com as letras "a" e "b" citadas anteriormente), o Tribunal poderá, caso considere justo de acordo com

---

[452] "§ 382. Si la transformación se produjo por obra de la otra parte, ninguna de ellas puede, por regla general, exigir indemnización."

[453] "§ 383. El que resuelve el contrato deberá una indemnización si motivo la transformación de las circunstancias causada por la otra parte."

[454] Antes da *Frustrated Contracts Act*, os efeitos eram diferentes. *Vide* Capítulo 1, item 5, nota 94.

[455] Para uma visão mais detalhada, *vide* Capítulo 1, item 5.

[456] *(Frustrated Contracts) Act*, Seção 1(2), segunda parte. *Vide* Capítulo 1, item 5, nota 96.

[457] *(Frustrated Contracts) Act*, Seção 1(2). *Vide* Capítulo 1, item 5, nota 97.

as circunstâncias do caso, determinar a repetição desse benefício, limitado ao valor deste.[458]

Cotejando-se a legislação inglesa com o antigo direito territorial prussiano verificamos facilmente que aquela foi mais preocupada em balizar os limites quantitativos das indenizações, pecando, em contrapartida, na definição das hipóteses em que será devida a indenização, o que é deixado para o arbítrio do Tribunal. Já as disposições do direito territorial prussiano não deixavam margem para o julgador conceder ou não a indenização: verificado que o evento frustrante foi motivado ou ocasionado por uma das partes, a indenização era devida.

Nos demais países em que os Tribunais adentraram na matéria da frustração do fim do contrato, observamos que, mesmo sem haver uma clareza desejável, a trilha comum que percorrem é a resolução do contrato, variando os entendimentos quanto ao cabimento de indenização à parte que não postulou o remédio resolutivo.

LARENZ,[459] antes de dissertar sobre as consequências da frustração do fim do contrato, faz uma análise sobre o fundamento jurídico-positivo em que se assentam as soluções, indagando se a interpretação seria integradora, renovada a cada caso concreto (a chamada *construction,* no direito inglês), ou se estaria baseada em preceitos jurídicos do direito objetivo e que dele se deduziriam por meio da analogia ou da concreção de um princípio geral como o da boa-fé.[460]

---

[458] *(Frustrated Contracts) Act,* Seção 1(3). *Vide* Capítulo 1, item 5, nota 99.

[459] *Base...,* p. 161-184.

[460] "¿se trata de encontrar los resultados de una «interpretación integradora del contrato» que ha de renovarse en cada caso concreto (como sucede en el derecho inglés)?, o ¿se trata de preceptos jurídicos basados en el derecho objetivo y que han de deducirse del mismo (como sucede, según hemos visto, en la doctrina y práctica del Derecho suizo) mediante la analogía o la concreción (determinación y explicación detalladas) de un principio general como el de buena fé?" (*Base...,* p. 161-162). De forma bastante sucinta, pode-se dizer que a fundamentação legal dos efeitos da frustração do fim do contrato por parte do Tribunal Supremo do *Reich,* em um primeiro momento, era o § 157, do BGB, e, após a tese oertmanniana (que se valia do § 242 do BGB para justificar a resolução do contrato), passou a adotar o § 242, mas com a ideia de se conceder uma exceção baseada no abuso de direito, cujo alcance era determinado de acordo com o caso concreto por meio de uma jurisprudência de equidade.

O jurista alemão defende que a norma balizadora da consideração ou não da alteração das circunstâncias é imanente ao próprio contrato, ou seja, situa-se dentro dele, de acordo com o sentido e o fim atribuído pelas partes. Por isso, conclui que a questão é de interpretação do contrato.[461]

E no que LARENZ inova?

As teorias baseadas na cláusula *rebus sic stantibus*, com cunho subjetivo, defendiam que a interpretação do contrato deveria ser feita pela vontade das partes exteriorizada por meio das declarações, mas não a partir do contrato, que, "como complejo de sentido (inteligible), resulta de las declaraciones bilaterales".[462] O apego à vontade não comportava o fenômeno da alteração das circunstâncias, pois nunca se poderia admitir como conteúdo do contrato algo que não tivesse sido realmente pensado pelas partes.

Por essa razão, autores como WINDSCHEID recorreram a termos como "pressuposição", que, em realidade, não se trata de uma vontade consciente do agente, mas uma "reserva virtual, o sea exigida adecuadamente por el sentido conjunto de la voluntad y, por tanto, «potencial», contenida en la voluntad como posibilidad".[463]

Trata-se, pois, de uma ficção criada por esses autores que, como bem apontou LARENZ, é pouco satisfatória para fundamentar as soluções empregadas para a frustração do fim do contrato. Um exemplo esclarece ainda mais a ficção. Imaginemos o caso do arrendamento do posto de gasolina retratado por LARENZ. As partes não imaginaram que o governo tomaria o controle dos combustíveis e que o arrendatário não poderia mais alcançar a finalidade do arrendamento – que era justamente vender gasolina. Ora, se tal fato não havia sido imaginado pelas partes por ocasião da contratação, como dizer que a vontade do contratante era a de que o contrato não surtisse efeitos caso o governo tomasse o controle dos combustíveis?

É por isso que LARENZ defende que a interpretação do contrato deve buscar não a vontade negocial psicológica; a interpretação deve partir da declaração negocial, como complexo de sentido objetivamente inteligível,

---

[461] O que se coaduna com o entendimento de PONTES DE MIRANDA, conforme visto no excurso sobre a cláusula *rebus sic stantibus*.

[462] *Base...*, p. 163.

[463] *Base...*, p. 163.

para encontrar qual a significação que tinha para os declarantes, considerados a finalidade e o contexto em que o negócio foi feito, bem como a sua natureza, o que permite serem abarcados elementos que extravasam os limites da vontade atual. Trata-se, segundo LARENZ, de uma interpretação integradora, calcada no § 157 do BGB, que "se extiende hasta donde «pueda deducirse del contexto del negocio jurídico, de modo compreensible para las partes y conforme a la buena fé, la disposición que ha de integrarse»".[464]

Imagine-se, por exemplo, a hipótese tantas vezes já mencionada dos coletores solares. Mesmo sem prever que o contrato tornar-se-ia ineficaz caso fosse construído um prédio ao lado da casa que impedisse a incidência dos raios solares, o que nem sequer havia sido imaginado pelos contratantes, cada um deles teria e poderia deduzir que, segundo a finalidade e o sentido do contrato, era necessária a incidência dos raios solares.

Não somente a interpretação integradora é o fundamento das soluções para os casos de frustração do fim do contrato, mas também a sua conjugação com o princípio fundamental do direito contratual expresso no § 242 do BGB, qual seja, o da boa-fé objetiva. Esse recurso à boa-fé objetiva é necessário, segundo LARENZ, porque a interpretação integradora não fornece as respostas sobre em quais casos o contrato deve ser anulado, resolvido, ter a prestação majorada ou reduzida, ou, ainda, ensejar indenização, pois, além de as partes não terem previsto nada a respeito, não se consegue extrair as consequências jurídicas a partir da finalidade, sentido ou contexto em que o negócio foi feito.

Uma tarefa é extrair da declaração – enquanto complexo objetivo dotado de sentido, a partir do ambiente em que foi celebrado o negócio e da finalidade que possuía – uma permissão ou proibição expressamente não manifestada. Não se pode, porém, utilizar o mesmo raciocínio para extrair apenas da declaração de vontade as consequências jurídicas pretendidas pelas partes. Por isso, LARENZ conclui não ser correto fundamentar as consequências jurídicas da perda da base do negócio "tan solo en el § 242 o en el § 157 del Codigo civil, sino en la íntima cohesión objetiva de ambas disposiciones. Lo importante es el sentido del contrato tal como tiene que ser comprendido y desenvuelto conforme a la «buena fe»".[465] O que

---

[464] *Base...*, p. 166.
[465] *Base...*, p. 170.

interessa é o sentido (geral e especial) do próprio contrato compreendido e desenvolvido conforme o princípio da boa-fé.[466]

Assentando o fundamento das consequências da perda da base do negócio, LARENZ trata de demonstrar quais seriam elas para os casos da base em sentido subjetivo e objetivo. No que se refere à frustração do fim do contrato, sustenta que a parte afetada pode (i) recusar a prestação, já inútil, da outra parte, mesmo que esta seja possível; ou (ii) recusar-se a cumprir sua prestação caso supere o montante dos gastos que a outra parte realizou e podia realizar para a preparação e a execução do contrato.

Não haveria direito à resolução do contrato, por existir, na maioria dos casos, o dever de indenizar os gastos realizados,[467] o que LARENZ fundamenta nas exigências da justa repartição do risco contratual e nas regras da gestão dos negócios.[468]

---

[466] Exatamente nesse ponto é que FLUME discorda de LARENZ, pois acredita que atribuir as consequências com base na coesão entre as normas dos §§ 157 e 242 do BGB acabaria por resultar em uma decisão de equidade, alheia à economia do negócio. Para remover essa incerteza da boa-fé, sugere o recurso às regras de distribuição de riscos do tipo contratual: "Antes bien, el reparto justo del riesgo de la realidad, si no existe un especial acuerdo contractual adicional, se determina conforme al correspondiente y particular tipo contractual y, además, el acontecimiento social ha de contemplarse independientemente, en su incidencia sobre los contratos (...) La orientación al acuerdo contractual proporciona una delimitación más precisa de la realidad a tener y a no tener en cuenta para la valoración jurídica, y ofrece por si sóla la garantía de que, si no se ha dispuesto otra cosa por acuerdo individual de las partes, se ponga en práctica la distribución típica contractual de los riesgos, esto es, una distribución de riesgos como la que en larga tradición jurídica ha dado buenos resultados en la mayor parte de los casos" (FLUME, Werner. *El negocio*..., p. 619). A advertência que fazemos a esse entendimento é somente para os contratos de adesão, que podem engendrar uma distribuição de riscos imposta pelo contratante que estipula as cláusulas contratuais unicamente em seu benefício, o que demandaria uma atividade de interpretação que corrigisse essa diferença de poder de barganha dos contratantes, tão comum atualmente.

[467] Isso porque LARENZ sustenta que a pretensão de indenização dos gastos realizados é um resíduo da prestação de cumprimento do contrato (*Base*..., p. 183).

[468] *Base*..., p. 179-180. Ideia que é duramente criticada por FLUME: "En ese sentido, es completamente consecuente que, según LARENZ, la parte cuyo fin se frustra, deba siempre estar obligada frente al otro contratante a reintegrarle los gastos. Pero, dado que la problemática no puede contemplarse sólo desde la perspectiva de una de las partes, la solución de LARENZ no es correcta. LARENZ no muestra claramente por què el otro contratante debe conformarse con la indemnización de los gastos, ni por què puede exigirla en todos los casos de frustración del fin supuesto por LARENZ" (*El negocio*..., p. 604).

FRUSTRAÇÃO DO FIM DO CONTRATO

De forma a justificar a justiça da repartição do risco contratual, LARENZ compara as consequências da frustração do fim do contrato com os casos de impossibilidade da prestação inimputável a ambas as partes (§ 323, do BGB). Nesta última situação, o devedor suporta o risco contratual em toda a sua extensão,[469] o que o jurista alemão entende não ser justo nos casos de frustração do fim do contrato, pois ambas as partes foram afetadas por um contratempo, sendo excessivo que aquele que não terá mais de realizar a prestação cujo fim tornou-se inócuo arque com os gastos em que havia incorrido para cumpri-la.[470]

Esse pensamento também é compartilhado por ANTUNES VARELA, segundo o qual, "nestes casos [frustração do fim da prestação ou consecução, por outra via, do fim da prestação], repugnaria ao espírito do art. 795 a solução de obrigar o credor (ou a seus herdeiros) a efectuar a contraprestação. Mas também não seria justo que o devedor houvesse de suportar, sem nenhuma compensação, as despesas que tenha feito ou o prejuízo que haja sofrido, sabendo-se que a causa da impossibilidade da prestação se registrou numa *zona de risco* que é mais do credor do que do devedor".[471]

Não parece razoável a LARENZ atribuir uma indenização sobre os gastos realizados àquele que decida gerir o negócio de outrem sem nenhuma previsão de ser retribuído – consoante determinam os §§ 670, 675, 683, 713, 1.390, 1.648, 1.835, do BGB –, e aquele que teve a prestação tornada inútil perca não só os gastos, mas também a remuneração que auferiria. Esta solução também é apontada por ANTUNES VARELA, segundo o qual o art. 468 (1),[472] deve ser aplicado por analogia para resolver os

---

[469] *Vide* redação do § 323 do BGB, anterior à Lei de Modernização do Direito das Obrigações, na nota 334.

[470] "Pero no es justo que soporte el riesgo en igual medida en los casos de frustración de la finalidad. Aun cuando ha de admitirse que el acreedor rechace la prestación inútil y deniegue la contraprestaión, sería excesivo hacer recaer sobre el que ha procurado cumplir el contrato todos los gastos debidamente realizados. Aquí se trata, como vimos al examinar la doctrina inglesa, de un contratiempo que afecta por igual a ambas partes. Por tanto, justo es que ninguna de ellas obtenga ventaja alguna del contrato; pero no lo es, en cambio, que la parte diligente pierda, junto con su pretensión de remuneración, la indemnización de sus gastos" (*Base...*, p. 180).

[471] VARELA, João de Matos Antunes. *Das obrigações...*, p. 85.

[472] Trata-se de artigo relativo à disciplina da gestão de negócios. O art. 468 (1), do Código Civil português, dispõe que "se a gestão tiver sido exercitada em conformidade com o interesse e a vontade real ou presumível, do dono do negócio, é este obrigado a reembolsar o gestor das

FRUSTRAÇÃO DO FIM DO CONTRATO: NOÇÕES

problemas de frustração do fim do contrato, seja pela impossibilidade de alcançar a finalidade do contrato, seja pela sua consecução por via diversa da prevista contratualmente.

Nesse momento, aparecem com mais clareza a falha e a inconveniência em tratar todos os casos de frustração do fim do contrato como hipóteses de impossibilidade da prestação, pois é necessário criar exceções não previstas em lei – mas por questões de evidente justiça – no engessado regime das consequências da impossibilidade para resolver adequadamente essas situações. Isso seria reduzido, mas não removido por completo[473], se fosse observado que nem todos os casos de impossibilidade de atingir o fim do contrato inserem-se no conceito de impossibilidade. A incoerência do sistema seria menor.

O resultado proposto por ANTUNES VARELA é correto, embora discordemos da construção que apresenta para atingi-lo, posto que acaba considerando impossíveis prestações que são, em rigor, passíveis de cumprimento.

Por isso é que a construção de JOÃO BAPTISTA MACHADO, nesse aspecto, parece mais coerente. Após enunciar as duas grandes regras sobre a distribuição do risco contratual (o devedor corre o "risco da prestação" e, o credor, o "de utilização")[474] e os dois tipos gerais de

despesas que ele fundamente tenha considerado indispensáveis, com juros legais a contar do momento em que foram feitas, e a indemnizá-lo do prejuízo que haja sofrido".

[473] Haja vista que, como já apontamos, existem efetivamente oportunidades em que a frustração do fim do contrato é verdadeiro caso de impossibilidade, o que ocorre quando o cumprimento da prestação depende de fato ou de qualidade do credor ou da coisa na qual será realizada a prestação. A sensação de injustiça é ainda mais flagrante quando o credor atinge a finalidade do contrato por via diversa da contratada, eis que o devedor ficará sem sua contraprestação (porque ele não terá que prestar), embora o credor tenha obtido o benefício que adviria com a prestação do devedor sem a interferência dele.

[474] MACHADO, João Baptista. Risco contratual e mora do credor (risco da perda do valor-utilidade ou do rendimento da prestação e de desperdício da capacidade de prestar vinculada. *Boletim da Faculdade de Direito da Universidade de Coimbra*. Número especial. Estudos em homenagem ao Prof. Doutor Ferrer-Correia. Coimbra, p. 86-87. A regra enunciada por JOÃO BAPTISTA MACHADO é a seguinte: "o percalço que é a perturbação ou malogro do plano contratual gizado pode envolver perdas e aumentos de custos. Aquelas e estes devem, por uma forma ou por outra, ser suportado por aquele das partes de cuja esfera da vida ou de cuja empresa procede a contingência que perturbou o dito plano, salvo diversa estipulação dos contraentes" (p. 103).

contingências perturbadoras do programa obrigacional ([a] a que afeta a prestação ou o objeto desta e [b] a atinente à utilização da prestação ou à participação do credor na efetivação dela), alerta que há um terceiro tipo, especial, que requer um tratamento particular: as situações de "inviabilidade do adimplemento do programa obrigacional, por frustração do fim da prestação ou realização desse fim por outra via que não pelo cumprimento, nos casos em que a mesma prestação, sendo de fim único ou infungível, é uma prestação «finalizada» que, como tal, se torna impossível".[475] Nesses casos, sustenta o autor, talvez se deva dizer que a frustração do fim representa um *risco comum*. As regras da impossibilidade, portanto, não cobrem as hipóteses de frustração do fim do contrato[476], até mesmo porque não estamos tratando de impossibilidade (da prestação).

Esse raciocínio não implica que o sistema das consequências da impossibilidade seja ferido, o que se deve até mesmo por uma mudança de enfoque, qual seja, o de que a repartição do risco contratual pode se apresentar como um *problema autônomo a ser resolvido por critérios próprios*, na medida em que "o problema da repartição do risco não é um problema necessariamente solidário com o da impossibilidade da prestação".[477] Não seria mais o regime da impossibilidade que moldaria o regime do risco, mas este que "inferiria o conceito de impossibilidade".[478]

Essa autonomia da distribuição contratual dos riscos, a ser feita com critérios próprios, poderia se valer, analogamente, das regras aplicáveis a tipos contratuais específicos (empreitada, locação, prestação de serviços, etc.) ou de outros dispositivos que, também por analogia, se ajustassem ao caso concreto (gestão de negócios e enriquecimento sem causa, por exemplo), sem precisar recorrer, necessariamente, às regras da impossibilidade, que não fornecem uma solução adequada às particularidades da *fattispecie* da frustração do fim do contrato. A análise do caso concreto será decisiva

---

[475] *Risco...*, p. 88-89. O mesmo tratamento especial dos casos de frustração do fim é empregado pelo autor quando trata das prestações submetidas a um prazo fixo absoluto. Após esclarecer que o devedor fica liberado se não pode prestar em razão da mora do credor ocasionada por fato que se encontre dentro de sua (do credor) esfera do "risco de utilização", adverte que assim não será nos casos de frustração do fim único e infungível (p. 114-115).

[476] *Risco...*, p. 90-94 e 96.

[477] *Risco...*, p. 122.

[478] *Risco...*, p. 123.

para a determinação das consequências, que também não são tão amplas e variadas como pode parecer, girando boa parte das dúvidas em torno do ressarcimento das despesas já incorridas para o cumprimento do contrato cujo fim restou frustrado.

No entendimento de LARENZ, por exemplo, somente os gastos realizados é que seriam indenizáveis, ficando de fora os lucros que se pretendiam obter com a realização da prestação.[479] A única exceção seria para as hipóteses em que a finalidade fosse obtida por outra forma da contratualmente prevista, nas quais o jurista alemão entende que seria justificável a indenização em maior amplitude, uma vez que o credor da prestação não estaria experimentando nenhum prejuízo; dessa forma, admitir-se-ia que fossem ressarcidos todos os prejuízos até o limite máximo do interesse positivo.

MOSSET ITURRASPE[480] defende que a alteração das circunstâncias que acarreta uma modificação substancial do contrato enseja tanto a revisão quanto a resolução do contrato, sendo conveniente dar à vítima das novas circunstâncias a possibilidade de escolha, ouvindo a parte contrária (que pode oferecer-se a modificar o contrato), para que, somente depois, o juiz decida.

A posição de ITURRASPE justifica-se porque ele insere na *frustración del contrato* os casos de excessiva onerosidade. Contudo, se um contrato teve a sua finalidade frustrada, do que resulta que não tem mais razão de ser, fica difícil imaginar qual a utilidade prática de sua revisão. É por isso que RUBÉN STIGLITZ defende que "la resolución por ineficácia puede ser admitida como el destino previsible del contrato frustrado. No advertimos como factible la posibilidad de revisar un contrato en que, por circunstancias anormales e inesperadas, queda agotado el interés contractual, el resultado esperado, por una o ambas partes, lo que implica, para nuestro caso, la desaparición de uno de los elementos constitutivos del contrato".[481]

---

[479] LARENZ menciona a posição contrária de KRÜCKMANN, pela qual também seriam concedidas ao credor as "ganancias que ha dejado de obtener", mas que, conforme aquele autor, revela-se uma indenização muito ampla (*Base...*, p. 182). ANTUNES VARELA também defende que as despesas e os prejuízos devam ser reembolsados (*Das obrigações...*, p. 85).

[480] *La frustración...*, p. 69 e 115-116.

[481] STIGLITZ, Rúben. *Objeto...*, p. 26.

Como consequências da frustração do fim do contrato, STIGLITZ[482] estabelece a resolução do contrato nas seguintes bases:

a) as prestações realizadas antes do acontecimento que gerou a frustração são repetíveis, deduzidos os gastos relacionados à execução da prestação pela parte que prestou. Somente se se tratar de prestações recíprocas – como as que ocorrem nos contratos de execução continuada ou periódica em que as prestações são divisíveis – o seu cumprimento permanecerá intacável;
b) as prestações ainda não cumpridas não são mais devidas;
c) obrigação de a parte informar à outra a ocorrência da frustração da finalidade do contrato.

O fato é que todas essas consequências são, no fundo, resultado de uma avaliação do que se entende ser "justo", pois, em geral, não há uma disposição que as determine expressamente.

Por isso é que existe uma variedade de consequências nas decisões dos Tribunais a respeito do tema, não obstante ser ainda mais dificultada a definição delas pelo fato de a frustração ser um instituto desprovido – até agora – de um perfil próprio e por aparecer entrelaçada com outras ideias e teorias. Para evitar essa instabilidade nas decisões é que juristas como BESSONE e FLUME procuraram subsidiar o juízo de boa-fé com a consideração, em primeiro lugar, da própria economia do contrato (as disposições eleitas pelas partes no exercício de sua autonomia privada), aliada (1) à análise do tipo contratual adotado, (2) à normalidade das contratações (como elas geralmente são feitas), (3) ao preço de mercado e, ainda, (4) às circunstâncias do negócio (que serviriam como uma bússola a orientar o intérprete para a direção correta em caso de dúvidas a respeito da justiça da solução que os demais indicadores informam). Isso serve para remover boa parte da vagueza da aplicação pura e simples da boa-fé objetiva.

De forma esquemática, procuraremos demonstrar a diversidade dos resultados apontados pela jurisprudência para os casos nos quais se verificou a frustração do fim do contrato, conforme o quadro que segue:

---

[482] *Objeto...*, p. 27.

Caso	Consequência
Chandler v. Webster[483]	Arrendatário teve de pagar o valor integral do contrato, pois o preço era para ter sido integralmente pago antes do evento que gerou a frustração.
Krell v. Henry[484]	Arrendatário perdeu o que havia pago antes do evento que gerou a frustração e foi liberado das que venceriam depois.
Herne Bay Steam Boat Company v. Hutton[485]	Arrendatário teve de pagar o valor integral do contrato (que podia ser empregado para outras finalidades que não só a observação da revista da frota), mas se determinou que fosse descontado o que o arrendador ganhou com o arrendamento do barco a terceiros.
Caso dos Marcos de Madeira[486]	Comprador dos marcos de madeira teve de pagar pelos que já estavam feitos, mas foi liberado dos pagamentos dos demais que iriam ser produzidos.
Caso do Posto de Gasolina[487]	Arrendatário foi liberado do pagamento do valor do arrendamento.
Altos Hornos de Viscaya S.A. y Basconia S.A. vs. Cauco[488]	Resolução do contrato com a condenação ao pagamento pelo serviço que até então havia sido realizado.

[483] Caso da locação para assistir ao desfile da coroação.

[484] Caso da locação das janelas para assistir ao desfile da coroação.

[485] Caso da locação da embarcação para assistir à revista naval.

[486] Caso da fabricação dos marcos de madeira nos quais eram inseridos os aparatos elétricos de outra empresa para a venda ao exército.

[487] Caso do arrendamento do posto de gasolina antes do controle estatal sobre os combustíveis.

[488] Caso da empresa contratada para fazer a cobertura impermeável para uma máquina industrial.

Talleres Martín S.L. vs. Papeleras del Maestrazgo S.A.[489]	A sentença, considerando que a turbina era para o salto que foi desapropriado, anulou o contrato e determinou a devolução das parcelas pagas. O Tribunal Supremo reformou a sentença e definiu que o contrato deveria ser cumprido integralmente porque não vislumbrou a prova de que a turbina era para a queda d'água desapropriada.
Señoras Más vs. Carsi[490]	Tribunal entendeu que as senhoras Más não poderiam mais exigir o cumprimento do contrato, pois havia sido alterada a base do negócio.

A regra que pode ser extraída de tudo quanto foi aqui exposto é a de que a consequência natural e última da frustração do fim é a *ineficácia do contrato*, que pode ser manifestada por meio da sua *resolução ou resilição*: em se tratando de contrato cujo cumprimento já foi iniciado, a regra seria a resilição (efeitos *ex nunc*); se o cumprimento ainda não foi iniciado, a regra seria a resolução (efeitos *ex tunc*). Essa resolução ou resilição se operaria de pleno direito (*ipso iure*)[491], mas, havendo pretensão resistida, haveria de ser postulada (via ação ou exceção) pela parte interessada. Se a parte continuar cumprido o contrato cujo fim não se pode mais atingir, pode-se entender que as partes renunciaram à alegação da frustração.

A consequência da frustração do fim do contrato, pois, situa-se no plano da eficácia. Sua ocorrência é, assim, uma patologia que acarreta a ineficácia do negócio jurídico.

Alguns aspectos merecem análise:

---

[489] Caso da turbina para a queda d'água que foi desapropriada.

[490] Caso da compra e venda da propriedade contígua que permitiria a saída para a Rua da Indústria.

[491] Nesse sentido: MARTINS-COSTA, Judith e HAICAL, Gustavo. Alteração da relação obrigacional estabelecida em acordos societários por impossibilidade superveniente não imputável às partes contratantes em virtude do desaparecimento de sua finalidade. *Revista de Direito Civil Contemporâneo*, vol. 18, 2019, p. 13 da versão online (§§ 53-54). MARINHO, Maria Proença. *Frustração do fim do contrato*. Indaiatuba: Editora Foco, 2020, p. 103-105.

FRUSTRAÇÃO DO FIM DO CONTRATO: NOÇÕES

a) a legitimação para a propositura da ação: a ação ou a exceção que vise à resolução/resilição do contrato será proposta/arguida por aquele a quem a prestação não tenha mais utilidade, ou seja, o prejudicado pela frustração (credor). Essa é a regra geral. Contudo, não vemos nenhum empecilho para que o contratante que deva realizar a prestação (devedor) que já não tem mais utilidade à outra parte também esteja legitimado para alegar a resolução/ resilição do contrato. Tal fato pode ocorrer quando o contratante que teve a finalidade frustrada pretenda, mesmo assim, a execução do contrato simplesmente para auferir alguma vantagem que não lhe competiria por conta do contrato, ou nos casos em que o devedor da prestação se mostre, em nome da boa-fé, em atitude de cooperação para com o credor da prestação já inútil e também queira se resguardar de eventual alegação da frustração do fim do contrato.

A primeira exceção – evitar que se aufira uma vantagem a que não se faz jus – pode ser verificada no caso Señoras *Más vs. Carsí*. Ao vender sua propriedade, as senhoras Más não tinham mais razão para demandar o cumprimento da promessa de compra e venda celebrada com o senhor Carsí, a qual tinha a finalidade precípua, comum e objetiva de possibilitar o acesso da propriedade daquelas senhoras à Rua da Indústria. Nada impediria que o senhor Carsí, via ação ou exceção, alegasse a frustração do fim do contrato, de forma a se ver livre do cumprimento do contrato. Apresentar-se-ia, aqui, uma forma de concretização da figura do abuso de direito, de modo que aquele que exigisse o cumprimento de um contrato cuja finalidade restou frustrada, com o objetivo de obter uma vantagem não programada, estaria excedendo os limites impostos pelos fins econômicos, sociais e concretos que o contrato lhe assegurava.

A segunda exceção normalmente será resolvida extrajudicialmente. À vista da frustração da finalidade do contrato, o contratante pode notificar a outra parte para que manifeste se ainda tem interesse na execução do contrato. Essa atitude evita, pelo menos, dois problemas: (1) que o devedor da prestação incorra em mora; (2) que o devedor da prestação incorra em gastos com a realização da prestação e se veja surpreendido pela alegação posterior de frustração da finalidade do contrato. Caso a resposta à notificação seja no sentido de que, de fato, não há mais razão de ser na contratação, as partes celebrarão um distrato, outorgando-se quitações recíprocas. Caso a resposta seja negativa, o devedor da prestação terá, em princípio, de executá-la, pois ela é plenamente possível. Poderá, todavia, eximir-se de prestar desde que demonstre que a exigência de cumprimento do contrato, mantida pelo outro contratante mesmo diante da frustração do seu fim, é abusiva, no sentido de que busca obter uma vantagem ilegítima ou simplesmente ocasionar prejuízo ao outro contratante. É claro que se trata de hipóteses raras e dependentes de provas. Assim, por exemplo, pode ser demonstrado que o credor continua a exigir a prestação a despeito da frustração do contrato simplesmente para favorecer um terceiro, concorrente do devedor, que sabe que ele não terá condições de participar de uma nova e lucrativa licitação se tiver que cumprir a prestação. São hipóteses extremas, que não infirmam a regra segundo a qual é prerrogativa do credor exigir a prestação enquanto o seu interesse ainda estiver presente.

Dessa forma, o curso natural de um contrato que teve a finalidade frustrada é o pedido de resolução/resilição daquele para quem a prestação não tem mais razão de ser. Esse é o principal legitimado a propor a ação. Admite-se, todavia, que o devedor da prestação possa ser liberado por conta da inutilidade de sua obrigação para a outra parte caso se demonstre que a exigência do cumprimento do contrato seja injustificada ou decorra de ato abusivo do credor.

b) a regra que se verifica é que a frustração do fim do contrato acarreta efeitos diversos segundo tenha sido iniciado o seu cumprimento ou não:

b.1) se não foi iniciado o cumprimento: as partes devem retornar ao *status quo ante* relativamente à contratação, resolvendo-se o contrato. Se alguma parcela foi adiantada, deverá ser devolvida;

b.2) se foi iniciado o cumprimento: as prestações realizadas e pagas permanecem boas e firmes, liberando-se as partes do cumprimento das prestações que ainda não venceram (resilição do contrato).

Em ambos os casos, as despesas incorridas para a preparação da execução do contrato devem ser reembolsadas.

A revisão de um contrato cujo fim restou frustrado afigura-se uma hipótese muito remota, pois não é fácil vislumbrar alguma situação em que um negócio jurídico que não tenha mais nenhuma utilidade possa ser aproveitado com uma adaptação. Se a finalidade se perdeu, de que adiantaria modificar o contrato?

Eventualmente, a frustração do fim do contrato pode dar ensejo à suspensão da exigibilidade das prestações diante de situações de impossibilidade temporária de atingir o fim contrato. Assim, por exemplo, na atual situação da pandemia COVID-19, as partes podem ter interesse em manter o vínculo contratual para a consecução do fim do contrato quando as atividades ou as regras de convivência social retornem ao normal. Nesses casos, é como se o contrato permanecesse em *stand-by* pelo período de duração dos efeitos da pandemia, o que deverá ser negociado pelas partes ou analisado caso a caso pelo julgador de forma a restabelecer o sinalagma. Seja como for, se a impossibilidade temporária de atingir o fim do contrato acarretar a perda do interesse do credor, a resolução estará igualmente autorizada porque a impossibilidade deve ser reputada definitiva.

Em rigor, assim como a impossibilidade temporária da prestação exclui a mora[492] e também paralisa o cumprimento das prestações[493], a temporária impossibilidade de atingir o fim do contrato também é excludente da mora. Além disso, estando presente o interesse do credor e ainda sendo possível atingir o resultado almejado, habilita-se a suspensão da exigibilidade das prestações até que o evento impossibilitador seja superado ou o interesse do credor despareça. Nesse contexto, em contratos de longo

---

[492] "Se a impossibilidade é total e permanente, dá-se a extinção do vínculo contratual. Se é apenas temporária, não haverá mora." (FONSECA, Arnoldo Medeiros da. *Caso Fortuito e Teoria da Imprevisão. Caso fortuito e teoria da imprevisão*. 3 ed. rev. e atual. Rio de Janeiro: Forense, 1958, p. 178)

[493] "A impossibilidade temporária enseja a paralisação da exigibilidade da prestação e mantém o vínculo até que a causa da impossibilidade se afaste ou até que se extingam os interesses do credor na prestação. Essa hipótese diferencia-se da mora pela inocorrência do elemento subjetivo característico desta, a culpa do devedor, de modo que, havendo culpa que tenha determinado o atraso, o caso será regido pelos arts. 394 e seguintes." (SILVA, Jorge Cesa Ferreira da. *Inadimplemento das obrigações*. Comentários aos artigos 389 a 420 do Código Civil. Mora. Perdas e Danos. Juros legais. Cláusula penal. Arras ou sinal. São Paulo: RT, 2006, p. 39).

prazo ou com data de cumprimento no futuro (cujo interesse do credor ainda persista após a data designada) que tiveram a finalidade contratual afetada, autoriza-se a suspensão do cumprimento das prestações por ambas as partes, aproveitando-se, portanto, o cumprimento até então realizado, mas impondo-se, em contrapartida, o acertamento entre as partes quanto às despesas a incorrer durante a paralisação das prestações e que visam a assegurar que a finalidade possa ser atingida tão logo o evento superveniente seja superado.

Pense-se no exemplo de um transportador que faz transporte regular de insumos para a indústria "X", que teve de paralisar suas atividades temporariamente por conta da pandemia do coronavírus. O transportador – mesmo sem prestar o serviço de transporte – terá de arcar com despesas para a manutenção dos veículos e dos motoristas, de forma a estar preparado para a retomada das atividades, quando necessário. Caso o transportador atenda de forma exclusiva à indústria "X" e só tenha ela como cliente, todas as despesas são realizadas de forma induvidosa no interesse do contrato de transporte daquele cliente específico. Nesse caso, tais despesas com a manutenção do contrato de transporte precisarão ser acertadas pelas partes e, no caso de não haver um acordo, a resolução do contrato será sempre uma via à disposição delas. A ponderação dos custos e benefícios da suspensão do contrato em relação à resolução sem penalidades será um exercício necessário para os contratantes.

Por isso, parece-nos que o curso natural de um contrato que é objeto da frustração do fim do contrato seja a sua resolução/resilição.[494] Mesmo assim, em nome do princípio da conservação dos negócios jurídicos, se houver alguma possibilidade de revisão, entendemos não haver óbice ao seu reconhecimento, sem prejuízo, igualmente, da suspensão da exigibilidade da prestação até que o evento que impossibilite temporariamente a consecução do fim seja superado.

---

[494] "Quando o tribunal, nos termos indicados, se encontre em face da alternativa da resolução ou da revisão, caberá optar pelo primeiro caminho, sempre que, diante da alteração das circunstâncias, o contrato tenha perdido a sua razão de ser ou não possa restabelecer-se um equilíbrio justo" (ALMEIDA COSTA, Mario Julio de. *Direito das obrigações...*, p. 287).

6.3. Distinção com outros institutos e teorias

Uma boa forma de tentar situar a frustração do fim do contrato, assentando-a em local que lhe é próprio, sem entrar nos domínios de outros institutos e sem ser por eles invadidos, é demonstrando as diferenças existentes entre eles.

Escolhemos os institutos e teorias com os quais julgamos mais oportuno fazer as distinções.

6.3.1 Frustração do fim do contrato e erro

Segundo a definição de SILVIO RODRIGUES, "erro é a ideia falsa da realidade, capaz de conduzir o declarante a manifestar sua vontade de maneira diversa da que manifestaria se porventura melhor a conhecesse".[495]

Muitas das críticas que se fizeram à teoria de OERTMANN baseavam-se no fato de ela não conseguir diferenciar satisfatoriamente a base do negócio de um motivo especialmente destacado. Por isso, a representação mental a que OERTMANN se referia, caso não se concretizasse, ou ocorresse de maneira diversa da representada, era equiparada por seus críticos, com dose de razão, ao erro nos motivos.

Mais tarde, ao dividir a base do negócio em duas vertentes, LARENZ confirma que a base do negócio em sentido subjetivo é a "común representación mental de los contratantes por la que ambos se han dejado guiar al fijar el contenido del contrato".[496] Dessa forma, o fato de essa representação mental não se realizar significa que se está diante de um erro nos motivos.

A relação da base subjetiva e do erro nos motivos decorre do fato de que nessas duas teorias os contratantes partem de uma ideia equivocada da realidade, imaginando algo no ato da contratação que não se verifica verdadeiro. Ambas se referem ao momento da formação do contrato.[497]

Ocorre que a frustração do fim é própria do momento dinâmico do contrato. Da mesma forma, nada se verifica falso ou equivocado com o decorrer do tempo; a representação das partes que as guiou na fixação do conteúdo do contrato não sofre nenhuma alteração.

---

[495] *Direito civil.* Parte geral. São Paulo: Saraiva, 2002, v. 1, p. 187.

[496] *Base...*, p. 37.

[497] Como ensina ALMEIDA COSTA, "(...) no erro, o vício respeita à própria formação do negócio" (*Direito das obrigações...*, p. 273).

Com razão GALLO ao afirmar que "l'errore si riferisce tipicamente a casi in cui il contratto nasce viziato fin dall'origine",[498] enquanto, na frustração do fim do contrato, o "vício" surge somente em decorrência de um fato superveniente, não existente ao tempo da contratação.[499]

Nesse cenário, o que ocorre é simplesmente a impossibilidade de atingir a finalidade do contrato em razão de um evento posterior à contratação. Por exemplo, quando alugo uma parede para colocar um anúncio luminoso e a prefeitura decreta, subitamente, um racionamento de energia elétrica na cidade, não se pode dizer que havia uma falsa representação da realidade na qual os contratantes se basearam quando celebraram o contrato. O que há é uma alteração posterior da realidade, alheia à teoria do erro, segundo a qual a falsa ideia deve existir no momento da celebração do negócio. Conforme ensina PONTES DE MIRANDA, "só os enunciados precisos são suscetíveis dos valores de verdade, discriminada e exclusivamente. Por outro lado, para que o enunciado, que se tinha por verdadeiro, seja tido por falso, é necessário que o enunciado, que o contradiga, seja preciso e verdadeiro. Não basta ser possível, nem sequer, muito provável."[500] Como se percebe, fogem ao campo do erro aqueles eventos supervenientes que malogram uma expectativa das partes, a qual fez com que representassem mentalmente o negócio de determinada forma.

Além disso, a frustração do fim do contrato não se vincula aos motivos – que, salvo os determinantes, seriam irrelevantes –, pois é aquele *plus* que se agrega à atribuição patrimonial conhecida e aceita por ambas as partes, não se limitando ao querer psicológico e retido pelo contratante.

6.3.2. Frustração do fim do contrato e caso fortuito ou força maior[501]

O caso fortuito ou de força maior revela-se no fato necessário e inevitável, inimputável a qualquer das partes e que acarreta, via de regra, a impossibilidade de cumprimento da obrigação. Há, por consequência,

---

[498] GALLO, Paolo. *Sopravvenienza...*, p. 219.

[499] "L'errore guarda quindi al passato, la sopravvenienza contrattuale al futuro. La distinzione è sicuramente ben netta, ma sul piano pratico essa viene quasi a sfumare" (GALLO, Paolo. *Sopravvenienza...*, p. 269.

[500] *Tratado de direito privado*, t. IV..., p. 271).

[501] Em que pesem as divergências existentes entre a conceituação de caso fortuito e força maior, faremos uso das expressões sem nenhuma distinção entre elas, pois o seu estudo extravasa o âmbito do presente trabalho.

FRUSTRAÇÃO DO FIM DO CONTRATO: NOÇÕES

uma impossibilidade objetiva e absoluta de executar a obrigação, de forma que o devedor é exonerado da responsabilidade pelo incumprimento. No entanto, pode ocorrer de o evento fortuito ou de força maior implicar somente uma dificuldade ou maior onerosidade da prestação,[502] o que não acarreta a liberação do devedor, nos termos do art. 393 do Código Civil, mas pode dar ensejo à resolução por excessiva onerosidade. Sendo assim, caso fortuito ou de força maior é o fato e/ou evento que acarreta a produção desses efeitos (impossibilidade ou dificuldade).

A frustração do fim do contrato é mais um dos efeitos que o caso fortuito ou de força maior pode gerar. Dessa forma, a relação entre eles é de causa e efeito, não havendo identidade entre eles.

Verificamos também que, na frustração do fim do contrato, em hipótese alguma, a possibilidade de realização da prestação é afetada. Ao contrário, o seu cumprimento é perfeitamente possível, apenas não tendo mais razão de ser. Aqui, a liberação do devedor pode ocorrer mesmo sem haver a impossibilidade. Do mesmo modo, na frustração do fim do contrato não há uma excessiva onerosidade, pois a relação de equivalência entre as prestações permanece a mesma.

Não há, portanto, equiparação entre evento fortuito ou de força maior e frustração do fim do contrato, pois cada um se encontra em um plano distinto, sendo um causa e o outro seu possível efeito.

Um evento fortuito ou de força maior pode acarretar a frustração do fim do contrato, tal qual ocorreu no caso do arrendamento do posto de gasolina que, por conta da guerra, não pode mais ser explorado devido ao domínio governamental sobre os combustíveis.

Uma outra distinção que não pode ser esquecida é que as consequências da frustração do fim do contrato são diversas daquelas geradas pelo caso fortuito ou de força maior; enquanto este exonera a responsabilidade do devedor pelo não cumprimento, naquele há, via de regra, a necessidade de serem indenizados os gastos, efetuados em vista do cumprimento da prestação.

---

[502] Ver FONSECA, Arnoldo Medeiros da. *Caso fortuito e teoria da imprevisão...*, p. 141-142.

6.3.3. Frustração do fim do contrato e impossibilidade da prestação

Outra importante distinção que devemos fazer é entre a frustração do fim e a impossibilidade da prestação. Esse tema é objeto de grandes discussões.

O paralelismo entre os dois fenômenos é decorrente (a) da origem da *frustration*, (b) da natural da evolução do pensamento jurídico relacionado à matéria da alteração das circunstâncias e (c) do abrandamento do *pacta sunt servanda*: a mudança do foco do voluntarismo para uma concepção objetiva da relação obrigacional; da pressuposição para uma hermenêutica integradora, à impossibilidade, à base objetiva do negócio jurídico e, por fim, a uma ideia de distribuição dos riscos.[503]

Na medida em que a solução do problema relacionava-se à distribuição dos riscos no contrato, a relação com a teoria da impossibilidade foi inevitável, mas, conforme bem observou CLÓVIS DO COUTO E SILVA, "a teoria da impossibilidade poderia ser a fundamentação correta para os casos de modificação nas circunstâncias do contrato, se não existissem outros princípios que definissem a relação contratual como uma relação material".[504] Conquanto exista uma proximidade valorativa entre a frustração do fim do contrato e a impossibilidade, há um espaço reservado para a frustração que com ela não se confunde. Por essa razão, há hipóteses que não devem ser acomodadas nos quadrantes da disciplina da impossibilidade, pois a prestação – mesmo entendida como resultado –, ainda é possível, impossibilitando-se tão somente a consecução do fim do contrato que se integrou ao conteúdo do negócio jurídico[505].

O conceito de prestação como resultado não faz com que todas as situações em que a finalidade não possa ser mais atingida sejam arrastadas para a teoria da impossibilidade, pois, conforme já explicamos, apenas os resultados que se ligam visceralmente à prestação, definindo-a, é que

---

[503] Esse ciclo evolutivo da alteração das circunstâncias foi exposto no Capítulo 2. JUDITH MARTINS-COSTA explica que "as dificuldades para o enquadramento dogmático da frustração do fim – se no regime da impossibilidade, se na teoria da base do negócio – advêm do fato de essa doutrina ter sido formulada e desenvolvida em diversa tradição jurídica, a do *common law*, como uma atenuação do rigor do princípio da insensibilidade do vínculo negocial aos eventos supervenientes" (*Crise...*, p. 170).

[504] COUTO E SILVA, Clóvis Veríssimo do. A teoria da base do negócio jurídico. *In*: Fradera, Vera Maria Jacob (Org.). *O direito privado na visão de Clóvis do Couto e Silva*. Porto Alegre: Livraria do Advogado, 1997, p. 93.

[505] Sobre a integração do fim ao conteúdo do negócio jurídico, vide capítulo 4, item 6.1.2.

FRUSTRAÇÃO DO FIM DO CONTRATO: NOÇÕES

acarretam situações de impossibilidade. O exame dos casos expostos na doutrina revela que, geralmente, essas situações coincidem com aquelas de perda do substrato da prestação (v.g., paciente que se cura antes da cirurgia, aluno de música que fica surdo).

Se todas as situações em que o resultado não seja mais possível fossem categorizadas como impossibilidade, não haveria espaço para a frustração do fim do contrato, o que não parece ser uma conclusão acertada e vai de encontro ao entendimento de boa parte da doutrina.[506]

---

[506] No Brasil, compartilham do entendimento de que a frustração do fim do contrato é uma hipótese distinta da impossibilidade: NANNI, Giovanni Ettore. Frustração do Fim do Contrato: análise de seu perfil conceitual. *Revista Brasileira de Direito Civil. Belo Horizonte*, v. 23, jan./mar. 2020, p. 39-56; RUZZI, Marcos Hoppenstedt. Resolução pela frustração do fim do contrato. In: HIRONAKA, Giselda Maria Fernandes Novaes; TARTUCE, Flávio (Coord.). *Direito contratual: temais atuais.* São Paulo: Método, p. 512. MARINHO, Maria Proença. *Frustração...*, p. 37-42. Na doutrina estrangeira, PEREIRA, Maria de Lurdes. *Conceito...*, p. 36; PIRES, Catarina Monteiro. *Impossibilidade...*, p. 437. Ao considerar (i) que o fim é elemento constitutivo da prestação (p. 174), (ii) a exposição do conceito de prestação como resultado e (iii) o fato de que a impossibilidade deve ser entendida em um sentido socio-cultural (p. 180), JUDITH MARTINS-COSTA parece tratar a frustração do fim do contrato como uma das espécies de impossibilidade de prestar: "No nosso ver, a solução mais rente ao sistema será a de considerar a hipótese de frustração do fim atrelada à Teoria da Impossibilidade, como uma de suas espécies, pois se o fim é – como aqui se sustenta – intrínseco e não meramente extrínseco ao conceito de prestação, a sua frustração o atinge inelutavelmente" (*Crise...*, p. 181). Para a autora, "é requisito para a qualificação dogmática da frustração do fim do contrato com espécie de impossibilidade de prestar, a existência de um fim comum às partes, expresso ou claramente dedutível do contrato e de suas circunstâncias, inconfundível, portanto, com motivações ou expectativas do credor" (p. 181). Se todo o fim comum e conhecido dos contratantes integrar como elemento constitutivo o conceito de prestação, parece não haver sentido em se falar em frustração do fim do contrato, mas apenas em impossibilidade da prestação. Além disso, outra consequência daí decorrente residirá na verificação do adimplemento: se o resultado não for atingido, estaremos diante de uma hipótese de incumprimento, de modo que o devedor estará obrigado a causar o resultado. Esse é o grande "nó" em torno do tema da frustração do fim do contrato e a tormentosa fronteira com a impossibilidade. Sem prejuízo de maiores reflexões, considerar o fim como um fator de eficácia, externo à prestação, e que a ela pode se acoplar a depender da intensidade com que as partes pretenderam fazer com que o devedor o causasse, é uma solução que permite calibrar melhor casos nos quais teremos situações de impossibilidade, com consequências mais rígidas, e casos de frustração do fim. Nesse sentido, CATARINA MONTEIRO PIRES, também adepta do conceito de prestação como resultado, defende que "a estrutura final da relação obrigacional reflete-se no plano do resultado da prestação e no plano do interesse do credor na prestação. A funcionalização da relação obrigacional, a sua

Por que não nos valemos do art. 234 do Código Civil[507] para resolver o caso no qual é inócua a instalação do sistema de aquecimento de água por energia solar em razão da construção de um edifício que impede que os raios solares incidam sobre o telhado? Por que não utilizamos o art. 248 do Código Civil[508] para as obrigações de fazer? É simples. Na frustração do fim do contrato, não estamos diante de uma impossibilidade ou deterioração da prestação, porque ela é plenamente passível de ser realizada. O que se impossibilita é a finalidade do contrato, o seu escopo, seu fim prático, seu resultado, aquilo a que ela se presta, de modo que não há mais nenhuma utilidade no recebimento da prestação. Como ensina MARGARITA CASTILLA BAREA, "es precisamente esa irrealizabilidad la que deslinda la frontera entre la imposibilidad sobrevenida, con sus específicos efectos, y el simple incumplimiento de la obligación, con los suyos. Por tanto, donde no exista estrictamente una irrealizabilidad de la prestación debida por parte del deudor, no puede hablarse de imposibilidad sobrevenida, aunque podremos encontrarnos ante otras figuras afines a la que nos ocupa y distintas a ella, como pueden ser la excesiva onerosidad de la prestación, la frustración del fin del contrato, la inexigibilidad de otra conducta, la inidoneidad de la prestación para satisfacer el acreedor, etc."[509] E, mais adiante, arremata: "puede decirse

---

compreensão como um meio ou instrumento técnico-jurídico para a satisfação do interesse do credor não permite, porém, uma internalização do conceito de interesse no seio do conceito de obrigação. O art. 790.º acolhe o conceito de prestação enquanto resultado, mas não implica a aplicação das regras acerca da impossibilidade nos casos de *mera* perda ou perturbação do interesse do credor na prestação. O interesse do credor é, com efeito, uma condicionante exterior à obrigação e, logicamente, à prestação, mesmo enquanto resultado." (*Impossibilidade...*, p. 364).

[507] *Vide* redação do artigo na nota de rodapé n. 61.

[508] *Vide* redação do artigo na nota de rodapé n. 64.

[509] BAREA, Margarita Castilla. *La imposibilidad de cumplir los contratos*. Madrid: Dykinson, 2000, p. 55. Não podemos deixar de registrar neste momento o posicionamento da autora com relação à frustração do fim do contrato, pois, apesar de ela reconhecer a sua existência, sustenta que possui um caráter flexível e apegado às vicissitudes de distintos elementos do contrato (p. 232, nota de rodapé n. 568). Defende que o conceito de frustração do fim do contrato exposto por ESPERT SANZ, especialmente na parte em que qualifica o fim como "propósito prático e básico conhecido e aceito do contratante, ou, ao menos, não rechaçado", traduz uma noção eminentemente ambígua e subjetiva, uma vez que aliada ao interesse das partes. Além disso, tudo aquilo que não é convenientemente expressado ou exteriorizado padece da

que la imposibilidad sobrevenida excluye o hace innecesario el recurso a la teoría de la excesiva onerosidad, o a la clausula rebus sic stantibus, por ejemplo, porque cada una de ellas parte de realidades diferentes: en el caso de imposibilidad sobrevenida, como es bien sabido, es esencial que la prestación ya no pueda realizarse; en los casos a que tratan de dar respuesta las doctrinas que tienen en cuenta la alteración sobrevenida de las circunstancias, la prestación continúa siendo realizable, pero su cumplimiento es susceptible de producir algún resultado rechazable por el Ordenamiento jurídico, en atención a razones esencialmente de justicia o equidad".[510]

Não se há de negar que o fato de a prestação se impossibilitar gera, inexoravelmente, a frustração da expectativa em se ter o deslocamento patrimonial programado, o que não deixa de ser, também, uma forma de manifestação da finalidade do contrato.[511] Entretanto, a ocorrência da impossibilidade da prestação afasta a aplicação da frustração do fim do contrato, uma vez que ela precede a frustração.

---

imprecisão e insegurança. Poderíamos até concordar com a autora espanhola se a frustração do fim do contrato fosse simplesmente aquilo que ESPERT SANZ disse ser na passagem por ela transcrita ou ainda que a passagem resumisse as ideias desse autor. Entretanto, a intenção de ESPERT SANZ não era dar relevância a finalidades não exteriorizadas ou inconvenientemente expressadas, mas somente àquilo que "se ha desprendido de su subjetivismo y unilateralidad cobrando un cierto objetivismo y bilateralidad y elevándose a fin de todo el contrato" (*La frustración...*, p. 187). É até sustentável que ESPERT SANZ não tenha logrado êxito nesse intento de objetivação, justamente por não conseguir mostrar critérios mais claros de como saber se uma finalidade foi aceita ou não rechaçada. Entretanto, embora a obra de ESPERT SANZ tenha sido de grande valia, em nosso trabalho procuramos partir de outro enfoque que não seja a aceitação ou rechaço da finalidade, mas do conteúdo do próprio contrato. É o negócio jurídico, analisado segundo um juízo de boa-fé, balizado pelos critérios da normalidade, preço de mercado e tipo contratual, temperado com as circunstâncias que envolveram a contratação, que são capazes de revelar se a finalidade integrou o conteúdo do negócio e passou a ter relevância. Dessa forma, boa parte dos perigos da insegurança temidos por MARGARITA BAREA são superados.

[510] BAREA, Margarita Castilla. *La imposibilidad...*, p. 229.

[511] Essa "finalidade", contudo, não é a causa concreta, mas a causa da atribuição patrimonial, ou seja, dou o dinheiro porque vou receber a coisa. Evidentemente, quem celebra um contrato objetiva ter a respectiva contraprestação, mas isso é diverso da causa concreta (os efeitos que se esperam com os efeitos do contrato; o fim último ou prático), conforme já estudamos.

Muitas vezes, não é fácil distinguir se estamos diante de um caso de impossibilidade da prestação ou de frustração do fim do contrato.[512]

Pensemos no caso do navio encalhado que se solta com a súbita elevação da maré. A prestação da empresa contratada para desencalhar o navio foi impossibilitada ou simplesmente a finalidade do contrato é que não

---

[512] ANTUNES VARELA retrata a dificuldade de enquadramento dos casos nos quais a impossibilidade provém de um "facto relativo ao credor" sem que a ele possa ser imputada culpa na sua verificação. Após exemplificar com o caso do doente que morre antes do cirurgião operá-lo, do barco que afunda antes do rebocador desencalhá-lo e do aluno que estava tendo aulas de canto e ensurdece por completo, ANTUNES VARELA expõe que situações desse tipo "têm suscitado na doutrina duas ordens de dificuldades: uma de carácter teórico; outra de natureza prática. A primeira refere-se ao enquadramento *dogmático* de semelhantes situações. Os autores têm dificuldade de catalogá-las como casos de *impossibilidade* da prestação, visto o devedor continuar em condições de, por si, *realizar o comportamento devido* (...). E aqueles que, como Wieacker e Köhler, deliberadamente as inserem na categoria da *impossibilidade*, alargam de caso pensado o conceito de *prestação*, para nele incluirem, não só o *comportamento* ou *conduta* a que o devedor se encontra adstrito, mas também o próprio *interesse* (primário) do credor nesse comportamento. A segunda dificuldade consiste na fixação do tratamento jurídico adequado a estas espécies, qualquer que seja a sua exacta qualificação. Há quem entenda que, não tendo o credor a menor *culpa* na verificação da causa perturbadora da relação obrigacional, nenhuma razão há para considerar vinculado à sua contraprestação e para não se aplicar, consequentemente, a tais situações o regime entre nós fixado no n. 1 do art. 795 (perda do direito à contraprestação, por parte do devedor desonerado). Outros, pelo contrário, sustentam que, apesar de o credor não ter culpa na *frustração* do fim da prestação, o facto de a *causa* dessa frustração se referir mais a ele do que à contraparte torna justo que o devedor não perca o direito à contraprestação. O *risco* da frustração do fim da prestação correria, assim, por conta do credor, e não do devedor desonerado. Esta segunda dificuldade será examinada a propósito dos *efeitos* da impossibilidade da prestação. Quanto à primeira, importa logo observar que os casos de frustração do fim da prestação podem perfeitamente caber dentro do conceito de impossibilidade (da prestação)" (grifos nossos). (*Das obrigações...*, p. 75-76). Já manifestamos que essa concepção, se aplicada de maneira generalizada, não nos parece levar ao melhor tratamento da matéria, porque há resultados que não se integram ao conceito de prestação. Dessa forma, uma vez não sendo atingidos esses resultados, não se tem propriamente uma impossibilidade da prestação, mas apenas frustração do fim. Nos casos da coroação, o fim de "assistir ao desfile" é algo exterior à prestação. O resultado que integra a prestação, nesse caso, é a entrega de um local que tenha a vista apta a permitir a observação do desfile. Se o locador disponibiliza uma janela cuja vista seja para uma parede, haverá uma situação de inadimplemento porque a prestação vista como resultado (entregar uma janela com vista) não foi atendida. Se, no entanto, o desfile é cancelado ou seu trajeto é alterado, não é a prestação (como resultado) que se impossibilita, mas apenas o resultado, o fim secundário ou o fim de uso.

FRUSTRAÇÃO DO FIM DO CONTRATO: NOÇÕES

mais pode ser alcançada? E, no caso da pintura da abóbada da igreja que foi destruída pela guerra, o que temos: impossibilidade da prestação ou frustração do fim do contrato? E na hipótese da porta de madeira encomendada para essa mesma igreja que foi destruída por conta da guerra? E nos *coronation cases*?

Os dois primeiros casos (navio encalhado e pintura da abóbada) são de impossibilidade da prestação, e os dois últimos (porta da igreja e casos da coroação), de frustração do fim do contrato.[513] O que os difere?

---

[513] Em sentido contrário, MENEZES CORDEIRO (*Da boa fé no direito civil*, p. 1.094) entende que os casos da coroação são, na realidade, hipóteses de impossibilidade superveniente. Sua posição se justifica pelo fato de inserir na definição da prestação em si a finalidade para a qual é destinada. Dessa forma, o locador estava obrigado a "locar as janelas para o desfile e não, apenas a locar janelas" (p. 1.094). No mesmo sentido é o pensamento de FLUME, segundo o qual a solução dos casos da coroação no direito alemão seria dada pelo regime da impossibilidade porque "la prestación acordada, la cesión de uso del puesto en la ventana para presenciar el desfile de coronación devino imposible" (*El negocio...*, p. 588). Parece-nos que o fim é um fator de eficácia do negócio jurídico, não sendo constitutivo do conceito de prestação. É um fator externo que, dependendo de cada negócio jurídico, pode integrar o conceito de prestação quando o resultado estiver ligado de forma visceral ao ato de prestar e geralmente emparelhado com o interesse do credor, de modo que as partes o elegeram como algo necessário à verificação do adimplemento. Portanto, como regra, o fim é externo à prestação, mas pode a ela se acoplar a depender da regulação prevista conferida pelas partes no contrato. Diante da proximidade entre os motivos e o fim, considerá-lo – como regra – como constitutivo do conceito de prestação pode trazer um perigoso alargamento do conceito de prestação para abarcar meros fins de emprego que não a definem e, portanto, não integram o conteúdo do negócio jurídico. Esse engessamento do conceito de prestação parece ser desnecessário. Por exemplo, se eu celebro um contrato de compra e venda de uma colheitadeira para colher soja, a qual vem a ser perdida por conta da seca, não estamos diante de um caso de impossibilidade. A prestação em si não é vender a máquina para a *colheita da safra de soja*, mas simplesmente vender a colheitadeira com condições aptas a fazer a colheita da safra. O vendedor não age para causar a colheita daquela safra, mas simplesmente entregar o produto da compra e venda apto a qualquer colheita. O fim do contrato integra o seu conteúdo, mas não se funde (necessariamente) com o ato de prestar em si, que é o objeto do contrato, representado pelas prestações; é algo externo à prestação, que a qualifica e lhe confere eficácia, mas não a define. Por meio de uma via análoga ao raciocínio em termos de objeto e conteúdo do contrato, JOÃO BAPTISTA MACHADO (*Risco...*, p. 76) sustenta que o correto enquadramento dos casos de frustração do fim do contrato "contende logo com o problema do próprio conceito de prestação" (p. 76), havendo de se responder o que o devedor deve: apenas a conduta da prestação ou, para além disso, um resultado da mesma? Em outras palavras, o conceito de prestação deve ser alargado para incluir o seu resultado? Respondendo à indagação, o autor critica o alargamento do conceito de prestação na medida

A diferença está em que, nos dois primeiros, o ato da prestação tornou-se inviável: não se pode desencalhar um navio se ele não está encalhado; não se pode pintar a abóbada de uma igreja se ela não mais existe. O resultado esperado com a prestação está, nesses casos, entrelaçado com o ato de prestar a tal ponto que se pode dizer que eles se confundem, e o devedor se obrigou a causá-lo. Por outro lado, pode-se construir a

em que não serve para "definir verdadeiramente o conteúdo da obrigação de prestar (o devido, o que está *in obligatione*)" (p. 80). O alargamento do conceito de prestação deu-se justamente para abranger os casos de frustração ou de realização por outra via do fim da prestação (p. 81), mas, na impossibilidade de atingir o fim do negócio, não é a prestação "como conduta, que é impossível, mas a efectuação dessa conduta é que não poderia valer como prestação no contexto do programa obrigacional e, portanto, como cumprimento" (p. 82). A partir daí, JOÃO BAPTISTA MACHADO propõe que essa impossibilidade [de alcançar o fim do contrato] seja denominada *impossibilidade de cumprimento* (quando a prestação deve ser entendida como um resultado a proporcionar ao credor), em contraposição à *impossibilidade da prestação*, que englobaria as situações em que a ação de prestar restou impossibilitada. Em crítica especificamente destinada à doutrina alemã, argumenta que o vício dela está no recurso à ideia de impossibilidade da prestação como ponto de partida para os casos como o da frustração do fim, o que implica uma "bem definida incoerência sistemática", para o que contribuiu o uso do conceito alargado de prestação (prestação como resultado) e a ideia de que a mora do credor tem como pressuposto essencial que a prestação continue a ser possível (p. 113). E arremata dizendo que "os artigos relativos à impossibilidade da prestação só podem encarar esta como acção (conduta) de prestar, e não como resultado. Doutro modo haveria sobreposição das normas dos dois institutos" (p. 139). À luz das novas reflexões expostas neste livro, parece-nos haver certos fins que podem se unir de forma indissociável ao ato de prestar, passando a integrar o conceito de prestação, o que será desvendado por meio da interpretação da fonte da obrigação. ANTUNES VARELA, que insere as hipóteses de frustração do fim no conceito de impossibilidade da prestação, muito embora não insira o interesse na prestação debitória (por ser ele um elemento estranho a ela), justifica seu posicionamento pelo fato de que a "*prestação* nem sempre se limita ao círculo da realidade dominado pela vontade do devedor. Há, em muitos casos, elementos estranhos, circunstâncias exteriores, que integram ou condicionam a actuação do obrigado, de tal modo que a sua falta gera uma verdadeira *impossibilidade* da prestação" (*Das obrigações...*, p. 76). Após referir que Vaz Serra inclina-se a situar a frustração do fim na seara da alteração das circunstâncias, MENEZES LEITÃO posiciona-se no sentido de que os casos de frustração do fim "não se reconduzirão a hipóteses de impossibilidade da prestação, uma vez que a acção abstrata de prestar se mantém como possível", concluindo, no entanto, que essas situações devem ser equiparadas à impossibilidade para efeitos da exoneração do devedor porque "o facto de o credor não vir a retirar qualquer benefício da acção devedor torna disfuncional a realização da prestação, que deve corresponder necessariamente a um interesse do credor (art. 398º, nº 2)." (MENEZES LEITÃO, Luís Manuel Telles de. *Direito das Obrigações*. Vol. II. Almedina: Coimbra, 2018, p. 124).

porta independentemente da existência da igreja, da mesma forma como é possível alugar as janelas do edifício independentemente da realização do cortejo real.

Parece-nos que o critério para a distinção reside em verificar se o ato de prestar em si pode ser realizado ou não ante a alteração das circunstâncias. Essa verificação não toma ato de prestar em si (*rectius*, a prestação) unicamente sob um aspecto físico ou jurídico, mas é feita sob o prisma da prestação como resultado, de acordo com as premissas que já expusemos, no sentido de aferir se o fim, como elemento externo à prestação, se uniu de forma indissociável ao ato de prestar a ponto de se concluir que o devedor estava obrigado a causá-lo, como parte da prestação a que se obrigou. Caso a verificação do ato de prestar fosse feita sob um viés estritamente físico ou jurídico, os exemplos do paciente curado antes da cirurgia, do aluno que fica surdo antes de começar as aulas de música, do navio que desencalha sozinho (entre outros de consecução do fim por via diversa da contratada) deveriam ser tratados como casos de frustração do fim do contrato e não como hipóteses de impossibilidade, como entendemos ser o mais adequado.

Um refinamento dos casos da coroação permite ver as sutis distinções de forma um pouco mais clara. Suponha-se que, em vez de o cortejo ser cancelado, seja erigido um tapume de obras em frente à janela locada bem no dia em que ocorreria o desfile do rei. Conquanto nos pareça que o resultado *assistir ao desfile da coroação* seja um *resultado exterior*[514] (ou seja, um fim que não define a prestação, pois o devedor não se obriga a causá-lo), *franquear uma janela que tenha vista para o desfile da coroação* é um resultado que define a prestação do locador (seria o *resultado definidor*) porque é uma finalidade que, a partir da interpretação do negócio, o devedor se obrigou a causar, relevante e decisiva para ambas as partes, e que se entrelaçou de forma inseparável do ato de prestar. Portanto, se, posteriormente à contratação, sobrevém a notícia de que será colocado um tapume em frente à janela, estaremos diante de uma impossibilidade superveniente da prestação e não de uma situação de frustração do fim do contrato. Porém, se simplesmente o cortejo for cancelado, parece-nos haver uma hipótese de frustração do fim do contrato.

---

[514] Para usar a expressão de MARIA DE LURDES PEREIRA e PEDRO MÚRIAS, cf. nota 297. Significaria dizer que o fim integrou o conteúdo do contrato, cf. capítulo 4, item 6.1.2.

A diferença entre o enquadramento jurídico dessas duas situações terá reflexos no campo das consequências legais aplicáveis, pois, enquanto a impossibilidade tem um regime legal próprio e definido, a frustração do fim do contrato não o tem, exigindo o preenchimento da lacuna[515].

Posição aparentemente análoga à aqui exposta é apresentada por CATARINA MONTEIRO PIRES, ao trabalhar com o conceito de *prestações finalizadas* ou *prestações de fim único*, nas quais haveria um "acordo quanto ao fim"[516] entre as partes. Amparada em LÖWISCH e CASPERS, PIRES concorda que o conceito de prestação do art. 790.º do Código Civil português (que regula a impossibilidade da prestação e é entendido como prestação como resultado) "não permite, por si só, estender a regulação desta norma aos casos de frustração do fim", justamente porque "o interesse do credor

---

[515] O regime das consequências da impossibilidade é menos flexível do que o da frustração do fim do contrato, porquanto previsto em alguns dispositivos esparsos do Código Civil (v.g., art. 238, 239, 248, entre outros). Dessa forma, as consequências da frustração podem ser plasmadas de acordo com o caso concreto, observando-se, especialmente, o princípio que veda o enriquecimento sem causa. Talvez um olhar mais cuidadoso da doutrina e da jurisprudência para a depuração das regras binárias das consequências da impossibilidade e da distribuição geral dos riscos (*res perit domino*, risco da prestação é do credor, risco da utilização é do devedor) poderiam fazer com que esse regime fosse suficiente para resolver melhor os casos de frustração do fim e até mesmo os da impossibilidade, atentando-se, por exemplo, para o ressarcimento de despesas incorridas para preparar o cumprimento ou assegurar que seja feito de forma adequada. Para uma análise sobre a insuficiência do regime da impossibilidade para tratar as consequências dela decorrentes, em especial em relação às despesas incorridas, confira-se o artigo de NITSCHKE, Guilherme Carneiro Monteiro; NEVES, Julio Gonzaga. A Peste e as Despesas Incorridas para a Execução de Contratos. *In Direito e Pandemia*. n. esp. (maio 2020). Brasília, 2020, p. 29/42. Versão on-line disponível em https://s.oab.org.br/revista-direito-pandemia.pdf.

[516] *Impossibilidade...*, p. 364. Catarina explica, em sua profunda obra sobre o tema, que "as prestações finalizadas (*Zweckschuld*), também designadas por prestações de fim único ou por prestações concretamente finalizadas caracterizam-se pelo facto de a conduta de prestação realizada após a frustração do fim corresponder a um verdadeiro *aliud*. Nestas prestações, o resultado concreto coincide com o fim da prestação, de tal modo que, se não é possível alcançar o primeiro, com um ato de cumprimento, o segundo ficará, também, inevitavelmente precludido. (...) A finalização, enquanto processo ligado à revelação da vontade contratual das partes, não depende da estrutura nem da natureza da prestação, mas sim do conteúdo contratual, o que não invalida que certos tipos se prestem a uma finalização (como o arrendamento, cf. art. 1051.º g) do Código Civil) e outros possuam um caráter tendencialmente mais neutro (como a compra e venda." (*Impossibilidade...*, p. 365).

é, com efeito, uma condicionante exterior à obrigação e, logicamente, à prestação, mesmo enquanto resultado." Por essa razão, conclui a autora que "só quando haja acordo sobre o fim, os dois planos – o do resultado e o do interesse do credor – poderão aproximar-se, permitindo que a frustração do interesse creditório consubstancie uma insuscetibilidade de consecução do resultado da prestação, enquadrável no âmbito da impossibilidade da prestação. Saber se há, ou não, acordo quanto ao fim é uma questão que só pode ser esclarecida através de interpretação do contrato (cf. artigos 236.º e ss), pois só esta permitirá determinar quando é que a destinação que o credor reserva para a prestação ultrapassa o nível dos simples motivos e ascende à condição de *fim do contrato juridicamente relevante.*"[517]

Nessa perspectiva, mais uma vez concordando com LÖWISCH e CASPER, parece acertada a conclusão de CATARINA MONTEIRO PIRES ao reconhecer que a extensão das normas da impossibilidade de cumprimento (prevista no § 275 do BGB) aos casos de frustração do fim do contrato alargaria de forma excessiva o conceito de prestação mediante o acolhimento do fim de emprego do credor. Os casos de frustração do fim seriam resolvidos, na Alemanha, com base no regime da alteração das circunstâncias regida no § 313 do BGB. Recomenda, no entanto, cautela na resolução com fulcro na disciplina da perturbação da base do negócio diante da maior elasticidade na solução dos problemas[518].

---

[517] *Impossibilidade...*, p. 364-365.

[518] *Impossibilidade...*, p. 436-437. Ao final de vasta pesquisa sobre o tema no direito alemão, italiano, inglês e português, CATARINA MONTEIRO PIRES – adepta do conceito de prestação como resultado e da compreensão da impossibilidade no sentido sócio-cultural – parece concordar com o fato de que essas duas premissas não conflitam com a existência da frustração do fim do contrato como hipótese distinta da impossibilidade: "A prestação impossível pode ser uma prestação entendida enquanto resultado da atividade do devedor, o que quer dizer que devem ser enquadradas neste âmbito as hipóteses de consecução do fim por via diversa do cumprimento e do desaparecimento do substrato da prestação. Já os casos de frustração ou perturbação do fim, em que se verifica um mero desaparecimento do interesse do credor, não poderão ser reconduzidos à disciplina dos artigos 790.º e ss, salvo se estivermos na presença de uma prestação finalizada. Sendo a prestação finalizada o figurino desenhado pela autonomia privada das partes projetar-se-á no dever de prestar, mas também na contraprestação. Não sendo esse o caso, poderá indagar-se se a regra segundo a qual o fim de emprego é do credor pode ser afastada através da norma do art. 437.º do Código Civil. Nesta indagação, há que ter presente o sentido último da alteração das circunstâncias como domínio de intervenção da

A regulação da impossibilidade e a regulação da frustração do fim também possuem perspectivas diferentes quanto aos interesses que se quer proteger. Na impossibilidade, a perspectiva é mais no sentido de proteger o devedor, que não deve ser compelido a efetuar uma prestação impassível de cumprimento[519]. Na frustração, a perspectiva é mais a proteção do credor, que também não deve ser compelido a aceitar uma prestação que não tem mais nenhum sentido, utilidade ou razão de ser.

Por todas essas razões, a despeito da falta de clareza dos limites entre a frustração do fim do contrato e a impossibilidade, há um campo especificamente delimitado para cada uma dessas figuras.

6.3.4. Frustração do fim do contrato e enriquecimento sem causa

A aproximação entre a frustração do fim do contrato e o enriquecimento sem causa mostra-se bastante justificável por serem teorias que visam a corrigir uma situação de iniquidade. Além disso, parecem se situar em uma mesma área, pois a configuração da frustração aparenta ser uma situação de enriquecimento sem causa.

Outra semelhança que pode ser apontada entre os dois institutos é o caráter subsidiário de aplicação, o que não é uma característica comum ao enriquecimento sem causa em todos os ordenamentos jurídicos. Brasil[520] e Portugal,[521] por exemplo, consagram a subsidiariedade.

---

boa-fé, com caráter de *última ratio*, destinado a garantir uma solução justa e adequada para casos que não puderam ser remetidos para outros locais do sistema, nem resolvidos à luz da interpretação ou da integração do negócio jurídico. A atribuição do risco deve ser ponderado em concreto, exigindo-se, na concretização do art. 437.º, o respeito pela solução desenhada pelos contratantes" (*Impossibilidade...*, p. 437).

[519] Embora também esteja presente a perspectiva de proteção do interesse do credor nos casos de consecução do fim por meio diverso do contratado (casos de impossibilidade, conforme já falamos), na medida em que o credor, cujo interesse já foi satisfeito, quer se liberar do vínculo obrigacional com o devedor para não ter mais que efetuar a contraprestação. Nesse sentido, o dono no navio encalhado que desencalhou com a alta da maré não pretenderá, logicamente, pagar o preço ajustado para o desencalhe com o dono do rebocador.

[520] "Art. 886. Não caberá a restituição por enriquecimento, se a lei conferir ao lesado outros meios para se ressarcir do prejuízo sofrido."

[521] "Art. 474. Não há lugar à restituição por enriqueci- mento, quando a lei facultar ao empobrecido outro meio de ser indenizado ou restituído, negar o direito à restituição ou atribuir outros efeitos ao enriquecimento."

No enriquecimento sem causa, uma das partes aufere um benefício sem uma justificativa para o deslocamento patrimonial.[522] Essa causa pode inexistir desde o início do negócio jurídico ou ter deixado de existir após a sua celebração, consoante estabelece o art. 885 do Código Civil.[523]

Fenômeno diverso ocorre na frustração do fim do contrato, pois ninguém está enriquecendo sem alguma causa ou com base em alguma causa que deixou de existir. O enriquecimento está baseado no contrato,[524] que não deixa de existir quando se configura a impossibilidade de alcançar o fim do negócio jurídico.

Já alertamos que a frustração do fim do contrato situa-se no plano da eficácia, de sorte que o contrato – causa do enriquecimento – não deixa de existir a partir de sua ocorrência, mas simplesmente terá uma afetação quanto aos seus efeitos. Não há desaparecimento da causa, e sim a impossibilidade de ser alcançada a finalidade do contrato (causa concreta).

Além disso, o enriquecimento sem causa não é remédio para a resolução do contrato, como o é a frustração do fim. Ele será, no máximo, consequência da frustração.

Poderemos ter uma situação de enriquecimento sem causa quando estivermos diante de um caso de impossibilidade da prestação devido ao fato de se ter alcançado o fim do contrato de uma forma diversa da contratada.[525]

Tomemos o exemplo do navio encalhado. O dono do navio não teve de pagar o preço ajustado para o desencalhe, pois o navio soltou-se sozinho

---

[522] "Quer dizer, reputa-se que o enriquecimento carece de causa, quando o direito não o aprova ou consente, porque não existe uma relação ou um facto que, de acordo com os princípios do sistema jurídico, justifique a deslocação patrimonial; sempre que aproveita, em suma, a pessoa diversa daquela a quem, segundo a lei, deveria beneficiar" (ALMEIDA COSTA, Mario Julio de. *Direito das obrigações...*, p. 432-433).

[523] "Art. 885. A restituição é devida, não só quando não tenha havido causa que justifique o enriquecimento, mas também se esta deixou de existir."

[524] "El enriquecimiento sin causa, presente en el Código através de numerosas soluciones particulares, aunque ausente como instituto autónomo, fuente de obligaciones, ha menester de un desplazamiento patrimonial incausado, carente de una explicación jurídica válida; la frustración, en la medida en que perjudica a una de las partes en el contrato, puede beneficiar a la otra, pero, de cualquier manera, ese desplazamiento encuentra causa en el propio contrato. Aunque se encuentre desquiciado, alterado, cambiado en su bases" (MOSSET ITURRASPE, Jorge. *La frustración...*, p. 76).

[525] Conforme os exemplos do navio encalhado e do professor de música (*supra*, item 6.1.3.2).

com a subida da maré;[526] por se ter atingido a finalidade do contrato de forma diversa da contratada, a prestação restou impossibilitada, uma vez que não há como desencalhar o que não está encalhado. Esse tipo de impossibilidade na qual o contratante recebe a prestação de modo diverso do contratado é diferente da que ocorre tradicionalmente, quando a obrigação é resolvida, e ambas as partes ficam sem as prestações almejadas. Poderia o dono do rebocador, por exemplo, ter incorrido em gastos com a contratação, tendo, assim, empobrecido com a resolução operada, enquanto o outro teria enriquecido (pois obteve a prestação de modo diverso, sem ter que desembolsar nada). As regras do enriquecimento sem causa – em especial o art. 885 do Código Civil – poderiam salvaguardar os interesses do dono do rebocador, por ter essa impossibilidade características diversas daquela resolução que implica a não obtenção da prestação pelos contratantes.

Da mesma forma, quando se atinge a finalidade do contrato de forma diversa da contratada sem que se esteja diante de um caso de impossibilidade[527], poderemos ter como *consequência* um enriquecimento sem causa. Assim, o fato de o padre não ter que arcar com o valor da porta encomendada para a igreja, em razão de ter ganhado uma porta de presente dos fiéis, preenche o requisito do enriquecimento. Entretanto, as despesas que o marceneiro teve com a contratação representam o empobrecimento.

Portanto, enriquecimento sem causa e frustração do fim do contrato não são institutos que se identificam entre si. No limite, o enriquecimento sem causa pode ser efeito da frustração.

No Código Civil português, o art. 473 (2)[528], aparentemente, pode orientar o regime das consequências em caso de frustração do fim,

---

[526] Segundo ALMEIDA COSTA, evitar uma despesa também ingressa no conceito de enriquecimento. (*Direito das obrigações...*, p. 426).

[527] Relembre-se o exemplo da porta oferecida de presente pelos devotos da igreja ao padre um dia após ele ter encomendado uma porta nova.

[528] "Art. 473. Princípio geral

(1) Aquele que, sem causa justificativa, enriquecer à custa de outrem é obrigado a restituir aquilo com que injustamente se locupletou.

(2) A obrigação de restituir, por enriquecimento sem causa, tem de modo especial por objecto o que for indevidamente recebido, ou o que for recebido por virtude de uma causa que deixou de existir ou em vista de um efeito que não se verificou."

impondo a obrigação de restituir em decorrência do enriquecimento sem causa.

Se o efeito esperado não se verificou, o que pode ocorrer em razão da impossibilidade de atingir o fim do contrato, deve ser restituído o valor eventualmente recebido. É exatamente a relação de causa e efeito da qual estávamos falando.

Como exceção da regra do art. 473 (2), o Código lusitano veda, em seu art. 475[529], o direito à restituição nos casos em que o autor sabia, ao efetuar a prestação, que o efeito com ela previsto era impossível ou se, agindo contra a boa-fé, impediu a verificação desse efeito.

Segundo leciona ALMEIDA COSTA,[530] os requisitos para exercer a pretensão de enriquecimento em vista de um resultado futuro que não se verificou são três: "1) que se haja realizado uma prestação para obter, de harmonia com o conteúdo do respectivo negócio jurídico, um especial resultado futuro;[531] 2) que se depreenda do conteúdo do negócio jurídico a fixação do fim da prestação, isto é, do resultado com ela pretendido; 3) que o resultado não se produza".

Conforme já analisamos, o art. 437 do Código Civil[532] português é a base legal que permite a aplicação da frustração do fim do contrato em Portugal. O fato de o art. 473(2) do diploma lusitano poder se aplicar para reger o regime das consequências serve para reforçar a ideia de que

---

[529] "Art. 475. Falta do resultado previsto. Também não há lugar à restituição se, ao efetuar a prestação, o autor sabia que o efeito com ela previsto era impossível, ou se, agindo contra a boa-fé, impediu a sua verificação."

[530] *Direito das obrigações...*, p. 442.

[531] Esclarece o jurista português que esse resultado futuro não se trata do "efeito imediato que decorre da própria natureza do negócio (ex.: a extinção da dívida através de seu pagamento), mas do específico resultado a que, consoante o estabelecido, se tendia com a prestação" (*Direito das obrigações...*, p. 442).

[532] "Art. 437. Condições de admissibilidade. (1) Se as circunstâncias em que as partes fundaram a decisão de contratar tiverem sofrido uma alteração anormal, tem a parte lesada direito à resolução do contrato, ou à modificação dele segundo os juízos de equidade, desde que a exigência das obrigações por ele assumidas afecte gravemente os princípios da boa fé e não esteja coberta pelos riscos próprios do contrato."

(2) Requerida a resolução, a parte contrária pode opor-se ao pedido, declarando aceitar a modificação do contrato nos termos do número anterior."

o enriquecimento sem causa pode ser um efeito da frustração do fim do contrato.[533]

6.3.5. Frustração do fim do contrato, teoria da imprevisão e excessiva onerosidade

Teorias que costumam ser bastante aproximadas com a da frustração do fim do contrato são a da imprevisão e a da excessiva onerosidade.[534]

Embora a conexão entre as duas teorias decorra da similitude dos seus requisitos de aplicação, assim como pela localização no campo dos fatos supervenientes que perturbam as prestações, a equiparação entre ambas é indevida.

De modo geral, os requisitos básicos para o emprego da teoria da imprevisão são os seguintes:

a) contratos de execução continuada ou diferida: a submissão da relação contratual ao fator tempo é essencial para que se possa falar na influência de um fato superveniente à contratação;

b) imprevisibilidade do evento superveniente: o fato que dá margem à excessiva onerosidade não poderia ter sido previsto pelas partes, ou seja, era um evento incogitável. Discussão interessante é saber

---

[533] MOTA PINTO e ALMEIDA COSTA ensinam, respectivamente, que o art. 437 não se aplica exclusivamente para os casos de excessiva onerosidade ou de ruína econômica (MOTA PINTO, Carlos Alberto da. *Teoria geral do direito civil...*, p. 600; ALMEIDA COSTA, Mario Julio de. *Direito das obrigações...*, p. 278).

[534] Na Itália – *eccessiva onerosità* (*Codice Civile*, art. 1.467) – e, hoje, no Brasil (resolução por excessiva onerosidade), prevista no art. 478 do Código Civil ("Art. 478. Nos contratos de execução continuada ou diferida, se a prestação de uma das partes se tornar excessivamente onerosa, com extrema vantagem para a outra, em virtude de acontecimentos extraordinários e imprevisíveis, poderá o devedor pedir a resolução do contrato. Os efeitos da sentença que a decretar retroagirão à data da citação"). Muito embora os requisitos da teoria da imprevisão e da excessiva onerosidade sejam semelhantes, variando em alguns aspectos de ordenamento jurídico para ordenamento jurídico, a excessiva onerosidade foi a resposta italiana à pressuposição e à teoria da imprevisão (esta mais ligada ao direito francês), com o objetivo de torná-la menos subjetiva e, assim, menos incerta e insegura. Neste trabalho, utilizaremos indistintamente ambas as denominações. Para um estudo da excessiva onerosidade com foco na modificação contratual equitativa, confira-se a obra de MARINO, Francisco Paulo de Crescenzo. *Revisão Contratual: onerosidade excessiva e modificação contratual equitativa*. Coimbra: Almedina, 2020.

FRUSTRAÇÃO DO FIM DO CONTRATO: NOÇÕES

a extensão da imprevisibilidade: afinal, refere-se ao fato em si ou às suas consequências? Caso se refira somente ao fato superveniente, teremos uma diminuição dos suportes fáticos necessários à incidência da teoria. Todavia, se optamos por aliar a imprevisibilidade também à proporção ou às consequências do evento, ampliamos a área de atuação. Um caso emblemático para a realidade brasileira foi a alta do dólar norte-americano em janeiro de 1999, que gerou a ruína de diversos empresários e consumidores que tinham seus contratos indexados a essa moeda. Pode-se dizer que grande parte das pessoas sabe que a regra é o mercado apresentar oscilações cambiais, para mais ou para menos, mas sempre dentro de determinados parâmetros que podem ser razoavelmente mensurados a partir da observação da política econômica do governo, dos índices da economia nacional e internacional, do cenário econômico internacional, do panorama das guerras e conflitos internacionais e das informações e índices fornecidos pelo governo. Entretanto, a proporção da alta do dólar ocorrida em janeiro de 1999 contrariou todo um prognóstico governamental alardeado na época, de sorte que as consequências do evento superveniente ocorrido eram, sem dúvida, imprevisíveis. Em sede jurisprudencial, observou-se uma gama de decisões trilhando ora pelo caminho restritivo, ora pelo ampliativo, sedimentando-se no Superior Tribunal de Justiça uma decisão "salomônica" de divisão do prejuízo da variação cambial entre os contratantes.[535]

---

[535] A primeira decisão do Superior Tribunal de Justiça (STJ) partiu da 3ª Turma, com a Relatora Min. Nancy Andrighi, e imputou o risco da variação cambial integralmente à arrendadora, em acórdão assim ementado: "Revisão de contrato – Arrendamento mercantil (*leasing*) – Relação de consumo – Indexação em moeda estrangeira (dólar) – Crise cambial de janeiro de 1999 – Plano real. Aplicabilidade do art. 6, inciso V do CDC – Onerosidade excessiva caracterizada. Boa-fé objetiva do consumidor e direito de informação. Necessidade de prova da captação de recurso financeiro proveniente do exterior.- O preceito insculpido no inciso V do artigo 6º do CDC dispensa a prova do caráter imprevisível do fato superveniente, bastando a demonstração objetiva da excessiva onerosidade advinda para o consumidor. – A desvalorização da moeda nacional frente à moeda estrangeira que serviu de parâmetro ao reajuste contratual, por ocasião da crise cambial de janeiro de 1999, apresentou grau expressivo de oscilação, a ponto de caracterizar a onerosidade excessiva que impede o devedor de solver as obrigações pactuadas. – A equação econômico-financeira deixa de ser respeitada quando o valor da parcela mensal sofre um reajuste que não é acompanhado pela correspondente valorização do bem da

vida no mercado, havendo quebra da paridade contratual, à medida que apenas a instituição financeira está assegurada quanto aos riscos da variação cambial, pela prestação do consumidor indexada em dólar americano. É ilegal a transferência de risco da atividade financeira, no mercado de capitais, próprio das instituições de crédito, ao consumidor, ainda mais que não observado o seu direito de informação (art. 6º, III, e 10, "caput", 31 e 52 do CDC). – Incumbe à arrendadora se desincumbir do ônus da prova de captação de recursos provenientes de empréstimo em moeda estrangeira, quando impugnada a validade da cláusula de correção pela variação cambial. Esta prova deve acompanhar a contestação (art. 297 e 396 do CPC), uma vez que os negócios jurídicos entre a instituição financeira e o banco estrangeiro são alheios ao consumidor, que não possui meios de averiguar as operações mercantis daquela, sob pena de violar o art. 6º da Lei n. 8.880/94." (STJ, 3ª Turma, Rel. Min. Nancy Andrighi, RESP 268661/ RJ, j. 16.08.2001, DJ 24.09.2001). A decisão não foi unânime, ficando vencido o Min. Ari Pargendler, segundo qual as diferenças resultantes da desvalorização da moeda de- veriam ser repartidas igualmente entre os contratantes por cada um deles ter uma "parcela de (ir) responsabilidade pela onerosidade" que resultou do contrato. A partir desse julgamento – com exceção do AGRESP 203734, julgado em 09.10.2001 – as decisões do STJ acompanharam o entendimento contido no RESP 286661/RJ. Nesse sentido, confira-se: a) de relatoria da Min. Nancy Andrighi (RESP 299501/MG, j. 11.09.2001, DJ 22.10.2001, RESP 370598/RS, j. 26.02.2002, DJ 01.04.2002; RESP 361694/RS, j. 26.02.2002, DJ 25.03.2002; RESP 376877/ RS, j. 06.05.2002, DJ 24.06.2002; RESP 367144/RJ, j. 26.02.2002, DJ 22.04.2002; RESP 345475/RS, j. 06.05.2002, DJ 24.06.2002; AGA 446464/RS, j. 30.08.2002, DJ 30.09.2002; AGRESP 426983/SP, j. 10.09.2002, DJ 21.10.2002; AGA 457839/RS, j. 19.09.2002, DJ 04.11.2002); b) de relatoria do Min. Carlos Alberto Menezes Direito (STJ, 3ª Turma, RESP 331082/SC, j. 04.10.2001, DJ 19.11.2001; AGA 449457/RS, j. 17.09.2002, DJ 28.10.2002; AGA 464005/RJ, j. 25.11.2002, DJ 10.03.2003); c) de relatoria do Min. Antônio de Pádua Ribeiro (STJ, 3ª Turma, RESP 293864/SE, j. 07.03.2002, DJ 08.04.2002; AGA 430393/RJ, j. 14.05.2002, DJ 05.08.2002; RESP 343617/GO, j. 18.06.2002, DJ 16.09.2002; RESP 412579/ RS, j. 11.06.2002, DJ 23.09.2002). O entendimento mudou, determinando-se a divisão do prejuízo, quando a questão foi analisada pela 4ª Turma do STJ, por ocasião do julgamento do RESP 401021/ES, relatoria do Min. Ruy Rosado de Aguiar Jr., ocorrido em 17.12.2002 (DJ 22.09.2003), cujo acórdão está assim ementado: "*LEASING*. Variação cambial. Fato superve- niente. Onerosidade excessiva. Distribuição dos efeitos. A brusca alteração da política cambial do governo, elevando o valor das prestações mensais dos contratos de longa duração, como o *leasing*, constitui fato superveniente que deve ser ponderado pelo juiz para modificar o contrato e repartir entre os contratantes os efeitos do fato novo. Com isso, nem se mantém a cláusula da variação cambial em sua inteireza, porque seria muito gravoso ao arrendatário, nem se a substitui por outro índice interno de correção, porque oneraria demasiadamente o arrendador que obteve recurso externo, mas se permite a atualização pela variação cambial, cuja diferença é cobrável do arrendatário por metade. Não examinados os temas relacionados com a prova de aplicação de recursos oriundos do exterior e com a eventual operação de hedge. Recurso

FRUSTRAÇÃO DO FIM DO CONTRATO: NOÇÕES

Embora não seja objeto deste singelo estudo o vasto tema da teoria da imprevisão, partilhamos o posicionamento daqueles que entendem que ela deve ser aplicada não somente quando o fato superveniente for imprevisível, mas também quando, mesmo previsível, a proporção dos seus efeitos sobre o contrato não forem imagináveis; de qualquer sorte, estaremos, por outro prisma, diante de um "fato" superveniente.[536]

conhecido em parte e parcialmente provido." A partir dessa decisão, a diferença da variação cambial passou a ser rateada igualmente entre as partes, sendo consolidado esse entendimento pela 2ª Seção do STJ no julgamento do RESP 473140/SP, j. 12.02.2003, DJ 04.08.2003, de relatoria do Min. Aldir Passarinho Junior. Nesse sentido, confira-se: a) relatoria do Min. Carlos Alberto Menezes Direito (STJ, 3ª Turma, AGRESP 453662/SP, j. 13.05.2003, DJ 09.06.2003; RESP 473106/RS, j. 27.05.2003, DJ 18.08.2003; b) relatoria do Min. Cesar Asfor Rocha (STJ, 4ª Turma, RESP 431428/RS, j. 15.05.2003, DJ 04.08.2003); c) relatoria do Min. Fernando Gonçalves (STJ, 4ª Turma, AGRESP 527540/RS, j. 21.10.2003, DJ 03.11.2003); c) relatoria do Min. Aldir Passarinho Junior (STJ, 4ª Turma, AGRESP 508035/SP, j. 07.08.2003, DJ 22.09.2003; AGRESP 512845/RJ, j. 02.09.2003, DJ 06.10.2003); d) relatoria do Min. Ruy Rosado de Aguiar Junior (STJ, 4ª Turma, RESP 432599/SP, j. 11.02.2003, DJ 01.09.2003; RESP 369744/SC, j. 15.04.2003, DJ 04.08.2003); e) relatoria do Min. Sálvio de Figueiredo Teixeira (STJ, 4ª Turma, RESP 437660/SP, j. 05.05.2003, DJ 08.04.2003). Permanece, ainda, a possibilidade de a arrendadora ser responsabilizada integralmente pela oscilação da variação cambial caso seja demonstrado que (1) os recursos não foram captados no exterior ou que (2) o arrendador contratou um "seguro" contra a oscilação cambial, por exemplo, por meio de um contrato de *hedge*.

[536] Oportunas as lições de RUY ROSADO: "A imprevisibilidade deve acompanhar a ideia de probabilidade: é provável o acontecimento futuro que, presentes as circunstâncias conhecidas ocorrerá, certamente, de acordo com o juízo derivado da experiência. Não basta que os fatos sejam possíveis (a guerra, a crise econômica sempre são possíveis), nem mesmo certos (a morte). É preciso que haja notável probabilidade de que um fato, com seus elementos, atuará eficientemente sobre o contrato, devendo o conhecimento das partes incidir sobre os elementos essenciais desse fato e da sua força de atuação sobre o contrato. Para esse juízo, devem ser considerados as condições de um homem de normal diligência, com os conhecimentos e aptidões encontrados entre aqueles que integram a mesma categoria social e econômica ou profissional da parte (previsibilidade em abstrato). A probabilidade para ter relevância jurídica deve ter um certo grau (notável probabilidade), porque o conhecimento deve abranger os elementos essenciais do fato futuro e a força de seus efeitos sobre o contrato, causador da onerosidade. Assim, a desvalorização da moeda é um fato provável num regime de desvalorização da moeda, mas poderá haver imprevisibilidade do seu grau, a ser determinado pela própria evolução do processo de desvalorização. Se a uma situação de inflação contínua, mas controlada em certo nível, um dado futuro se acrescentar ao processo, este poderá determinar substancial modificação, gerando situação imprevisível. Se o homem de diligência normal não

c) onerosidade excessiva: é o desequilíbrio na comutatividade do contrato, uma disfunção na economia do negócio jurídico que não chega a impossibilitar a prestação, que poderá ser adimplida, mas a outro preço. O excesso da onerosidade deve ser avaliado no caso concreto, sendo certo que uma simples dificuldade no cumprimento da obrigação não é suficiente para o preenchimento desse requisito;

d) ausência de culpa do beneficiário: além de imprevisível, a teoria da imprevisão só pode ser alegada caso o fato superveniente não tenha sido provocado culposamente pela parte que dela se beneficiaria, assim como por quem não esteja em mora. Isso porque "o fato superveniente que venha a produzir modificações na base negocial deve manter uma relação de alteridade quanto às partes envolvidas";[537]

e) evento fora do risco do negócio: o fato que acarreta a excessiva onerosidade deve estar fora da álea do contrato, ou seja, acima daquela margem de incerteza que todo negócio jurídico encerra e que foi assumida por algum dos contratantes (distribuição contratual dos riscos), assim como daquela prevista na própria lei para o tipo contratual escolhido (distribuição legal dos riscos). Isso não quer dizer que os contratos aleatórios estejam fora do âmbito de incidência da teoria da imprevisão; desde que a circunstância superveniente imprevisível não se relacione com o evento aleatório que caracteriza o contrato, ou que o prejuízo seja de tamanha proporção que supere a álea informada no negócio, poder-se-á ter a sua sujeição à aludida doutrina. Nessa segunda hipótese, o cumprimento do dever de informação será o indicador da admissão de revisão ou resolução do negócio, mesmo estando o fato dentro da área de risco do contrato.

---

tiver condições de pensar o fato e seus elementos essenciais (a inflação e o grau de inflação; a crise política e a sua duração; a crise política e os seus efeitos sobre o contrato, etc.) o fato é imprevisível. O fato previsto, em princípio, exclui a argüição da onerosidade excessiva, assim como regulada no sistema já referido. Porém, se não integrar o risco normal de negócio e não tiver sido regulado no contrato, tendo a parte justo motivo para esperar sua não ocorrência, a defesa apresentada pelo interessado deve ser examinada pelo juiz, de acordo com o princípio da boa-fé" (*Extinção...*, p. 154-155).

[537] SILVA, Luiz Renato Ferreira da. *Revisão...*, p. 113-114.

Nem todos esses requisitos básicos estão expressamente previstos nos sistemas jurídicos que acolheram legislativamente a teoria da imprevisão. O Código Civil italiano, por exemplo, não faz menção à necessidade de ausência de culpa ou mora do beneficiário para aquele que alega a excessiva onerosidade, o que, por sua vez, faz expressamente o art. 1.198 do Código Civil argentino.[538]

O Código Civil brasileiro, diversamente do italiano e do argentino, exige que, além da excessiva onerosidade para uma das partes, deva exsurgir, ao mesmo tempo, extrema vantagem para a outra[539].

---

[538] "Art.1198. Los contratos deben celebrarse, interpretarse y ejecutarse de buena fe y de acuerdo con lo que verosímilmente las partes entendieron o pudieron entender, obrando con cuidado y previsión.

En los contratos bilaterales conmutativos y en los unilaterales onerosos y conmutativos de ejecución diferida o continuada, si la prestación a cargo de una de las partes se tornara excesivamente onerosa, por acontecimientos extraordinarios e imprevisibles, la parte perjudicada podrá demandar la resolución del contrato. El mismo principio se aplicará a los contratos aleatorios cuando la excesiva onerosidad se produzca por causas extrañas al riesgo propio del contrato.

En los contratos de ejecución continuada la resolución no alcanzará a los efectos ya cumplidos. No procederá la resolución, si el perjudicado hubiese obrado con culpa o estuviese en mora. La otra parte podrá impedir la resolución ofreciendo mejorar equitativamente los efectos del contrato."

[539] O requisito da extrema vantagem para a outra parte tem sido objeto de divergências na doutrina nacional, alguns relativizando a sua exigência e outros fornecendo elementos para a sua concretização. Segundo RUY ROSADO DE AGUIAR JUNIOR, a extrema vantagem para a outra parte é uma presunção *juris tantum* em decorrência da onerosidade excessiva da outra. (*Comentário ao Novo Código Civil*. v. VI, t. II. Rio de Janeiro: Forense, 2011, p. 911). Outros propõem um teste da extrema vantagem, a ser feito com a seguinte pergunta: um outro contratante estaria disposto a pagar o valor pretendido pela parte que não quer revisar ou resolver o contrato? Se a resposta for negativa, a extrema vantagem estará presente. Nesse sentido. Luis Renato Ferreira da Silva sustenta: "Quero dizer que o requisito da vantagem deve ser visto não na relação já estabelecida, até porque se nessa houvesse já essa vantagem, o contrato poderia ser lesivo. O foco da interpretação deve considerar a seguinte questão: hoje (com a circunstância alteradora já existente), as partes firmariam esse contrato nos mesmos termos? Se o fizessem, porque desejavam muito o objeto contratual, porque vislumbravam um negócio necessário para outros fins, porque não tivessem outras condições de mercado, por exemplo), não estará configurado o requisito. Se não o fizessem, manter-se o contrato é propiciar ao contratante não onerado uma vantagem excessiva." (SILVA, Luis Renato Ferreira da. Revisão de Contratos no Código Civil. Reflexões para uma sistematização das suas causas à luz da intenção comum dos contratantes. *In Temas Relevantes de Direito Civil Contemporâneo*. São Paulo: Atlas, 2012, p. 394).

Trata-se, pois, de particularidades de cada sistema jurídico, as quais não afetam a substância da teoria naquilo que nos interessa.

Como consequência da aplicação da teoria da imprevisão, apresentam-se duas soluções: a revisão do contrato ou a sua resolução.

A lei brasileira somente prevê a possibilidade do pedido de resolução pela parte interessada,[540] admitindo apenas que a mesma seja evitada caso a outra parte ofereça-se a modificar equitativamente o contrato (Código Civil, art. 479).[541]

A partir da análise dos requisitos da teoria da imprevisão, podemos notar uma proximidade com a teoria da frustração do fim do contrato, pois ela também se aplica em contratos de execução continuada ou diferida, atua sempre que ocorre um fato superveniente à contratação, inesperado, fora da álea do contrato e que muda o programa contratual. ESPERT SANZ chega a dizer que as duas teorias estão intimamente conectadas – a excessiva onerosidade teria um cunho mais amplo do que a frustração –, pois, segundo o autor, o fato de uma das partes ter que realizar a sua prestação quando a contraprestação se tornou inócua representa, sem dúvida, um aumento da onerosidade.[542]

O jurista espanhol vê a frustração do fim do contrato como um problema mais restrito do que a excessiva onerosidade, parecendo, salvo melhor juízo, demonstrar uma relação de gênero e espécie entre ambas, sendo a excessiva onerosidade o gênero.

---

[540] É de se ponderar, todavia, se a revisão do negócio jurídico sem a concordância do réu estaria, de fato, excluída, sobretudo diante do princípio da conservação dos contratos (Código Civil, art. 184). A doutrina majoritária tem se orientado pela admissão da revisão contratual a pedido do devedor, embora existam respeitáveis opiniões em sentido contrário. Para um apanhado geral sobre a posição da doutrina, vide MARINO, Francisco Paulo de Crescenzo. *Revisão Contratual...*, p. 21/24.

[541] "Art. 479. A resolução poderá ser evitada, oferecendo-se o réu a modificar eqüitativamente as condições do contrato."

[542] "(...) ha quedado suficientemente demonstrado que la frustración del fin del contrato por causas imprevistas y sobrevenidas puede considerarse conectado íntimamente con el problema, más amplio, de una onerosidad excesiva de la prestación por alteración posterior e imprevista de las circunstancias. El que una de las partes tenga que realizar una prestación cuando la contraprestación ha perdido utilidad o ha dejado de tener sentido para ella, no cabe la menor duda de que aumenta la onerosidad de su prestación, rompiendo el equilibrio de los intereses contractuales en juego" (*La frustración...*, p. 159).

MOSSET ITURRASPE defende ideia oposta à de ESPERT SANZ, pois entende que a frustração é o gênero compreensivo de todas as hipóteses de perda de sentido e razão de ser do negócio, tenham uma base subjetiva ou objetiva. Já a excessiva onerosidade superveniente – que concretiza a denominada "teoria da imprevisão" – particulariza uma situação objetiva, a do desequilíbrio superveniente entre as prestações, devido a fatos extraordinários e imprevisíveis. Há, pois, entre uma e outra, uma relação de gênero e espécie.[543]

Acreditamos não existir uma relação de gênero e espécie entre ambas as teorias. Elas simplesmente se ligam por estarem situadas no mesmo terreno da doutrina dos fatos supervenientes/alteração das circunstâncias, sendo esse o seu tronco comum. Mas, a partir dele, distanciam-se, tomando, cada uma, corpo próprio e inconfundível.

É claro que a frustração do fim do contrato gera uma excessiva onerosidade na forma de um maior sacrifício do que o esperado, pois o benefício pelo qual se está pagando não tem mais nenhuma utilidade ou razão de ser, uma vez que a finalidade do contrato se perdeu. Trata-se, pois, de um enfoque da onerosidade que não é voltado para o aspecto econômico, aquele no qual se detém a teoria da imprevisão.

Voltemos ao exemplo do sistema de aquecimento por energia solar. Não é o fato de ter sido construído o prédio – que impedirá a chegada dos raios do sol aos coletores solares – que faz com que o aparelho e a instalação valham menos objetivamente. O produto e o serviço não tiveram alteração no seu preço, eles valem exatamente o que foi contratado, mas, mesmo a esse preço, não há mais razão para instalar o aparelho se a luz solar nele não incidirá. Não há aqui uma excessiva onerosidade tal qual se cogita na teoria da imprevisão. A "onerosidade" da frustração do fim é no sentido de um gasto desnecessário e inútil.

Além disso, na excessiva onerosidade, a finalidade do contrato ainda pode ser atingida, mas a outro custo, o que não ocorre na frustração do fim do contrato.

---

[543] Tradução livre do seguinte trecho de *La frustración*..., p. 82: "(...) la frustración es el género compreensivo de todos los supuestos de pérdida de sentido y razón de ser del negocio, tengan una base subjetiva u objetiva, mientras que la excesiva onerosidad sobreveniente – que concreta la denominada 'teoria de la imprevisión' – particulariza una situación objetiva, la del desequilibrio sobreveniente entre las prestaciones, debido a hechos extraordinarios e imprevisibiles. Hay, pues, entre una y otra, una relación de género a especie."

Outra diferença é o fato de a teoria da imprevisão sempre requerer um fato imprevisível superveniente, o que já não ocorre no caso da frustração do fim do contrato, que demanda apenas um evento inesperado, visto sob a ótica do que razoavelmente se poderia esperar diante das peculiaridades da contratação.

Esse detalhe é importante porque marca uma diferença ideológica entre as teorias: enquanto a teoria da imprevisão afeiçoa-se aos ideais subjetivistas, calcados na vontade, a frustração do fim do contrato apresenta um perfil mais objetivo, ligado ao próprio contrato e às circunstâncias que o circundam. A teoria da imprevisão baseia-se na ideia de que a ausência da regulação da alteração das circunstâncias pelas partes não significa que a vontade delas era a de excluir a readaptação, caso ela ocorresse. As partes simplesmente não tinham condições, na época da contratação, de imaginar a alteração, de forma que não podiam sequer querer excluir ou incluir o reajuste.[544]

É sobre a vontade, portanto, que a teoria da imprevisão se funda e se desenvolveu.

A frustração do fim do contrato, por sua vez, não tem seu fundamento na vontade das partes, mas no fato de que, para o contrato subsistir, é necessária a preservação das circunstâncias que se apresentavam no momento da sua celebração, de sorte que permaneça como uma regulação dotada de sentido. Trata-se, assim, de um enfoque que não se baseia na vontade, mas deflui do próprio contrato e das circunstâncias presentes na sua formação. Retira-se a finalidade objetiva do contrato, aquela que está nele expressa ou que dele se extrai. Não merecem ser confundidas, portanto, a teoria da excessiva onerosidade e a teoria da frustração do fim do contrato.

---

[544] Não há de se negar, contudo, que essa concepção na qual se funda a teoria da imprevisão foi uma evolução-adaptação do pensamento voluntarista da época, segundo o qual a falta de previsão contratual acerca da alteração das circunstâncias significava que a vontade das partes era de excluir qualquer forma de reajuste do contrato caso as elas se verificassem, pois todos eram livres para prever o que bem quisessem no contrato.

Capítulo 5
A Frustração do Fim do Contrato no Direito Brasileiro

1. Considerações gerais

Até aqui, procuramos trazer informações concernentes às bases históricas e teóricas da frustração do fim do contrato, percorrendo o direito estrangeiro e fornecendo as principais noções acerca do tema, em especial no que consiste, quais os seus requisitos de aplicação, suas consequências e sua específica área de incidência a partir da distinção com outros institutos.

O desafio agora será a aplicação das bases da teoria da frustração do fim do contrato no direito brasileiro, que passaremos a tratar nos próximos itens.

2. Concretização da frustração do fim do contrato no direito brasileiro

A investigação da existência de amparo legal à frustração do fim do contrato no direito brasileiro será feita no âmbito do Código Civil e do Código de Proteção e Defesa do Consumidor.

A indicação das disposições legais que amparam uma determinada teoria jurídica confortam o aplicador do direito. Adiantamos que tanto no Código Civil quanto do Código de Defesa do Consumidor existem disposições legais para amparar a frustração do fim do contrato. De todo modo, considerando que (i) a frustração do fim do contrato utiliza a noção de causa concreta do negócio jurídico, e que (ii) "a causa, no nosso

FRUSTRAÇÃO DO FIM DO CONTRATO

direito, não está na lei, mas está, porque é inevitável, no ordenamento como um todo"[545], a sua aplicabilidade no Brasil não restaria prejudicada ainda que não houvesse um dispositivo legal específico para albergá-la.

2.1. A frustração do fim do contrato no Código Civil

A possibilidade de aplicação da teoria da frustração do fim do contrato passa pelo reconhecimento da importância da finalidade do negócio jurídico.

Como já tivemos oportunidade de avaliar,[546] a finalidade identifica-se com o conceito de causa concreta. Seria ela o interesse, o resultado prático ou a função (concreta) que se extrai do negócio jurídico *in concreto*; relevante e conhecida por ambos os contratantes ou que, de acordo com uma interpretação conforme à boa-fé, razoavelmente deveria ter sido conhecida, tendo em conta o tipo de negócio celebrado e as circunstâncias presentes na sua celebração (critérios de normalidade e preço). O fim, frise-se, deve ser conhecido e levado em consideração por ambos os contratantes para que se possa aplicar a teoria da frustração do fim do contrato, pois, do contrário, não integraria o seu conteúdo. Para sabermos qual o fim do contrato, devemos responder à seguinte pergunta: para que o contrato serve?

A finalidade não se identifica com o motivo, que é o porquê da contratação (causa impulsiva). É intenção não manifestada, individual, de foro íntimo do contratante. Os motivos traduzem aqueles interesses que não são apreciáveis, o que leva à tradicional afirmação da sua irrelevância.[547]

---

[545] AZEVEDO, Antonio Junqueira de. *Negócio jurídico*. Existência..., p. 160, nota 239. A afirmação, embora lançada na edição já atualizada pelo novo Código Civil, seria passível de controvérsia, uma vez que o art. 421 do Código Civil parece ter positivado a causa no Código Civil, embora não a trate textualmente como um dos requisitos do negócio jurídico, como o fazem o direito italiano e o francês.

[546] *Vide* Capítulo 4, item 5.1.2.

[547] SILVA, Luis Renato Ferreira da. A noção de sinalagma nas relações contratuais e para-contratuais (uma análise à luz da teoria da causa). 2001. Tese (Doutorado) – Faculdade de Direito da USP. São Paulo. CARLOS ALBERTO DA MOTA PINTO, após reconhecer o fim contratual como fator de relevante importância na estrutura, conteúdo e vida de cada relação contratual concreta, ensina que ele não é "qualquer móbil ou objectivo individual que adquirirá relevância, mas apenas o fim prosseguido pelas partes, dotado das exigências de objectividade ou cognoscibilidade necessárias para, segundo o direito vigente, se projectar no ordenamento negocial. Mais concretamente, trata-se do fim susceptível de ser considerado, segundo a impressão do destinatário ou outro tipo de sentido negocial, nos casos excepcionais

A FRUSTRAÇÃO DO FIM DO CONTRATO NO DIREITO BRASILEIRO

Quando queremos saber qual o motivo do contrato, indagamos: por que o contrato foi celebrado? Pode ocorrer, no entanto, de o motivo ser qualificado como determinante na celebração do negócio, situação em que ele passa a ter relevância para o direito, consoante se extrai dos arts. 140 e 166, III, do Código Civil.[548]

O fato é que tanto a finalidade *individual* quanto os motivos da contratação são irrelevantes. Por outro lado, a finalidade *comum* (finalidade que integra o conteúdo do contrato, nem sempre expressa, mas extraível do contrato e de suas circunstâncias) e os motivos determinantes são interesses igualmente apreciáveis. Isso nos leva a crer que a consideração do fim e do motivo como interesses juridicamente apreciáveis atrela-se a um mesmo critério, qual seja, o do seu conhecimento por ambas as partes. Esse conhecimento, em se tratando de motivo, deve se revelar por meio da menção expressa de que ele é determinante. Já para a finalidade, o "conhecimento" pode ser extraído do próprio contrato (quando estiver expressamente mencionado) ou por meio da interpretação – integrativa – do negócio jurídico, tendo em conta a boa-fé e os usos e costumes (Código Civil, art. 113) atrelados aos critérios do tipo contratual escolhido, do preço de mercado e da normalidade.

Mas o fim, a função (concreta) ou a finalidade do negócio jurídico são fatores considerados relevantes pelo nosso ordenamento jurídico?

Não temos a menor dúvida, posto que em diversos artigos de lei há expressa referência à finalidade, a começar pela nossa Constituição Federal, que, em seu art. 3º, elenca os *objetivos/resultados* fundamentais a ser buscados pelo Estado.[549]

---

em que os critérios legais da hermenêutica para ele apontem (cf. art. 239º, n. 2), ou segundo critérios de integração fim que, acentue-se também, nos contratos sinalagmáticos, se não identifica, apenas, com a necessidade de satisfazer, com o bem recebido, nem sequer com a mera consideração contabilística da prestação a receber e do sacrifício a suportar, mas supõe uma ligação de causalidade-finalidade entre a necessidade económica correspondente à prestação que se efectiva e a utilidade que se visa colher da prestação a receber" (*Cessão da posição contratual.* Coimbra: Almedina, 1982, p. 316).

[548] "Art. 140. O falso motivo só vicia a declaração de vontade quando expresso como razão determinante."

"Art. 166. É nulo o negócio jurídico quando: (...) III – o motivo determinante, comum a ambas as partes, for ilícito."

[549] "Art. 3º Constituem objetivos fundamentais da República Federativa do Brasi: I – construir uma sociedade livre, justa e solidária; II – garantir o desenvolvimento nacional; III – erradicar

A ordem econômica e financeira, fundada na valorização do trabalho humano e na livre iniciativa, também é pautada pela finalidade constitucional de "assegurar a todos existência digna" (Constituição Federal, art. 170, *caput*).[550]

O próprio comando constitucional de que a propriedade deve atender à sua função social (Constituição Federal, art. 5º, XXIII), erigido igualmente como princípio geral da atividade econômica (Constituição Federal, art. 170, III), também denota o prestígio outorgado à finalidade.

No âmbito de nosso Código Civil, não é diferente. Assim, por exemplo, para a criação de uma fundação, é necessário especificar o *fim ao qual se destina*, limitando-se este aos *religiosos, morais, culturais ou de assistência* (Código Civil, art. 62 e parágrafo único).[551] O fim da fundação também baliza a reforma do seu estatuto (Código Civil, art. 67, II). Além disso, o art. 69 do Código Civil contém previsão expressa a respeito da frustração do fim da fundação.[552]

Esse artigo, assim como o já mencionado art. 206, II, *b*, da Lei das Sociedades Anônimas,[553] servem de apoio ao pensamento de que o fim não integra o objeto do negócio jurídico, mas o seu conteúdo.[554] A finalidade é o objetivo que se visa a alcançar com a instituição da fundação, enquanto o objeto são as atividades necessárias para que se consiga atingi-lo.

---

a pobreza e a marginalização e reduzir as desigualdades sociais e regionais; IV – promover o bem de todos, sem preconceitos de origem, raça, sexo, cor, idade e quaisquer outras formas de discriminação."

[550] "Art. 170. A ordem econômica, fundada na valorização do trabalho humano e na livre iniciativa, tem por fim assegurar a todos existência digna, conforme os ditames da justiça social, observados os seguintes princípios: (...)"

[551] "Art. 62. Para criar uma fundação, o seu instituidor fará, por escritura pública ou testamento, dotação especial de bens livres, especificando o fim a que se destina, e declarando, se quiser, a maneira de administrá-la. Parágrafo único. A fundação somente poderá constituir- se para fins religiosos, morais, culturais ou de assistência."

[552] "Art. 69. Tornando-se ilícita, impossível ou inútil a finalidade a que visa a fundação, ou vencido o prazo de sua existência, o órgão do Ministério Público, ou qualquer interessado, lhe promoverá a extinção, incorporando-se o seu patrimônio, salvo disposição em contrário no ato constitutivo, ou no estatuto, em outra fundação, designada pelo juiz, que se proponha a fim igual ou semelhante."

[553] *Vide* Capítulo 4, item 6.1.3.1.

[554] Ou, ainda, de que o fim não é necessariamente um elemento constitutivo do conceito de prestação.

A finalidade da FAPESP – Fundação de Amparo à Pesquisa do Estado de São Paulo, por exemplo, é o "amparo à pesquisa científica no Estado de São Paulo". Esse fim é viabilizado por meio de uma série de atividades de custeio de projetos, fiscalização da aplicação dos auxílios, promoção do intercâmbio de pesquisadores e publicação dos resultados das pesquisas, entre outras atividades[555], as quais constituem o objeto da fundação.

O art. 69 do Código Civil traduz *fattispecie* específica de ilicitude, impossibilidade ou inutilidade da *finalidade* da fundação, o que é bem diverso da ilicitude, impossibilidade ou inutilidade das atividades que desempenha para atingir o seu fim.

Suponhamos que todas as fontes de receitas financeiras da FAPESP fossem extintas. Teríamos, nesse caso, a impossibilidade das atividades relativas ao custeio de projetos de pesquisa e de instalação de novas unidades de pesquisa. Contudo, a finalidade de amparo ainda poderia ser atingida por meio de outras atuações, tais como a promoção do intercâmbio entre alunos, a disponibilização da estrutura já existente à pesquisa dos alunos, etc.

O fim está presente em todo o Código Civil, e sua importância é bastante nítida.

A qualificação de uma benfeitoria como necessária, útil ou voluptuária é feita levando em conta a finalidade para a qual se destina (Código Civil, art. 96).[556]

Na conversão do negócio jurídico, o fim a que as partes visavam é determinante para que ela se opere (Código Civil, art. 170).[557]

---

[555] Art. 1º e seus incisos do Estatuto da FAPESP, aprovados pelo Decreto estadual n. 40.312, de 23 de maio de 1962. Disponível em https://fapesp.br/92/estatutos-da-fundacao-de--amparo-a-pesquisa-do-estado-de-sao-paulo-e-decreto-no-40132-de-23-de-maio-de-1962, acesso em 06 de março de 2021.

[556] "Art. 96. As benfeitorias podem ser voluptuárias, úteis ou necessárias. § 1º São voluptuárias as de mero deleite ou recreio, que não aumentam o uso habitual do bem, ainda que o tornem mais agradável ou sejam de elevado valor. § 2º São úteis as que aumentam ou facilitam o uso do bem. § 3º São necessárias as que têm por fim conservar o bem ou evitar que se deteriore."

[557] "Art. 170. Se, porém, o negócio jurídico nulo contiver os requisitos de outro, subsistirá este quando o fim a que visavam as partes permitir supor que o teriam querido, se houvessem previsto a nulidade."

O fim econômico ou social limita o exercício dos direitos, balizando os limites entre o que seria exercício regular de um direito e abuso de direito (Código Civil, art. 187).[558]

A finalidade da sociedade mercantil também é fator relevante para a avaliação da caracterização do abuso da personalidade jurídica, ensejador da sua descaracterização, nos moldes do art. 50 do Código Civil.[559]

Em matéria de cláusula penal, a finalidade, juntamente com a natureza do negócio, atua como um elemento a ser considerado pelo magistrado para a sua redução equitativa.[560] A venda sujeita a prova presume-se feita sob a condição suspensiva de que a coisa tenha as qualidades asseguradas pelo vendedor e seja idônea para o fim ao qual se destina (Código Civil, art. 510).

Na locação, a impossibilidade de a coisa ser empregada para o fim ao qual se destinava é o critério decisivo para a resolução do contrato e não a simples redução do valor do aluguel, em casos de deterioração do bem sem culpa do locatário (Código Civil, art. 567).[561]

No campo do pagamento indevido, não se admite a restituição quando ele for feito para atingir uma finalidade ilícita, imoral ou proibida por lei (Código Civil, art. 883).[562]

---

[558] "Art. 187. Também comete ato ilícito o titular de um direito que, ao exercê-lo, excede manifestamente os limites impostos pelo seu fim econômico ou social, pela boa-fé ou pelos bons costumes."

[559] "Art. 50. Em caso de abuso da personalidade jurídica, caracterizado pelo desvio de finalidade ou pela confusão patrimonial, pode o juiz, a requerimento da parte, ou do Ministério Público quando lhe couber intervir no processo, desconsiderá-la para que os efeitos de certas e determinadas relações de obrigações sejam estendidos aos bens particulares de administradores ou de sócios da pessoa jurídica beneficiados direta ou indiretamente pelo abuso."

[560] "Art. 413. A penalidade deve ser reduzida eqüitativamente pelo juiz se a obrigação principal tiver sido cumprida em parte, ou se o montante da penalidade for manifestamente excessivo, tendo-se em vista a natureza e a finalidade do negócio."

[561] "Art. 567. Se, durante a locação, se deteriorar a coisa alugada, sem culpa do locatário, a este caberá pedir redução proporcional do aluguel, ou resolver o contrato, caso já não sirva a coisa para o fim a que se destinava".

[562] "Art. 883. Não terá direito à repetição aquele que deu alguma coisa para obter fim ilícito, imoral, ou proibido por lei."

A sociedade simples pode ser dissolvida judicialmente quando exaurido o fim social ou verificada a sua inexequibilidade (Código Civil, art. 1.034).[563]

A finalidade também baliza o exercício do direito de propriedade ao prever, no § 1º do art. 1.228 do Código Civil, que "o direito de propriedade deve ser exercido em consonância com as suas finalidades econômicas e sociais e de modo que sejam preservados, de conformidade com o estabelecido em lei especial, a flora, a fauna, as belezas naturais, o equilíbrio ecológico e o patrimônio histórico e artístico, bem como evitada a poluição do ar e das águas". Além disso, não são tolerados pelo direito "os atos que não trazem ao proprietário qualquer comodidade, ou utilidade, e sejam animados pela intenção de prejudicar outrem" (art. 1.228, § 2º).

Um dos requisitos da escritura de instituição do condomínio edilício é a finalidade à qual se destinam (Código Civil, art. 1.332).[564]

O fim para o qual foi instituída também é elemento que norteia o exercício das servidões (Código Civil, art. 1.385).[565] A escolha de um fim determinado pode justificar a nomeação de herdeiro ou legatário (Código Civil, art. 1.897).[566] Saindo do Direito Civil e migrando para o Direito Administrativo, temos a finalidade pública (objetivo de satisfazer e proteger o interesse público) como um dos princípios básicos da Administração Pública e como um dos requisitos dos atos administrativos.[567]

Esses artigos revelam aplicações pontuais da finalidade, comprovando que ela permeia os diversos ramos do direito.

---

[563] "Art. 1.034. A sociedade pode ser dissolvida judicialmente, a requerimento de qualquer dos sócios, quando: I – anulada a sua constituição; II – exaurido o fim social, ou verificada a sua inexeqüibilidade."

[564] "Art. 1.332. Institui-se o condomínio edilício por ato entre vivos ou testamento, registrado no Cartório de Registro de Imóveis, devendo constar daquele ato, além do disposto em lei especial: I – a discriminação e individualização das unidades de propriedade exclusiva, estremadas uma das outras e das partes comuns; II – a determinação da fração ideal atribuída a cada unidade, relativamente ao terreno e partes comuns; III – o fim a que as unidades se destinam."

[565] "Art. 1.385. Restringir-se-á o exercício da servidão às necessidades do prédio dominante, evitando-se, quanto possível, agravar o encargo ao prédio serviente. § 1º Constituída para certo fim, a servidão não se pode ampliar a outro."

[566] "Art. 1.897. A nomeação de herdeiro, ou legatário, pode fazer-se pura e simplesmente, sob condição, para certo fim ou modo, ou por certo motivo."

[567] MEIRELLES, Hely Lopes. *Direito administrativo brasileiro*. São Paulo: Malheiros, 2002, p. 89-90 e 147-148.

No âmbito do Direito Civil, o art. 421 é a norma mais importante que comprova o destaque adquirido pela finalidade dos negócios jurídicos após a edição do Código Civil de 2002. Antes da alteração introduzida pela Lei da Liberdade Econômica (Lei nº 13.874/2019), sua redação previa que "a *liberdade de contratar* será exercida em razão e nos limites da função social do contrato." Atualmente, a redação foi alterada para prever que "a *liberdade contratual* será exercida em razão e nos limites da função social do contrato."

O legislador optou por erigir a *função* – ou seja, aquilo para o qual se presta, o papel que desempenha, tendo em vista a obtenção de certa finalidade (social) do contrato – como um dos fatores para balizar as contratações.[568]

---

[568] A alteração da redação não é puramente estilística, mas, aparentemente, buscou corrigir o caráter ditatorial que a redação anterior previa. Na edição anterior de nosso livro, havíamos referido que "a redação do art. 421 é um tanto quanto autoritária e ditatorial ao estabelecer que a *liberdade de contratar* será exercida *em razão* da função social do contrato, o que significa, tomada a expressão em sua literalidade, esfacelar aquele núcleo da autonomia privada que não pode ser tocado sob pena de se violar um princípio ainda maior, qual seja, o da liberdade dos indivíduos de celebrarem negócios jurídicos de acordo com as suas necessidades, o que, por sua vez, funda-se em um outro princípio fundamental que é o da dignidade da pessoa. Isso por dois motivos: a) a liberdade de contratar refere-se à possibilidade de celebrar ou não os contratos, ao exercício livre da autonomia privada quanto à opção de satisfazer determinado interesse por meio da realização de negócios jurídicos; b) a expressão "em razão" é bastante forte e traduz uma ideia de que a função social deve fundamentar o direito de contratar. A ideia mais apropriada parece ser a de que o art. 421 deve ser interpretado no sentido de que deve haver uma limitação à liberdade contratual, ou seja, a possibilidade de controle das cláusulas contratuais dispostas no negócio, e não uma restrição à liberdade de contratar. PONTES DE MIRANDA referia-se à liberdade de contratar como "liberdade de conclusão do contrato" e liberdade contratual como "liberdade de determinação do conteúdo negocial", trazendo um exemplo que é bastante elucidativo: "Há, é verdade, limitação da liberdade de conclusão, sempre que se exige, para que se façam certos contratos, o registro prévio da propriedade. Se apenas se veda que o objeto tenha certo tamanho, há limitação à liberdade de determinação do conteúdo e não da liberdade de conclusão" (*Tratado de direito privado*, t. XXXVIII..., p. 45). É nesse sentido que acreditamos que a ideia de socialidade empregada por MIGUEL REALE no novo Código Civil deva ser aplicada nos casos concretos. Essas mesmas críticas foram realizadas pelo professor ANTONIO JUNQUEIRA DE AZEVEDO por ocasião das aulas de mestrado, quando foi tratado o tema da função social, sendo que no projeto de Lei n. 6.960/2002, de autoria do deputado federal Ricardo Fiúza, há a proposta de modificação da redação do art. 421, que passaria a ser a seguinte: "A liberdade contratual será exercida nos limites da função social do contrato"." (COGO, Rodrigo Barreto. *Frustração...*, p. 317/318).

É claro que a exigência de um comportamento conforme à função *social* do contrato é uma ideia incompleta, aberta e de grande vagueza semântica, já que se trata de uma cláusula geral cujo regramento será preenchido no caso concreto, exigindo que o "juiz concorra ativamente para a formulação da norma".[569] De todo modo, o importante a ser registrado é que a função adquiriu um *status* até então não ostentado, constituindo importante novo princípio positivado do direito contratual brasileiro.[570]

A função adquire *status* de limitadora do exercício do ato de formatar o conteúdo do contrato, o que não significa que esteja restrita ao momento da sua formação, mas, necessariamente, deve atuar durante todo o *iter* contratual, permitindo inferir que o negócio deve permanecer dotado de função até o seu exaurimento. Esse parece ser, também, o pensamento de ANTONIO JUNQUEIRA DE AZEVEDO, quando defende que "a grande vantagem da explicitação legal da função social do contrato como limite à atividade privada não está tanto, a nosso ver, no momento inicial do contrato (a isso responde a teoria das nulidades), e sim, no momento posterior, relativo ao desenvolvimento da atividade privada. Podemos dizer, em linguagem econômica, que a teoria das nulidades controla bem a liberdade de iniciativa, enquanto a função social o faz, quanto ao desenvolvimento dessa iniciativa."[571]

Como se verifica, a atual redação do art. 421 do Código Civil acolheu a crítica que fizemos na edição passada. Outro aspecto que merece ser retomado nesse momento é o de que o fim contratual não se confunde com a função econômico-social dos contratos. Enquanto o fim contratual é a sua função concreta (vide Capítulo 4, item 6.1.2), ligado às especificidades do contrato individualizadamente considerado, a função econômico-social relaciona-se ao tipo contratual, geral e abstrato. Embora fim e função sejam termos muito próximos (mas não sinônimos), sob esta perspectiva pode-se, inclusive, distingui-los, com a observação de que a função é o meio para atingir uma certa finalidade. Por intermédio da função (abstrata) de um tipo contratual podem ser satisfeitos necessidades econômicas que permite aos contratantes alcançar um determinado objetivo (fim). Essa distinção, no entanto, não prejudica a tese de que a frustração do fim do contrato é uma das formas pelas quais o contrato deixa de atender à sua função social, como adiante será visto.

[569] MARTINS-COSTA, Judith. *A boa-fé no direito privado*. São Paulo: RT, 1999, p. 326.

[570] A função social é um dos casos em que uma cláusula geral também contém um princípio. A respeito, *vide* MARTINS-COSTA, Judith. *A boa-fé...*, p. 315-324.

[571] AZEVEDO, Antonio Junqueira de. Natureza jurídica do contrato de consórcio. Classificação dos atos jurídicos quanto ao número de partes e quanto aos efeitos. Os contratos relacionais. A boa-fé nos contratos relacionais. Contratos de duração. Alteração das circunstâncias

Isso se justifica pelo fato de que uma das principais utilidades do fim é funcionar como "fator de manutenção da eficácia",[572] o que ampara e justifica a frustração do fim do contrato.

A previsão do art. 421 do Código Civil, assim como todas as demais que ressaltam a importância da finalidade, demonstra que nossa ordem jurídica não se compatibiliza com o exercício irresponsável dos direitos subjetivos, o que já foi tradicionalmente aceito no passado. Conforme destaca ALMEIDA COSTA, "hoje em dia, contudo, entende-se que os poderes do titular de um direito subjetivo estão condicionados pela respectiva função, ao mesmo tempo que se alarga a esfera dos direitos que não são conferidos no interesse próprio, mas no interesse de outrem ou no interesse social (*direito-função*)".[573]

Trata-se do movimento de funcionalização dos direitos subjetivos[574] ao qual alude ALMEIDA COSTA, de forma que "atualmente admite-se que os poderes do titular de um direito subjetivo estão condicionados pela respectiva função e a categoria do direito subjetivo, posto que histórica e contingente como todas as categorias jurídicas, não vem mais revestida pelo 'mito jusnaturalista' que recobria a codificação oitocentista, na qual fora elevada ao *status* de realidade ontológica, esfera jurídica de soberania do indivíduo."[575]

A positivação do abuso de direito no Código Civil (art. 187) é também uma prova de que não mais se tolera o "uso antifuncional do direito",[576] devendo ser observados os limites impostos pelo fim econômico e social no exercício dos direitos subjetivos, sob pena de caracterizar a prática de ato ilícito.[577]

---

e onerosidade excessiva. Sinalagma e resolução contratual. Resolução parcial do contrato. Função social do contrato. Parecer não publicado, p. 43

[572] SILVA, Luis Renato Ferreira da. *A noção de sinalagma...*, p. 98 e 136.

[573] ALMEIDA COSTA, Mario Julio de. *Direito das obrigações...*, p. 62.

[574] EROS ROBERTO GRAU já alertava para a compatibilidade entre direito subjetivo e função na sua obra *Ordem econômica na Constituição de 1988*. São Paulo: Malheiros, 1998, p. 255.

[575] MARTINS-COSTA, Judith. *A boa-fé...*, p. 351-352.

[576] ALMEIDA COSTA, Mario Julio de. *Direto das obrigações...*, p. 65.

[577] Cabe lembrar que no art. 3º do Código de Processo Civil de 1939. ("Art. 3º Responderá por perdas e danos a parte que intentar demanda por espírito de emulação, mero capricho ou erro grosseiro. Parágrafo único. O abuso de direito verificar-se-á, por igual, no exercício dos meios de defesa, quando o réu opuser, maliciosamente, resistência injustificada ao andamento do

Nessa mesma linha de raciocínio, foi aprovado, em dezembro de 2004, por ocasião da realização da III Jornada de Direito Civil, promovida pelo Conselho da Justiça Federal, o enunciado de número 169, proposto pela professora VERA MARIA JACOB FRADERA, segundo o qual "o princípio da boa-fé objetiva deve levar o credor a evitar o agravamento do próprio prejuízo". Portanto, o credor, no exercício do direito subjetivo de ressarcimento dos seus danos, deve agir de modo responsável, evitando o aumento das perdas já incorridas.

No âmbito internacional, também podemos observar o destaque emprestado à finalidade, mormente com relação à interpretação. O art. 4.3 (d) do *UNIDROIT Principles of International Commercial Contracts* orienta que a interpretação da intenção (art. 4.1), das declarações e das condutas das partes (art. 4.2) seja feita levando em conta "the nature and purpose of the contract".[578] O mesmo ocorre em relação às divergências entre as partes quanto a algum termo por elas empregado, a ser resolvidas, entre outros critérios interpretativos, com a atenção à natureza e ao objetivo do contrato (art. 4.8)[579]. Igualmente, o art. 5.1.2 prevê que as obrigações implícitas do negócio devem ser extraídas, tendo em mira a natureza e o objetivo do contrato.[580]

---

processo"), já se podia visualizar o movimento da funcionalização dos direitos subjetivos com a vedação ao exercício do direito de ação com fins emulativos, hoje positivada sob a denominação de litigância de má-fé. As lições de JORGE AMERICANO retratam bem esse pensamento: "Entretanto, acontece muitas vêzes que o protesto é exercido com o fim de causar escândalo público, e prejuízo à parte contrária, sem proveito lícito, mas com segunda intenção por parte daquele que o faz" (*Comentários ao Código de Processo Civil*. Arts. 1º a 290. 2. ed. São Paulo: Saraiva, 1958, v. 1, p. 25).

[578] https://www.unidroit.org/unidroit-principles-2016/unidroit-principles-2016-overview/english-integral, acesso em 06.03.2021.

[579] "Article 4.8 (Supplying an omitted term) (1) Where the parties to a contract have not agreed with respect to a term which is important for a determination of their rights and duties, a term which is appropriate in the circumstances shall be supplied. (2) In determining what is an appropriate term regard shall be had, among other factors, to (a) the intention of the parties; (b) the nature and purpose of the contract; (c) good faith and fair dealing; (d) reasonableness."

[580] "Article 5.1.2 (Implied obligations) Implied obligations stem from (a) the nature and purpose of the contract; (b) practices established between the parties and usages; (c) good faith and fair dealing; (d) reasonableness."

Coerentemente, a frustração do fim do contrato é uma das figuras que os princípios do UNIDROIT consagram dentro da previsão do *hardship*, estabelecido nos arts. 6.2.1[581] e 6.2.2,[582] consoante se colhe dos comentários a esses artigos[583].

O art. 5:102 dos Princípios do Direito Contratual Europeu também traz critérios para a interpretação do contrato quase idênticos àqueles dos Princípios do Unidroit, também remetendo o intérprete à natureza e ao fim do contrato.[584]

---

[581] "Article 6.2.1 (Contract to be observed) Where the performance of a contract becomes more onerous for one of the parties, that party is nevertheless bound to perform its obligations subject to the following provisions on hardship".

[582] "Article 6.2.2 (Definition of hardship) There is hardship where the occurrence of events fundamentally alters the equilibrium of the contract either because the cost of a party's performance has increased or because the value of the performance a party receives has diminished, and (a) the events occur or become known to the disadvantaged party after the conclusion of the contract; (b) the events could not reasonably have been taken into account by the disadvantaged party at the time of the conclusion of the contract; (c) the events are beyond the control of the disadvantaged party; and (d) the risk of the events was not assumed by the disadvantaged party."

[583] "The second manifestation of hardship is characterized by a substantial decrease in the value of the performance received by one party, including cases where the performance no longer has any value at all for the receiving party. The performance may relate either to a monetary or a non-monetary obligation. The substantial decrease in the value or the total loss of any value of the performance may be due either to drastic changes in market conditions (e.g. the effect of a dramatic increase in inflation on a contractually agreed price) or the frustration of the purpose for which the performance was required (e.g. the effect of a prohibition to build on a plot of land acquired for building purposes or the effect of an export embargo on goods acquired with a view to their subsequent export). Naturally the decrease in value of the performance must be capable of objective measurement: a mere change in the personal opinion of the receiving party as to the value of the performance is of no relevance. As to the frustration of the purpose of the performance, this can only be taken into account when the purpose in question was known or at least ought to have been known to both parties." (Unidroit Principles. 2016. Comentário ao art. 6.2.2, p. 219/220, disponível em https://www. unidroit.org/unidroit-principles-2016/unidroit-principles-2016-overview/english-integral, acesso em 06.03.2021)

[584] "Article 5:102: Relevant Circumstances. In interpreting the con- tract, regard shall be had, in particular, to: (a) the circumstances in which it was concluded, including the preliminary negotiations; (b) the conduct of the parties, even subsequent to the conclusion of the contract; (c) the nature and purpose of the contract; (d) the interpretation which has already been given to similar clauses by the parties and the practices they have established between themselves;

Os Princípios do Direito Contratual Europeu também denotam que o contrato não se limita ao seu conteúdo expresso, mas pode conter *implied terms* derivados da intenção das partes, da natureza e do fim do contrato e da boa-fé e lealdade.[585]

A valorização do fim do contrato é notória.

Longe de querer exaurir o estudo de tema tão complexo quanto o da função social – até mesmo por extrapolar os modestos objetivos deste trabalho –, acreditamos que todas as potencialidades do art. 421 do Código Civil não conseguem ser aproveitadas com uma ideia "negativo-proibitiva" de função social, ou seja, uma concepção que somente a enxerga como limitadora do conteúdo de cláusulas contratuais e como restritiva daquilo que não pode ser disposto. A função social deve representar também uma ideia de ação positiva, de postura proativa, de construção, de criação de comportamentos positivos, o que parece ser a ideia de JUDITH MARTINS-COSTA quando sustenta que a função social possui um "valor *operativo*, regulador da disciplina contratual que deve ser utilizado não apenas na interpretação dos contratos, mas por igual, na integração e na concretização das normas contratuais particularmente consideradas. Em outras palavras, a *concreção especificativa* da norma, ao invés de já estar pré-constituída, pré-posta pelo legislador, há de ser construída pelo julgador, a cada novo julgamento, cabendo relevantíssimo papel aos casos precedentes, que auxiliam a fixação da hipótese e a doutrina no apontar de exemplos."[586]

O presente trabalho serve para este fim, o de "*concreção especificativa*" do art. 421 do Código Civil, pois a frustração do fim do contrato é exatamente uma das hipóteses nas quais o contrato perde a sua função social.[587] Nesse

---

(e) the meaning commonly given to terms and expressions in the branch of activity concerned and the interpretation similar clauses may already have received; (f) usages; and (g) good faith and fair dealing."

[585] "Article 6:102: Implied Terms In addition to the express terms, a contract may contain implied terms which stem from (a) the intention of the parties, (b) the nature and purpose of the contract, and (c) good faith and fair dealing."

[586] MARTINS-COSTA, Judith. *A boa-fé...*, p. 354. Parece compartilhar esse pensamento EROS ROBERTO GRAU (*Ordem...*, p. 255)

[587] Em trabalho onde analisa o tema tão espinhoso da causa contratual, LUCIANO DE CAMARGO PENTEADO anota a relação fim-função social do contrato: "A causa final tem um duplo aspecto. *Na ordem da intenção*, isto é, no agente que quer o resultado de um ato, *ela*

caso, a função social atua com o seu valor positivo, operativo, confortando situações que se revelam extremamente injustas.

O contrato que se torna estéril, sem sentido ou inútil, por não poder mais atingir a sua finalidade, revela-se um negócio que não atende à função social, por não mais permitir que ele funcione como um instrumento de troca apto a proporcionar a satisfação dos interesses dos contratantes, não sendo lícito, assim, exigir o seu cumprimento.

Essa afirmação também revela uma convicção: a de que a função social do contrato se concretiza por meio de duas facetas, uma relativa aos interesses da sociedade com relação ao contrato e outra referente aos interesses de pessoas determinadas, em especial os contratantes ou terceiros perfeitamente identificáveis. Isso quer dizer que a concretização da função social do contrato pode ser feita tanto em razão de um negócio jurídico que afete a coletividade (o que é mais comum em se tratando de contratos que acarretem prejuízos aos consumidores ou ao meio ambiente) ou, ainda, com relação a um contrato que está prejudicando um dos contratantes, entendida a função social como "função econômico-social concreta e objetiva do negócio"[588] (ou *inter partes*).

é a primeira. O conceito específico dessa noção é o que se denomina *causa impulsiva*. Ela tem precedência do ponto de vista psicológico porque apresenta-se como a razão de apetecibilidade do objeto querido. Na ordem real, o efeito completo de um ato só é alcançado ao término do mesmo. *A causa final é*, por outro lado, *a última na ordem de execução. O conceito específico dessa noção de causa é o de fim do negócio jurídico.* Muitos autores constróem o tipo contratual ao redor dessa noção, dizendo que o fim de um ato, quando reconhecido e tutelado pelo direito adquire uma função social querida pela lei. Essa noção é a de causa como função econômico-social do negócio jurídico" (*Doação com encargo e causa contratual.* Campinas: Millenium Editora, 2004, p. 316). Também entendendo que a função social é a base legal da frustração do fim do contrato: NEVES, José Roberto de Castro. *Direito das Obrigações.* Rio de Janeiro: GZ Editora, 2008, p. 230 ("Diante disso, sendo evidente que o objetivo da obrigação não mais será atingido devido a fato superveniente, razoável reconhecer que se deva extinguir o negócio, até mesmo em atenção ao princípio, cristalizado no art. 421 do Código Civil, segundo o qual o contrato deve cumprir uma função social (o que não ocorrerá se ele deixar de ter algum propósito para uma das partes)"). Fundando a frustração do fim na boa-fé: MARINHO, Maria Proença. *Frustração...*, p. 53.

[588] A expressão é de JUDITH MARTINS-COSTA (*A boa-fé...*, p. 446). Esse pensamento não é compartilhado por CALIXTO SALOMÃO FILHO, para quem "a *fattispecie* de aplicação do princípio da função social do contrato deve ser considerada caracterizada sempre que o contrato puder afetar de alguma forma interesses institucionais externos a ele. Não se caracteriza, portanto, a *fattispecie* nas relações contratuais internas (*i.e.*, entre as partes do contrato). E por

As figuras da lesão, da excessiva onerosidade e a vedação às cláusulas abusivas no âmbito do Código de Defesa do Consumidor são concretizações típicas (legais) do princípio da função social do contrato na versão *inter partes*.[589] Cabe aos operadores do direito identificar outras formas de

duas razões. Em primeiro lugar, pela própria ligação histórica e de essência da expressão aos interesses institucionais, que, como visto, não se confundem com os individuais. Em segundo porque uma aplicação da expressão às partes contratantes levaria a tentativas assistemáticas e difusas de reequilíbrio contratual. A tarefa de reequilíbrio contratual já está bem atribuída a princípios como a boa-fé objetiva (art. 422 do novo CC) e cláusula *rebus sic stantibus*. (...) Admitir um reequilíbrio difuso, além de provavelmente não garantir qualquer redistribuição de riqueza efetiva – exatamente por ser assistemático – criaria situações de insegurança jurídica, extremamente danosa para os contratos" (SALOMÃO FILHO, Calixto. Função social do contrato: primeiras anotações. *Revista dos Tribunais*, São Paulo, n. 823, maio 2004, p. 84). O Capítulo 3, item 10, procurou apontar as deficiências e a evolução da cláusula *rebus sic stantibus*, assim como todo o presente trabalho dedica-se a preencher uma lacuna legal e doutrinária do tema relativo à alteração das circunstâncias que a cláusula *rebus sic stantibus*, por si só, não tem condições de resolver. De mais a mais, do ponto de vista do caso concreto, a aplicação da função social para resolver uma hipótese em que há a frustração do fim do contrato, por exemplo, pode representar uma efetiva redistribuição de riqueza entre as partes, assistemática, é verdade, mas que prima pela razoabilidade e que não conduz à insegurança jurídica à vista de requisitos claros para a sua aplicação. Em sentido semelhante ao aqui defendido parece ser a posição de ANTONIO JUNQUEIRA DE AZEVEDO, segundo o qual "este princípio [função social] difere do da ordem pública, tanto quanto a sociedade difere do Estado; trata-se de preceito destinado a integrar os contratos numa ordem social e harmônica, visando impedir tanto aqueles que prejudiquem a coletividade (por exemplo, contratos contra o consumidor) quanto os que prejudiquem ilicitamente pessoas determinadas (sobre esse ponto, estender-nos-emos adiante, porque é o caso das vendas das distribuidoras "atravessadoras", objeto da consulta)" (Princípios do novo direito contratual e desregulamentação do mercado – Direito de exclusividade nas relações contratuais de fornecimento – Função social do contrato e responsabilidade aquiliana do terceiro que contribui para inadimplemento contratual. *Revista dos Tribunais*, São Paulo, v. 750, abr. 1998, p. 116).

[589] ARNOLDO WALD (A função social do contrato no novo Código Civil. *Revista dos Tribunais*, São Paulo, v. 815, set. 2003, p. 29-31) defende, inclusive, que a concretização da função social do contrato já está feita em grande parte pelo legislador por meio desses institutos que amenizam a dureza da visão liberal do contrato, tais como a lesão, o estado de perigo e a excessiva onerosidade, sobrando pouco terreno para, com base na função social, encontrar outras formas de expressão do princípio com a atividade criadora do magistrado. Embora seja correta a leitura de que diversos dispositivos legais concretizam a função social, isso não afasta o fato de que o art. 421 do Código Civil é uma cláusula geral e, justamente por isso, permite ao Judiciário a mobilidade no preenchimento de seu conteúdo, conforme os fatos da vida social demandarem, sempre atento aos limites da interpretação e da lei.

preenchimento do conteúdo da função social, a fim de aproveitá-la em todo o seu potencial.

Além disso, estamos convencidos de que a causa entendida como finalidade própria e concreta de cada negócio jurídico, subjetivo-objetiva, é o meio mais adequado para uma correta análise do contrato que leva em conta os reais interesses em jogo dos contratantes, não se limitando à frieza e abstração da função econômico-social ou à incerteza e ficção de uma vontade hipotética.

O fim do contrato é o "factor determinante do conteúdo interno da relação contratual; constitui a «missão» concreta, comum a todos os elementos singulares integrados no todo unitário (créditos, débitos, direitos potestativos, sujeições, deveres laterais, etc.) (...) é este escopo ou fim contratual que conforma o conteúdo da relação contratual emergente do negócio. Não se trata do interesse correspondente à estrutura negocial típica utilizada (no caso dos negócios nominados), considerados em abstracto. Não poderia nunca tratar-se dum interesse tipicizado abstracto, correspondente à função económico-social do negócio (a *causa negotii*), sabido, como é ser o tipo negocial uma expressão esquemática de caracteres normais e constantes duma categoria de actos humanos que, exprimindo a normalidade, tem na sua concreta utilização uma ampla elasticidade e serem possíveis actividades negociais desprovidas de tipicidade legal, apenas socialmente típicas ou desprovidas até de qualquer tipicidade (legal ou social)".[590]

Mesmo que o prestígio à função do negócio jurídico não estivesse positivado no art. 421 do Código Civil, não haveria óbice à aplicação da frustração do fim do contrato ante a presença imanente da causa no ordenamento jurídico.

A ideia de que a frustração do fim do contrato encontra guarida no art. 421 do Código Civil foi por nós sustentada na III Jornada de Direito Civil, promovida pelo Conselho da Justiça Federal, em dezembro de 2004. Na ocasião, propusemos à Comissão de Direito das Obrigações e Responsabilidade Civil o seguinte enunciado, selecionado para a participação no evento:[591]

---

[590] MOTA PINTO, Carlos Alberto da. *Cessão...*, p. 314-316.

[591] A justificativa apresentada à Comissão foi assim exposta: "**Justificativa:** Os contratos que se prolongam no tempo estão sujeitos à alteração das circunstâncias, surgindo o problema de

A FRUSTRAÇÃO DO FIM DO CONTRATO NO DIREITO BRASILEIRO

Enunciado: A frustração do fim do contrato, hipótese em que as prestações são plenamente exequíveis pelas partes e que não configura *fattispecie* de excessiva onerosidade, mas caso no qual o contrato perdeu a razão de ser, tem guarida no direito brasileiro pela aplicação dos arts. 113, 421 e 422 do CC.

saber quem arca com os prejuízos dela decorrentes. Os trabalhos que recebem mais atenção na área da alteração das circunstâncias dedicam-se ao estudo da impossibilidade e da excessiva onerosidade que, sem dúvida, representam a grande maioria dos casos. Todavia, resta uma parcela de fatos que, cientificamente, não se enquadram nessas hipóteses – impossibilidade e excessiva onerosidade – e que são, igualmente, juridicamente relevantes, a ponto de merecer a tutela do ordenamento jurídico. Esse é o caso da frustração do fim do contrato, situação em que as prestações são plenamente exequíveis e não houve alteração no seu valor, mas simplesmente o contrato perdeu a razão de ser. Trata-se de um dos aspectos – ao lado da destruição da relação de equivalência – em que se configura a perda da base em sentido objetivo, exposta por KARL LARENZ (*Base del negocio jurídico y cumplimiento de los contratos*). Imaginemos o famoso exemplo do locador que aluga um imóvel com a finalidade exclusiva de poder assistir ao desfile da coroação do rei, cujo cortejo passará na rua para a qual o imóvel tem vista privilegiada. O rei adoece e o desfile não será realizado. Tem-se um caso em que: a) as prestações são perfeitamente exequíveis (o locador pode alugar e o locatário pode pagar); b) o preço ajustado não se alterou. Mesmo assim, o contrato não tem mais utilidade, razão de ser. Não se trata de um caso de impossibilidade nem mesmo de excessiva onerosidade, ou, ainda, de perda do objeto. Tem-se, em verdade, a frustração do fim do contrato. Conforme ensina RUY ROSADO, "a frustração da finalidade própria do contrato por fatos externos e não incluídos no risco daquele tipo de negócio, destrói a razão de ser da permanência das obrigações: 'deixa de subsistir a base do negócio jurídico...: (b) se não se pode obter a finalidade objetiva do negócio jurídico, ainda que possível a prestação, entendendo-se que a finalidade de um dos figurantes, que outro admitiu, é objetiva (= subjetiva comum)" (AGUIAR JUNIOR, Ruy Rosado de. *Extinção...*, p. 151). Tendo em vista que os casos de frustração do fim do contrato não se enquadram nas regras da impossibilidade ou de excessiva onerosidade, mas, mesmo assim, merecem tutela por representarem situação extremamente injusta gerada pela alteração das circunstâncias, a doutrina não pode deixar tais hipóteses sem amparo. Ademais, a regra do art. 421 do CC revela que o legislador considera importante a função (e, portanto, igualmente, a finalidade – causa concreta) do contrato, a ponto de dedicar-lhe regra específica. Tendo a finalidade do contrato um papel destacado pelo legislador, a sua frustração também deve ser tutelada. Essa tutela pode ser feita pela aplicação das normas dos arts. 113 e 422 do CC, as quais determinam a observação da regra da boa-fé objetiva na interpretação dos negócios e nos comportamentos dos contratantes, de modo que não se mostra uma conduta honesta, proba e leal a exigência do cumprimento de um contrato cuja finalidade se perdeu, não havendo mais razão de ser o seu adimplemento. O recurso à boa-fé objetiva é suficiente para permitir a aplicação da teoria da frustração do fim do contrato e dar solução a tais casos, tal qual ocorreu e ocorre na jurisprudência alemã, que se vale dos §§ 157 e 242 do BGB".

Após a explanação à plenária das razões que justificavam a aprovação do referido enunciado, a Comissão o aprovou por unanimidade, apenas sugerindo alterações no texto e a supressão da menção aos artigos alusivos à boa-fé, cabendo a redação final do enunciado, por ocasião do encerramento do primeiro dia de trabalho da Comissão, conjuntamente aos Professores ANTONIO JUNQUEIRA DE AZEVEDO, CLÁUDIA LIMA MARQUES, CLÁUDIO FORTUNATO MICHELON JUNIOR E LUIS RENATO FERREIRA DA SILVA, os quais gentilmente permitiram a participação do autor do enunciado na elaboração da versão definitiva.

Após certa divergência manifestada pelo professor LUIS RENATO FERREIRA DA SILVA a respeito da redação final do enunciado,[592] especificamente na distinção da frustração do fim do contrato com relação à impossibilidade e à excessiva onerosidade, optou-se pelo emprego da seguinte versão final, que hoje é o Enunciado n. 166:

> **"Enunciado 166.** A frustração do fim do contrato, como hipótese que não se confunde com a impossibilidade da prestação ou com a excessiva onerosidade, tem guarida no direito brasileiro pela aplicação do art. 421 do Código Civil."

A supressão da referência à boa-fé foi acordada pela Comissão em razão de ela [boa-fé objetiva] não *fundar* a frustração do fim do contrato. A rigor, a remissão aos arts. 113 e 422 do Código Civil em nossa proposta de Enunciado fora feita com o objetivo de retratar a possível necessidade de recorrer à boa-fé objetiva para a aplicação da frustração do fim do contrato, especialmente em dois momentos: a) para revelar a finalidade comum do contrato que integrou o conteúdo do contrato[593], o que pode

---

[592] A divergência restringia-se basicamente a redigir o enunciado de forma que ficasse claro que a frustração do fim do contrato é uma *fattispecie* diversa da impossibilidade e da excessiva onerosidade.

[593] E, igualmente, para verificar se, concretamente, o fim foi conectado ao ato de prestar de forma indissociável, a ponto de o devedor ter se vinculado ao resultado (leia-se, responsabilizou-se por causá-lo). É a tarefa de *dupla verificação* explicada no Capítulo 4, item 6.1.2. Se houve essa conexão do fim com o ato de prestar, a impossibilidade de consecução do resultado será um caso regrado pela teoria da impossibilidade e não pela frustração do fim do contrato, conforme já explicado.

requerer uma interpretação integrativa do contrato com base na boa-fé objetiva quando o fim não está expresso; e b) quando for necessário integrar o contrato com o regramento das consequências acarretadas pela frustração do seu fim. Assim, o recurso à boa-fé objetiva serviria para o momento da interpretação e integração do negócio jurídico. De todo modo, a supressão dessa remissão não prejudica o significado do enunciado porque a boa-fé objetiva deverá ser aplicada em toda situação que demande interpretação.

Muito embora os enunciados não tenham caráter vinculativo, servem como um guia à interpretação do novo Código Civil, posto que discutidos de modo bastante aberto e sério por diversos operadores do direito, entre eles civilistas que norteiam os rumos do direito privado moderno. Desde a aprovação do Enunciado, a doutrina nacional tem reconhecido o espaço da frustração do fim do contrato em nosso ordenamento jurídico, com aplicação (ainda tímida, é verdade, dada a excepcionalidade da teoria) na jurisprudência, conforme adiante será exposto.

Dessa forma, acreditamos que o reconhecimento da frustração do fim do contrato no âmbito do Código Civil brasileiro está perfeitamente concretizado na dicção do art. 421.

As alterações promovidas no art. 421 do Código Civil com a edição da Lei nº 13.874/2019, chamada Lei da Liberdade Econômica, não mudaram esse panorama.

Em rigor, a Lei da Liberdade Econômica positivou previsões que a boa doutrina e a jurisprudência já aplicavam, aparentemente com um desejo liberal de proteção ao contratado e com o afastamento da intervenção judicial nos contratos, como se o Judiciário ou os árbitros não tivessem a sensibilidade para intervir nos contratos em casos excepcionais e por razões justificadas. Esse exagero legislativo chegou ao ponto de criar uma presunção *juris tantum* de paridade e simetria dos contratos civis e empresariais (artigo 421-A do Código Civil)[594], quando se sabe que a iden-

---

[594] "Art. 421-A. Os contratos civis e empresariais presumem-se paritários e simétricos até a presença de elementos concretos que justifiquem o afastamento dessa presunção, ressalvados os regimes jurídicos previstos em leis especiais, garantido também que:
I – as partes negociantes poderão estabelecer parâmetros objetivos para a interpretação das cláusulas negociais e de seus pressupostos de revisão ou de resolução;
II – a alocação de riscos definida pelas partes deve ser respeitada e observada; e
III – a revisão contratual somente ocorrerá de maneira excepcional e limitada."

tificação de um contrato paritário ou simétrico é feita no caso concreto, de acordo com as previsões contratuais, do contexto e das circunstâncias em que as partes se inseriam quando da contratação, seja do ponto de vista do nível de informação, necessidade ou premência da contratação, poder negocial e de barganha. Ao menos a desnecessária presunção legal é *juris tantum*.

O propósito não-intervencionista que a Lei da Liberdade Econômica trouxe está muito claro com a inserção do princípio da *intervenção mínima* e da *excepcionalidade da revisão contratual*, previstos no parágrafo único do art. 421 do Código Civil. Mais uma vez, a Lei *chove no molhado*, uma vez que a regra sempre foi o respeito ao pactuado, salvo se existirem motivos legítimos a justificar a revisão ou resolução contratual, como a alteração das circunstâncias, um eventual arranjo contratual desenhado para prejudicar a contraparte decorrente de uma assimetria de informação ou de poder negocial ou outras situações que só a prática pode revelar. Apenas o caso concreto e as evidências trazidas ao processo poderão revelar esses elementos que justificam o temperamento de certas previsões contratuais, em especial, mas não exclusivamente, em decorrência da aplicação de dispositivos cogentes ou de ordem pública.

A Lei de Liberdade Econômica também positivou algumas diretrizes para tentar parametrizar a aplicação dos princípios da boa-fé e da função social do contrato, notadamente com os parágrafos 1º e 2º do art. 113[595] e com a inserção do art. 421-A. Nada diferente do que já havíamos exposto no livro anterior, em especial a necessidade de o intérprete analisar, sempre em primeiro lugar, o próprio negócio, que pode ter regras de

---

[595] "Art. 113. Os negócios jurídicos devem ser interpretados conforme a boa-fé e os usos do lugar de sua celebração.

§ 1º A interpretação do negócio jurídico deve lhe atribuir o sentido que:

I – for confirmado pelo comportamento das partes posterior à celebração do negócio;

II – corresponder aos usos, costumes e práticas do mercado relativas ao tipo de negócio;

III – corresponder à boa-fé;

IV – for mais benéfico à parte que não redigiu o dispositivo, se identificável; e

V – corresponder a qual seria a razoável negociação das partes sobre a questão discutida, inferida das demais disposições do negócio e da racionalidade econômica das partes, consideradas as informações disponíveis no momento de sua celebração.

§ 2º As partes poderão livremente pactuar regras de interpretação, de preenchimento de lacunas e de integração dos negócios jurídicos diversas daquelas previstas em lei."

interpretação e pressupostos de revisão ou resolução, ou mesmo de alocação do risco (art. 421-A, I e II). Essas disposições, no entanto, não significam que o julgador esteja atado, de forma irremediável, ao *pacta sunt servanda*, pois sempre será necessário verificar se tais previsões merecem ser flexibilizadas, a depender do contexto e do ambiente em que foram pactuadas, bem como da cogência de normas legais aplicáveis.

Além disso, as disposições acrescidas ao art. 113 do Código Civil com a Lei da Liberdade Econômica ordenam que a interpretação deve atribuir ao negócio jurídico o sentido (a) que corresponda à boa-fé (art. 113, § 1º, III) e (b) ao que seria a "**razoável negociação** das partes sobre a questão discutida, inferida das demais disposições do negócio e da racionalidade econômica das partes, consideradas as informações disponíveis no momento de sua celebração". Esses incisos pavimentam o caminho para o julgador adaptar o contrato cujo sinalagma foi afetado pela alteração das circunstâncias. Essa parametrização do juízo de boa-fé e da função social é útil para evitar uma panaceia nas suas respectivas aplicações, geradora de insegurança jurídica. A pergunta que fica é: atende à boa--fé e à razoável negociação "esperada" das partes, inferidas a partir das circunstâncias da contratação, a manutenção de um contrato *as is*, cuja finalidade restou frustrada diante de um fato superveniente, imprevisível e não imputável a qualquer um dos contratantes? A resposta parece ser negativa.

A verdade é que sempre haverá um grau de discricionaridade no exercício da aplicação das cláusulas gerais, por mais critérios objetivos e requisitos claros que se ofereçam ao julgador para balizar a aplicação dos princípios da boa-fé e da função social do contrato. Isso, aliás, é a beleza do direito e da construção do exercício dos direitos de cada um dos contra-tantes. Piores seriam fórmulas estanques, engessadas e binárias que, sob o pálio de uma pretensa segurança jurídica, conduziriam – na ausência de regramento específico do contrato – a iniquidades que ferem os anseios de todos em tempos extremados, como se viu ao longo dos séculos, e que levaram ao atual estágio do amadurecimento das teorias que autorizam a revisão ou resolução do contrato por fatos supervenientes.

O campo de aplicação da frustração do fim do contrato é muito vasto na atualidade das contratações, pautadas por relações jurídicas contra-tuais que se prolongam no tempo e, muitas vezes, não têm sequer o seu conteúdo perfeitamente determinado (tal qual ocorre nos contratos *per relationem*).[596] O fim do contrato é a luz que ilumina o caminho a ser percorrido pelos contratantes, mostra a via a ser seguida e auxilia na tarefa de interpretação do negócio jurídico.

As contratações de grandes empresas, não raro levadas a cabo com um feixe de contratos interligados, em uma verdadeira engenharia contratual, somente são "amarradas" e dotadas de sentido quando são observadas pelo prisma da finalidade à qual se destinam.

Um caso concreto bastante interessante foi analisado por ANTONIO JUNQUEIRA DE AZEVEDO. Tratava-se de uma consulta feita pela empresa "A" a respeito da validade e da eficácia de uma cláusula contratual denominada "contribuição de contingência" (verbas que as receitas não cobrissem) que ela deveria pagar às contratantes "B", "C" e "D" por força dos contratos de consórcio entre elas celebrados, os quais tinham por objeto o financiamento, a construção e a operação de três usinas termoelétricas. Essa contribuição de contingência consistia no seguinte: "se a receita mensal auferida pelo consórcio com a venda da energia produzida pelas usinas não fosse suficiente para cobrir determinados custos, 'A' efetuaria o pagamento do valor necessário para compensar esses custos (cf. cláusula 5.04 do *participation agreement* celebrado entre 'A' e 'B'; cláusula 3.02 do *consortium internal directives* celebrado entre 'A' e 'C'; e cláusula 5.03 do *participation agreement* celebrado entre 'A' e 'D'). Esses custos eram tributos e outras obrigações para com o Governo; custos variáveis de operação e manutenção; e *'alocação de capacidade'*, ou seja, amortização dos custos incorridos pela parceira com a construção, operação, manutenção e administração das usinas, bem como remuneração do capital investido, à taxa de 12% ao ano."[597]

---

[596] Negócios *per relationem* são aqueles nos quais "uma parte do seu conteúdo ou já consta de outros atos ou negócios, havendo no negócio *per relationem* somente uma remissão que a integra ao seu conteúdo sem repeti-la, ou será ainda determinada por outros atos ou negócios a serem realizados. Há, pois, dois tipos de negócio *per relationem*: a) negócios formalmente *per relationem*, isto é, cujo conteúdo já está todo determinado e no qual apenas não se repete, por economia, o que consta alhures; e b) negócios substancialmente *per relationem*, isto é, em que parte do conteúdo, no momento de sua perfeição, é deixada 'em branco', a fim de ser fixada no futuro. Neste último caso, parte do conteúdo é, pois, determinável, mas não ainda, determinada" (AZEVEDO, Antonio Junqueira de. *Negócio jurídico. Existência...*, p. 137).

[597] AZEVEDO, Antonio Junqueira de. *Natureza jurídica do contrato de consórcio...*, p. 4-5. Os nomes reais das empresas foram omitidos.

A questão central da consulta envolvia a alteração das circunstâncias, pois os contratos de consórcio foram celebrados em meio a um ambiente no qual o Operador Nacional do Sistema Elétrico apontava *déficits* nos subsistemas sul, sudeste/centro-oeste e nordeste, o que trazia a perspectiva de tarifas altamente atrativas. Não obstante essa perspectiva econômico-financeira favorável, a celebração dos contratos de consórcio também colaborava com os objetivos do governo de evitar uma crise de abastecimento de energia.

Ocorre que, em 2001, por conta da crise energética do país, houve uma transformação estrutural no setor elétrico brasileiro com a criação da Câmara de Gestão da Crise de Energia Elétrica. Ela passou a *"intervir diretamente em todas as questões relevantes do setor, tanto no que diz respeito à oferta e à demanda de energia elétrica quanto no tocante à gestão de contratos e ao processo de formação de preços; editaram-se medidas provisórias, decretos e resoluções"*.[598] Essa alteração de circunstâncias fez com que a "contribuição de contingência" deixasse de ser uma verba contingencial para ser uma contribuição definitiva, paga periodicamente pela empresa "A".

Após concluir que os contratos de consórcio, até mesmo pela expressão utilizada para qualificar a contribuição ("contingência"), não continham nenhuma cláusula que indicasse a assunção dos riscos extraordinários tal como o da alteração estrutural do setor de energia elétrica, ANTONIO JUNQUEIRA DE AZEVEDO termina por entender que, não obstante estar caracterizada uma situação de excessiva onerosidade, o fim que não pode mais ser atingido faz com que o contrato perca a sua função social, retratando um caso de ineficácia do negócio jurídico.[599]

---

[598] AZEVEDO, Antonio Junqueira de. Natureza jurídica do contrato de consórcio..., p. 5.

[599] A conclusão está assim exposta: "53. Além de toda a argumentação já dada, não resta dúvida que, tomada em si, a *contribuição de contingência* se **desnaturou**; converteu-se em 'contribuição permanente'. A excessiva onerosidade da *contribuição de contingência* ressalta. (...) 55. O fim que não mais pode ser atingido faz com que o contrato perca sua função social, devendo torná-lo juridicamente ineficaz. Entre os casos de frustração do fim do contrato, que agora encontram legalmente um 'lugar cômodo' sob a exigência da função social, estão os *coronation cases* de Windscheid, quando, na Inglaterra, cidadãos que aluga- ram sacadas e terraços, para assistir a passagem do cortejo de Eduardo VII, se viram frustrados com o cancelamento do percurso das carruagens (mas as janelas e sacadas permaneceram à disposição); ou também o caso de Larenz, do artesão, que, na Alemanha, insistia em fazer a porta de igreja,

Outra decorrência necessária do reconhecimento da frustração do fim do contrato é que, conforme dispõe o art. 187 do Código Civil brasileiro,[600] a parte que exigir o cumprimento de um contrato cuja finalidade tenha se impossibilitado estará excedendo manifestamente os limites impostos pelo seu fim econômico ou social. Verifica-se nesse artigo mais uma prova da funcionalização dos direitos subjetivos e mais um exemplo de concretização da figura do abuso de direito. Portanto, caracteriza abuso de direito a exigência do cumprimento de um contrato em que houve a frustração de seu fim.

2.2. A frustração do fim do contrato no Código de Defesa do Consumidor

Uma parte significativa das relações jurídicas contratuais da atualidade está submetida às normas do Código de Proteção e Defesa do Consumidor (CDC – Lei n. 8.078/90), o que nos força a investigar se, dentro desse microssistema, também está abrigada a frustração do fim do contrato.

Acreditamos que a resposta seja positiva, não só porque o recurso à causa concreta pode – e deve – ser empregado no âmbito das relações

---

já demolida por bombardeio aliado, porque o contrato havia sido assinado; e, assim, inúmeras outras situações em que, **sem haver impossibilidade da prestação**, o verdadeiro **fim** do contrato, conhecido das duas partes, já não pode ser atingido. Em todas essas hipóteses, o contrato, tornado inútil, deve ser resolvido por falta de função social. A impossibilidade de obtenção do fim último visado pelo contrato constitui, a nosso ver, juntamente com a ofensa a interesses coletivos (meio ambiente, concorrência, etc.) e a lesão à dignidade da pessoa humana, os três casos em que a função social do contrato deve levar à ineficácia superveniente. 56. A perda de função social também pode ocorrer, como é natural, com cláusula do contrato. Ora, no caso concreto, a referida 'contribuição', passando de 'contingente' a permanente, não mais corresponde à vontade das partes nem atinge o fim para o qual surgiu, que era o de responder a uma eventualidade. Assim sendo, pensamos que a consulente deve, após seguir o 'caminho das pedras' da negociação e se não houver acordo **c pleitear a revisão ou a resolução da cláusula de 'contribuição de contingência'**. Deve, também, o quanto antes, notificar suas parceiras da atual situação de ineficácia possível da citada cláusula e, para evitar maiores prejuízos, requerer, na arbitragem, a suspensão dos pagamentos mensais (não obtida, poderá pedir, na demanda de resolução, a devolução das 'contribuições' a partir da citação – e, talvez, a partir da notificação)" (AZEVEDO, Antonio Junqueira de. Natureza jurídica do contrato de consórcio..., p. 42-44).

[600] "Art. 187. Também comete ato ilícito o titular de um direito que, ao exercê-lo, excede manifestamente os limites impostos pelo seu fim econômico ou social, pela boa-fé ou pelos bons costumes."

jurídicas de consumo, mas também porque os dispositivos da Lei n. 8.078/90 apontam nesse sentido.

A valorização da causa concreta nos contratos celebrados por consumidores deve ser ainda mais intensa e cuidadosa na medida em que os contratos a eles submetidos, geralmente de adesão, não trazem nada da realidade da contratação, dos interesses, expectativas e fins visados, tornando a tarefa de interpretação do julgador mais difícil. Não raro, os termos da oferta de produtos e serviços que determinaram o ato de contratação dos consumidores não são transpostos no seu texto em virtude da padronização dos contratos, o que pode criar um sério óbice à verificação da integração da finalidade ao conteúdo do contrato. Por isso, os consumidores devem se precaver, guardando os anúncios das ofertas[601] e demais elementos de prova para amparar eventuais alegações futuras.

Além disso, tendo em vista que o ponto de partida para a alocação dos riscos é sempre o que está disposto no contrato, uma eventual cláusula, inserida em contrato de adesão, que impute a assunção integral dos riscos da frustração do fim do contrato ao consumidor deve ser vista com cautela, ponderando-se a configuração de uma possível abusividade nessa disposição.[602]

O art. 4º do CDC revela em seu *caput* o objetivo de que a política nacional das relações de consumo atenda às *necessidades* dos consumidores e proteja

---

[601] Que integra o contrato nos termos do art. 31 da Lei n. 8.078/90 ("Art. 31. A oferta e apresentação de produtos ou serviços devem assegurar informações corretas, claras, precisas, ostensivas e em língua portuguesa sobre suas características, qualidades, quantidade, composição, preço, garantia, prazos de validade e origem, entre outros dados, bem como sobre os riscos que apresentam à saúde e segurança dos consumidores").

[602] A ideia do direito privado como limite ao poder foi exposta por Ricardo Luis LORENZETTI, que retrata a dura, mas real, ilusão de existência de igualdade das partes e autonomia da vontade diante de grandes corporações empresariais: "É evidente que gigantescos grupos privados exercem um poder de fato não menos ameaçador que o Estado, convertendo em pura ilusão a teórica igualdade das partes e a autonomia da vontade. Por outro lado, instituições públicas se acham longe de desempenhar uma função asseguradora da pureza e lealdade da concorrência. O poder privado é maior do que o Estado e corre-se o risco de ver arrasada a 'sociedade civil', como modo de convivência juridicamente organizada. A noção de Direito Privado, como limite ao poder, se apresenta como uma necessidade de recuperar a juridicidade de fenômenos que pretendem ignorá-la" (*Fundamentos do direito privado*. Trad. Vera Maria Jacob Fradera. São Paulo: RT, 1998, p. 119).

seus *interesses* econômicos, preconizando a *harmonização dos interesses* dos participantes das relações de consumo sempre com base na boa-fé e no *equilíbrio* nas relações entre consumidores e fornecedores (inciso III do art. 4º).[603]

O equilíbrio nas relações de consumo tem um conceito amplo, no qual pode ser inserida a preservação da finalidade concreta do contratante consumidor que integrou o conteúdo do contrato, ainda mais quando aliado ao comando geral de atender às necessidades e aos interesses dos consumidores.

As garantias contra (1) a desproporcionalidade das prestações (CDC, art. 6º, V),[604] (2) a exigência de vantagem manifestamente excessiva (CDC, art. 39, V)[605] e (3) a imposição de desvantagem exagerada (CDC, art. 51, IV)[606] também revelam um ambiente favorável ao reconhecimento da frustração do fim do contrato se as interpretarmos – a desproporcionalidade, a vantagem excessiva ou a desvantagem exagerada – como a manutenção de um contrato que não tem mais nenhuma utilidade ao consumidor. Isso exigiria, é claro, uma interpretação sistemática e teleológica dessas normas.

Não se mostra compatível com a boa-fé (CDC, art. 51, IV) a manutenção e a exigência de um contrato cuja finalidade se perdeu pela ocorrência de um evento superveniente não imputável ao consumidor. Ao não tolerar

---

[603] "Art. 4º A Política Nacional das Relações de Consumo tem por objetivo o atendimento das necessidades dos consumidores, o respeito à sua dignidade, saúde e segurança, a proteção de seus interesses econômicos, a melhoria da sua qualidade de vida, bem como a transparência e harmonia das relações de consumo, atendidos os seguintes princípios: (...) III – harmonização dos interesses dos participantes das relações de consumo e compatibilização da proteção do consumidor com a necessidade de desenvolvimento econômico e tecnológico, de modo a viabilizar os princípios nos quais se funda a ordem econômica (art. 170, da Constituição Federal), sempre com base na boa-fé e equilíbrio nas relações entre consumidores e fornecedores."

[604] "Art. 6º São direitos básicos do consumidor: (...) V – a modificação das cláusulas contratuais que estabeleçam prestações desproporcionais ou sua revisão em razão de fatos supervenientes que as tornem excessivamente onerosas".

[605] "Art. 39. É vedado ao fornecedor de produtos ou serviços, dentre outras práticas abusivas: (...) V – exigir do consumidor vantagem manifestamente excessiva."

[606] "Art. 51. São nulas de pleno direito, entre outras, as cláusulas contratuais relativas ao fornecimento de produtos e serviços que: (...) IV – estabeleçam obrigações consideradas iníquas, abusivas, que coloquem o consumidor em desvantagem exagerada, ou sejam incompatíveis com a boa-fé ou a eqüidade."

uma obrigação imposta ao consumidor que seja incompatível com a boa-fé, a Lei nº 8.078/90 oferece a base legal para albergar a figura da frustração do fim do contrato. Como já mencionado anteriormente, essa exigência caracteriza um abuso de direito.

Um esclarecimento oportuno refere-se à possível confusão entre a frustração do fim do contrato e os vícios do produto ou do serviço, pois, enquanto, nestes, o produto ou o serviço mostram-se inadequados para o fim ao qual se destinam desde a sua origem (o produto ou o serviço são, desde a gênese, viciados), naquela, a impossibilidade de atingir o fim ao qual se destinam surge em decorrência de um evento superveniente, de forma que o produto ou o serviço, na origem, mostram-se perfeitos e, não fosse a alteração das circunstâncias, serviriam para o propósito ao qual se propunham.[607]

Há, portanto, uma diferença temporal: se o vício existia ao tempo da conclusão do contrato, estaremos diante de um caso de vício do produto ou do serviço (CDC, arts. 18 e 20);[608] se o vício não existia desde a origem, mas o produto ou o serviço não se adequarem mais ao fim a que se destinavam por conta da alteração das circunstâncias, poderemos estar diante de uma situação de frustração do fim do contrato.

Outro traço distintivo fundamental entre esses institutos é que a frustração do fim do contrato não requer um vício que acomete o objeto da prestação (que continua apto aos fins a que se destina), nem decorre dele, mas sim de circunstâncias que tornam sem sentido, inócuo ou inútil o ato de prestar.

---

[607] *Vide* a respeito MARQUES, Cláudia Lima. *Contratos...*, p. 587; GOMES, Orlando. *Contratos...*, p. 94

[608] "Art. 18. Os fornecedores de produtos de consumo duráveis ou não duráveis respondem solidariamente pelos vícios de qualidade ou quantidade que os tornem impróprios ou inadequados ao consumo a que se destinam ou lhes diminuam o valor, assim como por aqueles decorrentes da disparidade, com as indicações constantes do recipiente, da embalagem, rotulagem ou mensagem publicitária, respeitadas as variações decorrentes de sua natureza, podendo o consumidor exigir a substituição das partes viciadas. (...) § 6º São impróprios ao uso e consumo: (...) III – os produtos que, por qualquer motivo, se revelem inadequados ao fim a que se destinam."

"Art. 20. O fornecedor de serviços responde pelos vícios de qualidade que os tornem impróprios ao consumo ou lhes diminuam o valor, assim como por aqueles decorrentes da disparidade com as indicações constantes da oferta ou mensagem publicitária (...)."

Mesmo que não existissem as normas da Lei n. 8.078/90 que dão amparo legal à frustração do fim do contrato, ela não deixaria de ter aplicação às relações de consumo diante da dicção do art. 7º,[609] pelo qual os direitos previstos no CDC não excluem outros decorrentes da legislação interna ordinária, como é o caso do Código Civil brasileiro.

Assim, tanto o Código Civil brasileiro quanto o CDC possuem previsões normativas suficientes para a aplicação da frustração do fim do contrato.

3. Frustração do fim do contrato, interpretação e boa-fé objetiva

No Capítulo 4 já expusemos quais os requisitos para a aplicação da teoria da frustração do fim do contrato, sendo dois deles a integração da finalidade no conteúdo do contrato e a ocorrência de evento posterior à contratação que não estava dentro da álea do contrato e alheio à atuação culposa das partes. Isso significa que o julgador deve aferir se o interesse, o resultado prático ou a função (concreta) que se extrai do negócio jurídico foram relevantes e conhecidos por ambos os contratantes ou se deveriam sê-lo, além de verificar se tal fim se fundiu de forma indissociável ao ato de prestar a ponto de integrar a prestação, hipótese em que estaremos no campo da impossibilidade e não da frustração do fim. A aferição nesses dois níveis poderá demandar o recurso a um juízo de boa-fé (objetiva), articulado com o uso dos critérios da normalidade, preço, tipo contratual e demais circunstâncias da contratação. Da mesma forma, avaliar se determinada ocorrência, que importa a impossibilidade de atingir o fim do contrato, estava dentro da sua álea, em especial inserida na esfera do risco de alguns dos contratantes, também pode requerer uma avaliação conforme a boa-fé objetiva.

Para avaliação da presença desses dois requisitos – finalidade que integra o conteúdo e risco (e sua alocação) do contrato – é de fundamental importância a interpretação do negócio jurídico[610].

Com relação à integração da finalidade no conteúdo do contrato, ela pode estar posta de maneira expressa e clara no negócio jurídico ou inexistir

---

[609] "Art. 7º Os direitos previstos neste Código não excluem outros decorrentes de tratados ou convenções internacionais de que o Brasil seja signatário, da legislação interna ordinária, de regulamentos expedi- dos pelas autoridades administrativas competentes, bem como dos que derivem dos princípios gerais do direito, analogia, costumes e eqüidade."

[610] PIRES, Catarina Monteiro. *Impossibilidade...*, p. 364.

qualquer referência no contrato. Estando expressa, a interpretação deverá reconhecer o fim do contrato e também fazer a tarefa da *dupla verificação*, avaliando (i) se a finalidade integrou a prestação de forma inseparável, ou se apenas (ii) integrou o conteúdo do contrato, mas não a ponto de o devedor ter se obrigado a causar o resultado. Não estando expressa, o intérprete deverá sanar as deficiências das declarações negociais (lacunas, ambiguidades e obscuridades), para, somente depois, revelar se a finalidade integrou a prestação ou apenas o conteúdo do contrato. Portanto, a dupla verificação será realizada quer o fim esteja expresso, quer não.

Nessa tarefa interpretativa, o intérprete deverá responder às seguintes perguntas: (i) o resultado integra a prestação em concreto, com a internalização desse fator de eficácia para o interior do objeto do negócio jurídico? (ii) a hipótese é de consecução do resultado por via diversa da contratada? ou, ainda (iii), a situação é de perda do substrato da prestação? Sendo positiva a resposta a esses três quesitos, estaremos no campo da impossibilidade. Sendo negativa a resposta, o intérprete avaliará se a finalidade, a despeito de não ter se integrado à prestação de modo indissociável, integrou o conteúdo do negócio jurídico, não sendo um mero motivo ou uma finalidade particular do credor, sem eficácia sobre o negócio.

Em paralelo, o intérprete também deverá mapear se o negócio jurídico previa alguma distribuição do risco da ocorrência de um evento superveniente.

Se a finalidade e os riscos estiverem expressos, a atividade de interpretação terá função, nas palavras de BETTI, meramente recognitiva[611]. Por outro lado, constatadas as dificuldades na definição da finalidade e dos riscos do contrato, o intérprete realizará uma interpretação com função integrativa (lacunas), corretiva (ambiguidades) e esclarecedora (obscuridades).[612]

A boa-fé objetiva atua como um instrumento útil especialmente nessa função integrativa, corretiva e esclarecedora, auxiliando a mapear se, de acordo com um padrão de conduta leal e honesto, poderia ser dito que

---

[611] *Teoria generale del negozio giuridico...*, p. 88, 109, 342 e ss.

[612] Didática a distinção proposta por FRANCISCO DE CRESCENZO MARINO (*Interpretação...*, p. 104-126) a partir dessas funções da interpretação de BETTI, levando em conta o momento em que são empregadas: momento hermenêutico recognitivo e momento hermenêutico complementar (este, inaugurado se forem constatadas deficiências do conteúdo expresso ou declarado do negócio jurídico).

determinada finalidade integrou o conteúdo do contrato, ou seja, se foi conhecida e relevante – ou deveria ter sido – por ambas as partes, e se determinados riscos foram assumidos por alguma das partes. É o que o art. 113, *caput* e § 1º, incisos III e V determinam ao orientar a interpretação conforme a boa-fé, atribuindo ao negócio o sentido que mais corresponda à boa-fé e àquilo que seria a razoável negociação das partes, inferida das cláusulas contratuais e da racionalidade econômica das partes, consideradas as informações disponíveis no momento da sua celebração. Esse exercício, evidentemente, é feito com atenção ao art. 112 do Código Civil, segundo o qual, nas declarações de vontade, o intérprete deve atender mais à intenção consubstanciada na declaração do que ao sentido literal da linguagem.

O primeiro passo, portanto, será identificar se a finalidade se fundiu com o ato de prestar (e, consequentemente, com a prestação) de maneira a que o devedor a ela se tenha vinculado, ou, pelo menos, se ela integrou o conteúdo do contrato. Integrada somente ao conteúdo do contrato (e não à prestação), deverá ser analisado se o risco da frustração dessa finalidade é suportado por algum dos contratantes. Nesses dois momentos, pode ser necessário recorrer à boa-fé objetiva.

Não é de hoje que a doutrina destaca o papel da boa-fé objetiva na interpretação dos negócios jurídicos.

CLÓVIS DO COUTO E SILVA apontava que "o princípio da boa-fé contribui para determinar 'o que' e o 'como' da prestação e, ao relacionar ambos os figurantes do vínculo, fixa, também, os limites da proteção".[613] Especificamente quanto à atuação da boa-fé objetiva na interpretação, sustentava que poderia funcionar como criadora de outros deveres que não emergiam diretamente da declaração,[614] deveres esses ditos "secundários, anexos ou instrumentais",[615] que seriam ordenados em graus de intensidade diversos, dependendo da categoria dos atos jurídicos à qual se ligassem.[616]

---

[613] COUTO E SILVA, Clóvis Veríssimo do. *A obrigação...*, p. 27

[614] COUTO E SILVA, Clóvis Veríssimo do. *A obrigação...*, p. 29 e 33.

[615] COUTO E SILVA, Clóvis Veríssimo do. *A obrigação...*, p. 35.

[616] Uma observação importante, ante a diferença de terminologia empregada por COUTO E SILVA, é a de que o seu conceito de interpretação integradora refere-se àquela que é feita com base na vontade, "que se adstringe, tão-somente, à explicitação volitiva das partes no momento da constituição do ato, não abrangendo, por consequência, as mesmas situações atingidas pelo

O auxílio da boa-fé objetiva na interpretação do contrato é incluído por ANTONIO JUNQUEIRA DE AZEVEDO na tríplice função dita "pretoriana" dessa cláusula geral: a) *adjuvandi*, para "ajudar na interpretação do contrato"; b) *supplendi*, para "suprir algumas falhas do contrato, isto é, acrescentar o que nele não está incluído", no que se inserem dois aspectos, quais sejam, a criação dos deveres anexos e as cláusulas faltantes representativas de uma lacuna contratual; e c) *corrigendi*, para "corrigir alguma coisa que não é de direito no sentido de justo", notadamente no que se refere à vedação às cláusulas abusivas.[617] A primeira função está prevista no art. 422 do Código Civil brasileiro,[618] enquanto as duas últimas não estão contempladas, sendo, assim, qualificadas como deficiências do diploma legal.[619]

JUDITH MARTINS-COSTA, por sua vez, elenca três funções para o princípio da boa-fé: (a) "cânone hermenêutico-integrativo", (b) "criadora de deveres jurídicos" e (c) "limite ao exercício de direitos subjetivos".[620]

Como cânone hermenêutico-integrativo, a boa-fé objetiva serve para especificar o sentido e o conteúdo do contrato. Essa tarefa parte da premissa de que "os elementos de regulação e os conteúdos normativos constituídos pelos contratos – os quais infletem e são infletidos pela relação contratual – são perceptíveis não apenas a partir do aclaramento das declarações dos contratantes, mas, fundamentalmente, da *interpretação da regulação objetiva criada com o contrato*, o que significa, em última análise, que as situações não pensadas nem manifestadas pelas partes no momento da conclusão, não estando reguladas integralmente pelas declarações consideradas em particular, só podem ser inferidas do módulo contratual considerado como regulação vigente quando do sentido total da regulação."[621] Esse sentido total da regulação é obtido a partir da análise

---

princípio da boa fé" (*A obrigação...*, p. 33). Essa peculiaridade do entendimento de COUTO E SILVA foi bem captada por FRANCISCO DE CRESCENZO MARINO (*Interpretação...*, p. 227).

[617] Insuficiências, deficiências e desatualização do projeto de Código Civil na questão da boa-fé objetiva nos contratos. *Revista dos Tribunais*, São Paulo, RT, v. 775, p. 11-17, maio 2000, p. 14.

[618] Devendo ela ser observada em todos os momentos da relação contratual: antes, durante e, até mesmo, depois.

[619] Insuficiências..., p. 14.

[620] *A boa-fé...*, p. 427-472.

[621] MARTINS-COSTA, Judith. *A boa-fé...*, p. 431.

do negócio em concreto e de todas as circunstâncias que fazem dele um negócio específico e particular,[622] tendo sempre em mira "o mandamento imposto ao juiz de *não permitir que o contrato*, como regulação objetiva, dotada de um específico sentido, *atinja finalidade oposta ou contrária àquela que*, razoavelmente, *à vista de seu escopo econômico-social, seria lícito esperar*".[623] Trata-se, portanto, de *especificar* o conteúdo contratual tanto a partir do tipo de negócio em si quanto por aquilo que deve ser inferido das circunstâncias do negócio e de sua finalidade.

A função de criação de deveres jurídicos presta-se a *integrar* o conteúdo contratual por meio da criação de deveres (ditos laterais, anexos ou instrumentais) que otimizam a relação contratual independentemente da vontade, tais como: (a) deveres de cuidado, de previdência e de segurança; (b) deveres de aviso e esclarecimento; (c) deveres de informação; (d) deveres de prestar contas; (e) deveres de colaboração e cooperação; (f) deveres de proteção e cuidado com a pessoa e o patrimônio da contraparte; (g) deveres de omissão e de segredo.[624] Esses deveres são comportamentos que devem ser observados, "tendo em vista o fim do contrato, em razão da relação de objetiva confiança que o contrato fundamenta, comportamentos estes, porém, variáveis segundo as circunstâncias concretas da situação".[625]

Quanto à terceira função, de limite ao exercício de direitos subjetivos, a boa-fé objetiva é uma norma que "não admite condutas que contrariem o mandamento de agir com lealdade e correção, pois só assim se estará a atingir a função social que lhe é cometida",[626] o que justifica institutos como o do adimplemento substancial, *tu quoque, venire contra factum proprium, suppressio* e *surrectio*.

Apesar da disparidade de terminologia da doutrina a respeito das funções da boa-fé objetiva, fica fácil perceber sua utilidade para a aplicação da frustração do fim do contrato, sobretudo no momento hermenêutico complementar, com a realização da interpretação integrativa do negócio e da integração negocial.

---

[622] MARTINS-COSTA, Judith. *A boa-fé...*, p. 431-432.

[623] MARTINS-COSTA, Judith. *A boa-fé...*, p. 432 (grifos nossos).

[624] MARTINS-COSTA, Judith. *A boa-fé...*, p. 439.

[625] MARTINS-COSTA, Judith. *A boa-fé...*, p. 449.

[626] MARTINS-COSTA, Judith. *A boa-fé...*, p. 457.

A FRUSTRAÇÃO DO FIM DO CONTRATO NO DIREITO BRASILEIRO

Muitas vezes, a finalidade do contrato – e sua integração ao conteúdo – não restará clara no bojo das cláusulas contratuais. Nesse momento, a boa-fé em sua função *adjuvandi* (JUNQUEIRA) ou como cânone hermenêutico-integrativo (JUDITH) atua para revelá-la e determinar o conteúdo do contrato. Os riscos do contrato e sua distribuição também podem não estar previstos ou ser vagos e imprecisos.

Poder-se-ia dizer, como FLUME,[627] ser óbvio que o recurso à boa-fé deve ser feito, mas isso não demonstra como resolver esse problema. De fato, o jurista alemão tem razão, nesse aspecto, e o que tem de ser feito é tornar mais concreto o juízo da boa-fé objetiva, o que fazemos com os critérios do tipo contratual escolhido, normalidade, preço e circunstâncias que envolveram a contratação.

Tanto para o primeiro momento de reconhecer a finalidade concreta (e se integrou a prestação ou somente o conteúdo do negócio jurídico) quanto para o segundo, de determinar as regras da distribuição dos riscos do contrato, o juízo de boa-fé objetiva, balizado por esses critérios, fica menos abstrato e mais capaz de fornecer uma resposta mais segura à alteração das circunstâncias ocorrida.

Verificada a finalidade do contrato e que ela integrou o seu conteúdo, se as partes nada dispuseram sobre como resolver a situação de impossibilidade de sua consecução, deverá ser feita a *integração* do contrato, com a criação de uma disposição apta a suprir essa lacuna. Atua, pois, a função *supplendi* da boa-fé objetiva, a qual deve sempre ter por norte a premissa de que a solução a ser encontrada deve respeitar a confiança recíproca despertada pelo negócio, não permitindo que o contrato atinja finalidade oposta ou divergente daquela para a qual foi celebrado e, assim, preservando as legítimas expectativas dos contratantes.[628] Esse é o referencial, o guia mais importante que não pode ser desprezado pelo julgador.

Um exemplo pode deixar essas ideias um pouco mais claras.

---

[627] *El negocio...*, p. 589.

[628] "Por esta [boa-fé objetiva] deve ser compreendido, neste específico campo funcional, o mandamento imposto ao juiz de não permitir que o contrato, como regulação dotada de um específico sentido, atinja finalidade oposta ou contrária àquela que razoavelmente, à vista de seu escopo econômico-social, seria lícito esperar" (MARTINS-COSTA, Judith. *A boa-fé...*, p. 432).

O Sport Club Corinthians Paulista ajuizou ação em face de Davos Indústria Têxtil Ltda. visando sua condenação ao pagamento de *royalties* estipulados em contrato de licença de uso e marca, símbolos e direitos autorais, com cláusula de exclusividade. Na contestação, a indústria têxtil sustentou nada dever para o autor porque a base do negócio havia sido destruída por conta da negligência do autor no combate à pirataria, provocando uma concorrência desleal e altamente frustrante, que acabou por inviabilizar o negócio. A sentença foi procedente, e a indústria têxtil apresentou recurso de apelação. Transparece da ementa do acórdão que foi suscitada pela defesa a frustração da finalidade do contrato na forma de quebra da base do negócio, diante do superveniente alto nível de pirataria.[629]

As prestações dos contratantes eram, basicamente, por parte do clube de futebol, a permissão ao uso da marca com exclusividade pelo prazo de 21 (vinte e um) meses, e, por parte da indústria têxtil, o pagamento dos *royalties* mediante percentual sobre a produção ou em valor mínimo de R$ 5.000,00 (cinco mil reais), caso não alcançado o teto de vendas projetado. A finalidade concreta do contrato – *in casu*, comercializar com exclusividade artigos de vestuário com a marca do clube de futebol –, decorria dos próprios termos do negócio, o que permitiria a ambas as partes auferir o lucro esperado.

O grande problema residiu no comércio clandestino ou informal ("pirataria"), evento alheio e inimputável às partes, que acabou por inviabilizar o negócio.

Não se tratava de impossibilidade porque as prestações em si eram perfeitamente exequíveis, e o clube – aparentemente – não se vinculou

---

[629] "Contrato de licença para exploração de marca e símbolos de agremiação esportiva – Pretendida exclusão de responsabilidade pelo não cumprimento, por destruição da base do negócio – A 'pirataria' que tanto prejudica o comércio e a economia organizada, não é causa justa de exoneração do dever de pagar *royalties* combinados para a exploração de marca, por constituir fato notório e próprio do risco do investimento; essa notoriedade autoriza que o Juiz empregue regras de experiência [artigo 335, do CPC] para rejeitar a tese de **frustração da finalidade do contrato**, pela concorrência desleal do comércio ilegítimo, referendando a sentença que condenou a fabricante de roupas ao pagamento das comissões devidas ao Sport Club Corinthians Paulista – Não provimento." (TJSP, 3ª Câmara de Direito Privado, Apelação Cível n. 139.073- 4/6-00, Relator Desembargador Ênio Santarelli Zuliani, julgado em 13 de maio de 2003, grifou-se).

à inexistência de pirataria ou algum retorno do investimento, a ponto de integrarem a prestação, mas apenas a não celebrar contratos com terceiros por força da exclusividade. Também não era um caso de excessiva onerosidade, pois não houve alteração no valor das prestações. O problema residia no fato de que a exclusividade imaginada pela indústria têxtil não era assim tão exclusiva ante a ação dos "piratas". O contrato, ao que parece, nada regulava a respeito, impondo ao magistrado a construção da regra para preencher a lacuna.

As perguntas a ser respondidas seriam: a "pirataria" estava dentro da álea do contrato? Em caso negativo, quem suporta o risco da "pirataria"?

Avaliando as circunstâncias do negócio, o Tribunal entendeu que a resposta à primeira pergunta era afirmativa, ou seja, que o risco da "pirataria" estava dentro da álea do contrato, porque ela era um fato notório e que não poderia, razoavelmente, ter deixado de ser levado em consideração no momento da contratação.

O Tribunal lançou mão – embora não mencione – de um juízo de boa--fé objetiva, tendo em conta o critério da normalidade da contratação no ramo específico de peças de vestuário com marca de clubes de futebol, entendendo ser notória e arraigada no costume do comércio a "pirataria" de camisas, bonés e demais artigos com a marca do time. A partir de um comportamento honesto e leal, entendeu o Tribunal que, razoavelmente, não se poderia dizer que a ausência ou a escala da pirataria era uma expectativa legítima da apelante. Agreguemos a isso o fato de que a pirataria não era um fato inesperado.

Após trazer uma série de informações estatísticas e jornalísticas a respeito da "pirataria", demonstrando a notoriedade do fato, o Tribunal afirmou que "dentro desse contexto e com a pujante realidade social a revelar a ousadia dessa impunidade, não há como negar que o comércio clandestino não se desencoraja diante de tímidas repressões e, por isso, apresenta tendência de alto crescimento. Não seria, pois, a concorrência das roupas fabricadas sem permissão da diretoria corintiana e que os camelôs oferecem em barraquinhas de rua (quiçá em lojas, presume-se), causa jurídica [ignorância] a ser eleita como foco de destruição da base do negócio comercial de repercussões financeiras interessantes. Note-se que o contrato de licença exclui da autora a possibilidade de comercializar a marca com outra sociedade produtora de roupas, bonés, etc., um comprometimento da receita que cumpre considerar e avaliar no momento de interpretar a responsabilidade contratual da apelante. Quanto maior é o ônus do conhecimento, aduziu EMILIO BETTI, "menos plausível é a ignorância, e menor é, portanto, na contraparte, o ônus de notar o erro por ela determinado e a correlativa obrigação de esclarecimento imposta pela boa-fé" (*Teoria geral do negócio jurídico*. Tradução de Fernando de Miranda, Coimbra, 1969, t. II, p. 420)"[630].

A notoriedade da "pirataria" não poderia, nesses termos, ser risco atribuível ao licenciador, uma vez que existente, conhecida e levada em conta (ou, ao menos, deveria razoavelmente ter sido levado em conta, diante de um juízo de boa-fé objetiva) por ambas as partes.

Outro exemplo refere-se a um contrato de doação feita à Mitra Diocesana de Assis "com encargo de erigir uma igreja no local, dividir o terreno em quarteirão e ruas, construir arrendamentos e aforamentos",[631] gravada com cláusula de inalienabilidade. A doação foi feita tendo em vista o desenvolvimento de um centro urbano na cidade, o que acabou não se concretizando, razão pela qual a donatária ajuizou ação para se ver livre do encargo e poder empregar o bem em outra finalidade de cunho social[632].

Após ser julgada improcedente a ação em primeiro grau, o Tribunal reformou a decisão em razão da alteração das circunstâncias: o encargo havia perdido a razão de ser na medida em que ninguém usaria as construções e obras a serem realizadas por causa do superveniente não desenvolvimento do centro urbano da cidade. Entendeu-se que a finalidade da doação com encargo seria proporcionar às pessoas o uso dessas

---

[630] O acórdão prossegue nos seguintes termos: "A preocupação com a 'pirataria' integra o bloco das condições adversas da contratação, mas, ainda assim, não foi considerada como fator de desistência. Resulta que a apelante assumiu o risco da disputa de mercado informal como ponto histórico do investimento, tanto que não se cogitou de implicar o patrimônio do Corinthians ou a integralidade do contrato aos efeitos predatórios da concorrência impura dos ambulantes. Constou, apenas, que teria o Corinthians obrigação de participar a licenciada do conhecimento da reprodução não autorizada, um regramento supérfluo, porque a notoriedade da 'pirataria' dispensaria a inclusão dessa cláusula específica."

[631] O exemplo foi extraído de PENTEADO, Luciano de Camargo. *Doação...*, p. 185-187.

[632] O caso parece similar àquele retratado por MENEZES CORDEIRO (RPt 3-Mar.-1994 (Abilio Carvalho), BMJ 435 (1994), 899, em que a pessoa entregou dinheiro a outra para realizar entradas sociais e, diante da desnecessidade de utilização de todo o montante, ajuizou ação para obter a restituição da diferença não utilizada com base no enriquecimento sem causa. (*Tratado de Direito Civil*. Vol. VIII. Direito das obrigações: Gestão de negócios. Enriquecimento sem causa. Responsabilidade Civil. Coimbra: Almedina, 2014, p. 276).

obras e, ante a impossibilidade de se atingir esse fim, o Tribunal permitiu que fosse revisado o encargo, de sorte a autorizar a venda do bem imóvel para aplicação do dinheiro em atos com finalidades sociais no município. Nesse caso, da análise do encargo extraiu-se a finalidade concreta da doação e, a partir daí, buscou-se integrar o contrato com a solução mais adequada diante da impossibilidade de atingir o fim contratual.

Nesse caso, a finalidade da doação era conhecida por ambas as partes e consistia na realização das construções para uso do público em meio ao esperado desenvolvimento do centro urbano da cidade. O uso do público não era um resultado que se integrou à prestação, ou seja, o credor não se vinculou a que os bens fossem utilizados. Mesmo assim, proporcionar o uso do público era uma finalidade conhecida e considerada por ambas as partes na contratação, integrante, portanto, do conteúdo do negócio jurídico. Uma vez não sendo mais possível alcançá-lo, seria uma hipótese de perda da base do negócio pela frustração do fim da contratação.

O interessante nessa decisão é que a frustração do fim do contrato não levou à resolução do negócio, mas à sua revisão, especificamente no que diz respeito ao encargo, de modo a estabelecer um novo, que permitisse atingir não mais a finalidade tal qual prevista anteriormente, mas outra consentânea com ela, preservando-se o objetivo social na aplicação dos recursos decorrentes da venda do imóvel. Isso comprova o que sustentamos no Capítulo 4, item 6.2, no sentido de que a regra para os casos de frustração do fim do contrato é a resolução ou a resilição, mas, havendo a possibilidade de revisão do negócio, não há óbice à sua realização.

Podemos perceber que a frustração do fim, a interpretação e a boa-fé objetiva andam de mãos dadas na busca por uma solução mais adequada que leve em consideração os reais interesses em jogo postos no contrato.

4. Efeitos da frustração do fim do contrato

A impossibilidade de atingir o fim do contrato é causa de ineficácia do negócio jurídico, podendo acarretar as seguintes consequências:

a) resolução ou resilição[633];

---

[633] "A resolução pode afetar a relação de forma ex tunc, com efeitos retroativos, ou com eficácia ex nunc, sem desconstituição dos efeitos pretéritos. Quanto a esta última, relevante doutrina prefere a adoção do termo resilição ainda que, novamente, não sem heterogeneidade" (AGUIAR JUNIOR, Ruy Rosado. *Extinção...*, p. 64).

b) revisão do negócio jurídico;
c) suspensão da inexigibilidade das prestações.

Já tivemos a oportunidade de estudar que a consequência *natural* da impossibilidade de alcançar o fim do contrato é a sua ineficácia, com o decreto de resolução (se o cumprimento ainda não foi iniciado) ou de resilição (se o cumprimento já foi iniciado) do negócio, devendo as despesas incorridas para preparar a execução do contrato ou garantir o adequado adimplemento ser reembolsadas.[634]

Parece-nos que essas consequências têm respaldo em nossa legislação, na medida em que o fim do contrato é fator de eficácia e o enriquecimento injustificado não é tolerado.

A revisão do contrato poderá ter lugar, por exemplo, no caso de frustração parcial do fim do contrato. Com efeito, um negócio jurídico pode ter múltiplas finalidades comuns aos contratantes. Frustrando-se apenas parte delas e sendo divisíveis as obrigações e o próprio contrato, poderia fazer sentido manter o negócio jurídico na parte não atingida pela frustração. O exame caso a caso será fundamental para avaliar se a manutenção de parte do negócio jurídico se mostra razoável, atendendo a ambas as partes. O exercício é similar ao da análise da oferta equitativa prevista no art. 479 do Código Civil, aplicável às hipóteses de excessiva onerosidade.

A suspensão da exigibilidade, por sua vez, terá lugar nos casos de impossibilidade temporária de atingir o fim contrato. Essa situação tem se mostrado bastante comum em decorrência da atual pandemia de COVID-19, preservando as partes o interesse em manter o vínculo contratual para a consecução do fim do contrato quando as atividades ou as regras de convivência social retornem ao normal. Nesses casos, é como se o contrato permanecesse em *stand-by* pelo período de duração dos efeitos da pandemia, o que deverá ser negociado pelas partes ou analisado caso a caso pelo julgador de forma a restabelecer o sinalagma. Seja como for, se a impossibilidade temporária de atingir o fim do contrato acarretar a perda do interesse do credor, a resolução estará igualmente autorizada porque estaremos no campo da frustração definitiva do fim do contrato.

[634] *Vide* Capítulo 4, item 6.2.

A FRUSTRAÇÃO DO FIM DO CONTRATO NO DIREITO BRASILEIRO

Em rigor, assim como a impossibilidade temporária da prestação exclui a mora[635] e também paralisa o cumprimento das prestações[636], a temporária impossibilidade de atingir o fim do contrato também é excludente da mora. Estando presente o interesse do credor e sendo possível atingir o resultado almejado, a impossibilidade temporária habilita suspensão da exigibilidade das prestações até que o evento impossibilitador seja superado ou o interesse do credor despareça. Nesse contexto, em contratos de longo prazo ou com data de cumprimento futuro (cujo interesse do credor ainda persista após a data designada) que tiveram a finalidade contratual afetada, autoriza-se a suspensão do cumprimento das prestações por ambas as partes, aproveitando-se, portanto, o cumprimento até então realizado, mas impondo-se, em contrapartida, o acertamento entre as partes quanto às despesas a incorrer durante a paralisação das prestações e que visam a assegurar que a finalidade possa ser atingida tão logo o evento superveniente seja superado.

Pense-se no caso de contrato de transporte regular de insumos para a indústria "X" que teve de paralisar suas atividades temporariamente por conta das restrições decorrentes da COVID-19. Mesmo sem prestar o serviço de transporte, o transportador terá de arcar com despesas para a manutenção dos veículos e dos motoristas, de forma a estar preparado para a retomada das atividades, quando necessário. Caso o transportador atenda de forma exclusiva a indústria "X" e só tenha a ela como cliente, todas as despesas são realizadas de forma induvidosa no interesse do contrato de transporte daquele cliente específico. Nesse caso, tais despesas com a manutenção do contrato de transporte precisarão ser acertadas pelas partes e, não havendo um acordo, a resolução do contrato será

---

[635] "Se a impossibilidade é total e permanente, dá-se a extinção do vínculo contratual. Se é apenas temporária, não haverá mora." (FONSECA, Arnoldo Medeiros da. *Caso fortuito...*, p. 178)

[636] "A impossibilidade temporária enseja a paralisação da exigibilidade da prestação e mantém o vínculo até que a causa da impossibilidade se afaste ou até que se extingam os interesses do credor na prestação. Essa hipótese diferencia-se da mora pela inocorrência do elemento subjetivo característico desta, a culpa do devedor, de modo que, havendo culpa que tenha determinado o atraso, o caso será regido pelos arts. 394 e seguintes." (SILVA, Jorge Cesa Ferreira da. *Inadimplemento das obrigações*. Comentários aos artigos 389 a 420 do Código Civil. Mora. Perdas e Danos. Juros legais. Cláusula penal. Arras ou sinal. Coord. Miguel Reale e Judith Martins-Costa. São Paulo: RT, 2006, p. 39).

sempre uma via à disposição delas. A ponderação dos custos e benefícios da suspensão do contrato em relação à resolução sem penalidades será um exercício necessário para os contratantes.

No caso de o contrato apresentar uma lacuna com relação à frustração do seu fim, o intérprete deverá empregar o juízo de boa-fé objetiva para formular a regra que regerá a situação, balizado pelos critérios do tipo contratual, da normalidade, do preço de mercado e das circunstâncias que rodeavam a contratação.

Essa regra a ser formulada deverá responder à seguinte pergunta: quem suporta o risco da frustração do fim?

A premissa básica que nos parece orientar o regime das consequências do contrato cujo fim restou frustrado é que, não sendo os contratantes culpados pela ocorrência do fato superveniente – e não estando em mora quando o evento ocorrer[637] –, o risco da frustração do fim deve ser repartido entre eles. Na ausência de quaisquer indicativos para contrariar essa premissa – distribuição do risco pelos contratantes ou disciplina legal a respeito – ela parece ser a que mais se coaduna com uma interpretação atenta à boa-fé e que corresponde "a qual seria a razoável negociação das partes sobre a questão discutida, inferida das demais disposições do negócio e da racionalidade econômica das partes, consideradas as informações disponíveis no momento de sua celebração" (Código Civil, art. 113, § 1º, V).

A particularidade de que a frustração do fim do contrato representa uma *fattispecie* em que as partes podem perfeitamente executar suas prestações, ao mesmo tempo em que isso não tenha mais nenhum sentido, exige que a solução a ser dada também seja própria e particular, não estando o julgador atrelado, necessariamente, às regras estanques de que o risco da prestação corre por conta do devedor, e o risco de utilização, por conta do credor.

Como bem menciona CATARINA MONTEIRO PIRES, "não se trata de garantir que os resultados justos sejam assegurados, mas de procurar que injustiças graves sejam evitadas."[638]

---

[637] Conforme expusemos no Capítulo 4, item 6.1.5, a inexistência de mora é um dos requisitos para a aplicação da frustração do fim do contrato. Os artigos 399 e 400 do Código Civil regulam a responsabilidade do devedor e do credor, respectivamente, em situações de mora do devedor e mora do credor.

[638] *Impossibilidade...*, p. 430.

Seria correto que o vendedor do coletor solar suportasse todo o prejuízo por conta da superveniente impossibilidade de incidência de raios solares no telhado do comprador? De outro modo, seria certo o comprador ser compelido a adquirir o coletor solar que não terá a incidência da luz do sol? Seria adequado o locador arcar sozinho com todas as despesas feitas no imóvel, tendo como objetivo a locação celebrada para assistir ao desfile da coroação? Ou, ainda, seria justo o locatário pagar o valor da locação mesmo que não fosse mais se realizar o aludido desfile?[639] Sob a perspectiva do art. 113, § 1º, V do Código Civil, parece razoável concluir que nenhum credor, se soubesse na data da assinatura do contrato que o resultado almejado não seria alcançado, teria concordado em, ainda assim, ser compelido a receber a prestação inútil.

Da mesma maneira que não parece correto impor ao credor aceitar uma prestação cuja finalidade não tenha mais nenhuma utilidade (pois isso representaria exceder os limites do fim econômico ou social do contrato), não é certo fazer com que o devedor tenha de suportar todas as despesas incorridas com a contratação, pois ele está apto a prestar, e o credor, apto a receber a prestação e contraprestar. Por essa razão, as regras da impossibilidade não são aptas a outorgar a melhor saída para as hipóteses de frustração do fim, pois atribuem o mesmo tratamento para uma situação absolutamente distinta, na qual as prestações são possíveis. Trata-se de um problema autônomo que deve ser resolvido com regras próprias, a despeito da proximidade das situações.

---

[639] Esse dilema também foi retratado na doutrina portuguesa, quando investiga se há casos em que, a despeito da impossibilidade da prestação com a consequente exoneração do devedor, mantém-se seu direito de receber a contraprestação. Trata-se, nesses casos, de atribuir o "risco do investimento" ao credor, que deverá remunerar o devedor mesmo diante da impossibilidade. É o que MARIA DE LURDES PEREIRA explica no capítulo III do seu livro *Contraprestação...*, p. 219 e ss. Depois de sustentar a "inexistência de um dever geral de o credor aceitar a prestação ou de colaborar na sua execução" (p. 294), a autora defende que o art. 795(2) do Código Civil Português impõe a subsistência do direito do devedor à contraprestação "sempre que a impossibilidade decorra de uma omissão livre do credor ou de uma acção livre do mesmo que o coloque em condições de não mais praticar os actos necessários ao cumprimento" (p. 312). Seria o caso, entre outros exemplos citados às páginas 224-225, do proprietário que contrata um profissional para reparar o telhado da casa, mas antes da execução resolve demoli-la para fazer outra residência.

Essa é a opinião de VAZ SERRA, quando sustenta que "os princípios da impossibilidade da prestação não são aqui satisfatórios, pois, ao passo que, nos casos normais de impossibilidade superveniente, o interesse do credor à prestação fica por satisfazer, é ele aqui satisfeito de outro modo; que aqui o interesse do credor à prestação desaparece e o contrato fica sem finalidade, podendo, por isso, o credor rejeitar a prestação que se tornou supérflua, com o que se exonera da contraprestação, mas devendo indemnizar as despesas e o interesse de confiança da outra parte".[640]

A regra de que o risco da frustração do fim do contrato é comum a ambos os contratantes pode ser objetada pela distribuição dos riscos disposta pelas próprias partes no contrato ou também por um juízo de boa-fé objetiva, a ser feito no caso concreto, principalmente se alguns dos critérios balizadores assim apontarem. Parece, assim, acertado o pensamento de que "é, porém, a interpretação das declarações de vontade e da análise do tipo contratual que se poderá indicar uma conclusão sobre a atribuição do *risco de emprego*."[641] Ausente previsão contratual ou apontando a interpretação do negócio para o afastamento da regra do risco comum, está aberto o caminho para a aplicação das regras gerais de que o risco do emprego será suportado pelo credor, e o risco da prestação, pelo devedor[642].

Pode ocorrer, por exemplo, que o valor pago pela locação de um imóvel comercial seja muito inferior ao preço de mercado, justamente porque o locatário tinha assumido o risco de que a área viesse a ser considerada residencial e, consequentemente, impossibilitado o exercício de atividades comerciais na região.

---

[640] *Impossibilidade Superveniente...*, p. 150.

[641] PIRES, Catarina Monteiro. *Impossibilidade...*, p. 435.

[642] MARIA DE LURDES PEREIRA propõe uma solução particular, imputando a alocação dos riscos sobre a pessoa cujos bens foram afetados: "Na verdade, segundo pensamos, uma tão ampla oneração do credor representa não mais do que uma espécie de alargamento da regra *causum sentit dominus*, uma concretização especial do princípio de acordo com o qual, na falta de um fundamento positivo de imputação de determinada perturbação a qualquer das partes da relação obrigacional, os prejuízos daí decorrentes devem ficar com aquele cuja pessoa ou cujos bens foram atingidos. Causum sentit dominus significa, desde logo, que é o titular dos bem afectado ou, no caso de lesões físicas ou morais, a própria pessoa atingida que suporta o correspondente dano – pressuposta sempre a ausência de um critério especial que justifique a sua transferência para outrem." (*Conceito de prestação...*, p. 300).

Lembremos o exemplo da companhia aérea BRA, cujas tarifas mais baratas representam a assunção pelo contratante do risco da não realização do voo no dia e horário marcados.[643] Somente a avaliação do caso concreto poderá oferecer a solução adequada com relação à distribuição dos riscos.

De todo modo, se aquele que exerce a gestão do negócio de outrem sem a autorização é reembolsado nas despesas necessárias ou úteis em que tenha incorrido (Código Civil brasileiro, art. 869),[644] seria razoável ou desejável que o devedor, preparado e apto a prestar, tenha que suportar integralmente as despesas incorridas para o cumprimento do contrato pelo simples fato de que não deverá mais executar a prestação porque a finalidade restou frustrada? De certo modo, o credor estaria auferindo uma vantagem (não ter que pagar pela prestação) em detrimento de um empobrecimento do devedor que realizou despesas confiando na execução do negócio. Dessa forma, a regra do art. 885 do Código Civil brasileiro[645] pode justificar o ressarcimento das despesas ou, quiçá, ao menos, a repartição dos prejuízos do devedor com o credor.

As normas relativas ao enriquecimento sem causa e aos efeitos decorrentes da resolução permitem aceitar que as regras balizadoras das consequências da *frustration* no âmbito do direito inglês[646] sejam aplicáveis

---

[643] *Vide* Capítulo 4, item 6.1.2.

[644] "Art. 869. Se o negócio for utilmente administrado, cumprirá ao dono as obrigações contraídas em seu nome, reembolsando ao gestor as despesas necessárias ou úteis que houver feito, com os juros legais, desde o desembolso, respondendo ainda pelos prejuízos que este houver sofrido por causa da gestão."

[645] "Art. 885. A restituição é devida não só quando não tenha havido causa que justifique o enriquecimento, mas também se esta deixou de existir."

[646] As consequências foram expostas no Capítulo IV, item 6.2, estando aqui resumidas para facilidade de exame: (a) repetição dos valores já pagos (em razão do contrato) antes do evento que ocasionou a frustração do contrato e inexigibilidade do pagamento dos que ainda não venceram; (b) se a parte que recebeu os valores (e que agora deve devolvê-los) realizou gastos com o cumprimento do contrato, o Tribunal pode, se entender justo, de acordo com as circunstâncias do caso, autorizar que seja retida certa quantia ou conceder uma indenização limitada a tais gastos; (c) se o ato de um contratante cumprindo o contrato antes que tenha ocorrido o evento frustrante gerar para a outra parte um benefício (não monetário, que se resolve com as letras "a" e "b" citadas anteriormente), o Tribunal poderá, caso considere justo de acordo com as circunstâncias do caso, determinar a repetição desse benefício, limitado ao valor deste.

para reger a disciplina aplicável aos contratos cujo fim restou frustrado em nosso ordenamento jurídico[647].

Em nosso ordenamento jurídico, como regra, o efeito constitutivo negativo da resolução fundamenta os potenciais efeitos dela decorrentes: (a) eficácia liberatória, (b) eficácia restitutória e (c) eficácia indenizatória[648].

Consoante indica ZANETTI, "a resolução põe fim retroativamente ao vínculo entre as partes e tudo se passa como se o contrato nunca tivesse sido celebrado. A tutela jurídica, agora, é voltada a restabelecer a situação em que as partes se encontravam antes de concluir o negócio. Precisamente por isso, surge a chamada relação de liquidação. Seu objetivo é o de promover a reconstituição do status quo ante, ao menos do ponto de vista patrimonial. Para tanto, no que agora mais de perto interessa, o ressarcimento devido pela parte culpada pelo inadimplemento absoluto visa satisfazer o chamado interesse negativo ou dano de confiança, correspondente ao que a parte perdeu ou deixou de ganhar por acreditar na execução do Contrato. Relativamente ao interesse positivo, a diferença é de fundo e não de extensão."[649]

O efeito liberatório encerra o vínculo obrigacional entre as partes, liberando-as de suas obrigações, em regra, de forma retroativa (*ex tunc*)[650]. Uma vez liberados de suas obrigações, deve ser analisado o

---

[647] Concordam com essa proposição: NITSCHKE, Guilherme Carneiro Monteiro; NEVES, Julio Gonzaga. A Peste e as Despesas Incorridas para a Execução de Contratos..., p. 35

[648] Segundo ensina RENATA STEINER, "ocorrida a resolução, abre-se a configuração de uma relação de liquidação, pela qual se opera a *liberação* das partes, a *restituição* do quanto já prestado bem como a *indenização* dos danos causados, nos termos do art. 475 do CC" (STEINER, Renata Carlos. *Interesse Positivo e Interesse Negativo*: a reparação de danos no direito privado brasileiro. 2016, 362f. Tese (Doutorado). Faculdade de Direito da USP, São Paulo, p. 288.

[649] ZANETTI, Cristiano de Sousa. A transformação da mora em inadimplemento absoluto. *Revista dos Tribunais*, n. 942, v. 103, p. 136, abril 2014.

[650] "A resolução destrói a relação obrigacional desde a celebração. Tem, pois, efeito *ex tunc*. Atendendo ao que agora dispõe o Código Civil, deve ficar reconhecido que a resolução extingue também o contrato (embora essa conceituação não seja a melhor, nem corresponda à unanimidade da doutrina; porém, feita a classificação legal, é ela que deve ser adotada. O efeito *ex tunc* significa que a resolução tem efeito retroativo, e com a extinção decretada por essa causa devem as partes ser respostas na situação em que estavam antes de celebrarem o contrato. Significa dizer: as partes devem restituir o que receberam em razão do contrato, tanto o credor, autor da ação, como o devedor inadimplente, apenas que sobre esse ainda pesará a

efeito restitutório, ou seja, se as partes devem restituir algum valor já recebido da outra ou gasto com a execução do contrato. Como bem aponta STEINER, a "restituição é cabível mesmo quando a resolução não decorra da falta de cumprimento, como no caso de resolução *ex lege* por impossibilidade não imputável da prestação. E, não menos relevante, pelo fato de que atinge indistintamente o credor lesado e o devedor faltoso."[651]

A fórmula aqui será fazer um sistema de créditos e débitos entre o credor e o devedor, de forma a que ambos suportem, juntos, o risco da frustração do fim do contrato. Assim, por exemplo, se o credor já pagou uma parcela de R$ 20.000,00 pelo produto que está sendo fabricado pelo devedor e este comprou materiais no valor de R$ 15.000,00 para desenvolvê-lo, o prejuízo de R$ 5.000,00 deve ser partilhado entre as partes, recebendo o credor R$ 2.500,00 de restituição. Evidentemente, nesse exemplo, estamos considerando a existência de prova de que os recursos foram empregados pelo devedor especificamente em prol do credor e que não podem ser aproveitados pelo devedor na sua atividade ou em outros contratos com clientes diversos.

O efeito restitutório é decorrência da resolução e, não havendo um regime específico para ditar as consequências da frustração do fim no Código Civil, é lícito construí-lo *taylor made* para cada caso com base em todos os critérios interpretativos já expostos anteriormente, sempre atentando para evitar o enriquecimento injustificado.

Tendo em vista que o evento gerador da frustração do fim do contrato é alheio às partes contratantes e imprevisível, a regra geral a ser observada é que apenas as despesas realizadas pelos contratantes serão elegíveis à restituição. Nenhuma indenização, portanto, terá lugar para buscar o lucro que alguma das partes teria com a operação.

Evidentemente, há que ter um olhar atento aos tipos de despesas incorridas pelo devedor, pois apenas aquelas incorridas para preparar a execução ou cumprir a prestação de forma adequada devem ser reembolsadas. Trata-se de deveres de prestação secundários meramente

---

condenação de indenizar as perdas e danos sofridos pela outra parte." (AGUIAR JUNIOR, Ruy Rosado de. *Extinção dos Contratos*. In http://www.ruyrosado.com/upload/site_producaointelectual/149.pdf)

[651] STEINER, Renata Carlos. *Interesse positivo...*, p. 289.

acessórios praticados pelo devedor em razão da contratação[652], tema pouco explorado em nossa doutrina.

Em um dos poucos artigos que tratam diretamente sobre o tema, GUILHERME NITSCHKE e JULIO NEVES, após analisarem o regime do reembolso de despesas em tipos contratuais específicos (mandato, depósito, comissão) e na gestão de negócios, defendem que a mesma lógica a eles aplicável deve ser aplicada para o regime das despesas incorridas com a contratação, tese que nos parece acertada.[653]

Um aspecto importante a ser verificado no efeito restitutório é se os recursos ou atos já praticados em prol da execução do contrato podem ser aproveitados pelo contratante na sua atividade ou em outros contratos. Em princípio, as despesas aproveitáveis não devem entrar na relação de liquidação, na medida em que não constituem efetivamente um prejuízo suportado pelo contratante. No exemplo do contrato para instalação de

---

[652] "Ao lado deles, a obrigação possui uma série de outros deveres que também dizem respeito diretamente à prestação, mas que não configuram qualquer particularidade que as individualize. São os *deveres secundários*. Quando é imputado ao devedor, pelo atraso culposo, o dever de indenizar os prejuízos respectivos, tem-se claramente um dever relacionado com a prestação-objetivo do contrato, mas não se tem qualquer prestação que o caracteriza enquanto espécie distinta. Como bem sintetiza ALMEIDA COSTA, esses deveres podem ser classificados em *"meramente acessórios da prestação principal"*, destinando-se a preparar o cumprimento ou a assegurar a sua perfeita realização (conservar a coisa até tradição ou embalá-la ou transportá-la, na compra e venda) ou *"deveres secundários com prestação autônoma"*, podendo ser coexistentes com a prestação principal (indenizar pela mora) ou *"substitutivos dessa prestação"* (indenização pela impossibilitação culposa)" (SILVA, Jorge Cesa Ferreira da. *A boa-fé e a violação positiva do contrato*. Rio de Janeiro: Renovar, 2002, p. 71-72).

[653] "A mesma lógica – parece-nos – há de reger as despesas tidas para negócios em que as prestações secundárias meramente acessórias são levadas a cabo para possibilitar a execução das prestações principais ao benefício mútuo, impossibilitadas, porém, antes que pudessem ocorrer. Em todas as hipóteses legais, o dispêndio é procedido em benefício de outrem (i.e. do mandante, do depositante, do comitente, do dono do negócio), e por isso o reembolso se justifica. O raciocínio não pode ser diverso para aquelas despesas polarizadas pelo mútuo benefício que se extrairá da execução do negócio, queremos dizer: se compreendidas despesas que possibilitam o adimplemento do contratado, com a realização plena da operação que se consolida enquanto objeto do contrato. Se havia um dever de se as prestar para que, à utilidade mútua, se conseguisse realizar o objeto contratual, não é razoável, em caso de impossibilitada a execução das prestações principais, que com o dispêndio apenas um dos polos arque. A prestação primária será liberada pela impossibilidade; a secundária, já desempenhada, se cristalizou. A sua ulterior inutilidade não é imputável ao devedor." (A peste..., p. 37-38)

anúncios luminosos que perderam o sentido por medidas supervenientes restritivas de iluminação na cidade, determinadas peças adquiridas para ser empregadas na confecção dos painéis (parafusos, por exemplo) podem ser aproveitadas para construir os painéis de outros clientes que são instalados sem iluminação, para divulgação durante o dia, não causando, portanto, prejuízo ao devedor.

Assim, podemos dizer que, uma vez frustrada em definitivo a finalidade contratual, o contrato se resolve, restituindo-se as despesas incorridas em prol da execução do contrato por ambas as partes, excluídas aquelas despesas reaproveitáveis, autorizada a compensação, evitando-se o enriquecimento injustificado de qualquer das partes.

5. Precedentes

Embora seja uma teoria de aplicação residual, a frustração do fim do contrato já encontra aplicação nos Tribunais estatais e em Tribunais arbitrais. O objetivo deste capítulo é, por meio de alguns casos da vida real, demonstrar como os julgadores concretizaram a aplicação da teoria.

5.1. Caso da locação imprópria à finalidade a que destinava

O caso é a Apelação nº 0039109-66.2009.8.26.0564, julgada pela 25ª Câmara de Direito Privado do Tribunal de Justiça de São Paulo em 27.04.2017, sob a relatoria do Desembargador Ruy Coppola[654].

O locador Jorge's Administração Patrimonial Ltda ingressou com ação para cobrar a multa de três aluguéis em razão da rescisão da locação do galpão por parte da locatária Hostmann-Steinber Tintas Gráficas Brasil Ltda., baseado em duas razões: (a) demora de mais de cinco meses para a desocupação do imóvel e (b) superveniente laudo do corpo de bombeiros

---

[654] "Locação comercial. Ação de rescisão contratual c.c. cobrança de multa. Desistência da ré na locação. Demora do antigo locatário para desocupar o imóvel. Laudo do corpo de bombeiros desaconselhando a instalação da fábrica de tintas da ré no galpão da autora. Rompimento do fim do contrato, violando a sua função social. Ausência de descumprimento contratual por parte da ré. Resolução do contrato sem incidência de multa. Ação improcedente. Sentença mantida. Recurso improvido." (TJSP; Apelação Cível 0039109-66.2009.8.26.0564; Relator (a): Ruy Coppola; Órgão Julgador: 25ª Câmara Extraordinária de Direito Privado; Foro de São Bernardo do Campo – 5ª Vara Cível; Data do Julgamento: 27/04/2017; Data de Registro: 03/05/2017)

FRUSTRAÇÃO DO FIM DO CONTRATO

informando que o imóvel não era adequado para o armazenamento de produtos químicos, atividade incluída dentro do escopo da locatária.

O Tribunal manteve a impocedência da ação sustentando que "é possível a resolução pela frustração do fim do contrato com base apenas no princípio da função social do contrato". Para os julgadores, "com o laudo do corpo de bombeiros a locação comercial já não mais cumpria com o fim pretendido pela empresa ré, o que pode ensejar a rescisão contratual sem a incidência de multa".

Digno de nota é o reconhecimento no acórdão de que a frustração do fim do contrato está lastreada na função social do contrato.

5.2. Caso do intercâmbio com visto de permanência negado

Um segundo caso foi analisado pela 26ª Câmara Extraordinária de Direito Privado do Tribunal de Justiça de São Paulo, julgado em 20.02.2017 sob a relatoria do Desembargador Arantes Theodoro, Apelação nº 0007922-45.2011.8.26.0572[655].

O autor Guilherme ingressou com ação para obter indenização de danos morais e lucros cessantes contra a Egail Intercâmbio Ltda, uma empresa que prestava serviços de intercâmbio. O autor havia deixado o seu emprego para estudar e trabalhar no exterior, mas, posteriormente, o consulado norte-americano acabou negando o visto de permanência, sob o argumento de que os valores cobrados pelo réu violavam as regras de imigração.

O Tribunal de Justiça entendeu que "houve falta de obtenção do resultado por culpa do demandado, o que legitimava o autor a postular o ressarcimento dos danos", condenando a Egail a indenizar Guilherme. Também consignou que a reparação "até poderia incluir também despesas efetuadas pelo autor, mas o fato é que não havia prova de que os gastos

---

[655] "EMENTA Prestação de serviço. Intercâmbio no exterior para estudos e trabalho. Não obtenção do visto de permanência por ter o consulado revogado a autorização para trabalho por considerar abusivo o valor cobrado do interessado. Culpa do réu pela frustração da finalidade do contrato reconhecida. Cabimento de indenização por danos morais e por lucros cessantes, estes por ter o autor se desligado do emprego ante a viagem programada. Apelação do réu parcialmente provida e recurso do autor improvido" (TJSP; Apelação Cível 0007922-45.2011.8.26.0572; Relator (a): Arantes Theodoro; Órgão Julgador: 26ª Câmara Extraordinária de Direito Privado; Foro de São Joaquim da Barra – 2ª. Vara Judicial; Data do Julgamento: 20/02/2017; Data de Registro: 21/02/2017)

concretamente apontados por ele (fls. 9 – item 27) eram inevitáveis e relacionados ao cumprimento do contrato."

O interessante desse precedente é que o Tribunal considerou o resultado como integrante da prestação, entendendo haver inadimplemento pelo fato de a empresa de intercâmbio não ter obtido o visto norte-americano por causa a ela imputável, assim inviabilizando a viagem do autor. Não parace, portanto, propriamente um caso de frustração do fim, mas de inadimplemento.

5.3. Caso do saldo residual do financiamento imobiliário

O caso é a Apelação nº 335.021.4/9-00, julgada pela 4ª Câmara de Direito Privado do Tribunal de Justiça de São Paulo em 08.06.2006, sob a relatoria do Desembargador Francisco Loureiro[656].

Os autores ajuizaram ação para cancelar a hipoteca que gravava seu imóvel sem terem que arcar com o pagamento do saldo residual do financiamento imobiliário por ela garantido. Os autores demonstraram que, depois de dez anos, o saldo residual a pagar para liberar a hipoteca equivalia a 130% do valor do imóvel e que, em valores históricos, já haviam pago mais de três vezes o valor do crédito tomado.

O acórdão cita LARENZ e aplica a base do negócio, manifestando que "em razão da taxa de juros adotada (18% a.a.), que incide sobre indexador correspondente à variação da caderneta de poupança, houve superveniente destruição da relação de equivalência e impossibilidade de alcançar os fins do contrato."

O acórdão não deixa claro qual finalidade estaria frustrada. A rigor, o caso está mais enquadrado na excessiva onerosidade. De todo modo, o ponto positivo desta decisão é o reconhecimento jurisprudencial de que a frustração do fim é uma das hipóteses em que se perde a base do negócio.

---

[656] "HIPOTECA – Cancelamento – Imóvel financiado pela Carteira Hipotecária, com prazo de dez anos – Inexistência de cobertura pelo FCVS – Cálculo do resíduo previsto no contrato – Verificação de que os valores já pagos superam em muito a avaliação do imóvel – Constatação de que o resíduo eqüivale ao valor já pago até o momento –Teoria da quebra da base do negócio jurídico – Frustração da finalidade do contrato – Aplicação do artigo 6o ., V, do Código de Defesa do Consumidor – Redução do valor do resíduo com o escopo de reequilibrar o contrato – Recurso parcialmente provido." (TJSP; Apelação Sem Revisão 9129085-81.2003.8.26.0000; Relator (a):Francisco Loureiro; Órgão Julgador: 4ª Câmara de Direito Privado; Foro Regional I – Santana – 8.VARA CIVEL; Data do Julgamento: N/A; Data de Registro: 20/06/2006)

5.4. Caso "China in Box"

O caso é a Apelãço nº 0061241-41.2011.8.26.0114, julgada pela 27ª Câmara Extraordinária de Direito Privado do Tribunal de Justiça de São Paulo em 07.08.2017, sob a relatoria do Desembargador Edgard Rosa[657].

A ação é de resolução contratual cumulada com indenização por danos morais, materiais e pagamento de cláusula penal ajuizada por Tellemax em face de Trend Foods. A autora Tellemax prestaria serviços de *call center* unificado para todos os franqueados da rede China In Box, vinculados à Trend Foods, em substituição ao atendimento individualizado de cada loja franqueada para as operações de *delivery*. Porém, diante da falta de adesão dos franqueados ao novo sistema, a Tellemax rescindiu o contrato e ajuizou a ação, respondida pela Trend Foods, inclusive com pleito reconvencional, para o recebimento da mesma multa rescisória postulada pela Tellemax.

O Tribunal reconheceu que "a hipótese dos autos guarda relação com tipo especial de extinção do contrato, denominado por abalizada doutrina de resolução pela frustração do fim do contrato, com supedâneo no art. 421 do Código Civil, que estabelece que a liberdade de contratar será exercida em razão da função social do contrato". Seu entendimento foi o de que "a frustração do escopo almejado pelas partes, por circunstância que não lhes pode ser imputada diretamente, qual seja, o interesse e o

---

[657] "Prestação de serviços telemarketing e call center integrado à rede de lojas "china in box". Autora que imputa à ré a culpa pelo inadimplemento do contrato e postula indenização por danos materiais e morais além de cobrança da cláusula penal compensatória ré que, por sua vez, ajuíza reconvenção, na qual imputa a extinção do contrato à autora e exige para si o montante da cláusula penal. Sentença de improcedência da demanda principal e procedência da reconvenção pretensão à anulação ou à reforma cabimento cerceamento de defesa não verificado – Elementos dos autos que evidenciam a resolução por frustração do fim do contrato – Frustrado o escopo do contrato, programado, previsto e desejado por ambas as partes no momento da celebração, por fato imputável a terceiros, não integrantes da relação negocial, sem que se possa afirmar que qualquer dos contratantes seja culpado pela inexecução da avença, resolve-se o negócio, por força do esvaziamento de sua função social (art. 421 do código civil), retornando as partes ao estado anterior, sem aplicação da clausula penal ou indenização por perdas e danos. Demanda principal e reconvenção julgadas improcedentes. Sucumbência recíproca sentença reformada em parte. Recurso parcialmente provido" (TJSP; Apelação Cível 0061241-41.2011.8.26.0114; Relator (a): Edgard Rosa; Órgão Julgador: 27ª Câmara Extraordinária de Direito Privado; Foro de Campinas – 3ª. Vara Cível; Data do Julgamento: 07/08/2017; Data de Registro: 14/11/2017)

comportamento de terceiros, que não estavam obrigados a satisfazer as exceptivas nutridas em razão de negócio a que não aderiram, não pode ser equiparada ao inadimplemento ou à impossibilidade superveniente de cumprimento da prestação, não havendo que se falar, outrossim, em culpa de qualquer dos contratantes pela impossibilidade de execução do programa contratual".

O acórdão também consignou que a consequência da frustração do fim do contrato por fato superveniente inimputável a qualquer das partes é a resolução do ajuste, sem aplicação de cláusula penal ou indenização[658].

5.5. Caso do shopping center e suas lojas âncoras

Este caso envolveu a disputa arbitral entre, de um lado, os empreendedores de um novo shopping center e, de outro, a futura operadora do shopping center. Pretendiam os requerentes condenar as requeridas a indenizar os danos sofridos em decorrência da rescisão de contrato de promessa de compra e venda de participação acionária firmado entre elas. Referida rescisão foi realizada, entre outros motivos, em razão da alteração da base do negócio, consistente no superveniente desenvolvimento de mais um shopping center na cidade e a decisão de algumas lojas âncoras se instalarem nesse shopping concorrente e não naquele a ser desenvolvido pelo requerente e pela requerida.

A sentença arbitral aplicou a frustração do fim do contrato, reconhecendo se tratar de hipótese distinta da impossibilidade, e que pode se caracterizar pela (a) impossibilidade de atingir o fim do contrato, ou (b) consecução do fim por meios diversos dos estabelecidos no contrato.

O Tribunal considerou que a superveniente decisão das lojas âncoras de não se estabelecerem no shopping center (mas no shopping concorrente) acarretou a impossibilidade de atingir o fim econômico do contrato, autorizando a resolução, sem indenização de parte a parte.

---

[658] "Frustrado o escopo do contrato, programado, previsto e desejado por ambas as partes no momento da celebração, por fato imputável a terceiros, não integrantes da relação negocial, sem que se possa afirmar que qualquer dos contratantes seja culpado pela inexecução da avença, resolve-se o negócio, por força do esvaziamento de sua função social, retornando as partes ao estado anterior, sem aplicação da clausula penal ou indenização por perdas e danos"

Os casos acima mencionados revelam que a frustração do fim do contrato vem se acomodando como uma teoria autônoma e conhecida dos Tribunais pátrios, motivo a reforçar que continue sendo sistematizada de forma independente de outras teorias que, a despeito de pontos de contato, com ela não se confundem.

Conclusões

1. A origem da frustração do fim do contrato está no instituto da *frustration of contract* do direito inglês, que é o gênero que engloba três situações de alteração superveniente das circunstâncias: *impossibility* (impossibilidade), *impracticability* (excessiva onerosidade) e *frustration of purpose* (frustração do fim do contrato). Cada uma dessas espécies de *frustration of contract* apresenta características particulares. O traço fundamental da *impossibility* é que a prestação tal qual ajustada não pode mais ser definitivamente cumprida, nem mesmo que as partes estejam dispostas a suportar um custo maior. Já na *impracticability*, a prestação é passível de cumprimento, mas a outro custo, que acaba por alterar a própria natureza do contrato, no sentido de que, se ele for cumprido, será algo diferente daquilo que fora ajustado. A *frustration of purpose*, por sua vez, difere da impossibilidade superveniente porque as prestações são passíveis de execução e distingue--se da excessiva onerosidade porque não há alteração no valor monetário dos deslocamentos patrimoniais; ocorre simplesmente a perda de sentido da prestação; o fato superveniente faz com que a prestação não tenha mais nenhuma razão de ser, pois a finalidade para a qual se destinava tornou-se estéril.

O *Law Reform (Frustrated Contracts) Act* define como resolver os casos de *frustration* dos contratos submetidos à lei inglesa e aos termos do referido *Act*, os quais podem ser assim sintetizados: a) repetição dos valores já pagos (em razão do contrato) antes do evento que ocasionou a frustração do contrato e inexigibilidade do pagamento dos que ainda não venceram;

b) se a parte que recebeu os valores (e que agora tem que devolver) realizou gastos com o cumprimento da prestação, pode o Tribunal, se entender justo, de acordo com as circunstâncias do caso, autorizar que seja retida certa quantia ou conceder uma indenização limitada a tais gastos; c) se o ato de um contratante, cumprindo o contrato antes que tenha ocorrido o evento frustrante, gerar para a outra parte um benefício (não monetário, que se resolve com as letras "a" e "b" retro), o Tribunal poderá, caso considere justo, de acordo com as circunstâncias do caso, determinar a repetição desse benefício, limitado ao seu valor.

2. O direito alemão foi um fértil terreno para o desenvolvimento de diversas teorias que justificavam a liberação do devedor diante da alteração superveniente das circunstâncias que perturbavam o programa contratual. Encontramos construções de caráter subjetivo que impulsionaram novas ideias, de cunho mais objetivo, sempre buscando aperfeiçoar e suprir as deficiências das anteriores. A teoria que mais parece ter ecoado foi a da base do negócio de LARENZ, hoje já objeto de críticas pelas concepções que encaram a transformação das circunstâncias como uma questão de alocação dos riscos da realidade entre os contratantes.

Em meio à grande variedade doutrinária, os responsáveis pela reforma do Código Civil alemão, aprovada em 2001, optaram por positivar de maneira expressa a teoria da base do negócio com uma redação de viés subjetivo-objetivo. A *Gesetz zur Modernisierung des Schuldrechts* (Lei para a Modernização do Direito das Obrigações) não seguiu a tendência de desprivilegiar por completo a busca da intenção das partes no tema do direito da perturbação das prestações (*Recht der Leistungsstörungen*), o que pode ser constatado pela leitura do § 313, intitulado *perturbação da base do negócio*.

3. A doutrina da cláusula *rebus sic stantibus* é o fundamento – direta ou indiretamente – de todas as teorias que se desenvolveram a respeito da alteração das circunstâncias. Ela está impregnada de ideais morais e religiosos, justificados por sua origem e por seus idealizadores. Além disso, é por demais ampla e genérica e, por isso, causadora de insegurança. Apesar de ser a ideia base, as novas doutrinas não se identificam mais com a velha *rebus sic stantibus*, apresentando particularidades, características e requisitos próprios que as fazem independentes dela.

CONCLUSÕES

4. No direito italiano, a frustração do fim do contrato – *irraggiungibilità dello scopo contrattuale* – é categoria própria, cujo suporte fático não se confunde com a *eccessiva onerosità* prevista no art. 1.467 do Código Civil italiano ou com outros casos de superveniência contratual. A frustração do fim do contrato é resolvida pelos italianos com o recurso à *presupposizione*. Com um teor inicialmente subjetivo, a *presupposizione* passou a oferecer melhores elementos para uma decisão mais segura para os casos de frustração do fim do contrato quando foi concebida como razão justificativa do negócio em termos de função econômico-social individual (função concreta do negócio). Esse entendimento permitiu a garantia da tutela de todos os interesses que entraram na economia do negócio, sejam aqueles abstratamente previstos no tipo contratual (função econômico-social) sejam mesmo aqueles puramente privados. Além disso, na tarefa de identificar se um interesse entrou na economia do negócio, a doutrina italiana, principalmente com BESSONE, trouxe critérios úteis para remover boa parte das incertezas geradas pelo juízo de boa-fé objetiva, a ser realizado quando da interpretação do negócio jurídico: o recurso às normas do tipo contratual eleito pelas partes (que por si só podem trazer regras que implicam certa repartição dos riscos) e uma análise do negócio em termos da relação entre custo e benefício, segundo um critério de regularidade e normalidade do exercício da iniciativa econômica (o que seria, basicamente, verificado pelo preço de mercado para averiguar se o contratante "pagou" para que o interesse tivesse entrado na economia do negócio).

5. A frustração do fim do contrato é a situação na qual o contrato perde seu sentido e razão de ser por não ser mais possível alcançar a sua finalidade concreta (causa concreta), a despeito da possibilidade de cumprimento das prestações e da inexistência de alteração dos seus valores. A doutrina apontas duas formas pelas quais ela pode se apresentar: (1) impossibilidade de alcançar o fim do contrato; (2) obtenção do fim por meios diversos do contratado. Porém, de modo geral, os casos de consecução do fim por meios diversos do contratado são, na verdade, hipóteses de impossibilidade da prestação.

Os requisitos necessários para a aplicação da frustração do fim do contrato são: a) que o contrato seja bilateral ou unilateral, de cunho patrimonial, comutativo ou aleatório, de execução diferida ou continuada;

b) que a finalidade do contrato integre o seu conteúdo, sem ter se unido de modo indissociável ao ato de prestar (hipótese em que estaremos no campo da impossibilidade, e não da frustração); c) que o contrato perca o seu sentido, sua razão de ser pela impossibilidade de se atingir o seu fim; d) que ocorra evento posterior à contratação que não estava dentro da álea do contrato e alheio à atuação culposa das partes; e) que inexista mora do contratante frustrado. Muitos casos que já têm tratamento legal podem acabar gerando a frustração *do contrato*, que não se confunde com a frustração *do fim do contrato*. O inadimplemento, por exemplo, acarreta inevitavelmente a não concretização dos deslocamentos patrimoniais esperados e, por consequência, a própria frustração da finalidade do negócio jurídico. No entanto, não iremos resolver uma situação de inadimplemento contratual com as regras da frustração do fim do contrato, não só porque aquele a esta precede, mas também em virtude do caráter subsidiário da frustração do fim do contrato. Do mesmo modo, se estivermos diante de um caso de impossibilidade, suas regras se aplicarão em detrimento da disciplina da frustração do fim do contrato.

6. Para o reconhecimento da frustração do fim do contrato, são necessários dois momentos: o primeiro, de identificação da finalidade concreta e de determinação de sua integração no (conteúdo do) negócio; o segundo, de definição sobre quem suporta o risco da impossibilidade de atingir essa finalidade previamente identificada. Dentro do primeiro momento, deve ser feita uma *dupla verificação*. Uma delas consistente em interpretar o negócio jurídico para verificar se o fim integra o contrato, habilitando a aplicação da frustração do fim do contrato caso os demais requisitos estejam preenchidos. A outra, não menos importante, reside em analisar se o fim foi conectado de forma visceral com o ato de prestar, definindo-o, a ponto de se concluir que o devedor está vinculado a proporcionar o resultado.

O exercício da dupla verificação é importante porque há certos resultados que integram somente o conteúdo do negócio jurídico, não tendo avançado mais para integrar e definir a própria prestação. Se o fim ficar apenas no conteúdo do negócio jurídico, a impossibilidade de atingi-lo ensejará a aplicação das regras da frustração do fim do contrato. Se, no entanto, o fim integrar visceralmente o ato de prestar para defini-lo, a impossibilidade acarretará a aplicação das regras da impossibilidade.

CONCLUSÕES

Uma análise do contrato que leve em conta os reais interesses em jogo só pode ser feita a partir da finalidade própria e concreta de cada negócio jurídico, aliando os dados subjetivos e objetivos, não se limitando à frieza e abstração da função econômico-social ou à incerteza e ficção de uma vontade hipotética. Assim, a função econômico-social não tem condições de, por si só, atender à necessidade de avaliar a concretude da contratação, pois só retrata a razão justificativa abstrata e constante para cada tipo negocial. Isso acaba por considerar irrelevantes todos os interesses que não estão abstratamente previstos no tipo contratual, acarretando uma avaliação distante da realidade da contratação e, por consequência, desprezando o ato de autonomia privada em toda a sua extensão. A finalidade que integra o conteúdo do contrato é representada pelo interesse, o resultado prático ou a função que se extrai do negócio jurídico (função concreta), relevante e conhecida por ambos os contratantes ou que, de acordo com um juízo de boa-fé, articulado com o uso dos critérios da normalidade, preço e tipo contratual, razoavelmente se possa dizer que deveria ter sido *conhecida e considerada* por ambos, tendo em conta o tipo de negócio celebrado e as circunstâncias presentes ao tempo da sua celebração. Não basta a mera ciência da finalidade, mas é indispensável que ela tenha sido relevante (levada em consideração) pelas partes. Não se confunde com os motivos, de foro íntimo e não revelados (causa impulsiva), o que não significa que o fim deva constar, de modo expresso, no negócio jurídico: a partir da declaração negocial e de suas circunstâncias, avaliadas por um juízo de boa-fé objetiva em um processo de *interpretação integrativa*, consegue-se revelar a finalidade da contratação sem adentrar na área dos motivos e saber se ela foi levada em consideração por ambos os contratantes.

A interpretação conforme a boa-fé objetiva torna-se menos vaga quando conjugada com os critérios da normalidade, preço, tipo contratual e circunstâncias do negócio, permitindo uma maior proximidade com a economia do contrato concretamente considerado e privilegiando a autonomia privada. Ao mesmo tempo, são minimizadas as soluções baseadas exclusivamente na equidade, que trazem consigo o fantasma da insegurança jurídica.

Uma vez identificada a finalidade que integrou o conteúdo do contrato, podemos passar ao segundo momento, qual seja, o de determinar quem suporta o risco da sua não consecução. Isso deverá ser feito caso a caso. Se o contrato for omisso quanto à alocação desse risco, o intérprete procederá à sua *integração*, formulando a regra para resolver o problema, mais uma vez pautado pelo juízo de boa-fé objetiva balizado pelos critérios da normalidade, preço, tipo contratual e circunstâncias presentes na contratação.

Via de regra, se a finalidade que integrou o conteúdo do contrato foi relevante para ambas as partes, o risco da sua frustração será comum a elas. Essa regra, todavia, pode ser alterada pela interpretação conforme a boa-fé objetiva.

7. A imprevisibilidade não é característica necessária do evento que acarreta a frustração do fim do contrato. O que há de ser aferido é se o fato estava dentro da álea do contrato, a ser suportado por algum dos contratantes. A previsibilidade poderá ser útil como uma das circunstâncias do negócio a ser levada em conta no juízo de boa-fé objetiva para efeitos da distribuição dos riscos: se o evento era previsível por ocasião da assinatura do contrato, há um *indício* de que a parte que seria por ele prejudicada teria assumido o risco de sua ocorrência. De qualquer maneira, o preço poderá indicar que o risco desse evento previsível não foi assumido, pois o contratante que seria prejudicado pode ter pagado para não suportá-lo. O exercício articulado da boa-fé objetiva, como podemos perceber, é fundamental.

8. A frustração do fim do contrato não se confunde com as figuras do erro, do caso fortuito ou de força maior, da impossibilidade da prestação, do enriquecimento sem causa, da imprevisão ou da excessiva onerosidade. Ela possui características próprias que a particulariza e diferencia de outros institutos e teorias.

A ligação da frustração do fim do contrato com a impossibilidade da prestação é a mais comum. Entretanto, apesar de se assemelharem, não se confundem, porque na frustração as prestações são plenamente passíveis de cumprimento, assim entendidas dentro do conceito de prestação como resultado.

O critério para a distinção reside em verificar se o ato de prestar em si pode ser realizado ou não diante da alteração das circunstâncias. Para isso, é indispensável interpretar o negócio e proceder à tarefa da dupla verificação e revelar se o fim ficou apenas no conteúdo do contrato ou se também foi integrado ao ato de prestar a ponto de defini-lo.

CONCLUSÕES

Parece-nos haver certos fins, interesses ou resultados que, conquanto fatores externos à prestação, se unem de tal maneira ao ato de prestar que acabam definindo a prestação. É como se eles fossem indissociáveis do ato de prestar e impusessem ao devedor a necessidade não só de praticar uma conduta, mas, igualmente, de "causar" (*rectius*, buscar, visar) o resultado. Aparentemente, uma análise casuística indica que as hipóteses em que o resultado qualifica, define e integra a prestação são aqueles em que o fim está (i) quase que visceralmente ligado à ação de prestar ou (ii) às condições (objetivas ou subjetivas) para que a ação de prestar seja executada. A finalidade da contratação do rebocador é desencalhar o navio, e ela está ligada de forma visceral à prestação de serviço contratada, de modo que, se o navio se solta com a subida da maré, estaremos diante de um caso de impossibilidade e não de frustração do fim.

Aparentemente, em nosso ordenamento jurídico, o fim deve ser visto como algo exterior à prestação, atuando como um fator de eficácia. Verificando que o fim (causa concreta, fim de utilização do credor, fim secundário) restou impossibilitado por um fato superveniente à contratação, a *fattispecie* estaria incluída dentro do campo da alteração das circunstâncias. Apenas os casos de frustração do fim do contrato (i) por consecução da finalidade por meio diverso do contratado ou (ii) por alteração no substrato da prestação que afeta o cumprimento, devem ser enquadrados no campo da impossibilidade da prestação. Esse entendimento não conflita com o conceito de prestação como resultado, mas, ao contrário, alinha-se com ele. Se todo o resultado fosse constitutivo da prestação, a impossibilidade de alcançá-lo seria sempre uma questão de impossibilidade da prestação, eliminando de vez a existência da frustração do fim. Além disso, a proximidade entre os motivos e o fim pode trazer um perigoso alargamento da prestação para abarcar meros fins de emprego que não definem a prestação e, portanto, não integram o conteúdo do negócio jurídico. Esse risco é mais uma razão para considerar o fim como um fator externo – mas que empresta efeitos – ao negócio jurídico.

9. Sendo o fim um fator de eficácia do contrato, a consequência natural de sua frustração é a *ineficácia do negócio jurídico*, que pode ser manifestada por meio da *resolução* ou da *resilição*. Em se tratando de contrato cujo cumprimento já foi iniciado, a regra seria a resilição (efeitos *ex nunc*); se o cumprimento ainda não foi iniciado, a regra seria a resolução (efeitos

ex tunc). Especial cuidado deve ser tomado para evitar que uma das partes obtenha um enriquecimento por conta do empobrecimento da outra, o que importará, como regra, que as despesas incorridas para a preparação da execução do contrato que resulta frustrado devam ser reembolsadas.

A revisão do negócio, embora desejável, é uma hipótese remota, uma vez que, em princípio, de nada adianta adaptar um contrato cuja razão de ser não mais existe, a menos que se consiga restabelecer algum sentido e função para ele. Caso seja possível, não há óbice para sua adoção.

A suspensão da exigibilidade é também outra potencial consequência da frustração do fim do contrato, a ser aplicada quando a impossibilidade de atingir o fim for temporária e ainda subsistir o interesse do credor.

10. O art. 421 do Código Civil é o dispositivo que consagra a possibilidade de aplicação da frustração do fim do contrato no Direito brasileiro. O contrato cujo fim se frustrou perde a sua função social, visto que não mais permite que ele funcione como um instrumento de troca que proporcione a satisfação dos interesses dos contratantes. Por essa razão, é lícita a liberação das partes quanto ao cumprimento das obrigações.

11. Aquele que exige o cumprimento de um contrato cuja finalidade restou frustrada, desde que preenchidos todos os requisitos de aplicação da teoria da frustração do fim, excede manifestamente os limites impostos pelo seu fim econômico ou social, incorrendo em abuso de direito (Código Civil, art. 187).

12. O Código de Proteção e Defesa do Consumidor também contempla a possibilidade de aplicação da frustração do fim do contrato.

13. As regras dos arts. 113 *caput* e § 1º, V e 422 do Código Civil amparam o juízo conforme a boa-fé objetiva, o qual pode ser necessário para a interpretação integrativa e para a integração do negócio jurídico, para fins de aplicação da frustração do fim do contrato.

14. Para pautar a consequência dos gastos incorridos com a contratação após o decreto de ineficácia do negócio jurídico, o julgador poderá se valer da norma do art. 885 do Código Civil a fim de vedar o enriquecimento

de uma das partes às expensas da outra. Uma atenção especial deverá ser dedicada para analisar o reembolso de despesas incorridas para preparar a execução do contrato ou cumpri-lo de forma adequada, bem como eventuais proveitos auferidos em razão da liberação da obrigação.

REFERÊNCIAS

ADAMS, John N.; BROWNSWORD, Roger. *Key issues in contracts*. Edinburgh: Butterworths, 1995.

____. *Understanding contract law*. London: Sweet & Maxwell, 1996.

AGUIAR DIAS, José de. *Da responsabilidade civil*. 9. ed. Rio de Janeiro: Forense, 1994.

AGUIAR JUNIOR, Ruy Rosado de. *Extinção dos contratos por incumprimento do devedor (resolução)*. Rio de Janeiro: Aide, 1991.

____. *Comentário ao Novo Código Civil*. v. VI, t. II. Rio de Janeiro: Forense, 2011.

AIRES, Jaime Junqueira. Uma chave para a teoria dos riscos oriundos do acaso nos contratos civis. *Revista Forense*, Rio de Janeiro, v. LXXXVI, p. 5-12, abr. 1941.

ALBARIAN, A. Le concept de "frustration of contract" ou l'impossibilité d'exécution: entre imprévision et force majeure, p. 54-57. Disponível em: http://www.themis.u-3mrs.fr/albarian/memoire-albarian.pdf. Acesso em: 1 mar. 2005.

ALMEIDA COSTA, Mario Julio de. *Direito das obrigações*. 7. ed. Coimbra: Almedina, 1999.

ALPA, Guido; BESSONE, Mario. *Causa e consideration*. Padova: Cedam, 1984.

ALVIM, Agostinho. *Da inexecução das obrigações e suas conseqüências*. São Paulo: Saraiva, 1980.

AMARAL JUNIOR, Alberto do. A boa-fé e o controle das cláusulas contratuais abusivas nas relações de consumo. *Revista de Direito do Consumidor*, São Paulo, RT, n. 6, p. 27-33, abr./jun. 1993.

AMERICANO, Jorge. *Comentários ao Código de Processo Civil*. Arts. 1º ao 290. 2. ed. São Paulo: Saraiva, 1958, v. 1.

ANDERSON, Arthur. Frustration of contract – a rejected doctrine. *Heinonline – De Paul Law Review*, v. III, n. 1, Autumn-winter, p. 1-22, 1953.

ANDRADE, Manuel Augusto Domingues de. *Teoria geral das obrigações*. Coimbra: Almedina, 1966.

ARRUDA ALVIM Netto, José Manoel de. A função social dos contratos no novo Código Civil. *Revista dos Tribunais,* São Paulo, RT, n. 92, v. 815, set. 2003.

ASSIS, Araken de. *Resolução do contrato por inadimplemento.* 3. ed. São Paulo: RT, 1999.

ATIYAH, Patrick Selim. *An introdution to the law of contract.* Oxford: Clarendon Press, 1995.

AZEVEDO, Álvaro Villaça. Teoria da imprevisão e revisão judicial dos contratos. *Revista dos Tribunais,* São Paulo, RT, n. 85, v. 733, p. 109-119, nov. 1996.

AZEVEDO, Antonio Junqueira de. *Negócio jurídico.* Existência, validade, eficácia. São Paulo: Saraiva, 2000.

_____. A boa-fé na formação dos contratos. *Revista de Direito do Consumidor,* São Paulo, RT, n. 3, p. 78-87, set./dez. 1992.

_____. Responsabilidade pré-contratual no Código de Defesa do Consumidor: estudo comparativo com a responsabilidade pré-contratual no direito comum. *Revista de Direito do Consumidor,* São Paulo, RT, n. 18, p. 23-31, abr./jun. 1996.

_____. Negócio jurídico e declaração negocial (noções gerais para a formação da declaração negocial). 1986. 244 f. – Tese para o concurso de Professor Titular de Direito Civil da USP, São Paulo.

_____. Insuficiências, deficiências e desatualização do projeto de Código Civil na questão da boa-fé objetiva nos contratos. *Revista dos Tribunais,* São Paulo, RT, n. 89, v. 775, p. 11-17, maio 2000.

_____. Contrato de distribuição – Causa final dos contratos de trato sucessivo – Resilição unilateral e seu momento de eficácia – Interpretação contratual – Negócio *per relationem* e preço determinável – Conceito de "compra" de contrato e abuso de direito. *Revista dos Tribunais,* São Paulo, RT, n. 93, v. 826, p. 119-136, ago. 2004.

_____. Natureza jurídica do contrato de consórcio. Classificação dos atos jurídicos quanto ao número de partes e quanto aos efeitos. Os contratos relacionais. A boa-fé nos contratos relacionais. Contratos de duração. Alteração das circunstâncias e onerosidade excessiva. Sinalagma e resolução contratual. Resolução parcial do contrato. Função social do contrato. Parecer não publicado. Elaborado em 15.06.2004.

_____. Princípios do novo direito contratual e desregulamentação do mercado – Direito de exclusividade nas relações contratuais de fornecimento – Função social do contrato e responsabilidade aquiliana do terceiro que contribui para inadimplemento contratual. *Revista dos Tribunais,* São Paulo, n. 87, v. 750, abr. 1998.

BAREA, Margarita Castilla. *La imposibilidad de cumplir los contratos.* Madrid: Dykinson. 2000.

BARZOTTO, Luis Fernando. *O positivismo jurídico contemporâneo.* Kelsen, Ross e Hart. São Leopoldo: Ed. Unisinos, 1999.

BECKER, Anelise. *Teoria geral da lesão nos contratos.* São Paulo: Saraiva, 2000.

BENJAMIN, Antonio H. V. et al. *O Código de Defesa do Consumidor comentado pelos autores do anteprojeto.* Rio de Janeiro: Forense, 1998.

INTRODUÇÃO

BESSONE, Darcy. *Do contrato*: teoria geral. 4. ed. São Paulo: Saraiva, 1997.

BESSONE, Mario. *Adempimento e rischio contrattuale*. Milano: Giuffrè, 1975.

BETTI, Emilio. *Teoria generale del negozio giuridico*. Napoli: Edizioni Scientifiche Italiane, 1994.

BLACK, Henry Campbell. *Black's law dictionary*. 6. ed. United States: West Publishing, 1990.

BUCKLAND, W. W.; McNAIR, Arnold. *Roman law and common law*: a comparison in outline. London: Cambridge University, 1936.

BULGARELLI, Waldirio. *Manual das sociedades anônimas*. São Paulo: Atlas, 1999.

CAMPOS FILHO, Paulo Barbosa de. *O problema da causa no direito brasileiro*. São Paulo: Max Limonad, [s.d.].

CAPITANT, Henri. *De la causa de las obligaciones*. Madrid: Góndora, 1926.

CARVALHO SANTOS, J. M. *Código Civil brasileiro*. 13. ed. Rio de Janeiro: Freitas Bastos, 1986.

CHENG, Bin. *General principles of law*. Cambridge: Cambridge University, 1994.

COGO, Rodrigo Barreto. *A frustração do fim do contrato*. O impacto dos fatos superve-nientes sobre o programa contratual. São Paulo: Renovar: 2012.

COMPARATO, Fábio Konder. Função social do jurista contemporâneo. *Revista dos Tribunais*, n. 80, v. 670, p. 7-13, ago. 1991.

_____. Reflexões sobre a dissolução judicial de sociedade anônima por impossibilidade de preenchimento do fim social. *Revista de Direito Mercantil, Industrial, Econômico e Financeiro*. São Paulo, RT, n. 96, out./dez. 1994.

CORBIN, Arthur L. Frustration of contract in the United States of America. *Heinonline – 29 J. Comp. Legis. & Int'l. L.*, 3d., p. 1-8, 1947.

COUTO E SILVA, Clóvis do. *A obrigação como processo*. São Paulo: José Bushatsky, 1976.

_____. A teoria da base do negócio jurídico. In: Fradera, Vera Maria Jacob (Org.). *O direito privado brasileiro na visão de Clóvis do Couto e Silva*. Porto Alegre: Livraria do Advogado, 1997.

_____. O princípio da boa-fé no direito brasileiro e português. In: Fradera, Vera Maria Jacob (Org.). *O direito privado brasileiro na visão de Clóvis do Couto e Silva*. Porto Alegre: Livraria do Advogado, p. 33-58, 1997.

DAVID, René. *Os grandes sistemas do direito contemporâneo*. Trad. Hermínio A. Carvalho. São Paulo: Martins Fontes, 1998.

DEL NERO, João Alberto Schützer. *Conversão substancial do negócio jurídico*. Rio de Janeiro: Renovar, 2001.

EIRANOVA ENCINAS, Emilio. *Código Civil alemán comentado – BGB*. Madrid: Marcial Pons, 1998.

ESPERT SANZ, Vicente. *La frustración del fin del contrato*. Madrid: Editorial Tecnos, 1968.

FLUME, Werner. *El negocio jurídico.* Parte general del derecho civil. Trad. José María Miquel González; Esther Gómez Calle. 4. ed. Madrid: Fundación Cultural del Notariado, 1998, t. 2.

FONSECA, Arnoldo Medeiros da. *Caso fortuito e teoria da imprevisão.* 3. ed. rev. e atual. Rio de Janeiro: Revista Forense, 1958.

FORGIONI, Paula A. *Contratos empresariais:* teoria geral e aplicação. São Paulo: Revisa dos Tribunais, 2015.

GALLO, Paolo. *Sopravvenienza contrattuale e problemi di gestione del contratto.* Milano: Giuffrè, 1992.

GALVÃO TELLES, Inocêncio. *Manual dos contratos em geral.* Lisboa: Lex, 1995.

GOMES, Orlando. *Contratos.* 25. ed. Rio de Janeiro: Forense, 2002.

GORLA, Gino. *El contrato. Problemas fundamentales tratados según el método comparativo y casuístico.* Trad. José Ferrandis Vilella. Barcelona: Bosch, 1959, v. I e II.

GRAU, Eros Roberto. *Ordem econômica na Constituição de 1988.* São Paulo: Malheiros, 1998.

GUTTERIDGE, M. A revisão dos contratos pelo juiz no direito inglês. *Revista Forense,* Rio de Janeiro, v. LXXXVI, p. 58-64, abr. 1941.

HUBBARD, Steven W. Relief from burdensome long-term contracts: commercial impracticability, frustration of purpose, mutual mistake of fact, and equitable adjustment. *Heinonline – Missouri Law Review,* v. 47, p. 79- 111, 1982.

KULL, Andrew. Mistake, frustration, and the windfall principle of contract remedies. *Heinonline – Hastings Law Journal,* v. 43, p. 1-56, nov. 1991.

LAFER, Celso. *A reconstrução dos direitos humanos*: um diálogo com o pensamento de Hannah Arendt. São Paulo: Cia. das Letras, 1988.

LARENZ, Karl. *Base del negocio jurídico y cumplimiento de los contratos.* Trad. Carlos Fernández Rodríguez. Granada: Comares, 2002.

_____. *Metodologia da ciência do direito.* Trad. José Lamego. 3. ed. Lisboa: Fundação Calouste Gulbenkian, 1997.

LOPEZ, Teresa Ancona. *Comentários ao Código Civil*: parte especial: das várias espécies de contratos (arts. 565 a 652). Azevedo, Antonio Junqueira de (Coord.). São Paulo: Saraiva, 2003, v. 7.

LORENZETTI, Ricardo Luis. *Fundamentos do direito privado.* Trad. Vera Maria Jacob Fradera. São Paulo: RT, 1998.

MACEDO JR., Ronaldo Porto. *Contratos relacionais e defesa do consumidor.* São Paulo: Max Limonad, 1998.

MACHADO, João Baptista. Risco contratual e mora do credor (risco da perda do valor-utilidade ou do rendimento da prestação e de desperdício da capacidade de prestar vinculada). *Boletim da Faculdade de Direito da Universidade de Coimbra.* Número especial. Estudos em homenagem ao Prof. Doutor Ferrer-Correia. Coimbra, p. 71-151, 1989.

MAIA, Paulo Carneiro. *Da cláusula rebus sic stantibus*. São Paulo, 1959.

MAJOR, William T. *The law of contract*. London: Macdonald & Evans, 1965.

MARINHO, Maria Proença. *Frustração do fim do contrato*. Indaiatuba: Editora Foco, 2020.

MARINO, Francisco Paulo De Crescenzo. *Interpretação do negócio jurídico*: panorama geral e atuação do princípio da conservação. 2003. 272 f. Dissertação (Mestrado). Faculdade de Direito da USP, São Paulo.

____. *Revisão contratual*: onerosidade excessiva e modificação contratual equitativa. Coimbra: Almedina, 2020.

MARQUES, Cláudia Lima. *Contratos no Código de Defesa do Consumidor*. 3. ed. São Paulo: RT, 1998.

MARTINS-COSTA, Judith. *A boa-fé no direito privado*. São Paulo: RT, 1999.

____. Crise e modificação da idéia de contrato no direito brasileiro. *Revista Direito do Consumidor*, São Paulo, RT, v. 3, p. 127-154, 1992.

MARTINS-COSTA, Judith e COSTA E SILVA, Paula. *Crise e perturbação no cumprimento da obrigação*. Estudos de Direito Comparado Luso-Brasileiro. São Paulo: Quartier Latin, 2020.

MARTINS-COSTA, Judith e HAICAL, Gustavo. Alteração da relação obrigacional estabelecida em acordos societários por impossibilidade superveniente não imputável às partes contratantes em virtude do desaparecimento de sua finalidade. *Revista de Direito Civil Contemporâneo*, vol. 18, São Paulo, RT, p. 371-404, 2019.

MAXIMILIANO, Carlos. *Hermenêutica e aplicação do direito*. 16. ed. Rio de Janeiro: Forense, 1991.

MEIRELLES, Hely Lopes. *Direito administrativo brasileiro*. São Paulo: Malheiros, 2002.

MELLO, Marcos Bernardes de. *Teoria do fato jurídico*. Plano da existência. São Paulo: RT, 1994.

MENEZES CORDEIRO, António Manuel da Rocha e. *Da boa fé no direito civil*. Coimbra: Almedina, 1997.

____. *Tratado de direito civil português*. Parte geral. t. I. Coimbra: Almedina, 2000.

____. *Tratado de Direito Civil*. Direito das Obrigações. v. VIII. Coimbra: Almedina, 2014.

____. *Tratado de Direito Civil*. Direito das Obrigações. v. IX. Coimbra: Almedina, 2021.

____. *Da modernização do direito civil*. Aspectos gerais. v. I. Coimbra: Almedina, 2004.

MENEZES LEITÃO, Luís Manuel Telles de. *Direito das Obrigações*. Vol. II. Almedina: Coimbra, 2018.

MESSINEO, Francesco. *Il contratto in genere*. Milano: Giuffrè Editore, 1973, v. I e II.

MORAES, Renato José de. *Cláusula rebus sic stantibus*. São Paulo: Saraiva, 2001.

MOREIRA ALVES, José Carlos. *A parte geral do projeto do Código Civil brasileiro*. São Paulo: RT, 986.

MORELLO, Augusto M. *Ineficacia y frustración del contrato*. La Plata: Editora Platense, 1975.

MOSSET ITURRASPE, Jorge. *La frustración del contrato*. Santa Fe: Rubinzal-Culzoni Editores, 1991.

_____. *Contratos*. Santa Fé: Rubinzal-Culzoni, 1995.

MOTA PINTO, Carlos Alberto da. *Teoria geral do direito civil*. 3. ed. Coimbra: Coimbra Editora, 1999.

_____. *Cessão da posição contratual*. Coimbra: Almedina, 1982.

NANNI, Giovanni Ettore. Frustração do Fim do Contrato: análise de seu perfil conceitual. *Revista Brasileira de Direito Civil*. Belo Horizonte, v. 23, jan./mar. 2020, p. 39-56.

NERY JUNIOR, Nelson; NERY, Rosa Maria de Andrade. *Código Civil anotado e legislação extravagante*. 2. ed. rev. e ampl. São Paulo: RT, 2003.

NEVES, José Roberto de Castro. *Direito das Obrigações*. Rio de Janeiro: GZ Editora, 2008.

NITSCHKE, Guilherme Carneiro Monteiro e NEVES, Julio Gonzaga. A Peste e as Despesas Incorridas para a Execução de Contratos. *In Direito e Pandemia*. n. esp. (maio 2020). Brasília, 2020, p. 29/42. Versão on-line disponível em https://s.oab.org.br/revista-direito-pandemia.pdf.

NORONHA, Fernando. *O direito dos contratos e seus princípios fundamentais*. São Paulo: Saraiva, 1994.

NUNES, Luis Antônio Rizzatto. *Manual da monografia jurídica*. 4. ed. rev., ampl. e atual. São Paulo: Saraiva, 2002.

OERTMANN, Paul. *Introducción al derecho civil*. Trad. Luis Sancho Seral. 3. ed. Barcelona--Buenos Aires: Editorial Labor, 1933.

OSTI, Giuseppe. Appunti per una teoria della "sopravvenienza" (La così detta clausola "rebus sic stantibus" nel diritto contrattuale odierno). *Rivista di Diritto Civile*, Milano, Società Editrice, anno V, 1913.

_____. Verbete "Clausola rebus sic stantibus". *Novissimo Digesto Italiano*. Torino: Unione Tipográfico-Editrice Torinese, 1957, v. III.

PENTEADO. Luciano de Camargo. *Doação com encargo e causa contratual*. Campinas: Millenium Editora, 2004.

PEREIRA, Caio Mário da Silva. *Lesão nos contratos*. 6. ed. Rio de Janeiro: Forense, 1994.

_____. *Instituições de direito civil*. 14. ed. Rio de Janeiro: Forense, 1993.

PEREIRA, Maria de Lurdes. *Conceito de Prestação e Destino da Contraprestação*. Coimbra: Almedina, 2001.

PEREIRA, Maria de Lurdes e MÚRIAS, Pedro. Obrigações de Meios, Obrigações de Resultados e Custos da Prestação. *Centenário do Nascimento do Prof. Doutor Paulo Cunha. Estudos em Homenagem*. Almedina: Coimbra, 2012, p. 999-1018.

PONTES DE MIRANDA, F. C. *Tratado de Direito Privado*. Rio de Janeiro: Borsoi, 1954, 1958, 1971, t. XXII, XXV, XXXVIII, LVI.

_____. *Tratado de direito privado*. São Paulo: RT, 1974, t. I a V.

PIRES, Catarina Monteiro. *Impossibilidade da Prestação*. Coimbra: Almedina, 2018.

_____. *Contratos I. Perturbações na Execução*. Coimbra, Almedina, 2019.

PRATA, Ana. *A tutela constitucional da autonomia privada*. Coimbra: Almedina, 1982.

RÁO, Vicente. *O direito e a vida dos direitos*. São Paulo: RT, 1998, v. 1 e 2.

RAY, J. D. *La frustración del contrato*. Buenos Aires: Abeledo-Perrot, 1985.

REALE, Miguel. *O projeto do novo Código Civil*. 2. ed. São Paulo: Saraiva, 1999.

_____. *Lições preliminares de direito*. 21. ed. São Paulo: Saraiva, 1994.

ROBERTS, Thomas. Commercial impossibility and frustration of purpose: a critical analysis. *Heinonline – Canadian Journal of Law and Jurisprudence*, v. XVI, n. 1, p. 129--146, jan. 2003.

RODRIGUES JUNIOR, Otavio Luiz. *Revisão judicial dos contratos*: autonomia da vontade e teoria da imprevisão. São Paulo: Atlas, 2002.

RODRIGUES, Silvio. *Direito civil*. Parte geral. São Paulo: Saraiva, 2002, v. 1.

ROPPO, Enzo. *O contrato*. Trad. Ana Coimbra; M. Januário Gomes. Coimbra: Almedina, 1988.

_____. Impossibilità sopravvenuta, eccessiva onerosità della prestazione e "frustration of contract". *Rivista Trimestrale di Diritto e Procedura Civile*, Milano, Giuffrè, ano XXVII, n. 3, set. 1973, p. 1.239-1.263.

RUZZI, Marcos Hoppenstedt. Resolução pela frustração do fim do contrato. *In Direito contratual: temais atuais*. Giselda Maria Fernandes Novaes Hironaka e Flávio Tartuce (coord.). São Paulo: Ed. Método, 2007.

SALOMÃO FILHO, Calixto. Função social do contrato: primeiras anotações. *Revista dos Tribunais*, São Paulo, n. 93, v. 823, p. 67-86, maio 2004.

SHARMA, K. M. From "sanctity" to "fairness": An uneasy transition in the law of contracts? *Lexis Nexis – New York Law Journal of International & Comparative Law*, v. 18, 1999.

SIDOU, J. M. Othon. *Resolução judicial dos contratos e contrato de adesão no direito vigente e no projeto de Código Civil*. 3. ed. Rio de Janeiro: Forense, 2000.

SILVA, Jorge Cesa Ferreira da. *Inadimplemento das obrigações*. Comentários aos artigos 389 a 420 do Código Civil. Mora. Perdas e Danos. Juros legais. Cláusula penal. Arras ou sinal. São Paulo: RT, 2006.

_____. *A boa-fé e a violação positiva do contrato*. Rio de Janeiro: Renovar, 2002.

SILVA, Luis Renato Ferreira da. *Revisão dos contratos*: do Código Civil ao Código do Consumidor. Rio de Janeiro: Forense, 1998.

_____. Causas de revisão judicial dos contratos bancários. *Revista de Direito do Consumidor*, São Paulo, RT, n. 26, p. 125-135, abr./jun. 1998.

_____. *A noção de sinalagma nas relações contratuais e para- contratuais* (uma análise à luz da teoria da causa). 2001. Tese (Doutorado) – Faculdade de Direito da USP, São Paulo.

_____. Revisão de Contratos no Código Civil. Reflexões para uma sistematização das suas causas à luz da intenção comum dos contratantes. *In* Renan Lotufo, Giovanni

Ettore Nanni e Fernando Rodrigues Martins. (Org.). *Temas Relevantes de Direito Civil Contemporâneo.* São Paulo: Atlas, 2012, p. 378-400.

SILVEIRA, Alípio. A boa fé no direito civil. *Revista Forense,* Rio de Janeiro, v. LXXXVI, p. 13-30, abr. 1941.

SMIT, Hans. Frustration of contract: a comparative attempt at consolidation. *Heinonline – Columbia Law Review,* v. 58, n. 3, p. 287-315, mar. 1958.

SMYTHE, Donald J. Bounded rationality, the doctrine of impracticability, and the governance of relational contracts. *Lexis Nexis – Southern California Interdisciplinary Law Journal,* v. 13, spring 2004.

STEINER, Renata Carlos. *Interesse Positivo e Interesse Negativo:* a reparação de danos no direito privado brasileiro. 2016, 362f. Tese (Doutorado). Faculdade de Direito da USP, São Paulo, p. 288.

STIGLITZ, Gabriel (Dir.) *Defensa de los consumidores de productos y servicios.* Daños – contratos. Buenos Aires: La Rocca, 1994.

STIGLITZ, Rubén S. *Objeto, causa y frustración del contrato.* Buenos Aires: Depalma, 1992.

TOMASETTI JR., Alcides. Defesa do consumidor, concentração industrial, reserva de mercado: perplexidades de um civilista atento ao noticiário. *Revista de Direito do Consumidor,* v. 1, p. 16-26, mar. 1992.

_____. Abuso de poder econômico e abuso de poder contratual. Regime jurídico particularizado. Denunciabilidade restrita da relação contratual a tempo indeterminado. Contrato de fornecimento interempresarial. Aumento arbitrário de lucros. Ilícitos constitucionais e de direito comum. Providências processuais corretivas. *Revista dos Tribunais,* São Paulo, n. 84, v. 715, p. 87-107, maio 1995.

_____. As relações de consumo em sentido amplo na dogmática das obrigações e dos contratos. *Revista de Direito do Consumidor,* n. 13, p. 12-17, jan./mar. 1995.

TREITEL, G. H. *The law of contract.* 6. ed. London: Stevens & Sons, 1983.

VARELA, João de Matos Antunes. *Das obrigações em geral.* Coimbra: Almedina, 1999, v. II.

VAZ SERRA, Adriano Paes da Silva. *Impossibilidade superveniente por causa não imputável ao devedor e desaparecimento do interesse do credor.* Boletim do Ministério da Ivstiça. N. 46. Janeiro, 1955.

VILLEY, Michel. *En torno al contrato, la propiedad y la obligación.* Pequeña Biblioteca de Filosofia del Derecho. Buenos Aires: Ghersi Editor, [s/d].

VOLKMAR, M. A revisão dos contratos pelo juiz na Alemanha. *Revista Forense,* Rio de Janeiro, v. LXXXVI, abr. 1941.

WEISKOPF, Nicholas R. Frustration of contractual purpose: doctrine or myth? *Heinonline – St. John's Law Review,* v. 70, p. 239-272, 1996.

WHEELER, Sally; SHAW, Jo. *Contract law.* Cases, materials and commentary. Oxford: Clarendon Press, 1994.

WIEACKER, Franz. *História do direito privado moderno*. Trad. A. M. Botelho de Espanha. 2. ed. Lisboa: Fundação Calouste Gulbenkian, 1967.

WINDSCHEID, Bernhard. *Diritto delle pandette*. Trad. Carlo Fadda e Paolo Emilio Bensa. Volume primo. Parte prima. Torino: Unione Tipografico-Editrice, 1902.

ZANETTI, Cristiano de Sousa. A transformação da mora em inadimplemento absoluto. *Revista dos Tribunais*, n. 942, v. 103, p. 117-139, abril 2014.

ZANINI, Carlos Klein. A dissolução da sociedade anônima pela impossibilidade de preencher seu fim. 2001. Tese (Doutorado) – Universidade de São Paulo, São Paulo.